中国基本单位统计年鉴

CHINA BASIC STATISTICAL UNITS YEARBOOK

2006

国家统计局普查中心　编

Compiled by
Census Center
National Bureau of Statistics

中国统计出版社
China Statistics Press

(京)新登字 041 号

图书在版编目(CIP)数据

中国基本单位统计年鉴.2006/国家统计局普查中心编.
—北京:中国统计出版社,2006.11
ISBN 7-5037-5072-3

Ⅰ.中…
Ⅱ.国…
Ⅲ.组织机构-统计资料-中国-2006-年鉴
Ⅳ.C832-54

中国版本图书馆 CIP 数据核字(2006)第 125446 号

中国基本单位统计年鉴-2006

作　　者/国家统计局普查中心
责任编辑/徐　颖
装帧设计/艺编广告
出版发行/中国统计出版社
通信地址/北京市西城区月坛南街 57 号　邮政编码/100826
办公地址/北京市丰台区西三环南路甲 6 号
网　　址/www.stats.gov.cn/tjshujia
电　　话/邮购(010)63376907　书店(010)68783172
印　　刷/河北天普润印刷厂
经　　销/新华书店
开　　本/787×1092mm　1/16
字　　数/660 千字
印　　张/29
印　　数/1—1000 册
版　　别/2006 年 11 月第 1 版
版　　次/2006 年 11 月第 1 次印刷
书　　号/ISBN 7-5037-5072-3/F·2403
定　　价/128.00 元

《中国基本单位统计年鉴－2006》
编辑委员会

编者说明

一、《中国基本单位统计年鉴—2006》是一部反映中华人民共和国各类基本单位情况的资料性工具书。本书分为三部分：第一部分和第二部分是对近几年来全国各类法人单位按地区、国民经济行业、登记注册类型和从业人员、营业收入规模等进行各种分组汇总而成的综合资料；第三部分收录了近期全国部分限额以上工业企业、建筑业企业、批发和零售业企业、住宿和餐饮业企业名录。

二、1996 年数据来源于第一次全国基本单位普查资料，2001 年数据来源于第二次全国基本单位普查资料，2004 年数据来源于第一次全国经济普查资料，其他年份的数据来源于基本单位年度统计资料。

三、资料的汇总范围为我国境内从事社会经济活动的法人单位，未包括香港、澳门特别行政区和台湾省。

四、限额以上企业范围分别是：

工业企业：全部国有工业企业法人单位及年销售收入 500 万元以上的非国有工业企业法人单位。

建筑业企业：资质等级四级及以上的建筑业企业法人单位。

批发业企业：年销售额 2000 万元及以上，且年末从业人员为 20 人及以上的批发业企业法人单位。

零售业企业：年销售额 500 万元及以上，且年末从业人员为 60 人及以上的零售业企业法人单位。

餐饮业企业：年营业额 200 万元及以上，且年末从业人员为 40 人及以上的餐饮业企业法人单位。

五、考虑到按地区进行国民经济核算的需要，对金融、保险业和邮电业的县一级机构均视为法人单位统计。

《中国基本单位统计年鉴—2006》一书内容系统、新颖，具有较强的实用性，可作为各级政府和经济管理部门进行宏观管理、制定政策的参考，也是企业生产经营及投资决策和科研机构、大专院校进行科研及教学活动的辅助资料。

恳请广大读者对本书提出宝贵意见。

目　录

第一部分　全部法人单位综合资料

1—1　按行业门类分组的法人单位数……………………………………（3）
1—2　按三次产业、地区分组的法人单位数……………………………（5）
1—3　按行业中类、地区分组的法人单位数……………………………（6）
1—4　按行业小类分组的法人单位数……………………………………（70）
1—5　按行业小类、东中西部地区分组的法人单位数…………………（105）
1—6　按地区分组的法人单位数…………………………………………（140）
1—7　农、林、牧、渔业法人单位按地区分组的单位数…………………（141）
1—8　采矿业法人单位按地区分组的单位数……………………………（142）
1—9　制造业法人单位按地区分组的单位数……………………………（143）
1—10　电力、煤气及水的生产和供应业法人单位按地区分组的单位数……（144）
1—11　建筑业法人单位按地区分组的单位数……………………………（145）
1—12　交通运输、仓储及邮政业法人单位按地区分组的单位数…………（146）
1—13　信息传输、计算机服务和软件业法人单位按地区分组的单位数……（147）
1—14　批发和零售业法人单位按地区分组的单位数……………………（148）
1—15　住宿和餐饮业法人单位按地区分组的单位数……………………（149）
1—16　金融业法人单位按地区分组的单位数……………………………（150）
1—17　房地产业法人单位按地区分组的单位数…………………………（151）
1—18　租赁和商务服务业法人单位按地区分组的单位数………………（152）
1—19　科学研究、技术服务和地质勘查业法人单位按地区分组的单位数……（153）
1—20　水利、环境和公共设施管理业法人单位按地区分组的单位数………（154）
1—21　居民服务和其他服务业法人单位按地区分组的单位数…………（155）
1—22　教育法人单位按地区分组的单位数………………………………（156）
1—23　卫生、社会保障和社会福利业法人单位按地区分组的单位数………（157）
1—24　文化、体育和娱乐业法人单位按地区分组的单位数………………（158）
1—25　公共管理和社会组织法人单位按地区分组的单位数………………（159）

第二部分　限额以上企业法人单位综合资料

2—1　限额以上企业按行业大类分组的单位数、从业人数和营业收入 …………………… (163)
2—2　限额以上企业按地区分组的单位数、从业人数和营业收入 …………………… (165)
2—3　限额以上企业按地区、营业状态分组的单位数 …………………… (166)
2—4　限额以上企业按地区、控股情况分组的单位数 …………………… (167)
2—5　限额以上企业按地区、从业人员规模分组的单位数 …………………… (168)
2—6　限额以上企业按地区、营业收入规模分组的单位数 …………………… (170)
2—7　限额以上企业按行业中类、地区分组的单位数 …………………… (172)
2—8　限额以上企业按行业小类、东中西部地区分组的单位数 …………………… (204)
2—9　限额以上企业按行业小类、直辖市和省会城市以及计划单列市分组的单位数 … (228)
2—10　限额以上企业按行业中类、控股情况分组的单位数 …………………… (276)
2—11　限额以上企业按地区、登记注册类型分组的单位数 …………………… (284)
2—12　限额以上企业按行业中类、登记注册类型分组的单位数 …………………… (286)
2—13　限额以上企业按登记注册类型、营业收入规模分组的单位数 …………………… (302)
2—14　限额以上企业按行业中类、营业收入规模分组的单位数 …………………… (304)
2—15　限额以上企业按登记注册类型、营业状态分组的单位数 …………………… (320)
2—16　限额以上企业按开业时间、营业状态分组的单位数 …………………… (321)

第三部分　部分限额以上企业名录(按行业大类索引)

煤炭开采和洗选业 …………………… (324)
石油和天然气开采业 …………………… (326)
黑色金属矿采选业 …………………… (328)
有色金属矿采选业 …………………… (332)
非金属矿采选业 …………………… (334)
其他采矿业 …………………… (336)
农副食品加工业 …………………… (338)
食品制造业 …………………… (342)
饮料制造业 …………………… (344)
烟草制品业 …………………… (348)
纺织业 …………………… (350)
纺织服装、鞋、帽制造业 …………………… (352)
皮革、毛皮、羽毛(绒)及其制品业 …………………… (356)
木材加工及木、竹、藤、棕、草制品业 …………………… (358)

家具制造业 …………………………………………………………………………… (360)
造纸及纸制品业 ……………………………………………………………………… (364)
印刷业和记录媒介的复制 …………………………………………………………… (366)
文教体育用品制造业 ………………………………………………………………… (368)
石油加工及炼焦业 …………………………………………………………………… (372)
化学原料及化学制品制造业 ………………………………………………………… (374)
医药制造业 …………………………………………………………………………… (376)
化学纤维制造业 ……………………………………………………………………… (380)
橡胶制品业 …………………………………………………………………………… (382)
塑料制品业 …………………………………………………………………………… (384)
非金属矿物制品业 …………………………………………………………………… (388)
黑色金属冶炼及压延加工业 ………………………………………………………… (390)
有色金属冶炼及压延加工业 ………………………………………………………… (392)
金属制品业 …………………………………………………………………………… (396)
通用设备制造业 ……………………………………………………………………… (398)
专用设备制造业 ……………………………………………………………………… (400)
交通运输设备制造业 ………………………………………………………………… (404)
电气机械及器材制造业 ……………………………………………………………… (406)
通信设备、计算机及其他电子设备制造业………………………………………… (408)
仪器仪表及文化、办公用机械制造业……………………………………………… (412)
工艺品及其他制造业 ………………………………………………………………… (414)
废弃资源和废旧材料回收加工业 …………………………………………………… (416)
电力、热水的生产和供应业………………………………………………………… (420)
燃气生产和供应业 …………………………………………………………………… (422)
水的生产和供应业 …………………………………………………………………… (424)
房屋和土木工程建筑业 ……………………………………………………………… (428)
建筑安装业 …………………………………………………………………………… (430)
建筑装饰业 …………………………………………………………………………… (434)
其他建筑业 …………………………………………………………………………… (436)
批发业 ………………………………………………………………………………… (438)
零售业 ………………………………………………………………………………… (442)
住宿业 ………………………………………………………………………………… (444)
餐饮业 ………………………………………………………………………………… (446)

CONTENTS

Part 1 INSTITUTIONAL UNITS

1—1 Number of Institutional Units by Industry (16 Sectors) .... (3)
1—2 Number of Institutional Units by Primary, Secondary and Tertiary Industry, and by Region .... (5)
1—3 Number of Institutional Units by Industry (Major Groups) and by Region .... (6)
1—4 Number of Institutional Units by Industry (Minor Groups) .... (70)
1—5 Number of Institutional Units by Industry (Minor Groups), and by Eastern, Central, Western Regions .... (105)
1—6 Number of Institutional Units by Region .... (140)
1—7 Number of Farming, Forestry, Animal Husbandry and Fishery Institutional Units by Region .... (141)
1—8 Number of Mining and Quarrying Institutional Units by Region .... (142)
1—9 Number of Manufacturing Institutional Units by Region .... (143)
1—10 Number of Production and Supply of Electricity, Gas and Water Institutional Units by Region .... (144)
1—11 Number of Construction Institutional Units by Region .... (145)
1—12 Number of Transportation, Storage, Post and Telecommunications Institutional Units by Region .... (146)
1—13 Number of Information Transmitting, Computer service and Software Institutional Units by Region .... (147)
1—14 Number of Wholesale & Retail Trade Institutional Units by Region .... (148)
1—15 Number of Hotel and Catering Service Institional Units by Region .... (149)
1—16 Number of Finance and Insurance Institutional Units by Region .... (150)
1—17 Number of Real Estate Trade Institutional Units by Region .... (151)
1—18 Number of Renting and Commercial Services Institutional Units by Region .... (152)
1—19 Number of Scientific Research , Polytechnical Services and Geological Prospecting Institutional Units by Region .... (153)
1—20 Number of Water, Environment and Public Facility Institutional Units by Region .... (154)
1—21 Number of Resident and Other Social Service Institutional Units by Region .... (155)

1—22 Number of Educational Institutional Units by Region …………………… (156)
1—23 Number of Health Care, Sports and Social Welfare Institutional Units by Region …………………… (157)
1—24 Number of Culture and Art, Gym and Recreation Institutional Units by Region …………………… (158)
1—25 Number of Government Agencies, Party Agencies and Social Organizations Institutional Units by Region …………………… (159)

Part 2 ENTERPRISES ABOVE DESIGNATED SIZE

2—1 Number of Enterprises above Designated Size, Employees and BusinessIncome by Industry (Major Groups) …………………… (163)
2—2 Number of Enterprises above Designated Size, Employees, and Business Income by Region …………………… (165)
2—3 Number of Enterprises above Designated Size by Region, and by Operating State …………………… (166)
2—4 Number of Enterprises above Designated Size by Region, and by State-Owned Shares …………………… (167)
2—5 Number of Enterprises above Designated Size by Region, and Size of Employees …………………… (168)
2—6 Number of Enterprises above Designated Size by Region, and by Size of Business Income …………………… (170)
2—7 Number of Enterprises above Designated Size by Region, and by Industry (Medium Groups) …………………… (172)
2—8 Number of Enterprises above Designated Size by Eastern, Central, Western Region, and Industry (Minor Groups) …………………… (204)
2—9 Number of Enterprises above Designated Size by Industry (Major Groups), and Municipalities, Separate Planning Cities and Provincial Capitals …… (228)
2—10 Number of Enterprises above Designated Size by Industry (Medium Groups), and by State-Owned Shares …………………… (276)
2—11 Number of Enterprises above Designated Size by Region, and by Registration Status …………………… (284)
2—12 Number of Enterprises above Designated Size by Industry (Medium Groups), and by Registration Status …………………… (286)
2—13 Number of Enterprises above Designated Size by Register, and by Size of Business Income …………………… (302)
2—14 Number of Enterprises above Designated Size by Industry (Medium Groups), and by Size of Business Income …………………… (304)
2—15 Number of Enterprises above Designated Size by Register, and by Operating State …………………… (320)

2—16 Number of Enterprises above Designated Size by Practicing Date, and by Operating State ······ (321)

Part 3 PARTIAL ENTERPRISES ABOVE DESIGNATED SIZE

Coal Mining and Dressing ······ (324)
Extraction of Petroleum and Natural Gas ······ (326)
Mining and Dressing of Ferrous Metals ······ (328)
Mining and Dressing of Nonferrous Metals ······ (332)
Mining and Dressing of Nonmetal Minerals ······ (334)
Logging and Transport of Wood and Bamboo ······ (336)
Food Processing ······ (338)
Food Production ······ (342)
Beverages ······ (344)
Tobacco ······ (348)
Textiles ······ (350)
Garments and Other Fiber Products ······ (352)
Leather, Furs, Down and Related Products ······ (356)
Timber Processing, Bamboo, Cane, Palm Fiber and Straw Products ······ (358)
Furniture Manufacturing ······ (360)
Papermaking and Paper Products ······ (364)
Printing and Record Medium Reproduction ······ (366)
Cultural, Educational and Sports Goods ······ (368)
Petroleum Processing and Coking ······ (372)
Raw Chemical Materials and Chemical Products ······ (374)
Medical and Pharmaceutical Products ······ (376)
Chemical Fiber ······ (380)
Rubber Products ······ (382)
Plastic Products ······ (384)
Nonmetal Mineral Products ······ (388)
Smelting and Pressing of Ferrous Metals ······ (390)
Smelting and Pressing of Nonferrous Metals ······ (392)
Metal Products ······ (396)
Ordinary Machinery ······ (398)
Equipment For Special Purposes ······ (400)
Transport Equipment ······ (404)
Electric Equipment and Machinery ······ (406)
Electronic and Telecommunications Equipment ······ (408)
Instruments, Meters, Cultural and Office Machinery ······ (412)
Other Manufacturing ······ (414)

Production and Supply of Electric Power, Steam and Hot Water ………………… (416)
Production and Supply of Gas ……………………………………………………………… (420)
Production and Supply of Tap Water ……………………………………………………… (422)
Civil Engineering Construction ……………………………………………………………… (424)
Installation of Lines, Pipelines and Equipment ………………………………………… (428)
Fitting and Decoration of Buildings ……………………………………………………… (430)
Wholesale Trade of Food, Beverage, Tobacco and Household Articles ………… (434)
Wholesale Trade of Energy, Materials and Electronic Equipment ………………… (436)
Other Wholesale Trade ……………………………………………………………………… (438)
Retail Trade ……………………………………………………………………………………… (442)
Hotels …………………………………………………………………………………………… (444)
Catering Trade ………………………………………………………………………………… (446)

第一部分

全部法人单位综合资料

1—1　按行业门类分组的法人单位数

单位：个

行业门类	代码	法人单位数				
		1996 年	1997 年	1998 年	1999 年	2000 年
全　国		**4402276**	**4344278**	**4417508**	**4221995**	**4366141**
农、林、牧、渔业	A	148029	148269	147656	142055	142140
采矿业	B	100362	99578	102265	91026	90484
制造业	C	1256323	1221878	1290304	1192280	1243607
电力、燃气及水的生产和供应业	D	30543	29864	30299	30031	30841
建筑业	E	126710	125476	125541	112973	118240
交通运输、仓储和邮政业	F	63808	62871	62941	57772	59711
信息传输、计算机服务和软件业	G	20381	18545	22141	22826	25425
批发和零售业	H	681853	678488	668847	654887	693108
住宿和餐饮业	I	81444	71835	79270	78804	83014
金融业	J	73824	74054	73941	69029	70228
房地产业	K	39693	40903	44606	44051	48363
租赁和商务服务业	L	96609	109537	100411	97410	107229
科学研究、技术服务和地质勘查业	M	42048	41299	43264	42608	45003
水利、环境和公共设施管理业	N	29508	28661	30273	29315	30189
居民服务和其他服务业	O	52677	45707	51786	48898	54366
教育	P	215358	219281	215530	214042	218304
卫生、社会保障和社会福利业	Q	112326	112810	112695	112375	114388
文化、体育和娱乐业	R	41064	36522	41388	40094	41060
公共管理和社会组织	S	1185790	1174810	1170475	1137752	1146645
国际组织	T	3926	3890	3875	3767	3796

1—1续表 单位:个

行业门类	代码	法人单位数				
		2001年	2002年	2003年	2004年	2005年
全　国		**5107015**	**5170849**	**5214144**	**5168303**	**5647823**
农、林、牧、渔业	A	171526	170953	156033	1835	68800
采矿业	B	71409	70851	72538	82353	89430
制造业	C	1220587	1239549	1298870	1328964	1451556
电力、燃气及水的生产和供应业	D	36982	37136	33570	39830	43148
建筑业	E	123187	129062	132059	128193	149471
交通运输、仓储和邮政业	F	82162	83489	85991	80375	91565
信息传输、计算机服务和软件业	G	57420	59368	58307	72913	85499
批发和零售业	H	807454	829029	840241	883653	994953
住宿和餐饮业	I	100768	102244	103537	92869	101853
金融业	J	63996	64806	64802	23793	26828
房地产业	K	92417	96795	98943	129197	148059
租赁和商务服务业	L	234265	242109	219567	249192	291498
科学研究、技术服务和地质勘查业	M	75666	78356	110685	136555	153076
水利、环境和公共设施管理业	N	51007	51426	47847	44352	46847
居民服务和其他服务业	O	94655	96244	64391	83606	93947
教育	P	307817	308320	304056	299418	305446
卫生、社会保障和社会福利业	Q	200360	200761	198879	181877	183760
文化、体育和娱乐业	R	57410	57891	77717	64741	69490
公共管理和社会组织	S	1254546	1250166	1243967	1244587	1252597
国际组织	T	3381	2294	2144	—	—

注:1. 2004年和2005年不包括国际组织法人单位数。

2. 2004年农、林、牧、渔业单位数为第二、三产业法人兼营的产业活动单位。

1—2 按三次产业、地区分组的法人单位数

（2005 年）

单位：个

地　区	法人单位数			
		第一产业	第二产业	第三产业
全　国	**5647823**	**68800**	**1733605**	**3845418**
北　京	296705	3456	47371	245878
天　津	95682	709	34505	60468
河　北	226878	1539	76074	149265
山　西	144955	3217	35074	106664
内蒙古	79469	1367	15607	62495
辽　宁	229983	1484	75761	152738
吉　林	85148	1158	19915	64075
黑龙江	110286	1376	26204	82706
上　海	343273	776	80381	262116
江　苏	479062	1777	237155	240130
浙　江	440925	4961	214555	221409
安　徽	184020	5788	52302	125930
福　建	182298	2614	62506	117178
江　西	130385	208	42455	87722
山　东	414318	3888	152470	257960
河　南	286375	8256	97476	180643
湖　北	165618	266	35743	129609
湖　南	189517	6391	49978	133148
广　东	479166	3710	172022	303434
广　西	130209	3536	22293	104380
海　南	25006	282	3437	21287
重　庆	94428	1580	26660	66188
四　川	275968	3666	57715	214587
贵　州	83925	811	14208	68906
云　南	99131	3253	19045	76833
西　藏	13223	1	605	12617
陕　西	155723	129	30350	125244
甘　肃	87018	384	14301	72333
青　海	21686	323	2884	18479
宁　夏	27687	445	5840	21402
新　疆	69756	1449	8713	59594

1—3　按行业中类、地区分组

（2005 年）

行业中类	代码	法人单位数	北京	天津	河北	山西	内蒙古
总　　计	**0000**	**5647823**	**296705**	**95682**	**226878**	**144955**	**79469**
农、林、牧、渔业	**A**	**68800**	**3456**	**709**	**1539**	**3217**	**1367**
农业	0100	13427	1197	130	172	539	182
谷物及其他作物的种植	0110	3375	250	41	47	208	134
蔬菜、园艺作物的种植	0120	4693	697	83	63	220	32
水果、坚果、饮料和香料作物的种植	0130	4823	225	5	60	67	12
中药材的种植	0140	536	25	1	2	44	4
林业	0200	8809	593	55	235	680	214
林木的培育和种植	0210	7592	590	55	230	671	204
木材和竹材的采运	0220	671	0	0	3	7	6
林产品的采集	0230	546	3	0	2	2	4
畜牧业	0300	12254	932	240	392	909	274
牲畜的饲养	0310	3994	370	135	155	496	187
猪的饲养	0320	3152	151	28	93	157	25
家禽的饲养	0330	3791	266	43	89	167	39
狩猎和捕捉动物	0340	29	4	0	1	2	2
其他畜牧业	0390	1288	141	34	54	87	21
渔业	0400	5333	127	127	49	38	16
海洋渔业	0410	1504	9	68	30	0	0
内陆渔业	0420	3829	118	59	19	38	16
农、林、牧、渔服务业	0500	28977	607	157	691	1051	681
农业服务业	0510	13617	304	94	366	451	206
林业服务业	0520	4674	68	12	13	143	125
畜牧服务业	0530	8676	217	31	299	448	340
渔业服务业	0540	2010	18	20	13	9	10
采矿业	**B**	**89430**	**658**	**127**	**7061**	**9000**	**2597**
煤炭开采和洗选业	0600	29138	195	9	1012	6234	1012
烟煤和无烟煤的开采洗选	0610	27971	194	2	984	6154	640
褐煤的开采洗选	0620	706	0	5	21	42	362
其他煤炭采选	0690	461	1	2	7	38	10
石油和天然气开采业	0700	669	14	42	11	1	14

的法人单位数

单位:个

辽宁	吉林	黑龙江	上海	江苏	浙江	安徽	福建	江西	山东	代码
229983	**85148**	**110286**	**343273**	**479062**	**440925**	**184020**	**182298**	**130385**	**414318**	**0000**
1484	**1158**	**1376**	**776**	**1777**	**4961**	**5788**	**2614**	**208**	**3888**	**A**
212	108	247	221	254	1649	627	720	78	529	0100
66	68	202	40	28	194	259	174	29	69	0110
98	15	31	159	188	803	173	203	22	335	0120
40	5	10	22	36	587	167	331	24	106	0130
8	20	4	0	2	65	28	12	3	19	0140
170	226	291	102	70	364	998	381	31	241	0200
164	188	221	102	70	343	756	350	24	232	0210
3	38	70	0	0	7	6	28	7	2	0220
3	0	0	0	0	14	236	3	0	7	0230
261	190	187	149	729	884	748	328	47	803	0300
96	73	92	57	38	174	165	109	8	297	0310
40	16	24	43	153	241	194	146	33	35	0320
73	27	39	34	485	301	314	53	2	360	0330
1	1	2	0	0	2	0	0	1	6	0340
51	73	30	15	53	166	75	20	3	105	0390
205	19	30	60	339	768	795	486	28	573	0400
181	2	0	6	41	411	0	122	0	490	0410
24	17	30	54	298	357	795	364	28	83	0420
636	615	621	244	385	1296	2620	699	24	1742	0500
195	244	321	176	342	690	1809	347	15	823	0510
90	175	68	18	5	147	270	151	3	40	0520
325	189	220	28	19	290	416	145	3	81	0530
26	7	12	22	19	169	125	56	3	798	0540
4576	**1255**	**1729**	**3**	**1864**	**2373**	**3380**	**1991**	**4487**	**5200**	**B**
943	364	1175	0	46	53	337	264	1444	606	0600
931	327	1146	0	36	10	320	257	1436	573	0610
5	31	8	0	2	0	2	1	3	20	0620
7	6	21	0	8	43	15	6	5	13	0690
64	73	76	1	6	2	0	0	0	35	0700

1—3 续表 1

行业中类	代码	法人单位数	北京	天津	河北	山西	内蒙古
天然原油和天然气开采	0710	270	4	17	7	1	11
与石油和天然气开采有关的服务活动	0790	399	10	25	4	0	3
黑色金属矿采选业	0800	12642	25	3	3703	1359	612
铁矿采选	0810	11375	20	3	3688	1334	599
其他黑色金属矿采选	0890	1267	5	0	15	25	13
有色金属矿采选业	0900	7305	15	7	325	102	250
常用有色金属矿采选	0910	4571	7	4	91	83	145
贵金属矿采选	0920	1785	6	2	210	16	85
稀有稀土金属矿采选	0930	949	2	1	24	3	20
非金属矿采选业	1000	39246	396	64	1988	1302	664
土砂石开采	1010	32773	361	48	1699	1142	488
化学矿采选	1020	1476	0	1	10	96	32
采盐	1030	874	0	8	90	0	8
石棉及其他非金属矿采选	1090	4123	35	7	189	64	136
其他采矿业	1100	430	13	2	22	2	45
制造业	**C**	**1451556**	**37130**	**30623**	**64459**	**22374**	**10858**
农副食品加工业	1300	80101	1115	834	4375	1231	1185
谷物磨制	1310	24405	85	90	1346	427	192
饲料加工	1320	9667	376	203	733	191	163
植物油加工	1330	8448	38	67	728	91	92
制糖	1340	661	5	9	19	10	11
屠宰及肉类加工	1350	11524	337	155	545	185	508
水产品加工	1360	7046	33	60	240	4	4
蔬菜、水果和坚果加工	1370	10258	123	128	356	155	98
其他农副食品加工	1390	8092	118	122	408	168	117
食品制造业	1400	35267	1270	839	1618	842	432
焙烤食品制造	1410	7473	378	137	319	183	94
糖果、巧克力及蜜饯制造	1420	4165	109	85	265	117	6
方便食品制造	1430	4930	173	106	239	97	38
液体乳及乳制品制造	1440	2083	72	42	148	83	123
罐头制造	1450	2837	30	60	111	43	15

单位:个

辽宁	吉林	黑龙江	上海	江苏	浙江	安徽	福建	江西	山东	代码
4	52	13	1	5	0	0	0	0	26	0710
60	21	63	0	1	2	0	0	0	9	0790
1071	85	29	0	74	11	409	165	331	562	0800
1014	81	29	0	74	11	396	136	324	554	0810
57	4	0	0	0	0	13	29	7	8	0890
665	73	36	0	16	98	237	172	484	217	0900
392	15	10	0	10	55	189	119	131	58	0910
151	52	23	0	2	6	36	35	74	154	0920
122	6	3	0	4	37	12	18	279	5	0930
1829	654	400	1	1714	2205	2382	1369	2220	3706	1000
1382	564	350	1	1376	2007	2184	1196	2041	2867	1010
119	10	0	0	12	14	51	14	22	28	1020
52	0	0	0	40	45	1	45	5	435	1030
276	80	50	0	286	139	146	114	152	376	1090
4	6	13	1	8	4	15	21	8	74	1100
61017	**16155**	**20304**	**65896**	**217015**	**199793**	**41240**	**51777**	**31446**	**133559**	**C**
3219	1231	2115	668	6239	4091	5532	2442	2865	13040	1300
422	345	842	52	2409	290	2697	305	1573	2488	1310
680	241	252	139	662	440	204	292	311	975	1320
187	88	279	46	556	180	854	99	197	1718	1330
12	4	22	2	17	12	4	13	13	38	1340
595	203	375	146	821	560	495	231	294	1640	1350
669	38	8	58	713	1372	53	816	74	1927	1360
448	188	118	65	596	959	564	500	235	3051	1370
206	124	219	160	465	278	661	186	168	1203	1390
1530	553	868	1071	2711	2014	992	1679	929	4410	1400
380	144	142	315	630	380	249	248	140	992	1410
65	8	21	98	170	186	55	329	70	660	1420
165	100	124	107	397	164	208	172	220	539	1430
103	39	158	32	132	91	34	32	50	246	1440
130	11	35	31	144	383	81	426	113	335	1450

1—3 续表 2

行业中类	代码	法人单位数	北京	天津	河北	山西	内蒙古
调味品、发酵制品制造	1460	6173	136	141	304	230	84
其他食品制造	1490	7606	372	268	232	89	72
饮料制造业	1500	28902	511	281	908	508	455
酒精制造	1510	420	3	7	13	8	8
酒的制造	1520	12408	123	84	475	242	312
软饮料制造	1530	9979	365	187	414	249	133
精制茶加工	1540	6095	20	3	6	9	2
烟草制品业	1600	315	3	4	5	2	3
烟叶复烤	1610	101	1	0	0	1	1
卷烟制造	1620	135	1	3	4	1	2
其他烟草制品加工	1690	79	1	1	1	0	0
纺织业	1700	95506	945	1293	5097	316	566
棉、化纤纺织及印染精加工	1710	36110	151	376	2102	152	14
毛纺织和染整精加工	1720	4935	55	101	796	19	218
麻纺织	1730	1173	2	4	8	5	4
丝绢纺织及精加工	1740	6133	17	45	25	10	3
纺织制成品制造	1750	19926	316	350	1827	53	62
针织品、编织品及其制品制造	1760	27229	404	417	339	77	265
纺织服装、鞋、帽制造业	1800	59867	2099	1359	1438	234	191
纺织服装制造	1810	55941	2032	1303	1235	206	185
纺织面料鞋的制造	1820	2710	40	28	160	24	4
制帽	1830	1216	27	28	43	4	2
皮革、毛皮、羽毛(绒)及其制品业	1900	27043	255	298	1627	63	94
皮革鞣制加工	1910	2966	12	28	430	8	12
皮革制品制造	1920	20789	200	235	577	45	35
毛皮鞣制及制品加工	1930	1966	34	24	518	9	34
羽毛(绒)加工及制品制造	1940	1322	9	11	102	1	13
木材加工及木、竹、藤、棕、草制品业	2000	45348	621	419	1164	197	390
锯材、木片加工	2010	13848	68	58	139	41	229
人造板制造	2020	14323	109	84	754	87	99
木制品制造	2030	11044	434	238	211	61	47

单位:个

辽宁	吉林	黑龙江	上海	江苏	浙江	安徽	福建	江西	山东	代码
268	106	156	150	556	261	175	229	101	702	1460
419	145	232	338	682	549	190	243	235	936	1490
1208	767	842	262	2069	2413	1538	1582	894	2445	1500
11	20	24	0	46	4	19	7	0	63	1510
598	503	501	51	799	737	530	240	335	1214	1520
594	239	309	201	799	910	270	333	330	977	1530
5	5	8	10	425	762	719	1002	229	191	1540
7	9	11	2	11	4	12	6	15	15	1600
2	4	7	0	0	0	3	3	5	4	1610
5	5	2	2	3	2	7	2	10	8	1620
0	0	2	0	8	2	2	1	0	3	1690
1966	266	462	4263	25960	21562	1498	2753	1395	8924	1700
568	47	78	966	11623	6753	570	764	404	4428	1710
53	25	18	224	1486	633	47	53	26	338	1720
23	14	179	1	212	71	58	10	70	82	1730
275	3	4	75	2120	2291	211	45	61	209	1740
517	83	136	1149	5059	4001	343	498	136	1854	1750
530	94	47	1848	5460	7813	269	1383	698	2013	1760
2322	301	256	4606	11112	9376	981	4967	1167	4161	1800
2251	278	231	4375	10374	8702	920	4696	1148	3704	1810
47	13	17	132	355	501	35	249	15	337	1820
24	10	8	99	383	173	26	22	4	120	1830
425	81	95	881	2070	6976	370	3027	366	1723	1900
29	6	13	12	110	766	22	187	62	192	1910
340	56	65	817	1706	5454	156	2785	250	1243	1920
42	6	12	22	100	521	17	6	2	216	1930
14	13	5	30	154	235	175	49	52	72	1940
1611	1141	1806	1194	6363	3588	2136	3046	2493	4988	2000
518	534	755	166	1555	512	858	779	602	1299	2010
270	259	386	160	3281	867	476	738	656	2375	2020
784	327	642	819	1284	1207	378	631	475	764	2030

行业中类	代码	法人单位数	北京	天津	河北	山西	内蒙古
竹、藤、棕、草制品制造	2040	6133	10	39	60	8	15
家具制造业	2100	27489	1265	453	1205	273	126
木质家具制造	2110	20338	976	285	909	211	114
竹、藤家具制造	2120	431	7	3	3	1	1
金属家具制造	2130	3652	174	104	234	42	5
塑料家具制造	2140	374	18	2	12	3	0
其他家具制造	2190	2694	90	59	47	16	6
造纸及纸制品业	2200	44581	967	990	2549	733	186
纸浆制造	2210	714	10	14	75	9	3
造纸	2220	12749	246	228	1019	282	64
纸制品制造	2230	31118	711	748	1455	442	119
印刷业和记录媒介的复制	2300	45018	1612	819	1657	662	401
印刷	2310	41406	1297	723	1335	609	357
装订及其他印刷服务活动	2320	3395	290	91	317	53	41
记录媒介的复制	2330	217	25	5	5	0	3
文教体育用品制造业	2400	16875	395	367	370	43	8
文化用品制造	2410	4835	120	109	54	20	7
体育用品制造	2420	3508	95	97	174	19	0
乐器制造	2430	1137	95	126	88	2	1
玩具制造	2440	6684	58	31	39	1	0
游艺器材及娱乐用品制造	2450	711	27	4	15	1	0
石油加工及炼焦业	2500	8176	306	145	390	1142	319
精炼石油产品的制造	2510	4915	298	138	262	46	33
炼焦	2520	3244	7	7	128	1096	286
化学原料及化学制品制造业	2600	86772	2808	2531	3911	1588	784
基础化学原料制造	2610	17336	307	554	1180	645	419
肥料制造	2620	7956	170	103	454	204	97
农药制造	2630	2310	50	65	126	54	11
涂料、油墨、颜料及类似产品制造	2640	18352	1039	717	689	188	68
合成材料制造	2650	5947	205	167	222	47	18

单位:个

辽宁	吉林	黑龙江	上海	江苏	浙江	安徽	福建	江西	山东	代码
39	21	23	49	243	1002	424	898	760	550	2040
803	277	447	2154	2073	2336	699	907	784	2763	2100
654	234	377	1640	1512	1310	524	583	641	2399	2110
1	1	0	8	10	41	59	34	29	27	2120
84	19	25	222	337	710	50	166	74	144	2130
9	6	7	8	27	63	19	17	3	30	2140
55	17	38	276	187	212	47	107	37	163	2190
1512	354	496	1917	5018	6381	931	2103	892	3860	2200
6	7	16	1	69	24	43	31	17	90	2210
417	122	207	250	780	1376	317	541	413	961	2220
1089	225	273	1666	4169	4981	571	1531	462	2809	2230
1790	785	821	2241	4955	6333	1108	1559	832	2902	2300
1707	741	753	1978	4648	5981	1056	1490	810	2703	2310
77	36	66	249	288	343	51	65	18	191	2320
6	8	2	14	19	9	1	4	4	8	2330
225	54	92	1233	3276	4089	479	581	277	1161	2400
76	23	52	470	618	1758	83	143	165	206	2410
82	9	17	233	675	698	90	207	26	396	2420
34	18	12	119	193	116	3	14	5	99	2430
20	3	1	367	1727	1177	301	209	77	442	2440
13	1	10	44	63	340	2	8	4	18	2450
781	109	298	146	767	208	61	82	86	901	2500
741	95	230	145	693	205	44	73	47	758	2510
38	14	67	1	73	3	17	9	38	138	2520
4252	1070	1142	3505	13694	7127	2120	1977	3387	9200	2600
937	242	201	401	3079	1355	322	260	471	2080	2610
362	138	200	60	598	178	376	164	203	1105	2620
113	29	51	44	408	127	87	49	83	307	2630
868	208	196	1184	3396	1907	351	518	277	1634	2640
250	60	55	339	1518	666	153	168	87	716	2650

1—3 续表 4

行业中类	代码	法人单位数	北京	天津	河北	山西	内蒙古
专用化学产品制造	2660	26370	692	623	1008	388	131
日用化学产品制造	2670	8501	345	302	232	62	40
医药制造业	2700	13597	695	326	461	294	129
化学药品原药制造	2710	2113	38	61	74	27	19
化学药品制剂制造	2720	2108	131	56	65	65	17
中药饮片加工	2730	1586	62	17	55	29	17
中成药制造	2740	2590	109	50	64	55	28
兽用药品制造	2750	1408	55	39	118	69	18
生物、生化制品的制造	2760	1876	187	51	40	27	26
卫生材料及医药用品制造	2770	1916	113	52	45	22	4
化学纤维制造业	2800	3819	56	53	103	13	6
纤维素纤维原料及纤维制造	2810	623	10	13	30	3	3
合成纤维制造	2820	3196	46	40	73	10	3
橡胶制品业	2900	17194	226	547	1154	169	39
轮胎制造	2910	1577	20	80	72	11	10
橡胶板、管、带的制造	2920	3460	38	105	399	42	7
橡胶零件制造	2930	5570	92	156	300	46	4
再生橡胶制造	2940	962	6	28	103	39	11
日用及医用橡胶制品制造	2950	963	20	34	48	6	0
橡胶靴鞋制造	2960	2058	8	52	49	12	1
其他橡胶制品制造	2990	2604	42	92	183	13	6
塑料制品业	3000	79681	1588	1563	3303	584	290
塑料薄膜制造	3010	7614	126	153	428	63	33
塑料板、管、型材的制造	3020	12556	274	255	686	135	68
塑料丝、绳及编织品的制造	3030	9015	99	185	494	131	68
泡沫塑料制造	3040	4437	139	100	169	33	9
塑料人造革、合成革制造	3050	924	12	9	54	1	0
塑料包装箱及容器制造	3060	9289	277	245	374	49	27
塑料零件制造	3070	11027	104	177	262	16	5
日用塑料制造	3080	13177	363	189	506	120	56
其他塑料制品制造	3090	11642	194	250	330	36	24

单位:个

辽宁	吉林	黑龙江	上海	江苏	浙江	安徽	福建	江西	山东	代码
1354	309	347	916	3759	2145	681	462	2050	2864	2660
368	84	92	561	936	749	150	356	216	494	2670
649	497	327	536	1264	1053	391	240	619	1073	2700
88	25	19	75	339	303	37	21	89	170	2710
132	73	78	88	177	124	79	42	88	147	2720
112	80	34	33	72	84	75	37	51	95	2730
116	210	76	48	65	107	61	53	193	131	2740
60	41	43	33	95	65	37	18	58	169	2750
99	39	39	157	161	127	47	42	44	180	2760
42	29	38	102	355	243	55	27	96	181	2770
103	21	32	155	1306	814	60	129	59	304	2800
21	4	5	30	164	63	13	20	22	68	2810
82	17	27	125	1142	751	47	109	37	236	2820
859	174	182	1021	2713	2529	354	816	224	2004	2900
56	20	28	51	128	119	20	48	36	558	2910
220	38	42	171	592	467	72	60	53	439	2920
403	75	53	366	1111	1062	134	98	30	490	2930
28	6	9	28	111	75	17	37	47	118	2940
30	8	5	55	222	140	15	31	25	87	2950
47	2	8	55	152	466	17	463	14	123	2960
75	25	37	295	397	200	79	79	19	189	2900
2781	719	871	4211	12029	15393	1681	2975	809	6977	3000
309	74	70	426	1074	914	224	415	84	777	3010
739	159	243	545	2132	1889	229	287	147	1671	3020
466	73	129	174	1170	1190	319	191	181	1393	3030
181	56	51	213	705	722	66	257	30	401	3040
18	5	4	55	154	315	11	43	13	33	3050
357	99	99	599	1684	1447	273	271	123	812	3060
174	47	28	700	1951	4373	126	214	37	401	3070
386	148	148	529	1315	3331	220	959	122	773	3080
151	58	99	970	1844	1212	213	338	72	716	3090

行业中类	代码	法人单位数	北京	天津	河北	山西	内蒙古
非金属矿物制品业	3100	175518	3203	1365	9789	5560	2187
水泥、石灰和石膏的制造	3110	14366	255	70	1196	646	441
水泥及石膏制品制造	3120	36678	968	302	1759	679	322
砖瓦、石材及其他建筑材料制造	3130	84127	1160	580	4483	2389	1169
玻璃及玻璃制品制造	3140	13349	425	203	992	406	68
陶瓷制品制造	3150	7765	68	27	280	134	16
耐火材料制品制造	3160	9863	156	69	598	990	70
石墨及其他非金属矿物制品制造	3190	9370	171	114	481	316	101
黑色金属冶炼及压延加工业	3200	23440	276	894	1994	1384	624
炼铁	3210	5478	41	38	718	1099	199
炼钢	3220	1241	14	23	118	33	18
钢压延加工	3230	13380	211	812	1082	138	96
铁合金冶炼	3240	3341	10	21	76	114	311
有色金属冶炼及压延加工业	3300	17750	350	461	882	392	257
常用有色金属冶炼	3310	5131	48	87	374	265	64
贵金属冶炼	3320	535	7	2	51	3	17
稀有稀土金属冶炼	3330	1028	21	12	15	9	121
有色金属合金制造	3340	1415	67	38	58	27	27
有色金属压延加工	3350	9641	207	322	384	88	28
金属制品业	3400	96285	4096	3445	4722	1095	569
结构性金属制品制造	3410	31234	2718	1014	1241	335	338
金属工具制造	3420	13668	254	261	434	127	49
集装箱及金属包装容器制造	3430	4929	134	214	159	37	27
金属丝绳及其制品的制造	3440	5317	63	513	817	69	54
建筑、安全用金属制品制造	3450	11848	274	366	1026	313	40
金属表面处理及热处理加工	3460	8501	183	378	270	53	12
搪瓷制品制造	3470	883	17	17	25	7	3
不锈钢及类似日用金属制品制造	3480	9726	226	276	198	55	12
其他金属制品制造	3490	10179	227	406	552	99	34
通用设备制造业	3500	130809	2676	3252	6604	2804	686
锅炉及原动机制造	3510	5967	211	142	327	164	102

单位:个

辽宁	吉林	黑龙江	上海	江苏	浙江	安徽	福建	江西	山东	代码
6020	2129	2392	2667	15450	8612	9967	6846	6378	17500	3100
505	178	230	74	824	603	479	455	720	1247	3110
769	259	390	711	3801	2342	2091	389	496	3419	3120
2460	1313	1405	801	5082	3169	6357	4885	3897	8740	3130
583	116	154	663	2730	1128	353	204	270	1427	3140
128	25	33	112	669	264	84	662	697	530	3150
1024	91	74	129	1152	588	136	76	94	1056	3160
551	147	106	177	1192	518	467	175	204	1081	3190
1458	186	215	421	3544	1881	323	522	479	1837	3200
235	30	36	2	363	111	83	109	127	429	3210
124	16	25	2	155	47	26	44	36	99	3220
892	116	135	385	2877	1662	199	289	280	1211	3230
207	24	19	32	149	61	15	80	36	98	3240
840	121	114	702	3224	2298	287	320	549	982	3300
211	33	32	72	496	324	90	65	132	292	3310
47	7	1	4	36	17	14	8	29	27	3320
49	6	11	6	113	12	13	15	132	39	3330
99	16	11	48	300	116	17	32	44	79	3340
434	59	59	572	2279	1829	153	200	212	545	3350
3681	757	1019	7849	16360	13114	1682	1850	934	7733	3400
1496	288	402	2663	5785	2064	579	610	342	3155	3410
360	106	164	994	2547	2519	409	218	148	1171	3420
336	56	51	298	1001	514	92	128	61	522	3430
191	35	41	246	1054	614	116	64	55	282	3440
423	116	144	716	1296	2868	119	285	138	888	3450
366	32	68	778	1765	1820	92	106	35	279	3460
37	2	6	66	121	178	22	13	10	103	3470
185	45	47	1010	860	1710	85	166	66	548	3480
287	77	96	1078	1931	827	168	260	79	785	3490
9730	1243	1768	7341	26395	25135	2495	2188	1285	12876	3500
469	123	298	228	1229	414	136	58	94	771	3510

行业中类	代码	法人单位数	北京	天津	河北	山西	内蒙古
金属加工机械制造	3520	13718	433	514	585	146	78
起重运输设备制造	3530	4398	93	155	201	36	14
泵、阀门、压缩机及类似机械的制造	3540	17921	401	572	575	269	23
轴承、齿轮、传动和驱动部件的制造	3550	9545	87	126	298	69	11
烘炉、熔炉及电炉制造	3560	1352	49	36	47	12	3
风机、衡器、包装设备等通用设备制造	3570	15938	583	374	499	111	41
通用零部件制造及机械修理	3580	35520	492	910	2073	753	260
金属铸、锻加工	3590	26450	327	423	1999	1244	154
专用设备制造业	3600	65997	2473	1616	2515	685	243
矿山、冶金、建筑专用设备制造	3610	10387	261	215	789	269	62
化工、木材、非金属加工专用设备制造	3620	16641	284	397	396	82	25
食品、饮料、烟草及饲料生产专用设备制造	3630	3402	97	61	146	21	15
印刷、制药、日化生产专用设备制造	3640	4584	180	118	123	15	6
纺织、服装和皮革工业专用设备制造	3650	7656	69	142	197	52	2
电子和电工机械专用设备制造	3660	4369	295	135	203	48	16
农、林、牧、渔专用机械制造	3670	6157	91	67	288	76	78
医疗仪器设备及器械制造	3680	4188	501	202	84	21	6
环保、社会公共安全及其他专用设备制造	3690	8613	695	279	289	101	33
交通运输设备制造业	3700	61387	1517	2270	2349	536	270
铁路运输设备制造	3710	2279	150	59	136	76	22
汽车制造	3720	42852	1247	1049	1833	438	239
摩托车制造	3730	5951	3	58	108	1	1
自行车制造	3740	4416	25	934	192	4	1
船舶及浮动装置制造	3750	4571	15	140	46	0	2
航空航天器制造	3760	309	41	6	4	3	0
交通器材及其他交通运输设备制造	3790	1009	36	24	30	14	5
电气机械及器材制造业	3900	69984	1822	1611	2227	393	195
电机制造	3910	7294	97	184	114	31	27
输配电及控制设备制造	3920	23092	913	638	703	177	79
电线、电缆、光缆及电工器材制造	3930	12784	203	354	896	95	46
电池制造	3940	3012	59	82	105	21	11

单位:个

辽宁	吉林	黑龙江	上海	江苏	浙江	安徽	福建	江西	山东	代码
670	138	192	1084	3023	1436	325	236	140	1716	3520
406	31	42	315	1021	643	91	103	39	326	3530
1605	108	114	1146	3476	5222	232	440	98	1350	3540
646	45	93	420	1706	3147	156	165	136	1072	3550
78	9	24	83	428	187	16	8	9	106	3560
903	157	166	1421	4020	3100	157	201	145	1256	3570
2782	373	584	2144	6566	7860	621	490	339	2766	3580
2171	259	255	500	4926	3126	761	487	285	3513	3590
3661	706	1139	4664	13677	8802	1215	1451	709	6053	3600
1125	135	302	313	1647	643	262	256	179	1225	3610
732	118	137	1585	3549	2890	227	497	84	1187	3620
147	42	59	193	480	456	63	73	34	362	3630
248	37	47	433	845	633	51	97	50	427	3640
117	2	24	588	2460	2318	62	147	61	701	3650
203	76	104	398	810	278	119	71	39	327	3660
241	104	258	96	671	406	256	84	108	1038	3670
190	69	37	448	834	460	63	68	72	233	3680
658	123	171	610	2381	718	112	158	82	553	3690
3146	1462	957	2591	9365	10868	1297	1654	995	4799	3700
353	113	128	33	302	78	25	12	24	161	3710
2280	1317	766	1780	5441	7389	1049	1250	796	3703	3720
14	18	6	99	1029	1410	35	154	63	218	3730
30	5	6	228	1094	1133	46	21	31	169	3740
407	3	13	369	1340	715	112	194	64	354	3750
19	2	16	27	20	6	4	4	10	19	3760
43	4	22	55	139	137	26	19	7	175	3790
3228	533	799	4575	11800	15236	1364	1556	847	3835	3900
296	37	107	473	1461	1932	130	491	72	507	3910
1608	263	320	1588	3998	4743	347	358	248	1438	3920
534	95	163	839	2321	1889	451	164	182	655	3930
58	14	31	167	461	406	90	108	92	202	3940

行业中类	代码	法人单位数	北京	天津	河北	山西	内蒙古
家用电力器具制造	3950	8341	155	114	112	14	4
非电力家用器具制造	3960	2284	98	30	101	8	5
照明器具制造	3970	10571	211	109	118	26	9
其他电气机械及器材制造	3990	2606	86	100	78	21	14
通信设备、计算机及其他电子设备制造业	4000	33164	1722	930	401	82	50
通信设备制造	4010	4027	409	131	62	15	11
雷达及配套设备制造	4020	104	15	6	0	0	0
广播电视设备制造	4030	1469	109	12	35	3	8
电子计算机制造	4040	3319	344	77	27	8	3
电子器件制造	4050	4605	245	122	56	9	7
电子元件制造	4060	13992	282	457	170	25	16
家用视听设备制造	4070	2840	36	35	16	4	2
其他电子设备制造	4090	2808	282	90	35	18	3
仪器仪表及文化、办公用机械制造业	4100	19129	1309	729	346	110	24
通用仪器仪表制造	4110	9219	755	447	229	69	16
专用仪器仪表制造	4120	2972	309	127	60	27	4
钟表与计时仪器制造	4130	1700	14	50	12	2	1
光学仪器及眼镜制造	4140	3024	98	28	12	3	1
文化、办公用机械制造	4150	1407	45	41	17	4	0
其他仪器仪表的制造及修理	4190	807	88	36	16	5	2
工艺品及其他制造业	4200	37965	886	863	1086	395	112
工艺美术品制造	4210	24664	491	498	567	100	75
日用杂品制造	4220	6314	45	65	140	11	21
煤制品制造	4230	4084	148	16	223	203	6
核辐射加工	4240	34	6	0	1	1	0
其他未列明的制造业	4290	2869	196	284	155	80	10
废弃资源和废旧材料回收加工业	4300	4577	63	66	209	44	37
金属废料和碎屑的加工处理	4310	2072	30	49	88	26	25
非金属废料和碎屑的加工处理	4320	2505	33	17	121	18	12
电力、燃气及水的生产和供应业	**D**	**43148**	**335**	**217**	**691**	**553**	**551**
电力、热力的生产和供应业	4400	28426	189	118	433	286	343

单位:个

辽宁	吉林	黑龙江	上海	江苏	浙江	安徽	福建	江西	山东	代码
202	33	45	468	858	2401	125	111	68	381	3950
52	18	15	100	357	409	63	16	20	196	3960
302	38	42	705	1852	3103	111	236	142	311	3970
176	35	76	235	492	353	47	72	23	145	3990
839	130	186	2035	6236	4816	436	936	317	1559	4000
113	22	29	306	619	543	29	178	46	173	4010
6	0	1	2	19	5	7	3	0	3	4020
37	4	7	46	256	316	18	41	22	49	4030
82	16	35	222	480	192	20	105	25	152	4040
160	33	31	369	1019	512	57	141	54	221	4050
304	25	40	666	3197	2833	261	318	123	732	4060
42	9	7	130	258	265	19	55	24	41	4070
95	21	36	294	388	150	25	95	23	188	4090
1226	207	266	1568	2820	3954	283	545	217	973	4100
843	112	155	798	1471	1754	177	128	87	566	4110
211	48	50	257	495	425	63	60	35	174	4120
45	3	8	120	70	210	10	149	19	79	4130
44	23	8	160	526	1173	15	134	56	34	4140
32	7	22	156	172	279	5	52	10	70	4150
51	14	23	77	86	113	13	22	10	50	4190
1012	251	241	1225	3796	7989	735	2919	552	4269	4200
712	99	96	863	2451	5400	425	2268	361	3285	4210
93	18	25	205	810	2261	119	489	84	278	4220
151	80	56	9	280	81	152	24	56	423	4230
3	0	0	0	5	2	0	1	0	1	4240
53	54	64	148	250	245	39	137	51	282	4290
133	21	45	192	718	801	213	119	91	292	4300
57	9	25	86	309	327	40	46	38	128	4310
76	12	20	106	409	474	173	73	53	164	4320
917	**520**	**626**	**252**	**2705**	**3301**	**1609**	**4745**	**2832**	**1033**	**D**
629	352	405	38	312	2351	731	4199	2310	474	4400

行业中类	代码	法人单位数	北京	天津	河北	山西	内蒙古
电力生产	4410	23922	52	19	225	212	90
电力供应	4420	2611	18	20	129	22	102
热力生产和供应	4430	1893	119	79	79	52	151
燃气生产和供应业	4500	1867	42	34	71	52	39
水的生产和供应业	4600	12855	104	65	187	215	169
自来水的生产和供应	4610	11844	50	35	154	192	150
污水处理及其再生利用	4620	828	46	16	31	19	12
其他水的处理、利用与分配	4690	183	8	14	2	4	7
建筑业	**E**	**149471**	**9248**	**3538**	**3863**	**3147**	**1601**
房屋和土木工程建筑业	4700	64014	1890	926	2243	1421	921
房屋工程建筑	4710	42537	1093	402	1657	851	633
土木工程建筑	4720	21477	797	524	586	570	288
建筑安装业	4800	26934	1881	1099	609	567	224
建筑装饰业	4900	45424	4713	1054	758	864	347
其他建筑业	5000	13099	764	459	253	295	109
工程准备	5010	5275	281	73	98	120	22
提供施工设备服务	5020	1213	83	57	28	45	11
其他未列明的建筑活动	5090	6611	400	329	127	130	76
交通运输、仓储和邮政业	**F**	**91565**	**5131**	**3769**	**2799**	**1983**	**1338**
铁路运输业	5100	334	40	51	9	13	13
铁路旅客运输	5110	29	2	8	1	1	2
铁路货物运输	5120	170	19	35	3	7	7
铁路运输辅助活动	5130	135	19	8	5	5	4
道路运输业	5200	41340	2238	837	1542	1216	858
公路旅客运输	5210	5752	19	55	128	122	95
道路货物运输	5220	26302	2001	684	927	712	438
道路运输辅助活动	5230	9286	218	98	487	382	325
城市公共交通业	5300	6253	313	114	198	226	137
公共电汽车客运	5310	1545	40	27	55	78	47
轨道交通	5320	86	5	1	5	1	0
出租车客运	5330	4290	266	81	132	144	79

单位:个

辽宁	吉林	黑龙江	上海	江苏	浙江	安徽	福建	江西	山东	代码
164	111	114	22	203	2225	538	4077	2071	215	4410
78	43	138	4	24	91	179	112	230	139	4420
387	198	153	12	85	35	14	10	9	120	4430
57	41	39	15	128	90	73	29	58	176	4500
231	127	182	199	2265	860	805	517	464	383	4600
180	112	161	162	2094	768	780	490	459	299	4610
41	10	10	22	154	86	23	19	4	73	4620
10	5	11	15	17	6	2	8	1	11	4690
9251	**1985**	**3545**	**14230**	**15571**	**9088**	**6073**	**3993**	**3690**	**12678**	**E**
3387	938	1825	2755	6326	3630	3321	1414	2254	6804	4700
1776	543	1192	1267	3560	1723	2661	930	1548	5190	4710
1611	395	633	1488	2766	1907	660	484	706	1614	4720
2349	527	762	2970	2950	1247	798	702	458	2007	4800
2847	372	660	7328	4521	3150	1270	1299	805	2764	4900
668	148	298	1177	1774	1061	684	578	173	1103	5000
401	41	104	325	871	855	391	124	69	344	5010
49	4	24	111	156	44	60	59	8	134	5020
218	103	170	741	747	162	233	395	96	625	5090
5442	**1141**	**1893**	**7119**	**7905**	**7700**	**3376**	**3311**	**2101**	**5547**	**F**
12	3	14	5	11	6	34	6	3	17	5100
0	0	0	2	1	3	1	2	1	0	5110
4	2	3	1	8	3	13	2	1	9	5120
8	1	11	2	2	0	20	2	1	8	5130
1934	673	902	1745	3698	3410	1766	1597	1321	2156	5200
180	86	149	51	362	483	299	264	277	192	5210
1393	376	393	1530	3017	2290	1247	1012	570	1800	5220
361	211	360	164	319	637	220	321	474	164	5230
411	85	189	232	385	347	295	149	158	274	5300
70	28	50	58	73	76	70	47	50	92	5310
3	1	0	4	1	5	7	3	3	3	5320
330	53	133	160	287	232	206	74	93	172	5330

1—3 续表 9

行业中类	代码	法人单位数	北京	天津	河北	山西	内蒙古
城市轮渡	5340	62	0	1	0	0	0
其他城市公共交通	5390	270	2	4	6	3	11
水上运输业	5400	5853	3	160	25	3	9
水上旅客运输	5410	703	0	3	2	2	0
水上货物运输	5420	3198	1	50	12	1	0
水上运输辅助活动	5430	1952	2	107	11	0	9
航空运输业	5500	627	31	11	12	19	25
航空客货运输	5510	167	9	4	5	2	6
通用航空服务	5520	142	2	4	1	12	9
航空运输辅助活动	5530	318	20	3	6	5	10
管道运输业	5600	53	3	4	2	0	2
装卸搬运和其他运输服务业	5700	22757	1562	1923	476	228	107
装卸搬运	5710	5007	143	85	195	127	38
运输代理服务	5720	17750	1419	1838	281	101	69
仓储业	5800	11799	659	635	499	263	165
谷物、棉花等农产品仓储	5810	3277	74	79	150	103	74
其他仓储	5890	8522	585	556	349	160	91
邮政业	5900	2549	282	34	36	15	22
国家邮政	5910	571	3	12	24	12	20
其他寄递服务	5990	1978	279	22	12	3	2
信息传输、计算机服务和软件业	**G**	**85499**	**15116**	**1295**	**1660**	**1262**	**548**
电信和其他信息传输服务业	6000	15651	1827	157	259	403	171
电信	6010	3544	310	42	105	88	53
互联网信息服务	6020	7817	1320	92	79	242	45
广播电视传输服务	6030	4108	139	22	71	71	71
卫星传输服务	6040	182	58	1	4	2	2
计算机服务业	6100	43813	5194	716	1184	573	255
计算机系统服务	6110	9054	1699	199	79	115	72
数据处理	6120	973	298	14	8	19	22
计算机维修	6130	1854	327	35	23	19	13
其他计算机服务	6190	31932	2870	468	1074	420	148

单位:个

辽宁	吉林	黑龙江	上海	江苏	浙江	安徽	福建	江西	山东	代码
1	0	2	4	10	7	1	4	1	0	5340
7	3	4	6	14	27	11	21	11	7	5390
238	11	47	233	900	659	444	413	162	340	5400
40	5	3	13	21	79	63	50	26	24	5410
115	6	22	137	562	375	322	244	79	130	5420
83	0	22	83	317	205	59	119	57	186	5430
31	18	23	24	29	26	9	31	7	26	5500
8	8	9	7	10	5	2	10	2	9	5510
8	3	8	1	10	2	0	7	0	8	5520
15	7	6	16	9	19	7	14	5	9	5530
7	1	1	3	5	1	0	0	0	7	5600
2079	82	276	2477	1963	2622	408	809	245	1338	5700
172	33	165	191	690	564	249	193	168	219	5710
1907	49	111	2286	1273	2058	159	616	77	1119	5720
655	243	424	1645	781	426	307	236	188	1312	5800
231	162	218	42	137	65	169	57	120	298	5810
424	81	206	1603	644	361	138	179	68	1014	5890
75	25	17	755	133	203	113	70	17	77	5900
18	10	15	2	15	23	98	12	15	22	5910
57	15	2	753	118	180	15	58	2	55	5990
2979	**679**	**1075**	**8960**	**6649**	**6884**	**2118**	**2475**	**703**	**3952**	**G**
577	200	297	577	1126	857	690	668	279	1182	6000
109	73	145	102	198	177	241	101	94	191	6010
224	39	56	406	487	420	260	421	74	896	6020
237	88	89	67	437	250	181	139	111	91	6030
7	0	7	2	4	10	8	7	0	4	6040
1015	200	456	5456	3926	4208	1133	1229	251	1970	6100
405	103	128	1975	644	512	121	170	71	353	6110
67	8	18	92	26	101	13	15	14	26	6120
79	20	22	271	180	145	28	60	10	129	6130
464	69	288	3118	3076	3450	971	984	156	1462	6190

行业中类	代码	法人单位数	北京	天津	河北	山西	内蒙古
软件业	6200	26035	8095	422	217	286	122
公共软件服务	6210	19598	5512	269	187	211	81
其他软件服务	6290	6437	2583	153	30	75	41
批发和零售业	**H**	**994953**	**82557**	**23966**	**29354**	**24457**	**12883**
批发业	6300	599766	40346	15395	17186	11461	6472
农畜产品批发	6310	31982	778	349	2073	884	909
食品、饮料及烟草制品批发	6320	48471	3157	1004	1552	1095	506
纺织、服装及日用品批发	6330	59606	3772	1268	668	448	177
文化、体育用品及器材批发	6340	21664	2751	576	267	229	71
医药及医疗器材批发	6350	17736	1580	341	589	300	171
矿产品、建材及化工产品批发	6360	196733	9765	5103	7386	5027	2807
机械设备、五金交电及电子产品批发	6370	168493	14722	4365	3497	2714	1185
贸易经纪与代理	6380	11099	1261	868	119	137	71
其他批发	6390	43982	2560	1521	1035	627	575
零售业	6500	395187	42211	8571	12168	12996	6411
综合零售	6510	51246	3836	813	2211	2554	425
食品、饮料及烟草制品专门零售	6520	35793	3216	676	1138	1435	528
纺织、服装及日用品专门零售	6530	41062	3898	710	1070	1171	580
文化、体育用品及器材专门零售	6540	30282	5771	670	739	685	420
医药及医疗器材专门零售	6550	28218	2507	521	778	605	379
汽车、摩托车、燃料及零配件专门零售	6560	53216	3672	1037	2512	1945	1296
家用电器及电子产品专门零售	6570	63913	9330	1034	1514	1504	960
五金、家具及室内装修材料专门零售	6580	54095	5789	1621	1367	1540	1110
无店铺及其他零售	6590	37362	4192	1489	839	1557	713
住宿和餐饮业	**I**	**101853**	**10798**	**1709**	**3047**	**2402**	**1641**
住宿业	6600	41951	3177	516	1381	1253	699
旅游饭店	6610	13688	897	131	533	285	205
一般旅馆	6620	25039	1830	305	801	903	460
其他住宿服务	6690	3224	450	80	47	65	34
餐饮业	6700	59902	7621	1193	1666	1149	942
正餐服务	6710	48235	5996	969	1539	1017	876

单位:个

辽宁	吉林	黑龙江	上海	江苏	浙江	安徽	福建	江西	山东	代码
1387	279	322	2927	1597	1819	295	578	173	800	6200
1031	217	254	2244	1278	1642	243	366	160	544	6210
356	62	68	683	319	177	52	212	13	256	6290
48958	**17283**	**21425**	**136552**	**86024**	**64341**	**22577**	**28725**	**12534**	**68200**	**H**
32169	8806	11377	95962	56063	45746	13070	17337	6838	40521	6300
1904	1335	1526	577	2834	938	1834	542	950	3078	6310
2548	772	975	5401	4034	3207	1342	1800	726	3496	6320
2178	332	445	14493	6997	7923	668	2268	295	2741	6330
900	274	294	4585	1391	1621	265	792	191	944	6340
819	384	497	1485	892	835	790	478	292	1033	6350
11407	2529	3945	28253	21423	16570	4160	5235	2158	14636	6360
9588	2492	2634	32528	14170	10969	2936	4513	1452	9658	6370
705	76	132	1242	645	751	222	190	128	536	6380
2120	612	929	7398	3677	2932	853	1519	646	4399	6390
16789	8477	10048	40590	29961	18595	9507	11388	5696	27679	6500
2068	1098	1334	4542	3676	1251	1835	1217	1039	3701	6510
1418	534	696	3665	2789	1558	863	1109	451	2716	6520
1957	609	885	6501	2963	1853	951	1575	437	2580	6530
1136	470	541	3873	2021	1345	505	779	415	1586	6540
1551	904	1262	1039	2264	4127	620	508	542	1870	6550
2946	1342	1329	2821	4345	2881	1479	1978	927	4258	6560
2574	1285	1288	5610	4503	2668	1676	1769	828	3824	6570
2035	1289	1492	8518	4073	1966	1004	1428	563	3997	6580
1104	946	1221	4021	3327	946	574	1025	494	3147	6590
4636	**1643**	**2126**	**7710**	**6120**	**5481**	**3079**	**2565**	**2458**	**7023**	**I**
1911	699	945	1625	2094	2898	1370	1399	1334	1718	6600
551	215	268	407	608	1021	465	557	592	604	6610
1279	410	585	1066	1316	1802	861	740	679	961	6620
81	74	92	152	170	75	44	102	63	153	6690
2725	944	1181	6085	4026	2583	1709	1166	1124	5305	6700
2370	826	1052	4119	3305	1850	1462	897	1004	4573	6710

行业中类	代码	法人单位数	北京	天津	河北	山西	内蒙古
快餐服务	6720	3907	638	89	55	67	29
饮料及冷饮服务	6730	3178	504	40	20	25	8
其他餐饮服务	6790	4582	483	95	52	40	29
金融业	**J**	**26828**	**635**	**396**	**1344**	**494**	**568**
银行业	6800	17156	61	244	1102	228	350
中央银行	6810	746	4	3	33	19	25
商业银行	6820	15641	49	226	1053	195	310
其他银行	6890	769	8	15	16	14	15
证券业	6900	1270	72	62	35	11	12
证券市场管理	6910	70	1	0	4	1	1
证券经纪与交易	6920	1010	36	59	29	8	10
证券投资	6930	88	16	1	1	1	1
证券分析与咨询	6940	102	19	2	1	1	0
保险业	7000	4573	249	55	144	111	79
人寿保险	7010	1623	41	7	58	38	28
非人寿保险	7020	1735	30	30	44	38	31
保险辅助服务	7030	1215	178	18	42	35	20
其他金融活动	7100	3829	253	35	63	144	127
金融信托与管理	7110	389	47	7	9	19	17
金融租赁	7120	50	12	0	1	1	0
财务公司	7130	180	34	3	2	1	2
邮政储蓄	7140	12	0	0	1	0	2
典当	7150	1422	37	14	32	35	41
其他未列明的金融活动	7190	1776	123	11	18	88	65
房地产业	**K**	**148059**	**10952**	**2438**	**3207**	**2438**	**1973**
房地产业	7200	148059	10952	2438	3207	2438	1973
房地产开发经营	7210	69049	3421	1182	1861	1346	1222
物业管理	7220	35764	3674	702	711	559	501
房地产中介服务	7230	23866	2604	490	370	301	105
其他房地产活动	7290	19380	1253	64	265	232	145

单位：个

辽宁	吉林	黑龙江	上海	江苏	浙江	安徽	福建	江西	山东	代码
185	55	60	410	275	231	72	79	51	462	6720
78	18	17	734	172	320	88	68	26	45	6730
92	45	52	822	274	182	87	122	43	225	6790
1952	**589**	**621**	**1040**	**951**	**1395**	**2932**	**898**	**538**	**1079**	**J**
1362	410	348	316	258	750	2392	519	344	545	6800
28	17	28	2	16	19	78	37	24	36	6810
1312	385	302	304	218	718	2191	450	304	455	6820
22	8	18	10	24	13	123	32	16	54	6890
109	14	22	402	38	43	55	33	8	42	6900
6	2	1	3	1	3	5	5	2	1	6910
83	10	17	376	29	35	36	20	5	33	6920
13	1	0	1	2	1	8	4	0	6	6930
7	1	4	22	6	4	6	4	1	2	6940
262	113	108	188	288	196	344	146	133	312	7000
89	32	51	33	94	64	185	55	54	97	7010
91	42	39	28	110	96	143	52	49	123	7020
82	39	18	127	84	36	16	39	30	92	7030
219	52	143	134	367	406	141	200	53	180	7100
15	8	8	9	34	13	19	32	3	18	7110
0	0	1	8	4	3	2	2	0	3	7120
7	2	1	13	19	5	12	8	1	7	7130
0	0	1	1	0	0	4	0	0	0	7140
110	35	75	41	95	83	41	48	26	62	7150
87	7	57	62	215	302	63	110	23	90	7190
6910	**1773**	**3058**	**12262**	**10314**	**9079**	**4844**	**5556**	**5065**	**7042**	**K**
6910	1773	3058	12262	10314	9079	4844	5556	5065	7042	7200
3161	922	1121	5271	4908	4095	2847	3018	3632	4108	7210
2085	639	932	2743	2365	1696	1177	1197	482	1684	7220
1022	123	389	4058	2115	2093	467	672	259	982	7230
642	89	616	190	926	1195	353	669	692	268	7290

1—3 续表 12

行业中类	代码	法人单位数	北京	天津	河北	山西	内蒙古
租赁和商务服务业	**L**	**291498**	**48509**	**5669**	**4753**	**5569**	**2569**
租赁业	7300	10890	1811	242	204	255	94
机械设备租赁	7310	10074	1658	225	190	244	90
文化及日用品出租	7320	816	153	17	14	11	4
商务服务业	7400	280608	46698	5427	4549	5314	2475
企业管理服务	7410	57505	6081	829	837	1262	447
法律服务	7420	18117	1069	252	826	432	325
咨询与调查	7430	77457	20017	1610	692	1040	485
广告业	7440	45482	8067	1028	715	766	362
知识产权服务	7450	2762	592	44	37	22	18
职业中介服务	7460	13012	1010	347	260	249	109
市场管理	7470	13920	973	163	201	424	98
旅行社	7480	14537	891	232	518	439	259
其他商务服务	7490	37816	7998	922	463	680	372
科学研究、技术服务和地质勘查业	**M**	**153076**	**22483**	**3759**	**2860**	**3124**	**2075**
研究与试验发展	7500	16668	2471	287	296	550	210
自然科学研究与试验发展	7510	1598	224	36	22	30	32
工程和技术研究与试验发展	7520	6536	933	110	118	223	32
农业科学研究与试验发展	7530	4137	257	49	97	153	89
医学研究与试验发展	7540	2742	812	76	36	77	14
社会人文科学研究与试验发展	7550	1655	245	16	23	67	43
专业技术服务业	7600	75294	8087	1976	1770	1647	1069
气象服务	7610	3273	60	36	156	139	127
地震服务	7620	1170	26	8	55	72	41
海洋服务	7630	160	15	16	2	1	1
测绘服务	7640	2264	96	26	85	78	56
技术检测	7650	10627	532	233	405	266	163
环境监测	7660	2317	114	20	61	96	47
工程技术与规划管理	7670	34631	2339	483	880	803	519
其他专业技术服务	7690	20852	4905	1154	126	192	115
科技交流和推广服务业	7700	58487	11744	1466	692	807	707
技术推广服务	7710	42186	6584	765	541	520	533

单位:个

辽宁	吉林	黑龙江	上海	江苏	浙江	安徽	福建	江西	山东	代码
12965	**3622**	**4240**	**38052**	**21458**	**21064**	**5312**	**8613**	**3781**	**13209**	**L**
398	130	147	1210	1020	572	203	238	136	865	7300
376	117	133	1026	969	545	195	231	133	806	7310
22	13	14	184	51	27	8	7	3	59	7320
12567	3492	4093	36842	20438	20492	5109	8375	3645	12344	7400
2745	542	739	5307	3807	6375	795	1816	1019	1504	7410
943	383	659	728	1566	1036	716	583	393	1102	7420
2947	654	759	15810	4247	3793	798	1754	553	3008	7430
1879	630	595	4816	3492	3504	969	1478	515	2381	7440
105	40	47	360	181	231	49	99	29	110	7450
965	183	150	1655	2173	769	402	424	182	503	7460
730	273	435	785	1628	2061	381	259	208	543	7470
929	245	315	939	1073	1068	497	584	350	1062	7480
1324	542	394	6442	2271	1655	502	1378	396	2131	7490
7167	**2704**	**3205**	**12428**	**9384**	**9076**	**3248**	**4716**	**2965**	**5174**	**M**
962	337	489	1011	928	731	352	411	390	823	7500
79	47	32	106	63	30	29	44	84	107	7510
470	109	185	563	494	232	109	89	71	245	7520
199	86	160	57	174	218	114	177	156	244	7530
142	45	70	217	121	140	71	52	30	155	7540
72	50	42	68	76	111	29	49	49	72	7550
3563	1295	1636	7613	5081	5110	1651	2667	1394	2710	7600
107	71	98	26	123	161	94	114	119	119	7610
67	24	35	8	87	10	31	39	15	47	7620
9	0	1	13	9	16	0	5	2	22	7630
104	54	82	60	182	275	62	84	58	98	7640
807	308	363	376	730	829	291	341	279	334	7650
166	58	84	86	153	142	74	104	70	53	7660
1721	564	757	2947	2739	3082	880	1322	695	1302	7670
582	216	216	4097	1058	595	219	658	156	735	7690
2471	994	982	3762	3287	3174	1168	1551	1082	1519	7700
1892	819	785	1871	2499	2651	977	1022	816	858	7710

行业中类	代码	法人单位数	北京	天津	河北	山西	内蒙古
科技中介服务	7720	6281	1036	107	106	165	72
其他科技服务	7790	10020	4124	594	45	122	102
地质勘查业	7800	2627	181	30	102	120	89
矿产地质勘查	7810	996	56	10	41	39	42
基础地质勘查	7820	696	25	5	32	29	21
地质勘查技术服务	7830	935	100	15	29	52	26
水利、环境和公共设施管理业	**N**	**46847**	**1932**	**793**	**1058**	**1388**	**1036**
水利管理业	7900	18922	266	272	413	681	515
防洪管理	7910	2185	24	40	47	46	45
水资源管理	7920	9319	155	107	256	469	282
其他水利管理	7990	7418	87	125	110	166	188
环境管理业	8000	10523	516	207	182	274	264
自然保护	8010	1819	41	7	24	35	70
环境治理	8020	8704	475	200	158	239	194
公共设施管理业	8100	17402	1150	314	463	433	257
市政公共设施管理	8110	4126	118	127	108	111	87
城市绿化管理	8120	7466	700	138	125	147	85
游览景区管理	8130	5810	332	49	230	175	85
居民服务和其他服务业	**O**	**93947**	**16948**	**4086**	**1606**	**1855**	**1057**
居民服务业	8200	46149	6950	1593	950	894	558
家庭服务	8210	2508	479	94	40	32	21
托儿所	8220	843	13	3	2	7	5
洗染服务	8230	1707	433	62	33	42	17
理发及美容保健服务	8240	11865	2488	153	173	158	59
洗浴服务	8250	7107	665	130	187	199	106
婚姻服务	8260	1996	278	77	69	30	26
殡葬服务	8270	3536	94	41	162	39	101
摄影扩印服务	8280	4984	807	89	145	129	55
其他居民服务	8290	11603	1693	944	139	258	168
其他服务业	8300	47798	9998	2493	656	961	499
修理与维护	8310	21037	3369	679	455	598	151

单位:个

辽宁	吉林	黑龙江	上海	江苏	浙江	安徽	福建	江西	山东	代码
389	73	98	732	456	455	122	287	133	228	7720
190	102	99	1159	332	68	69	242	133	433	7790
171	78	98	42	88	61	77	87	99	122	7800
68	40	45	11	28	16	30	27	42	43	7810
44	18	21	9	28	23	17	24	35	31	7820
59	20	32	22	32	22	30	36	22	48	7830
2179	**871**	**1292**	**2161**	**3650**	**2813**	**1486**	**1681**	**1249**	**1946**	**N**
779	424	519	185	1609	661	654	587	535	655	7900
94	49	117	35	214	102	132	88	78	42	7910
332	215	263	67	662	336	386	298	253	410	7920
353	160	139	83	733	223	136	201	204	203	7990
553	186	298	622	647	636	293	456	314	366	8000
122	31	44	26	53	37	47	151	48	43	8010
431	155	254	596	594	599	246	305	266	323	8020
847	261	475	1354	1394	1516	539	638	400	925	8100
240	91	176	223	331	243	133	112	113	193	8110
367	107	188	1045	696	812	165	214	103	427	8120
240	63	111	86	367	461	241	312	184	305	8130
3646	**1469**	**1582**	**13631**	**6972**	**3885**	**1994**	**2460**	**1054**	**5291**	**O**
2271	747	930	6145	3542	2278	1163	1279	580	2762	8200
133	21	33	138	146	211	49	81	11	109	8210
40	7	15	61	47	44	14	23	28	113	8220
75	20	30	199	90	127	34	49	4	90	8230
421	103	128	3189	403	669	113	275	106	389	8240
590	226	245	751	1249	221	403	164	75	347	8250
180	18	35	176	158	137	35	58	20	156	8260
267	70	155	117	285	332	153	138	96	183	8270
220	124	109	506	301	226	159	121	63	346	8280
345	158	180	1008	863	311	203	370	177	1029	8290
1375	722	652	7486	3430	1607	831	1181	474	2529	8300
934	412	316	2337	1468	1014	405	616	278	1223	8310

行业中类	代码	法人单位数	北京	天津	河北	山西	内蒙古
清洁服务	8320	6459	1333	238	107	88	36
其他未列明的服务	8390	20302	5296	1576	94	275	312
教育	**P**	**305446**	**6654**	**2525**	**17620**	**8009**	**4673**
教育	8400	305446	6654	2525	17620	8009	4673
学前教育	8410	40095	621	278	1183	772	402
初等教育	8420	142710	925	581	10279	3183	2023
中等教育	8430	77651	1127	670	4663	2697	1508
高等教育	8440	5254	356	125	221	203	75
其他教育	8490	39736	3625	871	1274	1154	665
卫生、社会保障和社会福利业	**Q**	**183760**	**2433**	**995**	**6770**	**4250**	**2929**
卫生	8500	156998	1669	744	5848	3473	2348
医院	8510	18302	452	268	855	726	440
卫生院及社区医疗活动	8520	45566	227	224	2944	1603	1228
门诊部医疗活动	8530	67301	674	83	1444	466	76
计划生育技术服务活动	8540	12567	28	48	112	234	185
妇幼保健活动	8550	2997	28	25	172	127	107
专科疾病防治活动	8560	1739	41	12	34	43	45
疾病预防控制及防疫活动	8570	5226	47	21	250	154	165
其他卫生活动	8590	3300	172	63	37	120	102
社会保障业	8600	9135	298	111	207	440	168
社会福利业	8700	17627	466	140	715	337	413
提供住宿的社会福利	8710	13645	317	105	633	204	286
不提供住宿的社会福利	8720	3982	149	35	82	133	127
文化、体育和娱乐业	**R**	**69490**	**8244**	**821**	**1670**	**1961**	**1339**
新闻出版业	8800	5291	1239	101	85	232	125
新闻业	8810	617	13	3	3	65	32
出版业	8820	4674	1226	98	82	167	93
广播、电视、电影和音像业	8900	14539	1269	116	313	395	268
广播	8910	3753	36	14	26	81	89
电视	8920	4678	539	20	87	132	93
电影	8930	5053	356	63	192	154	80
音像制作	8940	1055	338	19	8	28	6
文化艺术业	9000	29742	3735	248	887	937	676

单位:个

辽宁	吉林	黑龙江	上海	江苏	浙江	安徽	福建	江西	山东	代码
233	72	81	903	443	399	90	136	46	248	8320
208	238	255	4246	1519	194	336	429	150	1058	8390
9449	**4643**	**6512**	**5213**	**12474**	**12224**	**21155**	**10591**	**8429**	**14761**	**P**
9449	4643	6512	5213	12474	12224	21155	10591	8429	14761	8400
1409	265	655	1040	2278	2834	1214	1477	1412	3611	8410
2298	1725	1989	881	3573	3347	14226	5295	3191	4364	8420
2811	1708	2265	1297	3777	3290	4494	2306	2924	4396	8430
215	136	232	255	317	244	164	176	113	250	8440
2716	809	1371	1740	2529	2509	1057	1337	789	2140	8490
8450	**3194**	**3790**	**2028**	**9611**	**6804**	**4865**	**6201**	**6069**	**9476**	**Q**
6739	2194	2982	1094	7759	5498	4202	5376	4845	8270	8500
1019	473	811	320	926	655	692	448	567	1230	8510
1221	889	1006	248	1907	2433	2024	1336	1710	2115	8520
3288	411	345	272	3760	1810	673	2613	1604	3897	8530
300	101	289	21	531	144	373	526	445	215	8540
142	65	118	26	115	92	109	89	98	138	8550
109	69	123	44	60	41	67	37	84	142	8560
515	127	196	43	286	221	182	110	253	194	8570
145	59	94	120	174	102	82	217	84	339	8590
411	137	282	246	556	350	181	421	294	367	8600
1300	863	526	688	1296	956	482	404	930	839	8700
1079	760	443	432	1040	565	408	252	847	716	8710
221	103	83	256	256	391	74	152	83	123	8720
2850	**1265**	**1408**	**3805**	**4439**	**3980**	**1862**	**2472**	**1695**	**2772**	**R**
207	121	126	270	201	203	144	185	120	181	8800
13	15	20	13	24	14	19	54	24	29	8810
194	106	106	257	177	189	125	131	96	152	8820
587	301	310	473	1016	545	480	472	480	408	8900
135	85	76	71	170	66	173	94	136	54	8910
134	81	94	130	271	165	115	167	201	99	8920
276	121	123	202	508	284	178	172	134	218	8930
42	14	17	70	67	30	14	39	9	37	8940
1157	582	613	793	1787	1539	756	1039	718	1102	9000

行业中类	代码	法人单位数	北京	天津	河北	山西	内蒙古
文艺创作与表演	9010	4016	290	35	126	182	114
艺术表演场馆	9020	1087	25	18	32	40	22
图书馆与档案馆	9030	4563	52	48	256	214	178
文物及文化保护	9040	2108	59	10	130	129	74
博物馆	9050	1532	73	12	29	62	38
烈士陵园、纪念馆	9060	766	3	13	57	32	10
群众文化活动	9070	10137	359	40	225	164	190
文化艺术经纪代理	9080	1806	1069	18	14	19	11
其他文化艺术	9090	3727	1805	54	18	95	39
体育	9100	6022	709	119	145	137	83
体育组织	9110	3006	364	67	43	69	42
体育场馆	9120	1472	72	26	28	31	19
其他体育	9190	1544	273	26	74	37	22
娱乐业	9200	13896	1292	237	240	260	187
室内娱乐活动	9210	8163	511	131	112	140	122
游乐园	9220	509	33	4	22	11	9
休闲健身娱乐活动	9230	3418	623	70	72	65	31
其他娱乐活动	9260	1806	125	32	34	44	25
公共管理和社会组织	**S**	**1252597**	**13486**	**8247**	**71517**	**47472**	**27866**
中国共产党机关	9300	40137	365	191	1847	1504	893
国家机构	9400	334091	3055	1616	13655	11253	9057
国家权力机构	9410	6266	54	88	189	139	164
国家行政机构	9420	316378	2891	1378	13058	10681	8499
人民法院和人民检察院	9430	7006	49	43	391	271	253
其他国家机构	9490	4441	61	107	17	162	141
人民政协和民主党派	9500	5684	54	63	251	229	162
人民政协	9510	3259	28	18	179	131	120
民主党派	9520	2425	26	45	72	98	42
群众团体、社会团体和宗教组织	9600	149582	3651	1082	3383	4519	2912
群众团体	9610	20666	770	208	969	782	589
社会团体	9620	90161	2851	834	1850	3250	1857
宗教组织	9630	38755	30	40	564	487	466
基层群众自治组织	9700	723103	6361	5295	52381	29967	14842
社区自治组织	9710	75679	2383	1471	2605	1693	2599
村民自治组织	9720	647424	3978	3824	49776	28274	12243

单位:个

辽宁	吉林	黑龙江	上海	江苏	浙江	安徽	福建	江西	山东	代码
172	92	95	151	271	211	124	148	105	198	9010
37	45	34	33	47	67	49	38	45	83	9020
251	126	135	60	190	177	129	166	163	212	9030
61	35	59	20	61	72	60	77	42	88	9040
61	27	33	36	108	114	36	83	69	84	9050
22	22	19	22	71	33	31	36	34	57	9060
445	199	184	176	821	733	253	379	214	207	9070
27	8	20	100	89	54	27	22	8	38	9080
81	28	34	195	129	78	47	90	38	135	9090
376	128	174	490	344	757	172	157	94	218	9100
209	62	75	168	137	541	94	62	45	128	9110
86	35	33	244	116	154	29	38	21	46	9120
81	31	66	78	91	62	49	57	28	44	9190
523	133	185	1779	1091	936	310	619	283	863	9200
288	65	79	1424	765	643	198	397	156	262	9210
19	9	17	8	27	41	9	23	19	36	9220
152	39	62	286	195	191	64	133	52	182	9230
64	20	27	61	104	61	39	66	56	383	9260
35155	**23199**	**30479**	**11155**	**54179**	**66683**	**47082**	**36914**	**39081**	**112488**	**S**
1554	600	1327	234	1991	1207	1727	979	1268	2148	9300
11237	8635	12377	3117	18792	10642	12442	10445	13127	15013	9400
134	138	253	98	191	115	378	219	263	374	9410
10793	8215	11594	2928	18136	10268	11718	9729	12484	13962	9420
261	151	372	46	243	224	253	196	247	332	9430
49	131	158	45	222	35	93	301	133	345	9490
226	126	218	148	234	284	223	207	203	267	9500
119	69	142	33	117	106	136	88	115	162	9510
107	57	76	115	117	178	87	119	88	105	9520
6020	2522	3854	2423	9608	15187	5145	8776	4578	6052	9600
790	460	752	395	842	880	668	923	671	1001	9610
4372	1323	2577	1849	7605	8148	1954	5316	2455	4786	9620
858	739	525	179	1161	6159	2523	2537	1452	265	9630
16118	11316	12703	5233	23554	39363	27545	16507	19905	89008	9700
4349	1891	3625	3279	5281	3425	2783	1737	2472	4614	9710
11769	9425	9078	1954	18273	35938	24762	14770	17433	84394	9720

行业中类	代码	法人单位数					
		河南	湖北	湖南	广东	广西	海南
总　　计	**0000**	**286375**	**165618**	**189517**	**479166**	**130209**	**25006**
农、林、牧、渔业	**A**	**8256**	**266**	**6391**	**3710**	**3536**	**282**
农业	0100	972	45	2370	613	295	80
谷物及其他作物的种植	0110	281	10	436	136	75	24
蔬菜、园艺作物的种植	0120	449	14	93	248	70	11
水果、坚果、饮料和香料作物的种植	0130	203	15	1780	220	140	40
中药材的种植	0140	39	6	61	9	10	5
林业	0200	661	12	1604	239	340	136
林木的培育和种植	0210	638	11	1210	199	327	42
木材和竹材的采运	0220	5	1	389	31	8	0
林产品的采集	0230	18	0	5	9	5	94
畜牧业	0300	3043	36	326	330	228	14
牲畜的饲养	0310	698	15	209	57	62	3
猪的饲养	0320	1252	13	70	124	59	4
家禽的饲养	0330	951	6	22	130	70	2
狩猎和捕捉动物	0340	4	0	0	0	1	0
其他畜牧业	0390	138	2	25	19	36	5
渔业	0400	315	18	842	254	68	26
海洋渔业	0410	4	0	3	83	32	18
内陆渔业	0420	311	18	839	171	36	8
农、林、牧、渔服务业	0500	3265	155	1249	2274	2605	26
农业服务业	0510	2037	65	617	706	913	17
林业服务业	0520	328	10	187	446	998	5
畜牧服务业	0530	869	65	354	708	656	0
渔业服务业	0540	31	15	91	414	38	4
采矿业	**B**	**7465**	**3217**	**7107**	**2104**	**1639**	**159**
煤炭开采和洗选业	0600	2011	703	2803	169	65	0
烟煤和无烟煤的开采洗选	0610	1972	650	2709	156	31	0
褐煤的开采洗选	0620	14	1	6	1	27	0
其他煤炭采选	0690	25	52	88	12	7	0
石油和天然气开采业	0700	24	8	0	15	0	2

单位:个

重庆	四川	贵州	云南	西藏	陕西	甘肃	青海	宁夏	新疆	代码
94428	**275968**	**83925**	**99131**	**13223**	**155723**	**87018**	**21686**	**27687**	**69756**	**0000**
1580	**3666**	**811**	**3253**	**1**	**129**	**384**	**323**	**445**	**1449**	**A**
361	322	93	843	0	26	103	30	94	315	0100
42	50	20	99	0	9	78	17	44	245	0110
182	144	22	242	0	11	14	12	31	28	0120
100	96	41	431	0	3	6	1	10	40	0130
37	32	10	71	0	3	5	0	9	2	0140
91	253	73	424	1	29	62	49	114	70	0200
86	250	55	262	1	26	61	49	113	62	0210
3	0	15	33	0	1	0	0	0	8	0220
2	3	3	129	0	2	1	0	1	0	0230
207	216	81	315	0	24	71	59	99	132	0300
53	69	24	99	0	11	35	35	68	104	0310
58	44	27	78	0	8	13	9	6	8	0320
66	78	19	98	0	3	15	8	18	13	0330
0	1	1	0	0	0	0	0	0	0	0340
30	24	10	40	0	2	8	7	7	7	0390
41	30	5	52	0	0	1	3	4	14	0400
0	1	1	0	0	0	0	1	1	0	0410
41	29	4	52	0	0	1	2	3	14	0420
880	2845	559	1619	0	50	147	182	134	918	0500
202	1018	254	650	0	12	116	48	69	510	0510
99	370	165	535	0	1	13	27	7	155	0520
577	1398	138	400	0	36	18	105	53	248	0530
2	59	2	34	0	1	0	2	5	5	0540
2851	**5111**	**4004**	**3304**	**33**	**3155**	**1215**	**310**	**619**	**836**	**B**
1378	2250	2531	1583	1	885	310	48	313	394	0600
1332	2233	2525	1450	1	850	310	46	302	394	0610
9	6	3	125	0	2	0	0	10	0	0620
37	11	3	8	0	33	0	2	1	0	0690
6	32	0	2	0	148	7	4	47	35	0700

行业中类	代码	法人单位数					
		河南	湖北	湖南	广东	广西	海南
天然原油和天然气开采	0710	9	4	0	11	0	1
与石油和天然气开采有关的服务活动	0790	15	4	0	4	0	1
黑色金属矿采选业	0800	1082	661	605	166	309	17
铁矿采选	0810	1057	653	237	155	85	15
其他黑色金属矿采选	0890	25	8	368	11	224	2
有色金属矿采选业	0900	910	147	906	176	322	65
常用有色金属矿采选	0910	469	118	654	112	288	62
贵金属矿采选	0920	335	25	122	22	22	3
稀有稀土金属矿采选	0930	106	4	130	42	12	0
非金属矿采选业	1000	3408	1684	2776	1563	935	68
土砂石开采	1010	2887	1245	2453	1371	669	22
化学矿采选	1020	67	249	55	6	82	0
采盐	1030	2	5	2	70	8	6
石棉及其他非金属矿采选	1090	452	185	266	116	176	40
其他采矿业	1100	30	14	17	15	8	7
制造业	**C**	**82869**	**27103**	**36903**	**153961**	**17110**	**2014**
农副食品加工业	1300	10134	2392	2771	2882	1136	239
谷物磨制	1310	5673	1146	1132	358	121	17
饲料加工	1320	1048	191	350	450	233	16
植物油加工	1330	1079	318	284	212	90	10
制糖	1340	18	3	21	81	112	26
屠宰及肉类加工	1350	768	228	386	553	178	38
水产品加工	1360	27	88	63	585	68	89
蔬菜、水果和坚果加工	1370	398	157	222	359	104	21
其他农副食品加工	1390	1123	261	313	284	230	22
食品制造业	1400	2587	693	1078	3296	653	152
焙烤食品制造	1410	625	168	201	621	125	15
糖果、巧克力及蜜饯制造	1420	191	48	172	1088	58	25
方便食品制造	1430	548	118	227	319	98	1
液体乳及乳制品制造	1440	139	35	37	56	25	3
罐头制造	1450	122	68	140	153	71	11

单位:个

重庆	四川	贵州	云南	西藏	陕西	甘肃	青海	宁夏	新疆	代码
6	18	0	2	0	27	5	2	38	6	0710
0	14	0	0	0	121	2	2	9	29	0790
199	244	204	272	5	216	104	24	6	89	0800
19	225	94	210	2	176	87	16	6	75	0810
180	19	110	62	3	40	17	8	0	14	0890
19	349	269	656	17	421	205	47	2	97	0900
19	254	191	591	10	285	122	33	0	54	0910
0	55	69	38	6	100	79	14	1	42	0920
0	40	9	27	1	36	4	0	1	1	0930
1245	2186	987	782	10	1472	584	186	250	216	1000
1135	1718	809	556	7	1225	442	144	211	173	1010
42	162	131	167	3	86	9	3	2	3	1020
5	16	0	6	0	3	5	7	1	9	1030
63	290	47	53	0	158	128	32	36	31	1090
4	50	13	9	0	13	5	1	1	5	1100
19229	**42308**	**8138**	**11774**	**244**	**23492**	**10706**	**1839**	**4195**	**6025**	**C**
1316	3407	577	954	25	1389	1329	161	581	626	1300
242	629	50	89	13	552	452	21	159	188	1310
196	630	97	150	3	200	105	17	51	68	1320
130	400	151	94	5	139	78	22	27	189	1330
45	35	6	87	0	4	11	0	2	19	1340
325	1092	148	179	3	206	123	81	49	77	1350
11	9	2	15	0	6	4	1	1	8	1360
254	353	55	229	1	119	243	0	115	44	1370
113	259	68	111	0	163	313	19	177	33	1390
632	1755	296	557	11	828	419	73	171	308	1400
103	279	41	122	4	242	84	14	45	53	1410
33	102	14	49	0	59	68	0	3	11	1420
148	300	54	73	0	118	39	1	11	26	1430
17	66	13	38	2	88	57	19	38	65	1440
34	119	14	50	1	34	16	0	4	52	1450

1—3 续表 18

行业中类	代码	法人单位数					
		河南	湖北	湖南	广东	广西	海南
调味品、发酵制品制造	1460	484	119	101	439	120	24
其他食品制造	1490	478	137	200	620	156	73
饮料制造业	1500	1677	1083	821	1271	624	106
酒精制造	1510	44	9	6	21	44	2
酒的制造	1520	697	283	230	408	142	22
软饮料制造	1530	702	267	267	703	241	61
精制茶加工	1540	234	524	318	139	197	21
烟草制品业	1600	34	10	15	34	5	1
烟叶复烤	1610	10	3	6	10	1	0
卷烟制造	1620	17	4	6	7	3	1
其他烟草制品加工	1690	7	3	3	17	1	0
纺织业	1700	2577	1857	876	8525	678	26
棉、化纤纺织及印染精加工	1710	1510	983	297	2300	75	2
毛纺织和染整精加工	1720	92	27	24	436	32	1
麻纺织	1730	47	92	112	22	11	1
丝绢纺织及精加工	1740	54	32	5	177	64	1
纺织制成品制造	1750	522	476	235	1594	97	14
针织品、编织品及其制品制造	1760	352	247	203	3996	399	7
纺织服装、鞋、帽制造业	1800	1092	1030	415	10840	274	71
纺织服装制造	1810	859	1001	353	10312	262	70
纺织面料鞋的制造	1820	217	23	59	337	8	1
制帽	1830	16	6	3	191	4	0
皮革、毛皮、羽毛(绒)及其制品业	1900	1082	139	377	5683	248	7
皮革鞣制加工	1910	376	24	78	389	31	0
皮革制品制造	1920	412	99	279	5071	153	5
毛皮鞣制及制品加工	1930	227	6	3	96	1	0
羽毛(绒)加工及制品制造	1940	67	10	17	127	63	2
木材加工及木、竹、藤、棕、草制品业	2000	4510	624	2542	2433	1372	128
锯材、木片加工	2010	2774	134	765	629	470	82
人造板制造	2020	1204	230	740	578	356	22
木制品制造	2030	344	167	269	870	277	20

单位:个

重庆	四川	贵州	云南	西藏	陕西	甘肃	青海	宁夏	新疆	代码
179	546	119	103	3	154	105	22	23	33	1460
118	343	41	122	1	133	50	17	47	68	1490
813	3011	550	913	20	583	338	41	111	257	1500
5	33	2	6	1	7	3	0	2	2	1510
493	2206	277	289	7	154	220	25	61	150	1520
167	344	166	274	12	199	109	14	45	98	1530
148	428	105	344	0	223	6	2	3	7	1540
6	13	19	29	0	12	20	0	3	5	1600
2	7	13	11	0	4	1	0	1	1	1610
4	5	6	11	0	7	3	0	1	3	1620
0	1	0	7	0	1	16	0	1	1	1690
1248	983	87	197	8	582	210	33	124	229	1700
982	366	27	52	0	336	49	1	10	124	1710
9	13	5	3	3	26	66	9	81	16	1720
18	59	2	30	1	4	12	0	6	13	1730
112	244	6	16	0	21	0	1	1	5	1740
72	201	26	62	3	113	53	16	13	45	1750
55	100	21	34	1	82	30	6	13	26	1760
248	482	69	148	11	327	134	24	35	97	1800
215	457	64	137	10	297	114	21	34	95	1810
32	22	5	10	1	23	12	1	1	1	1820
1	3	0	1	0	7	8	2	0	1	1830
238	538	32	48	5	85	122	6	44	38	1900
13	71	2	3	0	13	58	1	3	15	1910
204	382	25	42	1	68	51	3	12	18	1920
2	13	2	1	4	4	13	2	25	4	1930
19	72	3	2	0	0	0	0	4	1	1940
210	871	158	570	19	392	151	18	46	147	2000
53	246	62	240	15	147	48	9	4	57	2010
42	224	39	109	0	80	30	4	12	52	2020
74	226	36	194	2	145	59	5	20	34	2030

行业中类	代码	法人单位数					
		河南	湖北	湖南	广东	广西	海南
竹、藤、棕、草制品制造	2040	188	93	768	356	269	4
家具制造业	2100	2053	439	694	4602	315	88
木质家具制造	2110	1711	347	594	2872	272	53
竹、藤家具制造	2120	19	8	35	97	9	4
金属家具制造	2130	213	38	29	684	15	4
塑料家具制造	2140	16	5	0	94	2	2
其他家具制造	2190	94	41	36	855	17	25
造纸及纸制品业	2200	2125	850	1726	6248	885	61
纸浆制造	2210	59	11	21	96	30	1
造纸	2220	1008	297	926	1338	506	12
纸制品制造	2230	1058	542	779	4814	349	48
印刷业和记录媒介的复制	2300	1592	932	1055	6966	648	118
印刷	2310	1364	836	991	6537	599	106
装订及其他印刷服务活动	2320	219	92	60	368	47	8
记录媒介的复制	2330	9	4	4	61	2	4
文教体育用品制造业	2400	182	79	144	3477	56	0
文化用品制造	2410	73	32	79	579	21	0
体育用品制造	2420	23	9	28	558	8	0
乐器制造	2430	27	10	6	144	1	0
玩具制造	2440	50	22	27	2087	25	0
游艺器材及娱乐用品制造	2450	9	6	4	109	1	0
石油加工及炼焦业	2500	411	85	144	316	42	4
精炼石油产品的制造	2510	202	70	62	295	38	4
炼焦	2520	208	13	82	19	4	0
化学原料及化学制品制造业	2600	4261	1793	4191	7569	1471	136
基础化学原料制造	2610	950	394	575	476	167	10
肥料制造	2620	534	426	280	228	289	40
农药制造	2630	194	47	63	102	68	5
涂料、油墨、颜料及类似产品制造	2640	731	299	313	2495	165	8
合成材料制造	2650	202	100	84	571	22	1
专用化学产品制造	2660	1288	404	2744	1653	619	37

单位:个

重庆	四川	贵州	云南	西藏	陕西	甘肃	青海	宁夏	新疆	代码
41	175	21	27	2	20	14	0	10	4	2040
380	1021	99	180	10	653	194	15	58	123	2100
306	732	72	141	8	553	153	14	48	93	2110
8	22	0	3	0	1	0	0	0	0	2120
26	121	19	20	2	43	26	1	1	20	2130
2	20	1	1	0	0	2	0	2	3	2140
38	126	7	15	0	56	13	0	7	7	2190
469	1180	194	357	1	1078	247	18	87	166	2200
9	20	12	6	0	14	10	1	3	6	2210
178	488	76	139	0	376	82	8	42	50	2220
282	672	106	212	1	688	155	9	42	110	2230
718	1668	384	503	14	875	453	76	204	335	2300
662	1572	345	452	13	736	425	69	198	313	2310
55	91	37	51	1	128	27	7	6	22	2320
1	5	2	0	0	11	1	0	0	0	2330
60	98	18	20	0	63	16	0	4	8	2400
35	41	11	8	0	35	11	0	3	3	2410
14	24	5	2	0	13	3	0	0	3	2420
2	11	1	4	0	5	1	0	0	0	2430
4	10	1	2	0	1	0	0	1	1	2440
5	12	0	4	0	9	1	0	0	1	2450
71	218	326	161	0	373	93	3	65	123	2500
40	113	12	16	0	52	65	2	39	97	2510
31	105	314	145	0	321	27	1	26	26	2520
903	2833	732	911	8	1212	696	145	330	485	2600
247	762	211	281	2	312	196	55	133	112	2610
107	523	261	252	1	202	215	58	46	82	2620
27	89	10	22	0	52	9	2	9	7	2630
169	406	34	92	2	182	94	9	30	83	2640
53	121	12	18	0	52	17	3	7	13	2650
217	673	152	160	3	327	102	12	91	159	2660

1—3 续表 20

行业中类	代码	法人单位数					
		河南	湖北	湖南	广东	广西	海南
日用化学产品制造	2670	362	123	132	2044	141	35
医药制造业	2700	745	477	350	800	352	107
化学药品原药制造	2710	105	156	58	57	26	11
化学药品制剂制造	2720	124	48	42	148	30	44
中药饮片加工	2730	104	45	60	110	46	3
中成药制造	2740	118	78	76	169	141	21
兽用药品制造	2750	90	23	38	86	70	16
生物、生化制品的制造	2760	81	50	39	120	22	6
卫生材料及医药用品制造	2770	123	77	37	110	17	6
化学纤维制造业	2800	101	49	36	304	14	6
纤维素纤维原料及纤维制造	2810	38	18	5	66	2	0
合成纤维制造	2820	63	31	31	238	12	6
橡胶制品业	2900	650	219	234	1788	154	21
轮胎制造	2910	60	20	20	72	22	3
橡胶板、管、带的制造	2920	188	43	49	223	17	7
橡胶零件制造	2930	89	55	46	436	46	0
再生橡胶制造	2940	72	20	34	73	25	0
日用及医用橡胶制品制造	2950	21	18	20	128	14	3
橡胶靴鞋制造	2960	90	16	36	363	6	0
其他橡胶制品制造	2990	130	47	29	493	24	8
塑料制品业	3000	2749	1135	949	13394	685	93
塑料薄膜制造	3010	222	126	121	1255	95	18
塑料板、管、型材的制造	3020	492	204	160	1170	79	10
塑料丝、绳及编织品的制造	3030	650	217	188	476	176	20
泡沫塑料制造	3040	117	64	41	714	39	14
塑料人造革、合成革制造	3050	17	13	9	127	4	1
塑料包装箱及容器制造	3060	253	144	113	1358	74	13
塑料零件制造	3070	94	60	56	1931	24	1
日用塑料制造	3080	389	196	152	2466	127	11
其他塑料制品制造	3090	515	111	109	3897	67	5
非金属矿物制品业	3100	23605	5175	8662	8542	2748	204

单位:个

重庆	四川	贵州	云南	西藏	陕西	甘肃	青海	宁夏	新疆	代码
83	259	52	86	0	85	63	6	14	29	2670
202	710	215	228	18	502	178	35	43	81	2700
34	97	9	14	0	138	10	1	5	7	2710
39	115	23	36	2	71	8	2	6	8	2720
21	125	18	37	2	58	80	5	3	16	2730
33	148	134	86	14	119	32	21	10	24	2740
26	72	6	13	0	27	10	1	4	8	2750
31	114	14	27	0	58	23	4	11	10	2760
18	39	11	15	0	31	15	1	4	8	2770
9	40	4	3	0	17	8	0	5	9	2800
2	9	1	1	0	8	0	0	0	4	2810
7	31	3	2	0	9	8	0	5	5	2820
216	346	97	88	0	259	45	5	20	41	2900
19	34	11	19	0	15	10	3	4	8	2910
24	66	13	15	0	41	8	1	6	14	2920
107	144	40	23	0	141	6	0	5	12	2930
9	34	6	4	0	14	7	0	0	1	2940
3	7	3	2	0	15	1	0	2	0	2950
27	18	11	11	0	6	3	0	0	2	2960
27	43	13	14	0	27	10	1	3	4	2990
684	1688	255	480	1	794	339	35	170	456	3000
71	210	27	73	0	77	44	3	17	85	3010
121	356	51	88	0	154	83	3	32	94	3020
108	330	62	142	0	148	92	10	49	84	3030
49	88	12	20	0	81	20	6	6	34	3040
7	13	1	0	0	4	0	0	0	1	3050
80	223	23	61	1	106	48	4	13	39	3060
102	72	17	13	0	26	6	2	6	2	3070
89	207	19	62	0	141	24	3	33	93	3080
57	189	43	21	0	57	22	4	14	24	3090
2874	8458	1652	2009	30	5850	2941	524	1069	1110	3100

行业中类	代码	法人单位数					
		河南	湖北	湖南	广东	广西	海南
水泥、石灰和石膏的制造	3110	1151	529	936	790	503	27
水泥及石膏制品制造	3120	6701	1414	2229	766	199	41
砖瓦、石材及其他建筑材料制造	3130	10720	2671	4112	2918	1672	109
玻璃及玻璃制品制造	3140	805	174	236	1211	86	9
陶瓷制品制造	3150	602	55	562	2296	156	11
耐火材料制品制造	3160	2238	114	272	131	37	2
石墨及其他非金属矿物制品制造	3190	1388	218	315	430	95	5
黑色金属冶炼及压延加工业	3200	965	465	1258	831	494	14
炼铁	3210	196	110	603	105	71	5
炼钢	3220	58	69	44	86	32	2
钢压延加工	3230	481	234	247	609	142	7
铁合金冶炼	3240	230	52	364	31	249	0
有色金属冶炼及压延加工业	3300	876	234	924	1528	293	12
常用有色金属冶炼	3310	408	92	489	232	192	4
贵金属冶炼	3320	17	12	121	11	11	2
稀有稀土金属冶炼	3330	78	20	89	56	25	1
有色金属合金制造	3340	72	13	96	97	12	2
有色金属压延加工	3350	301	97	129	1132	53	3
金属制品业	3400	2672	1285	1137	15595	587	71
结构性金属制品制造	3410	1084	577	326	3311	138	33
金属工具制造	3420	347	156	302	2138	95	12
集装箱及金属包装容器制造	3430	142	94	56	576	46	14
金属丝绳及其制品的制造	3440	239	81	64	400	32	2
建筑、安全用金属制品制造	3450	275	73	88	1821	63	1
金属表面处理及热处理加工	3460	122	65	65	1528	40	3
搪瓷制品制造	3470	37	4	15	148	7	0
不锈钢及类似日用金属制品制造	3480	232	92	96	3370	97	3
其他金属制品制造	3490	194	143	125	2303	69	3
通用设备制造业	3500	5125	1776	2000	6187	862	28
锅炉及原动机制造	3510	217	87	130	113	57	0
金属加工机械制造	3520	459	213	214	908	80	3

单位:个

重庆	四川	贵州	云南	西藏	陕西	甘肃	青海	宁夏	新疆	代码
239	578	268	296	15	661	257	39	53	101	3110
871	2356	270	285	7	1708	564	138	185	247	3120
1368	4220	782	1230	8	3073	1883	308	503	660	3130
197	527	64	61	0	145	44	6	13	49	3140
77	134	24	34	0	60	15	1	3	6	3150
75	350	72	56	0	101	46	5	34	27	3160
47	293	172	47	0	102	132	27	278	20	3190
378	986	550	431	0	416	281	68	177	88	3200
57	174	162	158	0	114	41	5	28	29	3210
19	61	19	17	0	28	12	2	7	5	3220
244	505	70	119	0	185	63	14	28	47	3230
58	246	299	137	0	89	165	47	114	7	3240
217	562	265	481	2	324	118	30	65	40	3300
99	234	168	360	2	135	57	22	39	13	3310
3	6	16	21	0	14	14	0	0	17	3320
7	53	47	43	0	19	9	2	4	1	3330
12	67	9	6	0	27	8	3	8	4	3340
96	202	25	51	0	129	30	3	14	5	3350
917	1915	293	602	3	992	599	142	194	375	3400
316	824	96	309	2	417	361	87	117	206	3410
187	290	56	73	1	144	67	8	11	20	3420
53	113	19	45	0	64	34	4	11	28	3430
35	84	20	23	0	44	17	26	10	26	3440
73	177	28	36	0	89	41	7	16	48	3450
118	148	21	44	0	76	17	1	6	10	3460
16	4	2	2	0	18	2	0	0	1	3470
53	103	29	49	0	71	23	3	6	10	3480
66	172	22	21	0	69	37	6	17	26	3490
1277	3072	382	547	1	2076	448	76	205	269	3500
68	199	10	19	0	143	60	10	30	58	3510
145	469	83	57	0	279	44	10	28	10	3520

行业中类	代码	法人单位数					
		河南	湖北	湖南	广东	广西	海南
起重运输设备制造	3530	315	81	52	223	36	1
泵、阀门、压缩机及类似机械的制造	3540	540	196	247	509	72	4
轴承、齿轮、传动和驱动部件的制造	3550	413	123	102	245	35	1
烘炉、熔炉及电炉制造	3560	44	14	34	71	2	0
风机、衡器、包装设备等通用设备制造	3570	506	177	177	1150	69	3
通用零部件制造及机械修理	3580	1005	386	355	2004	190	12
金属铸、锻加工	3590	1626	499	689	964	321	4
专用设备制造业	3600	3676	907	963	6326	599	44
矿山、冶金、建筑专用设备制造	3610	935	198	241	265	113	2
化工、木材、非金属加工专用设备制造	3620	364	157	115	3080	113	4
食品、饮料、烟草及饲料生产专用设备制造	3630	291	97	82	233	86	3
印刷、制药、日化生产专用设备制造	3640	283	46	87	601	30	3
纺织、服装和皮革工业专用设备制造	3650	187	53	44	319	4	0
电子和电工机械专用设备制造	3660	138	84	65	692	25	1
农、林、牧、渔专用机械制造	3670	1057	67	199	158	143	23
医疗仪器设备及器械制造	3680	80	65	33	435	38	3
环保、社会公共安全及其他专用设备制造	3690	341	140	97	543	47	5
交通运输设备制造业	3700	2087	1753	1282	3512	728	147
铁路运输设备制造	3710	159	39	92	30	20	0
汽车制造	3720	1548	1546	1060	2291	605	122
摩托车制造	3730	186	28	40	412	6	11
自行车制造	3740	110	13	8	280	16	0
船舶及浮动装置制造	3750	24	107	53	398	75	12
航空航天器制造	3760	8	8	5	7	3	0
交通器材及其他交通运输设备制造	3790	52	12	24	94	3	2
电气机械及器材制造业	3900	1757	723	924	12649	352	51
电机制造	3910	165	63	101	679	45	1
输配电及控制设备制造	3920	526	266	327	2891	138	22
电线、电缆、光缆及电工器材制造	3930	550	186	202	2149	59	12
电池制造	3940	97	52	83	666	23	3
家用电力器具制造	3950	102	45	59	2790	34	0

单位:个

重庆	四川	贵州	云南	西藏	陕西	甘肃	青海	宁夏	新疆	代码
34	49	4	25	0	29	6	0	14	13	3530
132	346	32	22	0	126	41	1	7	15	3540
106	180	24	30	0	68	16	3	16	6	3550
20	23	3	5	0	33	5	0	1	2	3560
146	246	38	36	0	186	31	4	16	19	3570
321	984	108	172	1	700	105	26	35	103	3580
305	576	80	181	0	512	140	22	58	43	3590
489	1457	163	241	1	952	271	27	113	159	3600
95	345	44	59	0	254	75	7	36	35	3610
104	276	27	23	1	130	37	1	11	8	3620
30	142	12	57	0	77	25	0	3	15	3630
35	99	10	5	0	58	12	0	3	2	3640
19	25	2	1	0	49	3	1	2	5	3650
27	101	11	5	0	81	15	0	1	1	3660
64	170	27	48	0	154	65	15	34	71	3670
38	95	12	14	0	62	13	0	10	2	3680
77	204	18	29	0	87	26	3	13	20	3690
3375	1907	387	549	21	756	391	143	101	172	3700
28	85	13	10	0	83	31	3	2	12	3710
1291	1595	336	522	18	613	347	137	92	152	3720
1958	78	6	0	0	7	1	0	0	1	3730
9	45	0	4	0	9	1	0	1	1	3740
77	39	3	4	0	4	1	0	0	0	3750
1	36	24	1	0	27	7	0	1	0	3760
11	29	5	8	3	13	3	3	5	6	3790
526	1269	142	218	0	815	259	43	77	158	3900
68	99	7	14	0	63	16	3	7	4	3910
200	504	41	65	0	435	128	11	34	83	3920
96	291	39	50	0	173	37	4	13	36	3930
36	88	10	18	0	16	3	1	2	7	3940
38	85	25	9	0	37	17	4	2	3	3950

1—3 续表 23

行业中类	代码	法人单位数					
		河南	湖北	湖南	广东	广西	海南
非电力家用器具制造	3960	71	18	41	461	12	4
照明器具制造	3970	174	52	64	2680	24	6
其他电气机械及器材制造	3990	72	41	47	333	17	3
通信设备、计算机及其他电子设备制造业	4000	287	235	286	10142	143	27
通信设备制造	4010	59	35	41	870	50	6
雷达及配套设备制造	4020	0	2	2	11	0	0
广播电视设备制造	4030	14	6	20	384	10	0
电子计算机制造	4040	18	22	26	1300	7	5
电子器件制造	4050	41	61	31	1184	15	5
电子元件制造	4060	71	57	133	3829	42	7
家用视听设备制造	4070	17	16	11	1805	4	1
其他电子设备制造	4090	67	36	22	759	15	3
仪器仪表及文化、办公用机械制造业	4100	453	251	200	2379	78	4
通用仪器仪表制造	4110	271	138	102	449	34	2
专用仪器仪表制造	4120	78	58	59	215	16	0
钟表与计时仪器制造	4130	7	3	5	866	8	1
光学仪器及眼镜制造	4140	54	21	22	345	14	0
文化、办公用机械制造	4150	16	12	1	424	4	0
其他仪器仪表的制造及修理	4190	27	19	11	80	2	1
工艺品及其他制造业	4200	2610	333	713	5232	557	45
工艺美术品制造	4210	1094	129	209	4166	445	37
日用杂品制造	4220	414	60	162	701	73	2
煤制品制造	4230	1001	57	296	22	14	2
核辐射加工	4240	4	1	0	1	0	0
其他未列明的制造业	4290	97	86	46	342	25	4
废弃资源和废旧材料回收加工业	4300	194	80	136	610	57	3
金属废料和碎屑的加工处理	4310	66	37	68	326	31	2
非金属废料和碎屑的加工处理	4320	128	43	68	284	26	1
电力、燃气及水的生产和供应业	**D**	**942**	**1384**	**2830**	**5871**	**1723**	**235**
电力、热力的生产和供应业	4400	510	653	2217	4624	1237	147
电力生产	4410	343	587	2115	4463	1119	120

单位：个

重庆	四川	贵州	云南	西藏	陕西	甘肃	青海	宁夏	新疆	代码
19	29	10	50	0	17	34	14	10	6	3960
44	110	8	6	0	52	13	3	4	16	3970
25	63	2	6	0	22	11	3	5	3	3990
126	757	49	29	0	355	31	0	8	14	4000
34	161	9	3	0	64	5	0	1	3	4010
1	13	0	0	0	6	2	0	0	0	4020
3	52	0	1	0	12	3	0	0	1	4030
12	87	4	4	0	41	0	0	1	4	4040
21	107	11	7	0	71	11	0	2	2	4050
24	238	16	6	0	109	4	0	4	3	4060
6	24	4	2	0	6	1	0	0	0	4070
25	75	5	6	0	46	5	0	0	1	4090
361	275	35	104	0	307	48	6	31	20	4100
194	131	20	21	0	179	29	4	26	12	4110
33	67	7	7	0	72	9	0	1	5	4120
6	3	1	0	0	8	0	0	0	0	4130
97	43	6	73	0	28	4	1	1	0	4140
8	16	0	2	0	7	4	0	1	0	4150
23	15	1	1	0	13	2	1	2	3	4190
204	623	89	159	35	555	310	84	33	52	4200
87	185	52	106	32	172	169	30	17	43	4210
45	109	7	28	2	31	9	3	1	3	4220
51	214	14	9	1	314	118	48	13	2	4230
1	4	0	2	0	0	1	0	0	0	4240
20	111	16	14	0	38	13	3	2	4	4290
62	165	19	57	0	70	17	8	21	34	4300
40	99	14	34	0	32	8	6	18	8	4310
22	66	5	23	0	38	9	2	3	26	4320
1193	**3915**	**793**	**1148**	**86**	**846**	**558**	**176**	**136**	**425**	**D**
658	2416	566	875	78	366	416	120	81	292	4400
614	2216	454	695	71	328	223	104	19	113	4410

行业中类	代码	法人单位数					
		河南	湖北	湖南	广东	广西	海南
电力供应	4420	134	61	100	141	115	27
热力生产和供应	4430	33	5	2	20	3	0
燃气生产和供应业	4500	74	51	44	154	18	20
水的生产和供应业	4600	358	680	569	1093	468	68
自来水的生产和供应	4610	326	662	548	978	459	64
污水处理及其再生利用	4620	22	15	15	96	8	2
其他水的处理、利用与分配	4690	10	3	6	19	1	2
建筑业	**E**	**6200**	**4039**	**3138**	**10086**	**1821**	**1029**
房屋和土木工程建筑业	4700	3720	1862	2137	3220	945	244
房屋工程建筑	4710	2971	1254	1638	2041	647	125
土木工程建筑	4720	749	608	499	1179	298	119
建筑安装业	4800	725	473	371	2641	271	208
建筑装饰业	4900	1391	1213	432	3445	464	472
其他建筑业	5000	364	491	198	780	141	105
工程准备	5010	84	127	97	359	48	40
提供施工设备服务	5020	41	54	7	38	33	7
其他未列明的建筑活动	5090	239	310	94	383	60	58
交通运输、仓储和邮政业	**F**	**2431**	**2609**	**1590**	**9149**	**2068**	**447**
铁路运输业	5100	7	4	1	27	12	1
铁路旅客运输	5110	0	0	0	2	1	0
铁路货物运输	5120	5	3	1	13	6	1
铁路运输辅助活动	5130	2	1	0	12	5	0
道路运输业	5200	1056	1406	744	3628	1073	178
公路旅客运输	5210	215	374	206	466	139	61
道路货物运输	5220	542	729	263	2555	406	74
道路运输辅助活动	5230	299	303	275	607	528	43
城市公共交通业	5300	336	281	271	422	122	57
公共电汽车客运	5310	76	54	64	127	30	13
轨道交通	5320	5	2	4	3	1	1
出租车客运	5330	241	198	192	268	80	41
城市轮渡	5340	0	10	3	13	1	1

单位:个

重庆	四川	贵州	云南	西藏	陕西	甘肃	青海	宁夏	新疆	代码
43	191	110	180	7	13	105	7	17	31	4420
1	9	2	0	0	25	88	9	45	148	4430
102	312	26	13	0	53	11	8	15	22	4500
433	1187	201	260	8	427	131	48	40	111	4600
407	1144	195	253	8	412	118	46	33	105	4610
22	39	5	7	0	10	9	1	6	5	4620
4	4	1	0	0	5	4	1	1	1	4690
3387	**6381**	**1273**	**2819**	**242**	**2857**	**1822**	**559**	**890**	**1427**	**E**
1729	3219	634	1483	201	2012	1099	307	443	704	4700
1415	2457	488	1049	156	1649	793	194	235	399	4710
314	762	146	434	45	363	306	113	208	305	4720
449	986	149	391	36	278	313	100	131	262	4800
877	1753	391	805	4	418	319	108	253	327	4900
332	423	99	140	1	149	91	44	63	134	5000
63	90	18	63	0	54	27	19	32	35	5010
68	29	10	7	0	17	7	3	8	11	5020
201	304	71	70	1	78	57	22	23	88	5090
2018	**3733**	**859**	**1394**	**106**	**1613**	**1049**	**334**	**388**	**1222**	**F**
2	17	2	2	0	7	0	1	4	10	5100
0	0	0	0	0	2	0	0	0	0	5110
2	13	2	1	0	3	0	0	3	0	5120
0	4	0	1	0	2	0	1	1	10	5130
1109	2142	533	793	66	929	617	192	206	775	5200
201	509	116	129	16	178	129	39	58	154	5210
743	864	172	319	13	405	229	54	95	449	5220
165	769	245	345	37	346	259	99	53	172	5230
83	381	74	152	25	223	104	32	75	102	5300
28	83	29	30	1	48	33	11	18	39	5310
5	5	2	8	0	1	2	0	0	5	5320
48	270	37	106	24	160	63	19	54	47	5330
0	1	1	1	0	0	0	0	0	0	5340

行业中类	代码	法人单位数					
		河南	湖北	湖南	广东	广西	海南
其他城市公共交通	5390	14	17	8	11	10	1
水上运输业	5400	40	301	140	841	284	70
水上旅客运输	5410	11	60	32	79	34	9
水上货物运输	5420	16	148	59	497	157	41
水上运输辅助活动	5430	13	93	49	265	93	20
航空运输业	5500	10	25	8	94	19	9
航空客货运输	5510	1	5	1	10	6	4
通用航空服务	5520	3	4	1	29	6	0
航空运输辅助活动	5530	6	16	6	55	7	5
管道运输业	5600	1	1	0	7	1	0
装卸搬运和其他运输服务业	5700	341	380	256	2858	244	98
装卸搬运	5710	205	238	173	368	82	10
运输代理服务	5720	136	142	83	2490	162	88
仓储业	5800	615	179	152	896	287	15
谷物、棉花等农产品仓储	5810	240	60	100	235	169	8
其他仓储	5890	375	119	52	661	118	7
邮政业	5900	25	32	18	376	26	19
国家邮政	5910	19	19	17	46	16	17
其他寄递服务	5990	6	13	1	330	10	2
信息传输、计算机服务和软件业	**G**	**1712**	**1645**	**1854**	**7867**	**2721**	**435**
电信和其他信息传输服务业	6000	319	473	402	1388	546	59
电信	6010	99	116	96	383	165	21
互联网信息服务	6020	100	161	92	738	159	32
广播电视传输服务	6030	116	188	212	251	220	6
卫星传输服务	6040	4	8	2	16	2	0
计算机服务业	6100	950	835	1104	2939	1961	235
计算机系统服务	6110	112	204	87	1073	129	41
数据处理	6120	20	15	36	67	25	8
计算机维修	6130	10	33	5	206	21	21
其他计算机服务	6190	808	583	976	1593	1786	165
软件业	6200	443	337	348	3540	214	141

单位：个

重庆	四川	贵州	云南	西藏	陕西	甘肃	青海	宁夏	新疆	代码
2	22	5	7	0	14	6	2	3	11	5390
238	197	28	30	0	30	2	2	3	0	5400
52	58	7	16	0	10	2	1	1	0	5410
152	51	9	7	0	3	0	0	2	0	5420
34	88	12	7	0	17	0	1	0	0	5430
13	40	9	8	1	23	8	2	17	19	5500
2	11	5	4	1	11	6	1	0	3	5510
0	7	0	2	0	5	1	0	0	9	5520
11	22	4	2	0	7	1	1	17	7	5530
1	0	0	0	0	2	0	0	2	2	5600
422	705	118	251	1	138	99	36	39	176	5700
197	218	43	58	0	76	30	7	23	47	5710
225	487	75	193	1	62	69	29	16	129	5720
143	207	81	134	4	242	200	57	32	117	5800
44	55	41	18	4	117	117	35	11	44	5810
99	152	40	116	0	125	83	22	21	73	5890
7	44	14	24	9	19	19	12	10	21	5900
1	23	13	19	9	15	18	11	10	17	5910
6	21	1	5	0	4	1	1	0	4	5990
1271	**5573**	**749**	**1358**	**38**	**1428**	**457**	**306**	**460**	**1270**	**G**
289	1248	268	268	15	557	130	85	141	193	6000
55	190	78	48	5	96	16	46	35	66	6010
177	617	97	87	0	257	62	17	93	67	6020
43	433	92	131	10	199	49	21	13	60	6030
14	8	1	2	0	5	3	1	0	0	6040
757	3707	374	900	23	619	247	203	265	928	6100
85	278	53	115	2	50	61	11	40	67	6110
14	23	1	2	0	11	3	0	0	7	6120
24	89	11	11	0	8	11	5	11	27	6130
634	3317	309	772	21	550	172	187	214	827	6190
225	618	107	190	0	252	80	18	54	149	6200

行业中类	代码	法人单位数					
		河南	湖北	湖南	广东	广西	海南
公共软件服务	6210	400	239	233	2913	168	116
其他软件服务	6290	43	98	115	627	46	25
批发和零售业	**H**	**28729**	**22575**	**13268**	**106079**	**16291**	**5472**
批发业	6300	15849	13465	6794	66156	9341	2716
农畜产品批发	6310	2355	1448	680	1406	863	127
食品、饮料及烟草制品批发	6320	1791	1118	787	5364	1091	427
纺织、服装及日用品批发	6330	796	849	327	9304	408	211
文化、体育用品及器材批发	6340	253	472	222	3377	283	108
医药及医疗器材批发	6350	486	612	330	2367	356	368
矿产品、建材及化工产品批发	6360	5437	4077	2312	15837	3433	668
机械设备、五金交电及电子产品批发	6370	3829	3811	1572	20133	2152	423
贸易经纪与代理	6380	79	157	71	3080	148	74
其他批发	6390	823	921	493	5288	607	310
零售业	6500	12880	9110	6474	39923	6950	2756
综合零售	6510	3065	1477	1399	3417	1219	373
食品、饮料及烟草制品专门零售	6520	1210	991	685	3128	1096	347
纺织、服装及日用品专门零售	6530	1438	827	507	4785	479	396
文化、体育用品及器材专门零售	6540	743	526	351	2934	468	161
医药及医疗器材专门零售	6550	670	874	529	2452	382	86
汽车、摩托车、燃料及零配件专门零售	6560	1814	1049	951	4986	838	243
家用电器及电子产品专门零售	6570	2083	1377	962	7844	1192	476
五金、家具及室内装修材料专门零售	6580	1043	982	575	6094	738	381
无店铺及其他零售	6590	814	1007	515	4283	538	293
住宿和餐饮业	**I**	**4549**	**2789**	**2757**	**9045**	**2056**	**880**
住宿业	6600	1870	1376	1388	3850	1138	647
旅游饭店	6610	438	549	513	1385	440	347
一般旅馆	6620	1278	700	784	2115	613	230
其他住宿服务	6690	154	127	91	350	85	70
餐饮业	6700	2679	1413	1369	5195	918	233
正餐服务	6710	2349	1178	1221	3776	759	153
快餐服务	6720	173	69	66	482	56	9

单位:个

重庆	四川	贵州	云南	西藏	陕西	甘肃	青海	宁夏	新疆	代码
150	537	76	163	0	152	60	14	40	98	6210
75	81	31	27	0	100	20	4	14	51	6290
14166	**31065**	**8959**	**13870**	**415**	**19442**	**11867**	**2436**	**6429**	**14054**	**H**
7798	18551	4720	8149	86	7907	6186	1055	3719	8525	6300
387	1353	200	278	8	793	632	40	162	739	6310
576	1839	582	916	32	817	641	124	197	554	6320
447	911	162	421	5	287	233	42	114	416	6330
226	448	190	246	7	158	221	36	70	196	6340
332	763	243	423	1	272	274	74	110	239	6350
3111	6508	1804	3155	13	3199	2066	388	1480	2841	6360
2162	5309	1153	2071	18	2028	1864	282	1184	3079	6370
66	92	43	81	1	22	21	4	3	74	6380
491	1328	343	558	1	331	234	65	399	387	6390
6368	12514	4239	5721	329	11535	5681	1381	2710	5529	6500
824	1808	785	1002	78	2372	946	197	228	456	6510
656	1122	372	600	85	1193	850	138	231	297	6520
591	1254	257	493	14	988	493	89	242	469	6530
418	1020	242	414	25	814	415	110	223	462	6540
446	1089	202	377	28	731	338	119	154	264	6550
932	2044	742	1060	36	1423	664	216	485	965	6560
1059	2259	851	885	26	1675	910	235	384	1328	6570
969	1144	398	472	13	1476	664	106	434	814	6580
473	774	390	418	24	863	401	171	329	474	6590
1658	**4545**	**1081**	**2354**	**260**	**3754**	**1706**	**467**	**476**	**1038**	**I**
609	1912	604	1737	192	1502	945	285	238	639	6600
192	653	188	646	53	358	197	57	55	278	6610
360	1089	354	940	128	1044	710	206	171	319	6620
57	170	62	151	11	100	38	22	12	42	6690
1049	2633	477	617	68	2252	761	182	238	399	6700
889	1951	374	527	38	1822	649	154	218	322	6710
33	56	16	23	9	81	21	5	5	45	6720

1—3 续表 27

行业中类	代码	法人单位数					
		河南	湖北	湖南	广东	广西	海南
饮料及冷饮服务	6730	40	71	34	269	30	27
其他餐饮服务	6790	117	95	48	668	73	44
金融业	**J**	**1682**	**805**	**483**	**1303**	**1191**	**152**
银行业	6800	1383	459	257	618	1036	54
中央银行	6810	30	18	31	33	26	3
商业银行	6820	1315	397	201	557	990	48
其他银行	6890	38	44	25	28	20	3
证券业	6900	32	42	8	97	9	12
证券市场管理	6910	5	5	0	4	1	0
证券经纪与交易	6920	24	33	6	72	6	11
证券投资	6930	2	2	1	11	1	0
证券分析与咨询	6940	1	2	1	10	1	1
保险业	7000	178	150	131	358	84	22
人寿保险	7010	77	62	62	103	30	8
非人寿保险	7020	59	65	49	149	36	9
保险辅助服务	7030	42	23	20	106	18	5
其他金融活动	7100	89	154	87	230	62	64
金融信托与管理	7110	10	10	10	19	10	5
金融租赁	7120	0	0	0	3	0	0
财务公司	7130	7	8	1	13	11	0
邮政储蓄	7140	0	0	0	3	0	0
典当	7150	45	44	26	157	30	51
其他未列明的金融活动	7190	27	92	50	35	11	8
房地产业	**K**	**3611**	**3943**	**3848**	**22253**	**3644**	**1745**
房地产业	7200	3611	3943	3848	22253	3644	1745
房地产开发经营	7210	2244	1303	2422	6614	1943	921
物业管理	7220	721	1216	616	5450	638	443
房地产中介服务	7230	356	680	160	3436	441	122
其他房地产活动	7290	290	744	650	6753	622	259
租赁和商务服务业	**L**	**6487**	**6497**	**4759**	**34713**	**5406**	**1739**
租赁业	7300	243	270	89	469	125	67

单位:个

重庆	四川	贵州	云南	西藏	陕西	甘肃	青海	宁夏	新疆	代码
42	310	29	38	5	75	24	4	10	7	6730
85	316	58	29	16	274	67	19	5	25	6790
675	**1823**	**349**	**547**	**27**	**443**	**854**	**385**	**244**	**433**	**J**
417	1445	185	368	20	251	738	337	123	236	6800
34	67	17	32	2	10	28	17	6	23	6810
348	1324	154	311	18	221	687	290	115	193	6820
35	54	14	25	0	20	23	30	2	20	6890
18	32	11	11	1	10	8	4	4	13	6900
2	0	6	2	0	1	2	1	2	3	6910
11	26	5	7	1	8	5	3	1	5	6920
4	4	0	1	0	1	0	0	0	5	6930
1	2	0	1	0	0	1	0	1	0	6940
162	216	62	101	4	135	77	28	24	113	7000
67	85	26	43	0	49	27	13	7	38	7010
88	92	22	45	4	60	34	12	8	57	7020
7	39	14	13	0	26	16	3	9	18	7030
78	130	91	67	2	47	31	16	93	71	7100
13	14	9	6	1	5	1	3	10	5	7110
2	2	1	1	0	0	3	0	0	1	7120
4	5	3	2	0	2	6	0	1	0	7130
0	0	0	0	0	0	0	0	0	0	7140
37	68	50	27	1	20	16	8	38	29	7150
22	41	28	31	0	20	5	5	44	36	7190
3884	**6423**	**2656**	**2597**	**48**	**1967**	**1448**	**560**	**709**	**1812**	**K**
3884	6423	2656	2597	48	1967	1448	560	709	1812	7200
2106	3107	1660	1192	38	1031	862	314	351	826	7210
1095	1790	472	415	8	471	400	192	204	486	7220
386	994	176	471	0	118	115	39	106	216	7230
297	532	348	519	2	347	71	15	48	284	7290
4490	**11278**	**2291**	**4106**	**80**	**3275**	**2166**	**683**	**1055**	**3088**	**L**
382	625	183	173	7	265	111	48	100	208	7300

1—3 续表 28

行业中类	代码	法人单位数					
		河南	湖北	湖南	广东	广西	海南
机械设备租赁	7310	226	260	84	410	117	65
文化及日用品出租	7320	17	10	5	59	8	2
商务服务业	7400	6244	6227	4670	34244	5281	1672
企业管理服务	7410	1036	1220	1437	12328	1585	222
法律服务	7420	666	660	541	1063	455	98
咨询与调查	7430	1626	1324	553	8591	656	423
广告业	7440	927	893	606	5025	811	313
知识产权服务	7450	62	64	46	319	35	15
职业中介服务	7460	288	371	229	897	323	28
市场管理	7470	464	414	525	1315	301	41
旅行社	7480	527	501	422	918	393	189
其他商务服务	7490	648	780	311	3788	722	343
科学研究、技术服务和地质勘查业	**M**	**4199**	**5590**	**4443**	**11711**	**5083**	**724**
研究与试验发展	7500	447	627	455	1785	368	133
自然科学研究与试验发展	7510	47	76	73	121	33	14
工程和技术研究与试验发展	7520	100	191	106	1099	71	26
农业科学研究与试验发展	7530	170	241	202	293	157	64
医学研究与试验发展	7540	34	48	33	202	25	21
社会人文科学研究与试验发展	7550	96	71	41	70	82	8
专业技术服务业	7600	2300	2284	1835	7531	2252	417
气象服务	7610	120	129	105	163	151	20
地震服务	7620	50	27	21	58	57	13
海洋服务	7630	1	4	0	32	5	3
测绘服务	7640	74	62	63	187	109	17
技术检测	7650	428	472	331	750	380	64
环境监测	7660	118	74	75	169	95	15
工程技术与规划管理	7670	1192	1124	896	3361	1148	249
其他专业技术服务	7690	317	392	344	2811	307	36
科技交流和推广服务业	7700	1335	2577	2082	2274	2401	154
技术推广服务	7710	1074	2079	1832	1665	2110	109
科技中介服务	7720	165	145	126	334	152	20

单位:个

重庆	四川	贵州	云南	西藏	陕西	甘肃	青海	宁夏	新疆	代码
363	583	179	159	7	252	94	45	92	200	7310
19	42	4	14	0	13	17	3	8	8	7320
4108	10653	2108	3933	73	3010	2055	635	955	2880	7400
500	1990	594	796	7	561	379	122	139	484	7410
533	1243	191	482	7	456	323	54	77	255	7420
851	2598	333	708	9	571	320	64	115	548	7430
930	1897	362	700	13	476	347	114	286	585	7440
35	122	12	15	1	20	6	5	9	32	7450
211	591	88	124	1	157	82	37	39	165	7460
171	517	86	336	4	129	165	70	73	147	7470
244	553	151	353	23	205	204	102	87	264	7480
633	1142	291	419	8	435	229	67	130	400	7490
2490	**10571**	**1767**	**3560**	**149**	**2869**	**2269**	**643**	**614**	**2026**	**M**
197	1082	154	273	25	339	261	40	54	180	7500
19	82	26	42	2	51	19	4	4	20	7510
57	570	22	78	4	94	87	7	12	29	7520
66	235	70	73	17	97	94	17	20	91	7530
34	103	24	31	0	68	31	5	8	17	7540
21	92	12	49	2	29	30	7	10	23	7550
1096	3923	798	1621	80	1179	889	303	356	1161	7600
48	267	109	145	31	125	98	52	35	125	7610
11	68	6	115	1	53	67	7	17	34	7620
1	2	0	0	0	0	0	0	0	0	7630
21	110	19	57	2	49	24	10	17	43	7640
160	776	105	191	6	206	170	35	51	245	7650
46	129	21	77	1	57	36	14	15	47	7660
509	1985	437	921	35	515	381	144	184	517	7670
300	586	101	115	4	174	113	41	37	150	7690
1156	5434	751	1562	33	1235	1057	260	182	588	7700
897	4481	672	1417	25	963	918	197	149	465	7710
107	333	32	83	5	107	90	43	25	55	7720

行业中类	代码	法人单位数					
		河南	湖北	湖南	广东	广西	海南
其他科技服务	7790	96	353	124	275	139	25
地质勘查业	7800	117	102	71	121	62	20
矿产地质勘查	7810	49	32	25	29	19	5
基础地质勘查	7820	29	28	21	50	23	5
地质勘查技术服务	7830	39	42	25	42	20	10
水利、环境和公共设施管理业	**N**	**1947**	**2310**	**2289**	**3603**	**1582**	**258**
水利管理业	7900	929	1061	1296	1161	858	87
防洪管理	7910	105	215	219	158	67	2
水资源管理	7920	435	491	630	584	418	75
其他水利管理	7990	389	355	447	419	373	10
环境管理业	8000	331	596	370	1024	302	70
自然保护	8010	37	102	65	125	67	18
环境治理	8020	294	494	305	899	235	52
公共设施管理业	8100	687	653	623	1418	422	101
市政公共设施管理	8110	201	181	233	363	115	20
城市绿化管理	8120	211	217	166	594	142	21
游览景区管理	8130	275	255	224	461	165	60
居民服务和其他服务业	**O**	**1912**	**2337**	**1153**	**9441**	**1124**	**313**
居民服务业	8200	1163	1103	719	4590	489	168
家庭服务	8210	71	40	26	366	24	22
托儿所	8220	52	22	30	134	24	0
洗染服务	8230	34	38	20	139	20	4
理发及美容保健服务	8240	144	212	235	1214	163	58
洗浴服务	8250	303	98	68	331	29	4
婚姻服务	8260	36	90	29	105	13	10
殡葬服务	8270	203	133	76	220	48	9
摄影扩印服务	8280	145	120	73	541	73	21
其他居民服务	8290	175	350	162	1540	95	40
其他服务业	8300	749	1234	434	4851	635	145
修理与维护	8310	386	480	143	2596	388	73
清洁服务	8320	83	117	38	1061	115	39

单位:个

重庆	四川	贵州	云南	西藏	陕西	甘肃	青海	宁夏	新疆	代码
152	620	47	62	3	165	49	20	8	68	7790
41	132	64	104	11	116	62	40	22	97	7800
12	46	30	60	5	44	30	23	9	40	7810
11	36	17	21	4	26	16	11	6	30	7820
18	50	17	23	2	46	16	6	7	27	7830
933	**2607**	**843**	**1576**	**25**	**1488**	**781**	**213**	**195**	**662**	**N**
360	1318	537	860	9	880	405	121	62	223	7900
23	63	10	31	2	89	23	13	5	7	7910
212	690	127	292	4	402	227	36	37	168	7920
125	565	400	537	3	389	155	72	20	48	7990
248	595	118	331	9	247	172	47	42	207	8000
30	164	18	120	4	77	72	30	17	94	8010
218	431	100	211	5	170	100	17	25	113	8020
325	694	188	385	7	361	204	45	91	232	8100
108	137	50	61	2	114	34	16	15	70	8110
77	267	35	124	1	88	65	15	35	89	8120
140	290	103	200	4	159	105	14	41	73	8130
1407	**2938**	**801**	**1008**	**38**	**1798**	**672**	**197**	**333**	**939**	**O**
668	1584	395	481	25	1061	361	120	125	455	8200
47	152	22	47	1	14	15	10	6	47	8210
18	28	16	10	1	24	5	10	2	45	8220
21	27	7	21	0	28	13	3	5	22	8230
159	373	51	72	6	206	63	10	20	52	8240
57	132	86	77	1	205	70	23	19	46	8250
37	94	21	21	0	28	14	4	14	27	8260
93	227	52	71	0	73	37	14	14	33	8270
46	124	38	77	2	158	85	14	23	44	8280
190	427	102	85	14	325	59	32	22	139	8290
739	1354	406	527	13	737	311	77	208	484	8300
337	682	217	374	7	472	180	35	132	280	8310
101	185	52	34	0	47	60	9	22	43	8320

行业中类	代码	法人单位数					
		河南	湖北	湖南	广东	广西	海南
其他未列明的服务	8390	280	637	253	1194	132	33
教育	**P**	**16696**	**15277**	**10860**	**28268**	**17477**	**2434**
教育	8400	16696	15277	10860	28268	17477	2434
学前教育	8410	2048	1322	1514	5855	1395	293
初等教育	8420	7251	9085	3934	15045	11829	1455
中等教育	8430	5283	3347	3889	4427	3132	443
高等教育	8440	248	207	234	440	131	25
其他教育	8490	1866	1316	1289	2501	990	218
卫生、社会保障和社会福利业	**Q**	**29745**	**5920**	**6032**	**6876**	**6204**	**659**
卫生	8500	28299	4439	4925	5742	4759	570
医院	8510	1198	618	746	981	403	83
卫生院及社区医疗活动	8520	3054	1350	2504	1617	1616	356
门诊部医疗活动	8530	22730	1290	244	1965	1371	17
计划生育技术服务活动	8540	768	663	809	461	966	13
妇幼保健活动	8550	155	86	132	104	106	21
专科疾病防治活动	8560	62	146	93	134	55	38
疾病预防控制及防疫活动	8570	215	199	278	244	142	22
其他卫生活动	8590	117	87	119	236	100	20
社会保障业	8600	566	381	481	283	960	23
社会福利业	8700	880	1100	626	851	485	66
提供住宿的社会福利	8710	638	919	481	625	335	42
不提供住宿的社会福利	8720	242	181	145	226	150	24
文化、体育和娱乐业	**R**	**2597**	**2580**	**2301**	**4904**	**2559**	**436**
新闻出版业	8800	134	190	120	336	134	56
新闻业	8810	9	40	15	43	19	4
出版业	8820	125	150	105	293	115	52
广播、电视、电影和音像业	8900	716	573	673	903	1055	67
广播	8910	243	165	132	164	587	11
电视	8920	227	253	366	247	306	19
电影	8930	235	136	158	374	150	31
音像制作	8940	11	19	17	118	12	6

单位：个

重庆	四川	贵州	云南	西藏	陕西	甘肃	青海	宁夏	新疆	代码
301	487	137	119	6	218	71	33	54	161	8390
6473	**16510**	**8747**	**6275**	**484**	**15587**	**8767**	**950**	**1088**	**4621**	**P**
6473	16510	8747	6275	484	15587	8767	950	1088	4621	8400
1122	2503	634	1056	15	1436	710	100	121	520	8410
2895	7321	5478	2123	343	10041	5450	345	421	1814	8420
1523	4377	2142	2175	92	2833	1873	297	359	1526	8430
107	170	72	106	5	190	112	25	21	79	8440
826	2139	421	815	29	1087	622	183	166	682	8490
3020	**12730**	**3406**	**3758**	**236**	**20853**	**2907**	**689**	**703**	**2157**	**Q**
2456	10339	3172	3192	223	20127	2663	562	637	1852	8500
304	1219	381	581	104	655	368	139	96	544	8510
1172	4775	1529	1544	36	2273	1313	254	282	776	8520
147	1219	189	184	9	15980	245	26	177	92	8530
646	2367	793	454	6	555	347	24	10	133	8540
43	180	90	146	8	152	199	18	20	86	8550
20	81	15	36	2	49	28	6	10	13	8560
54	265	102	177	46	351	124	60	29	154	8570
70	233	73	70	12	112	39	35	13	54	8590
132	956	90	228	3	290	92	58	32	91	8600
432	1435	144	338	10	436	152	69	34	214	8700
389	1125	103	226	6	359	106	48	19	137	8710
43	310	41	112	4	77	46	21	15	77	8720
942	**4621**	**1138**	**1944**	**129**	**1814**	**1249**	**342**	**321**	**1030**	**R**
77	224	65	106	10	82	79	20	21	97	8800
11	48	13	21	2	11	22	3	3	12	8810
66	176	52	85	8	71	57	17	18	85	8820
207	1142	310	301	65	437	250	75	63	269	8900
58	521	126	47	9	159	108	8	9	100	8910
71	405	104	86	25	81	48	25	19	68	8920
48	160	78	160	29	180	88	40	31	94	8930
30	56	2	8	2	17	6	2	4	7	8940

行业中类	代码	法人单位数					
		河南	湖北	湖南	广东	广西	海南
文化艺术业	9000	1421	1312	1002	1594	957	173
文艺创作与表演	9010	228	133	123	315	153	37
艺术表演场馆	9020	62	75	54	73	30	4
图书馆与档案馆	9030	191	174	171	227	203	35
文物及文化保护	9040	183	50	148	63	63	8
博物馆	9050	62	100	32	143	50	14
烈士陵园、纪念馆	9060	52	44	28	22	19	1
群众文化活动	9070	542	649	385	540	338	26
文化艺术经纪代理	9080	34	26	17	80	17	26
其他文化艺术	9090	67	61	44	131	84	22
体育	9100	124	176	123	489	146	30
体育组织	9110	58	72	49	230	55	11
体育场馆	9120	29	49	32	167	41	6
其他体育	9190	37	55	42	92	50	13
娱乐业	9200	202	329	383	1582	267	110
室内娱乐活动	9210	71	151	164	903	154	46
游乐园	9220	28	23	18	59	8	6
休闲健身娱乐活动	9230	61	96	130	449	80	34
其他娱乐活动	9290	42	59	71	171	25	24
公共管理和社会组织	**S**	**74346**	**54732**	**77511**	**48222**	**36974**	**5593**
中国共产党机关	9300	1836	1370	1623	1414	2508	174
国家机构	9400	16085	17390	20193	14126	14222	1795
国家权力机构	9410	400	289	236	415	322	31
国家行政机构	9420	15132	16473	19365	13011	13466	1662
人民法院和人民检察院	9430	365	266	305	298	261	58
其他国家机构	9490	188	362	287	402	173	44
人民政协和民主党派	9500	243	205	228	301	226	41
人民政协	9510	174	128	157	136	148	19
民主党派	9520	69	77	71	165	78	22
群众团体、社会团体和宗教组织	9600	5284	5248	5094	6401	4029	649
群众团体	9610	861	765	884	1116	878	137
社会团体	9620	2031	3834	3388	4704	3004	503
宗教组织	9630	2392	649	822	581	147	9
基层群众自治组织	9700	50898	30519	50373	25980	15989	2934
社区自治组织	9710	2831	3197	3972	5636	1462	386
村民自治组织	9720	48067	27322	46401	20344	14527	2548

单位:个

重庆	四川	贵州	云南	西藏	陕西	甘肃	青海	宁夏	新疆	代码
348	2330	551	1086	42	878	709	169	128	473	9000
42	161	49	123	10	128	92	19	15	74	9010
13	46	5	14	2	47	27	3	3	14	9020
72	292	96	220	11	158	129	53	40	134	9030
39	209	36	84	3	147	37	13	16	32	9040
13	54	15	21	1	69	60	11	12	10	9050
8	65	6	9	0	36	9	2	0	3	9060
95	1351	299	512	12	245	310	53	22	169	9070
13	23	6	9	0	9	3	0	4	15	9080
53	129	39	94	3	39	42	15	16	22	9090
66	266	54	136	6	125	64	26	35	53	9100
33	142	29	71	4	53	38	11	18	26	9110
15	46	12	33	1	35	4	4	10	10	9120
18	78	13	32	1	37	22	11	7	17	9190
244	659	158	315	6	292	147	52	74	138	9200
149	467	116	213	4	185	93	32	43	79	9210
6	18	4	15	1	13	9	2	2	10	9220
52	104	22	60	1	39	27	9	16	21	9230
37	70	16	27	0	55	18	9	13	28	9290
22761	**100170**	**35260**	**32486**	**10582**	**48913**	**36141**	**10274**	**8387**	**25242**	**S**
749	3541	1248	1890	703	2274	1248	351	232	1141	9300
7366	26715	10007	11726	3178	13971	10249	2849	1710	8046	9400
89	351	101	172	196	356	139	194	29	149	9410
7045	25685	9593	11166	2808	13116	9866	2492	1605	7559	9420
97	422	197	311	152	265	212	115	58	292	9430
135	257	116	77	22	234	32	48	18	46	9490
117	377	132	225	48	193	192	60	67	134	9500
45	198	98	148	40	122	102	47	26	108	9510
72	179	34	77	8	71	90	13	41	26	9520
2562	12187	2438	4718	775	3031	6167	2581	3525	5181	9600
298	1283	672	813	232	592	501	215	138	581	9610
2094	9335	1402	2741	110	1739	1649	487	690	1423	9620
170	1569	364	1164	433	700	4017	1879	2697	3177	9630
11967	57350	21435	13927	5878	29444	18285	4433	2853	10740	9700
1966	4686	1472	931	114	1413	1105	282	428	1591	9710
10001	52664	19963	12996	5764	28031	17180	4151	2425	9149	9720

1—4 按行业小类分组的法人单位数

（2005 年）

单位：个

行业小类	代码	法人单位数	从事单一活动或位于一个地点的法人单位	从事多种活动或位于多个地点的法人单位
全　国	**0000**	**5647823**	**5293848**	**353975**
农、林、牧、渔业	**A**	**68800**	**65861**	**2939**
农业	0100	13427	12644	783
谷物及其他作物的种植	0110	3375	2813	562
谷物的种植	0111	1680	1374	306
薯类的种植	0112	202	194	8
油料的种植	0113	111	79	32
豆类的种植	0114	94	61	33
棉花的种植	0115	224	107	117
麻类的种植	0116	36	34	2
糖料的种植	0117	68	43	25
烟草的种植	0118	24	22	2
其他作物的种植	0119	936	899	37
蔬菜、园艺作物的种植	0120	4693	4619	74
蔬菜的种植	0121	1534	1491	43
花卉的种植	0122	2084	2063	21
其他园艺作物的种植	0123	1075	1065	10
水果、坚果、饮料和香料作物的种植	0130	4823	4685	138
水果、坚果的种植	0131	3835	3754	81
茶及其他饮料作物的种植	0132	878	827	51
香料作物的种植	0133	110	104	6
中药材的种植	0140	536	527	9
林业	0200	8809	8208	601
林木的培育和种植	0210	7592	7214	378
育种和育苗	0211	3157	3069	88
造林	0212	2086	1972	114
林木的抚育和管理	0213	2349	2173	176
木材和竹材的采运	0220	671	581	90
木材的采运	0221	653	564	89
竹材的采运	0222	18	17	1
林产品的采集	0230	546	413	133
畜牧业	0300	12254	12018	236
牲畜的饲养	0310	3994	3888	106
猪的饲养	0320	3152	3098	54

单位:个

行业小类	代码	法人单位数	从事单一活动或位于一个地点的法人单位	从事多种活动或位于多个地点的法人单位
家禽的饲养	0330	3791	3733	58
狩猎和捕捉动物	0340	29	29	0
其他畜牧业	0390	1288	1270	18
渔业	0400	5333	5252	81
海洋渔业	0410	1504	1486	18
海水养殖	0411	1278	1269	9
海洋捕捞	0412	226	217	9
内陆渔业	0420	3829	3766	63
内陆养殖	0421	3777	3719	58
内陆捕捞	0422	52	47	5
农、林、牧、渔服务业	0500	28977	27739	1238
农业服务业	0510	13617	12885	732
灌溉服务	0511	2917	2614	303
农产品初加工服务	0512	2525	2478	47
其他农业服务	0519	8175	7793	382
林业服务业	0520	4674	4572	102
畜牧服务业	0530	8676	8292	384
兽医服务	0531	6589	6262	327
其他畜牧服务	0539	2087	2030	57
渔业服务业	0540	2010	1990	20
采矿业	**B**	**89430**	**87705**	**1725**
煤炭开采和洗选业	0600	29138	28349	789
烟煤和无烟煤的开采洗选	0610	27971	27224	747
褐煤的开采洗选	0620	706	676	30
其他煤炭采选	0690	461	449	12
石油和天然气开采业	0700	669	611	58
天然原油和天然气开采	0710	270	237	33
与石油和天然气开采有关的服务活动	0790	399	374	25
黑色金属矿采选业	0800	12642	12451	191
铁矿采选	0810	11375	11198	177
其他黑色金属矿采选	0890	1267	1253	14
有色金属矿采选业	0900	7305	7068	237
常用有色金属矿采选	0910	4571	4433	138
铜矿采选	0911	802	748	54

单位:个

行业小类	代码	法人单位数	从事单一活动或位于一个地点的法人单位	从事多种活动或位于多个地点的法人单位
铅锌矿采选	0912	2083	2029	54
镍钴矿采选	0913	46	42	4
锡矿采选	0914	466	455	11
锑矿采选	0915	110	106	4
铝矿采选	0916	323	321	2
镁矿采选	0917	321	319	2
其他常用有色金属矿采选	0919	420	413	7
贵金属矿采选	0920	1785	1719	66
金矿采选	0921	1660	1594	66
银矿采选	0922	104	104	0
其他贵金属矿采选	0929	21	21	0
稀有稀土金属矿采选	0930	949	916	33
钨钼矿采选	0931	727	704	23
稀土金属矿采选	0932	106	100	6
放射性金属矿采选	0933	17	13	4
其他稀有金属矿采选	0939	99	99	0
非金属矿采选业	1000	39246	38797	450
土砂石开采	1010	32773	32487	286
石灰石、石膏开采	1011	7176	7085	91
建筑装饰用石开采	1012	6834	6776	58
耐火土石开采	1013	2278	2257	21
粘土及其他土砂石开采	1019	16485	16369	116
化学矿采选	1020	1476	1404	72
采盐	1030	874	839	35
石棉及其他非金属矿采选	1090	4123	4067	56
石棉、云母矿采选	1091	174	164	10
石墨、滑石采选	1092	899	885	14
宝石、玉石开采	1093	105	102	3
其他非金属矿采选	1099	2945	2916	29
其他采矿业	1100	430	429	1
制造业	**C**	**1451556**	**1426803**	**24753**
农副食品加工业	1300	80101	78639	1462
谷物磨制	1310	24405	24186	219
饲料加工	1320	9667	9519	148

单位:个

行业小类	代码	法人单位数	从事单一活动或位于一个地点的法人单位	从事多种活动或位于多个地点的法人单位
植物油加工	1330	8448	8298	150
食用植物油加工	1331	7763	7620	143
非食用植物油加工	1332	685	678	7
制糖	1340	661	597	64
屠宰及肉类加工	1350	11524	10997	527
畜禽屠宰	1351	6792	6453	339
肉制品及副产品加工	1352	4732	4544	188
水产品加工	1360	7046	6908	138
水产品冷冻加工	1361	4604	4497	107
鱼糜制品及水产品干腌制加工	1362	1413	1391	22
水产饲料制造	1363	623	617	6
鱼油提取及制品的制造	1364	35	34	1
其他水产品加工	1369	371	369	2
蔬菜、水果和坚果加工	1370	10258	10155	103
其他农副食品加工	1390	8092	7979	113
淀粉及淀粉制品的制造	1391	3721	3688	33
豆制品制造	1392	1486	1457	29
蛋品加工	1393	434	422	12
其他未列明的农副食品加工	1399	2451	2412	39
食品制造业	1400	35267	34204	1063
焙烤食品制造	1410	7473	7046	427
糕点、面包制造	1411	4832	4444	388
饼干及其他焙烤食品制造	1419	2641	2602	39
糖果、巧克力及蜜饯制造	1420	4165	4100	65
糖果、巧克力制造	1421	2250	2218	32
蜜饯制作	1422	1915	1882	33
方便食品制造	1430	4930	4840	90
米、面制品制造	1431	3215	3181	34
速冻食品制造	1432	871	846	25
方便面及其他方便食品制造	1439	844	813	31
液体乳及乳制品制造	1440	2083	1984	99
罐头制造	1450	2837	2797	40
肉、禽类罐头制造	1451	401	391	10
水产品罐头制造	1452	167	162	5

单位:个

行业小类	代码	法人单位数	从事单一活动或位于一个地点的法人单位	从事多种活动或位于多个地点的法人单位
蔬菜、水果罐头制造	1453	1944	1920	24
其他罐头食品制造	1459	325	324	1
调味品、发酵制品制造	1460	6173	6014	159
味精制造	1461	438	421	17
酱油、食醋及类似制品的制造	1462	3605	3499	106
其他调味品、发酵制品制造	1469	2130	2094	36
其他食品制造	1490	7606	7423	183
营养、保健食品制造	1491	1903	1826	77
冷冻饮品及食用冰制造	1492	1793	1749	44
盐加工	1493	207	198	9
食品及饲料添加剂制造	1494	2045	2019	26
其他未列明的食品制造	1499	1658	1631	27
饮料制造业	1500	28902	27963	939
酒精制造	1510	420	408	12
酒的制造	1520	12408	12062	346
白酒制造	1521	8916	8698	218
啤酒制造	1522	963	902	61
黄酒制造	1523	919	883	36
葡萄酒制造	1524	798	787	11
其他酒制造	1529	812	792	20
软饮料制造	1530	9979	9583	396
碳酸饮料制造	1531	1471	1438	33
瓶(罐)装饮用水制造	1532	5471	5177	294
果菜汁及果菜汁饮料制造	1533	1196	1172	24
含乳饮料和植物蛋白饮料制造	1534	794	772	22
固体饮料制造	1535	371	366	5
茶饮料及其他软饮料制造	1539	676	658	18
精制茶加工	1540	6095	5910	185
烟草制品业	1600	315	283	32
烟叶复烤	1610	101	94	7
卷烟制造	1620	135	113	22
其他烟草制品加工	1690	79	76	3
纺织业	1700	95506	94059	1447
棉、化纤纺织及印染精加工	1710	36110	35631	479

单位:个

行业小类	代码	法　人 单位数	从事单一活动或位于一个地点的法人单位	从事多种活动或位于多个地点的法人单位
棉、化纤纺织加工	1711	30641	30253	388
棉、化纤印染精加工	1712	5469	5378	91
毛纺织和染整精加工	1720	4935	4861	74
毛条加工	1721	827	814	13
毛纺织	1722	3388	3331	57
毛染整精加工	1723	720	716	4
麻纺织	1730	1173	1150	23
丝绢纺织及精加工	1740	6133	6013	120
缫丝加工	1741	1378	1317	61
绢纺和丝织加工	1742	4015	3967	48
丝印染精加工	1743	740	729	11
纺织制成品制造	1750	19926	19637	289
棉及化纤制品制造	1751	8929	8800	129
毛制品制造	1752	1018	1000	18
麻制品制造	1753	406	397	9
丝制品制造	1754	859	841	18
绳、索、缆的制造	1755	1693	1675	18
纺织带和帘子布制造	1756	2147	2113	34
无纺布制造	1757	2137	2125	12
其他纺织制成品制造	1759	2737	2686	51
针织品、编织品及其制品制造	1760	27229	26767	462
棉、化纤针织品及编织品制造	1761	14645	14416	229
毛针织品及编织品制造	1762	9296	9127	169
丝针织品及编织品制造	1763	1292	1266	26
其他针织品及编织品制造	1769	1996	1958	38
纺织服装、鞋、帽制造业	1800	59867	58676	1191
纺织服装制造	1810	55941	54789	1152
纺织面料鞋的制造	1820	2710	2681	29
制帽	1830	1216	1206	10
皮革、毛皮、羽毛(绒)及其制品业	1900	27043	26686	357
皮革鞣制加工	1910	2966	2929	37
皮革制品制造	1920	20789	20496	293
皮鞋制造	1921	10637	10476	161
皮革服装制造	1922	1904	1872	32

单位:个

行业小类	代码	法人单位数	从事单一活动或位于一个地点的法人单位	从事多种活动或位于多个地点的法人单位
皮箱、包(袋)制造	1923	5302	5237	65
皮手套及皮装饰制品制造	1924	1521	1499	22
其他皮革制品制造	1929	1425	1412	13
毛皮鞣制及制品加工	1930	1966	1957	9
毛皮鞣制加工	1931	489	487	2
毛皮服装加工	1932	674	671	3
其他毛皮制品加工	1939	803	799	4
羽毛(绒)加工及制品制造	1940	1322	1304	18
羽毛(绒)加工	1941	630	627	3
羽毛(绒)制品加工	1942	692	677	15
木材加工及木、竹、藤、棕、草制品业	2000	45348	44906	442
锯材、木片加工	2010	13848	13743	105
锯材加工	2011	8749	8666	83
木片加工	2012	5099	5077	22
人造板制造	2020	14323	14209	114
胶合板制造	2021	6863	6807	56
纤维板制造	2022	953	937	16
刨花板制造	2023	1771	1761	10
其他人造板、材制造	2029	4736	4704	32
木制品制造	2030	11044	10882	162
建筑用木料及木材组件加工	2031	4608	4528	80
木容器制造	2032	2998	2959	39
软木制品及其他木制品制造	2039	3438	3395	43
竹、藤、棕、草制品制造	2040	6133	6072	61
家具制造业	2100	27489	26746	743
木质家具制造	2110	20338	19761	577
竹、藤家具制造	2120	431	428	3
金属家具制造	2130	3652	3583	69
塑料家具制造	2140	374	366	8
其他家具制造	2190	2694	2608	86
造纸及纸制品业	2200	44581	44117	464
纸浆制造	2210	714	703	11
造纸	2220	12749	12568	181
机制纸及纸板制造	2221	9610	9453	157

单位：个

行业小类	代码	法人单位数	从事单一活动或位于一个地点的法人单位	从事多种活动或位于多个地点的法人单位
手工纸制造	2222	465	464	1
加工纸制造	2223	2674	2651	23
纸制品制造	2230	31118	30846	272
纸和纸板容器的制造	2231	21793	21618	175
其他纸制品制造	2239	9325	9228	97
印刷业和记录媒介的复制	2300	45018	44198	820
印刷	2310	41406	40644	762
书、报、刊印刷	2311	14242	13953	289
本册印制	2312	7560	7431	129
包装装潢及其他印刷	2319	19604	19260	344
装订及其他印刷服务活动	2320	3395	3338	57
记录媒介的复制	2330	217	216	1
文教体育用品制造业	2400	16875	16611	264
文化用品制造	2410	4835	4746	89
文具制造	2411	1671	1641	30
笔的制造	2412	1815	1785	30
教学用模型及教具制造	2413	628	620	8
墨水、墨汁制造	2414	209	200	9
其他文化用品制造	2419	512	500	12
体育用品制造	2420	3508	3452	56
球类制造	2421	516	506	10
体育器材及配件制造	2422	1180	1169	11
训练健身器材制造	2423	746	725	21
运动防护用具制造	2424	294	290	4
其他体育用品制造	2429	772	762	10
乐器制造	2430	1137	1112	25
中乐器制造	2431	233	223	10
西乐器制造	2432	504	491	13
电子乐器制造	2433	100	100	0
其他乐器及零件制造	2439	300	298	2
玩具制造	2440	6684	6602	82
游艺器材及娱乐用品制造	2450	711	699	12
露天游乐场所游乐设备制造	2451	394	389	5
游艺用品及室内游艺器材制造	2452	317	310	7

单位:个

行业小类	代码	法人单位数	从事单一活动或位于一个地点的法人单位	从事多种活动或位于多个地点的法人单位
石油加工及炼焦业	2500	8176	7971	205
精炼石油产品的制造	2510	4915	4787	128
原油加工及石油制品制造	2511	4832	4705	127
人造原油生产	2512	83	82	1
炼焦	2520	3244	3169	75
化学原料及化学制品制造业	2600	86772	85097	1675
基础化学原料制造	2610	17336	16989	347
无机酸制造	2611	1971	1937	34
无机碱制造	2612	1475	1437	38
无机盐制造	2613	4707	4626	81
有机化学原料制造	2614	5443	5352	91
其他基础化学原料制造	2619	3740	3637	103
肥料制造	2620	7956	7722	234
氮肥制造	2621	947	850	97
磷肥制造	2622	1493	1440	53
钾肥制造	2623	175	174	1
复混肥料制造	2624	3449	3385	64
有机肥料及微生物肥料制造	2625	1253	1240	13
其他肥料制造	2629	639	633	6
农药制造	2630	2310	2246	64
化学农药制造	2631	1736	1680	56
生物化学农药及微生物农药制造	2632	574	566	8
涂料、油墨、颜料及类似产品制造	2640	18352	18019	333
涂料制造	2641	12026	11793	233
油墨及类似产品制造	2642	1464	1439	25
颜料制造	2643	1279	1257	22
染料制造	2644	1601	1581	20
密封用填料及类似品制造	2645	1982	1949	33
合成材料制造	2650	5947	5851	96
初级形态的塑料及合成树脂制造	2651	3554	3495	59
合成橡胶制造	2652	941	926	15
合成纤维单(聚合)体的制造	2653	565	553	12
其他合成材料制造	2659	887	877	10
专用化学产品制造	2660	26370	25947	423

单位:个

行业小类	代码	法人单位数	从事单一活动或位于一个地点的法人单位	从事多种活动或位于多个地点的法人单位
化学试剂和助剂制造	2661	8882	8736	146
专项化学用品制造	2662	5141	5073	68
林产化学产品制造	2663	1718	1691	27
炸药及火工产品制造	2664	5833	5724	109
信息化学品制造	2665	450	440	10
环境污染处理专用药剂材料制造	2666	758	743	15
动物胶制造	2667	531	523	8
其他专用化学产品制造	2669	3057	3017	40
日用化学产品制造	2670	8501	8323	178
肥皂及合成洗涤剂制造	2671	2647	2590	57
化妆品制造	2672	2279	2227	52
口腔清洁用品制造	2673	158	150	8
香料、香精制造	2674	1321	1288	33
其他日用化学产品制造	2679	2096	2068	28
医药制造业	2700	13597	13220	377
化学药品原药制造	2710	2113	2050	63
化学药品制剂制造	2720	2108	2031	77
中药饮片加工	2730	1586	1545	41
中成药制造	2740	2590	2487	103
兽用药品制造	2750	1408	1374	34
生物、生化制品的制造	2760	1876	1843	33
卫生材料及医药用品制造	2770	1916	1890	26
化学纤维制造业	2800	3819	3756	63
纤维素纤维原料及纤维制造	2810	623	610	13
化纤浆粕制造	2811	199	195	4
人造纤维(纤维素纤维)制造	2812	424	415	9
合成纤维制造	2820	3196	3146	50
锦纶纤维制造	2821	365	359	6
涤纶纤维制造	2822	1293	1266	27
腈纶纤维制造	2823	139	137	2
维纶纤维制造	2824	51	48	3
其他合成纤维制造	2829	1348	1336	12
橡胶制品业	2900	17194	16944	250
轮胎制造	2910	1577	1540	37

单位:个

行业小类	代码	法人单位数	从事单一活动或位于一个地点的法人单位	从事多种活动或位于多个地点的法人单位
车辆、飞机及工程机械轮胎制造	2911	967	940	27
力车胎制造	2912	280	275	5
轮胎翻新加工	2913	330	325	5
橡胶板、管、带的制造	2920	3460	3409	51
橡胶零件制造	2930	5570	5493	77
再生橡胶制造	2940	962	955	7
日用及医用橡胶制品制造	2950	963	950	13
橡胶靴鞋制造	2960	2058	2021	37
其他橡胶制品制造	2990	2604	2576	28
塑料制品业	3000	79681	78789	892
塑料薄膜制造	3010	7614	7510	104
塑料板、管、型材的制造	3020	12556	12390	166
塑料丝、绳及编织品的制造	3030	9015	8906	109
泡沫塑料制造	3040	4437	4398	39
塑料人造革、合成革制造	3050	924	908	16
塑料包装箱及容器制造	3060	9289	9205	84
塑料零件制造	3070	11027	10915	112
日用塑料制造	3080	13177	13019	158
塑料鞋制造	3081	2089	2065	24
日用塑料杂品制造	3082	11088	10954	134
其他塑料制品制造	3090	11642	11538	104
非金属矿物制品业	3100	175518	173673	1845
水泥、石灰和石膏的制造	3110	14366	13944	422
水泥制造	3111	8801	8420	381
石灰和石膏制造	3112	5565	5524	41
水泥及石膏制品制造	3120	36678	36334	344
水泥制品制造	3121	14496	14331	165
砼结构构件制造	3122	17749	17618	131
石棉水泥制品制造	3123	1044	1032	12
轻质建筑材料制造	3124	2424	2398	26
其他水泥制品制造	3129	965	955	10
砖瓦、石材及其他建筑材料制造	3130	84127	83588	539
粘土砖瓦及建筑砌块制造	3131	58797	58553	244
建筑陶瓷制品制造	3132	3880	3818	62

1—4 续表 11

单位:个

行业小类	代码	法人单位数	从事单一活动或位于一个地点的法人单位	从事多种活动或位于多个地点的法人单位
建筑用石加工	3133	13532	13387	145
防水建筑材料制造	3134	2257	2223	34
隔热和隔音材料制造	3135	2681	2656	25
其他建筑材料制造	3139	2980	2951	29
玻璃及玻璃制品制造	3140	13349	13149	200
平板玻璃制造	3141	1022	989	33
技术玻璃制品制造	3142	1521	1495	26
光学玻璃制造	3143	462	455	7
玻璃仪器制造	3144	796	785	11
日用玻璃制品及玻璃包装容器制造	3145	3531	3480	51
玻璃保温容器制造	3146	271	264	7
玻璃纤维及制品制造	3147	1918	1893	25
玻璃纤维增强塑料制品制造	3148	2510	2488	22
其他玻璃制品制造	3149	1318	1300	18
陶瓷制品制造	3150	7765	7644	121
卫生陶瓷制品制造	3151	938	926	12
特种陶瓷制品制造	3152	1789	1776	13
日用陶瓷制品制造	3153	3396	3329	67
园林、陈设艺术及其他陶瓷制品制造	3159	1642	1613	29
耐火材料制品制造	3160	9863	9757	106
石棉制品制造	3161	1410	1393	17
云母制品制造	3162	243	242	1
耐火陶瓷制品及其他耐火材料制造	3169	8210	8122	88
石墨及其他非金属矿物制品制造	3190	9370	9257	113
石墨及碳素制品制造	3191	2901	2867	34
其他非金属矿物制品制造	3199	6469	6390	79
黑色金属冶炼及压延加工业	3200	23440	23011	429
炼铁	3210	5478	5402	76
炼钢	3220	1241	1205	36
钢压延加工	3230	13380	13126	254
铁合金冶炼	3240	3341	3278	63
有色金属冶炼及压延加工业	3300	17750	17398	352
常用有色金属冶炼	3310	5131	4990	141
铜冶炼	3311	942	918	24

单位:个

行业小类	代码	法人单位数	从事单一活动或位于一个地点的法人单位	从事多种活动或位于多个地点的法人单位
铅锌冶炼	3312	1280	1244	36
镍钴冶炼	3313	154	148	6
锡冶炼	3314	174	162	12
锑冶炼	3315	246	240	6
铝冶炼	3316	1387	1341	46
镁冶炼	3317	415	407	8
其他常用有色金属冶炼	3319	533	530	3
贵金属冶炼	3320	535	506	29
金冶炼	3321	269	243	26
银冶炼	3322	185	184	1
其他贵金属冶炼	3329	81	79	2
稀有稀土金属冶炼	3330	1028	1009	19
钨钼冶炼	3331	299	298	1
稀土金属冶炼	3332	386	378	8
其他稀有金属冶炼	3339	343	333	10
有色金属合金制造	3340	1415	1392	23
有色金属压延加工	3350	9641	9501	140
常用有色金属压延加工	3351	8931	8799	132
贵金属压延加工	3352	214	210	4
稀有稀土金属压延加工	3353	496	492	4
金属制品业	3400	96285	94831	1454
结构性金属制品制造	3410	31234	30752	482
金属结构制造	3411	19703	19429	274
金属门窗制造	3412	11531	11323	208
金属工具制造	3420	13668	13466	202
切削工具制造	3421	3451	3385	66
手工具制造	3422	3502	3459	43
农用及园林用金属工具制造	3423	1536	1515	21
刀剪及类似日用金属工具制造	3424	1836	1813	23
其他金属工具制造	3429	3343	3294	49
集装箱及金属包装容器制造	3430	4929	4851	78
集装箱制造	3431	240	238	2
金属压力容器制造	3432	1089	1056	33
金属包装容器制造	3433	3600	3557	43

单位:个

行业小类	代码	法人单位数	从事单一活动或位于一个地点的法人单位	从事多种活动或位于多个地点的法人单位
金属丝绳及其制品的制造	3440	5317	5231	86
建筑、安全用金属制品制造	3450	11848	11638	210
建筑、家具用金属配件制造	3451	5832	5727	105
建筑装饰及水暖管道零件制造	3452	3893	3832	61
安全、消防用金属制品制造	3453	1254	1223	31
其他建筑、安全用金属制品制造	3459	869	856	13
金属表面处理及热处理加工	3460	8501	8402	99
搪瓷制品制造	3470	883	869	14
工业生产配套用搪瓷制品制造	3471	227	227	0
搪瓷卫生洁具制造	3472	218	212	6
搪瓷日用品及其他搪瓷制品制造	3479	438	430	8
不锈钢及类似日用金属制品制造	3480	9726	9568	158
金属制厨房调理及卫生器具制造	3481	1832	1800	32
金属制厨用器皿及餐具制造	3482	3517	3452	65
其他日用金属制品制造	3489	4377	4316	61
其他金属制品制造	3490	10179	10054	125
铸币及贵金属制实验室用品制造	3491	79	79	0
其他未列明的金属制品制造	3499	10100	9975	125
通用设备制造业	3500	130809	128526	2283
锅炉及原动机制造	3510	5967	5794	173
锅炉及辅助设备制造	3511	3712	3610	102
内燃机及配件制造	3512	1748	1697	51
汽轮机及辅机制造	3513	191	179	12
水轮机及辅机制造	3514	144	137	7
其他原动机制造	3519	172	171	1
金属加工机械制造	3520	13718	13463	255
金属切削机床制造	3521	2031	1972	59
金属成形机床制造	3522	1685	1641	44
铸造机械制造	3523	2836	2812	24
金属切割及焊接设备制造	3524	1871	1837	34
机床附件制造	3525	1675	1647	28
其他金属加工机械制造	3529	3620	3554	66
起重运输设备制造	3530	4398	4268	130
泵、阀门、压缩机及类似机械的制造	3540	17921	17514	407

行业小类	代码	法人单位数	从事单一活动或位于一个地点的法人单位	从事多种活动或位于多个地点的法人单位
泵及真空设备制造	3541	5555	5417	138
气体压缩机械制造	3542	1075	1032	43
阀门和旋塞的制造	3543	6974	6829	145
液压和气压动力机械及元件制造	3544	4317	4236	81
轴承、齿轮、传动和驱动部件的制造	3550	9545	9399	146
轴承制造	3551	5884	5804	80
齿轮、传动和驱动部件制造	3552	3661	3595	66
烘炉、熔炉及电炉制造	3560	1352	1327	25
风机、衡器、包装设备等通用设备制造	3570	15938	15573	365
风机、风扇制造	3571	2552	2516	36
气体、液体分离及纯净设备制造	3572	2063	2015	48
制冷、空调设备制造	3573	3025	2956	69
风动和电动工具制造	3574	1968	1925	43
喷枪及类似器具制造	3575	628	596	32
包装专用设备制造	3576	1231	1198	33
衡器制造	3577	837	802	35
其他通用设备制造	3579	3634	3565	69
通用零部件制造及机械修理	3580	35520	34988	532
金属密封件制造	3581	1740	1718	22
紧固件、弹簧制造	3582	12239	12049	190
机械零部件加工及设备修理	3583	16322	16048	274
其他通用零部件制造	3589	5219	5173	46
金属铸、锻加工	3590	26450	26200	250
钢铁铸件制造	3591	21793	21592	201
锻件及粉末冶金制品制造	3592	4657	4608	49
专用设备制造业	3600	65997	64766	1231
矿山、冶金、建筑专用设备制造	3610	10387	10138	249
采矿、采石设备制造	3611	3569	3473	96
石油钻采专用设备制造	3612	1321	1286	35
建筑工程用机械制造	3613	2141	2090	51
建筑材料生产专用机械制造	3614	2053	2019	34
冶金专用设备制造	3615	1303	1270	33
化工、木材、非金属加工专用设备制造	3620	16641	16426	215
炼油、化工生产专用设备制造	3621	1434	1405	29

单位:个

行业小类	代码	法　人单位数	从事单一活动或位于一个地点的法人单位	从事多种活动或位于多个地点的法人单位
橡胶加工专用设备制造	3622	565	557	8
塑料加工专用设备制造	3623	2006	1969	37
木材加工机械制造	3624	746	702	44
模具制造	3625	11442	11352	90
其他非金属加工专用设备制造	3629	448	441	7
食品、饮料、烟草及饲料生产专用设备制造	3630	3402	3324	78
食品、饮料、烟草工业专用设备制造	3631	1675	1644	31
农副食品加工专用设备制造	3632	1425	1389	36
饲料生产专用设备制造	3633	302	291	11
印刷、制药、日化生产专用设备制造	3640	4584	4493	91
制浆和造纸专用设备制造	3641	1076	1050	26
印刷专用设备制造	3642	1286	1260	26
日用化工专用设备制造	3643	290	286	4
制药专用设备制造	3644	637	622	15
照明器具生产专用设备制造	3645	511	501	10
玻璃、陶瓷和搪瓷制品生产专用设备制造	3646	469	464	5
其他日用品生产专用设备制造	3649	315	310	5
纺织、服装和皮革工业专用设备制造	3650	7656	7530	126
纺织专用设备制造	3651	5238	5163	75
皮革、毛皮及其制品加工专用设备制造	3652	302	290	12
缝纫机械制造	3653	1595	1569	26
其他服装加工专用设备制造	3659	521	508	13
电子和电工机械专用设备制造	3660	4369	4272	97
电工机械专用设备制造	3661	1796	1764	32
电子工业专用设备制造	3662	2360	2339	21
武器弹药制造	3663	108	74	34
航空、航天及其他专用设备制造	3669	105	95	10
农、林、牧、渔专用机械制造	3670	6157	6048	109
拖拉机制造	3671	586	565	21
机械化农业及园艺机具制造	3672	1629	1593	36
营林及木竹采伐机械制造	3673	50	48	2
畜牧机械制造	3674	202	200	2
渔业机械制造	3675	191	188	3
农林牧渔机械配件制造	3676	1887	1874	13

1—4 续表 16

单位:个

行业小类	代码	法人单位数	从事单一活动或位于一个地点的法人单位	从事多种活动或位于多个地点的法人单位
其他农林牧渔业机械制造及机械修理	3679	1612	1580	32
医疗仪器设备及器械制造	3680	4188	4078	110
医疗诊断、监护及治疗设备制造	3681	1084	1059	25
口腔科用设备及器具制造	3682	152	147	5
实验室及医用消毒设备和器具的制造	3683	252	244	8
医疗、外科及兽医用器械制造	3684	1061	1033	28
机械治疗及病房护理设备制造	3685	445	429	16
假肢、人工器官及植(介)入器械制造	3686	324	309	15
其他医疗设备及器械制造	3689	870	857	13
环保、社会公共安全及其他专用设备制造	3690	8613	8457	156
环境污染防治专用设备制造	3691	3808	3748	60
地质勘查专用设备制造	3692	97	91	6
邮政专用机械及器材制造	3693	45	43	2
商业、饮食、服务业专用设备制造	3694	243	233	10
社会公共安全设备及器材制造	3695	870	846	24
交通安全及管制专用设备制造	3696	236	235	1
水资源专用机械制造	3697	777	760	17
其他专用设备制造	3699	2537	2501	36
交通运输设备制造业	3700	61387	59900	1487
铁路运输设备制造	3710	2279	2138	141
铁路机车车辆及动车组制造	3711	94	80	14
工矿有轨专用车辆制造	3712	102	102	0
铁路机车车辆配件制造	3713	959	915	44
铁路专用设备及器材、配件制造	3714	682	648	34
其他铁路设备制造及设备修理	3719	442	393	49
汽车制造	3720	42852	41914	938
汽车整车制造	3721	581	531	50
改装汽车制造	3722	764	715	49
电车制造	3723	80	79	1
汽车车身、挂车的制造	3724	545	539	6
汽车零部件及配件制造	3725	24086	23680	406
汽车修理	3726	16796	16370	426
摩托车制造	3730	5951	5843	108
摩托车整车制造	3731	466	441	25

单位：个

行业小类	代码	法人单位数	从事单一活动或位于一个地点的法人单位	从事多种活动或位于多个地点的法人单位
摩托车零部件及配件制造	3732	5485	5402	83
自行车制造	3740	4416	4327	89
脚踏自行车及残疾人座车制造	3741	2762	2730	32
助动自行车制造	3742	1654	1597	57
船舶及浮动装置制造	3750	4571	4442	129
金属船舶制造	3751	1260	1212	48
非金属船舶制造	3752	274	272	2
娱乐船和运动船的建造和修理	3753	134	132	2
船用配套设备制造	3754	926	902	24
船舶修理及拆船	3755	1907	1855	52
航标器材及其他浮动装置的制造	3759	70	69	1
航空航天器制造	3760	309	241	68
飞机制造及修理	3761	236	174	62
航天器制造	3762	46	41	5
其他飞行器制造	3769	27	26	1
交通器材及其他交通运输设备制造	3790	1009	995	14
潜水及水下救捞装备制造	3791	31	31	0
交通管理用金属标志及设施制造	3792	429	421	8
其他交通运输设备制造	3799	549	543	6
电气机械及器材制造业	3900	69984	68607	1377
电机制造	3910	7294	7154	140
发电机及发电机组制造	3911	1534	1501	33
电动机制造	3912	3149	3072	77
微电机及其他电机制造	3919	2611	2581	30
输配电及控制设备制造	3920	23092	22715	377
变压器、整流器和电感器制造	3921	4691	4622	69
电容器及其配套设备制造	3922	1430	1412	18
配电开关控制设备制造	3923	10263	10074	189
电力电子元器件制造	3924	4488	4436	52
其他输配电及控制设备制造	3929	2220	2171	49
电线、电缆、光缆及电工器材制造	3930	12784	12492	292
电线电缆制造	3931	9465	9223	242
光纤、光缆制造	3932	363	357	6
绝缘制品制造	3933	1412	1396	16

单位:个

行业小类	代码	法人单位数	从事单一活动或位于一个地点的法人单位	从事多种活动或位于多个地点的法人单位
其他电工器材制造	3939	1544	1516	28
电池制造	3940	3012	2946	66
家用电力器具制造	3950	8341	8151	190
家用制冷电器具制造	3951	639	626	13
家用空气调节器制造	3952	703	689	14
家用通风电器具制造	3953	794	777	17
家用厨房电器具制造	3954	2079	2029	50
家用清洁卫生电器具制造	3955	652	637	15
家用美容、保健电器具制造	3956	434	423	11
家用电力器具专用配件制造	3957	1212	1191	21
其他家用电力器具制造	3959	1828	1779	49
非电力家用器具制造	3960	2284	2222	62
燃气、太阳能及类似能源的器具制造	3961	1816	1761	55
其他非电力家用器具制造	3969	468	461	7
照明器具制造	3970	10571	10379	192
电光源制造	3971	2378	2334	44
照明灯具制造	3972	5324	5216	108
灯用电器附件及其他照明器具制造	3979	2869	2829	40
其他电气机械及器材制造	3990	2606	2548	58
车辆专用照明及电气信号设备装置制造	3991	797	778	19
其他未列明的电气机械制造	3999	1809	1770	39
通信设备、计算机及其他电子设备制造业	4000	33164	32642	522
通信设备制造	4010	4027	3938	89
通信传输设备制造	4011	1027	1003	24
通信交换设备制造	4012	440	428	12
通信终端设备制造	4013	718	705	13
移动通信及终端设备制造	4014	616	597	19
其他通信设备制造	4019	1226	1205	21
雷达及配套设备制造	4020	104	93	11
广播电视设备制造	4030	1469	1444	25
广播电视节目制作及发射设备制造	4031	150	144	6
广播电视接收设备及器材制造	4032	1016	1002	14
应用电视设备及其他广播电视设备制造	4039	303	298	5
电子计算机制造	4040	3319	3268	51

1—4 续表 19

单位:个

行业小类	代码	法人单位数	从事单一活动或位于一个地点的法人单位	从事多种活动或位于多个地点的法人单位
电子计算机整机制造	4041	663	642	21
计算机网络设备制造	4042	619	614	5
电子计算机外部设备制造	4043	2037	2012	25
电子器件制造	4050	4605	4539	66
电子真空器件制造	4051	549	538	11
半导体分立器件制造	4052	793	778	15
集成电路制造	4053	1009	1004	5
光电子器件及其他电子器件制造	4059	2254	2219	35
电子元件制造	4060	13992	13804	188
电子元件及组件制造	4061	12343	12170	173
印制电路板制造	4062	1649	1634	15
家用视听设备制造	4070	2840	2783	57
家用影视设备制造	4071	990	962	28
家用音响设备制造	4072	1850	1821	29
其他电子设备制造	4090	2808	2773	35
仪器仪表及文化、办公用机械制造业	4100	19129	18674	455
通用仪器仪表制造	4110	9219	9017	202
工业自动控制系统装置制造	4111	3220	3148	72
电工仪器仪表制造	4112	2047	2003	44
绘图、计算及测量仪器制造	4113	642	624	18
实验分析仪器制造	4114	1337	1309	28
试验机制造	4115	357	345	12
供应用仪表及其他通用仪器制造	4119	1616	1588	28
专用仪器仪表制造	4120	2972	2903	69
环境监测专用仪器仪表制造	4121	317	314	3
汽车及其他用计数仪表制造	4122	416	404	12
导航、气象及海洋专用仪器制造	4123	216	201	15
农林牧渔专用仪器仪表制造	4124	48	48	0
地质勘探和地震专用仪器制造	4125	150	144	6
教学专用仪器制造	4126	412	406	6
核子及核辐射测量仪器制造	4127	46	43	3
电子测量仪器制造	4128	696	688	8
其他专用仪器制造	4129	671	655	16
钟表与计时仪器制造	4130	1700	1652	48

单位:个

行业小类	代码	法人单位数	从事单一活动或位于一个地点的法人单位	从事多种活动或位于多个地点的法人单位
光学仪器及眼镜制造	4140	3024	2937	87
光学仪器制造	4141	1247	1223	24
眼镜制造	4142	1777	1714	63
文化、办公用机械制造	4150	1407	1375	32
电影机械制造	4151	57	55	2
幻灯及投影设备制造	4152	93	93	0
照相机及器材制造	4153	351	344	7
复印和胶印设备制造	4154	246	239	7
计算器及货币专用设备制造	4155	336	324	12
其他文化、办公用机械制造	4159	324	320	4
其他仪器仪表的制造及修理	4190	807	790	17
工艺品及其他制造业	4200	37965	37380	585
工艺美术品制造	4210	24664	24258	406
雕塑工艺品制造	4211	4684	4593	91
金属工艺品制造	4212	3317	3256	61
漆器工艺品制造	4213	859	845	14
花画工艺品制造	4214	1467	1448	19
天然植物纤维编织工艺品制造	4215	1996	1979	17
抽纱刺绣工艺品制造	4216	4161	4123	38
地毯、挂毯制造	4217	1983	1964	19
珠宝首饰及有关物品的制造	4218	1527	1459	68
其他工艺美术品制造	4219	4670	4591	79
日用杂品制造	4220	6314	6226	88
制镜及类似品加工	4221	473	468	5
鬃毛加工、制刷及清扫工具的制造	4222	1569	1555	14
其他日用杂品制造	4229	4272	4203	69
煤制品制造	4230	4084	4052	32
核辐射加工	4240	34	33	1
其他未列明的制造业	4290	2869	2811	58
废弃资源和废旧材料回收加工业	4300	4577	4530	47
金属废料和碎屑的加工处理	4310	2072	2045	27
非金属废料和碎屑的加工处理	4320	2505	2485	20
电力、燃气及水的生产和供应业	**D**	**43148**	**40106**	**3042**
电力、热力的生产和供应业	4400	28426	26297	2129

行业小类	代码	法人单位数	从事单一活动或位于一个地点的法人单位	从事多种活动或位于多个地点的法人单位
电力生产	4410	23922	23018	904
火力发电	4411	1782	1602	180
水力发电	4412	21893	21176	717
核力发电	4413	28	26	2
其他能源发电	4419	219	214	5
电力供应	4420	2611	1495	1116
热力生产和供应	4430	1893	1784	109
燃气生产和供应业	4500	1867	1674	193
水的生产和供应业	4600	12855	12135	720
自来水的生产和供应	4610	11844	11147	697
污水处理及其再生利用	4620	828	807	21
其他水的处理、利用与分配	4690	183	181	2
建筑业	**E**	**149471**	**142841**	**6630**
房屋和土木工程建筑业	4700	64014	59500	4514
房屋工程建筑	4710	42537	39252	3285
土木工程建筑	4720	21477	20248	1229
铁路、道路、隧道和桥梁工程建筑	4721	8178	7662	516
水利和港口工程建筑	4722	2736	2566	170
工矿工程建筑	4723	1331	1209	122
架线和管道工程建筑	4724	4001	3695	306
其他土木工程建筑	4729	5231	5116	115
建筑安装业	4800	26934	26020	914
建筑装饰业	4900	45424	44434	990
其他建筑业	5000	13099	12887	212
工程准备	5010	5275	5190	85
提供施工设备服务	5020	1213	1197	16
其他未列明的建筑活动	5090	6611	6500	111
交通运输、仓储和邮政业	**F**	**91565**	**84244**	**7321**
铁路运输业	5100	334	303	31
铁路旅客运输	5110	29	24	5
铁路货物运输	5120	170	146	24
铁路运输辅助活动	5130	135	133	2
客运火车站	5131	10	10	0
货运火车站	5132	33	32	1

单位:个

行业小类	代码	法人单位数	从事单一活动或位于一个地点的法人单位	从事多种活动或位于多个地点的法人单位
其他铁路运输辅助活动	5139	92	91	1
道路运输业	5200	41340	37438	3902
公路旅客运输	5210	5752	4712	1040
道路货物运输	5220	26302	24901	1401
道路运输辅助活动	5230	9286	7825	1461
客运汽车站	5231	1434	1222	212
公路管理与养护	5232	5768	4636	1132
其他道路运输辅助活动	5239	2084	1967	117
城市公共交通业	5300	6253	5542	711
公共电汽车客运	5310	1545	1276	269
轨道交通	5320	86	79	7
出租车客运	5330	4290	3880	410
城市轮渡	5340	62	58	4
其他城市公共交通	5390	270	249	21
水上运输业	5400	5853	5377	476
水上旅客运输	5410	703	653	50
远洋旅客运输	5411	22	21	1
沿海旅客运输	5412	172	161	11
内河旅客运输	5413	509	471	38
水上货物运输	5420	3198	2934	264
远洋货物运输	5421	241	213	28
沿海货物运输	5422	901	835	66
内河货物运输	5423	2056	1886	170
水上运输辅助活动	5430	1952	1790	162
客运港口	5431	68	60	8
货运港口	5432	827	749	78
其他水上运输辅助活动	5439	1057	981	76
航空运输业	5500	627	539	88
航空客货运输	5510	167	136	31
航空旅客运输	5511	93	67	26
航空货物运输	5512	74	69	5
通用航空服务	5520	142	131	11
航空运输辅助活动	5530	318	272	46
机场	5531	111	87	24

单位:个

行业小类	代码	法人单位数	从事单一活动或位于一个地点的法人单位	从事多种活动或位于多个地点的法人单位
空中交通管理	5532	15	14	1
其他航空运输辅助活动	5539	192	171	21
管道运输业	5600	53	50	3
装卸搬运和其他运输服务业	5700	22757	21693	1064
装卸搬运	5710	5007	4802	205
运输代理服务	5720	17750	16891	859
仓储业	5800	11799	11275	524
谷物、棉花等农产品仓储	5810	3277	3054	223
其他仓储	5890	8522	8221	301
邮政业	5900	2549	2027	522
国家邮政	5910	571	115	456
其他寄递服务	5990	1978	1912	66
信息传输、计算机服务和软件业	**G**	**85499**	**82936**	**2563**
电信和其他信息传输服务业	6000	15651	13977	1674
电信	6010	3544	2241	1303
固定电信服务	6011	1151	540	611
移动电信服务	6012	1092	531	561
其他电信服务	6019	1301	1170	131
互联网信息服务	6020	7817	7719	98
广播电视传输服务	6030	4108	3841	267
有线广播电视传输服务	6031	3467	3220	247
无线广播电视传输服务	6032	641	621	20
卫星传输服务	6040	182	176	6
计算机服务业	6100	43813	43316	497
计算机系统服务	6110	9054	8886	168
数据处理	6120	973	964	9
计算机维修	6130	1854	1814	40
其他计算机服务	6190	31932	31652	280
软件业	6200	26035	25643	392
公共软件服务	6210	19598	19304	294
基础软件服务	6211	6356	6251	105
应用软件服务	6212	13242	13053	189
其他软件服务	6290	6437	6339	98

1—4 续表 24

单位:个

行业小类	代码	法人单位数	从事单一活动或位于一个地点的法人单位	从事多种活动或位于多个地点的法人单位
批发和零售业	**H**	**994953**	**931279**	**63674**
批发业	6300	599766	567592	32174
农畜产品批发	6310	31982	28788	3194
谷物、豆及薯类批发	6311	13117	11432	1685
种子、饲料批发	6312	10011	9237	774
棉、麻批发	6313	3197	2843	354
牲畜批发	6314	922	852	70
其他农畜产品批发	6319	4735	4424	311
食品、饮料及烟草制品批发	6320	48471	44123	4348
米、面制品及食用油批发	6321	10302	9102	1200
糕点、糖果及糖批发	6322	2945	2752	193
果品、蔬菜批发	6323	3790	3610	180
肉、禽、蛋及水产品批发	6324	4905	4293	612
盐及调味品批发	6325	3034	2637	397
饮料及茶叶批发	6326	8940	8425	515
烟草制品批发	6327	2383	1669	714
其他食品批发	6329	12172	11635	537
纺织、服装及日用品批发	6330	59606	57312	2294
纺织品、针织品及原料批发	6331	19982	19354	628
服装批发	6332	14083	13538	545
鞋帽批发	6333	1987	1900	87
厨房、卫生间用具及日用杂货批发	6334	4995	4735	260
化妆品及卫生用品批发	6335	5239	5082	157
其他日用品批发	6339	13320	12703	617
文化、体育用品及器材批发	6340	21664	20654	1010
文具用品批发	6341	7756	7441	315
体育用品批发	6342	1566	1488	78
图书批发	6343	3360	3103	257
报刊批发	6344	239	226	13
音像制品及电子出版物批发	6345	979	908	71
首饰、工艺品及收藏品批发	6346	3579	3458	121
其他文化用品批发	6349	4185	4030	155
医药及医疗器材批发	6350	17736	16140	1596
西药批发	6351	5536	4502	1034
中药材及中成药批发	6352	3049	2743	306

单位:个

行业小类	代码	法人单位数	从事单一活动或位于一个地点的法人单位	从事多种活动或位于多个地点的法人单位
医疗用品及器材批发	6353	9151	8895	256
矿产品、建材及化工产品批发	6360	196733	185927	10806
煤炭及制品批发	6361	14179	13682	497
石油及制品批发	6362	15611	14272	1339
非金属矿及制品批发	6363	3102	3007	95
金属及金属矿批发	6364	54056	52237	1819
建材批发	6365	47713	46305	1408
化肥批发	6366	17567	13677	3890
农药批发	6367	4286	3895	391
农用薄膜批发	6368	449	422	27
其他化工产品批发	6369	39770	38430	1340
机械设备、五金交电及电子产品批发	6370	168493	161851	6642
农业机械批发	6371	5609	5259	350
汽车、摩托车及零配件批发	6372	17612	16741	871
五金、交电批发	6373	40704	39019	1685
家用电器批发	6374	9109	8716	393
计算机、软件及辅助设备批发	6375	16027	15294	733
通讯及广播电视设备批发	6376	7176	6800	376
其他机械设备及电子产品批发	6379	72256	70022	2234
贸易经纪与代理	6380	11099	10819	280
其他批发	6390	43982	41978	2004
再生物资回收与批发	6391	17933	16785	1148
其他未列明的批发	6399	26049	25193	856
零售业	6500	395187	363687	31500
综合零售	6510	51246	42428	8818
百货零售	6511	20802	17921	2881
超级市场零售	6512	7754	6391	1363
其他综合零售	6519	22690	18116	4574
食品、饮料及烟草制品专门零售	6520	35793	32077	3716
粮油零售	6521	9444	8419	1025
糕点、面包零售	6522	1804	1493	311
果品、蔬菜零售	6523	1681	1558	123
肉、禽、蛋及水产品零售	6524	3519	3034	485
饮料及茶叶零售	6525	5858	5451	407

单位:个

行业小类	代码	法人单位数	从事单一活动或位于一个地点的法人单位	从事多种活动或位于多个地点的法人单位
烟草制品零售	6526	2527	2135	392
其他食品零售	6529	10960	9987	973
纺织、服装及日用品专门零售	6530	41062	37476	3586
纺织品及针织品零售	6531	5946	5472	474
服装零售	6532	14479	13237	1242
鞋帽零售	6533	2412	2178	234
钟表、眼镜零售	6534	3001	2420	581
化妆品及卫生用品零售	6535	4474	4291	183
其他日用品零售	6539	10750	9878	872
文化、体育用品及器材专门零售	6540	30282	27758	2524
文具用品零售	6541	7682	7317	365
体育用品零售	6542	2101	1963	138
图书零售	6543	5857	4734	1123
报刊零售	6544	466	437	29
音像制品及电子出版物零售	6545	2454	2299	155
珠宝首饰零售	6546	3751	3452	299
工艺美术品及收藏品零售	6547	3852	3673	179
照相器材零售	6548	770	709	61
其他文化用品零售	6549	3349	3174	175
医药及医疗器材专门零售	6550	28218	25283	2935
药品零售	6551	21622	18902	2720
医疗用品及器材零售	6552	6596	6381	215
汽车、摩托车、燃料及零配件专门零售	6560	53216	50348	2868
汽车零售	6561	13783	12889	894
汽车零配件零售	6562	13241	12668	573
摩托车及零配件零售	6563	7528	6862	666
机动车燃料零售	6564	18664	17929	735
家用电器及电子产品专门零售	6570	63913	60742	3171
家用电器零售	6571	15482	14433	1049
计算机、软件及辅助设备零售	6572	25336	24306	1030
通信设备零售	6573	9099	8313	786
其他电子产品零售	6579	13996	13690	306
五金、家具及室内装修材料专门零售	6580	54095	51749	2346
五金零售	6581	28727	27419	1308

单位:个

行业小类	代码	法人单位数	从事单一活动或位于一个地点的法人单位	从事多种活动或位于多个地点的法人单位
家具零售	6582	6140	5859	281
涂料零售	6583	2488	2383	105
其他室内装修材料零售	6589	16740	16088	652
无店铺及其他零售	6590	37362	35826	1536
流动货摊零售	6591	148	141	7
邮购及电子销售	6592	342	330	12
生活用燃料零售	6593	7978	7378	600
花卉零售	6594	1873	1825	48
旧货零售	6595	514	496	18
其他未列明的零售	6599	26507	25656	851
住宿和餐饮业	**I**	**101853**	**94177**	**7676**
住宿业	6600	41951	37875	4076
旅游饭店	6610	13688	11529	2159
一般旅馆	6620	25039	23268	1771
其他住宿服务	6690	3224	3078	146
餐饮业	6700	59902	56302	3600
正餐服务	6710	48235	45430	2805
快餐服务	6720	3907	3503	404
饮料及冷饮服务	6730	3178	3050	128
其他餐饮服务	6790	4582	4319	263
金融业	**J**	**26828**	**15070**	**11758**
银行业	6800	17156	7634	9522
中央银行	6810	746	386	360
商业银行	6820	15641	6873	8768
其他银行	6890	769	375	394
证券业	6900	1270	1030	240
证券市场管理	6910	70	59	11
证券经纪与交易	6920	1010	798	212
证券投资	6930	88	78	10
证券分析与咨询	6940	102	95	7
保险业	7000	4573	2690	1883
人寿保险	7010	1623	640	983
非人寿保险	7020	1735	885	850
保险辅助服务	7030	1215	1165	50

单位:个

行业小类	代码	法人单位数	从事单一活动或位于一个地点的法人单位	从事多种活动或位于多个地点的法人单位
其他金融活动	7100	3829	3716	113
金融信托与管理	7110	389	373	16
金融租赁	7120	50	45	5
财务公司	7130	180	177	3
邮政储蓄	7140	12	7	5
典当	7150	1422	1373	49
其他未列明的金融活动	7190	1776	1741	35
房地产业	**K**	**148059**	**139782**	**8277**
房地产业	7200	148059	139782	8277
房地产开发经营	7210	69049	67097	1952
物业管理	7220	35764	33034	2730
房地产中介服务	7230	23866	21395	2471
其他房地产活动	7290	19380	18256	1124
租赁和商务服务业	**L**	**291498**	**282211**	**9287**
租赁业	7300	10890	10546	344
机械设备租赁	7310	10074	9757	317
汽车租赁	7311	3183	3027	156
农业机械租赁	7312	158	149	9
建筑工程机械与设备租赁	7313	4466	4380	86
计算机及通讯设备租赁	7314	227	222	5
其他机械与设备租赁	7319	2040	1979	61
文化及日用品出租	7320	816	789	27
图书及音像制品出租	7321	428	410	18
其他文化及日用品出租	7329	388	379	9
商务服务业	7400	280608	271665	8943
企业管理服务	7410	57505	54204	3301
企业管理机构	7411	16459	14612	1847
投资与资产管理	7412	19458	18955	503
其他企业管理服务	7419	21588	20637	951
法律服务	7420	18117	17989	128
律师及相关的法律服务	7421	15169	15063	106
公证服务	7422	1619	1610	9
其他法律服务	7429	1329	1316	13
咨询与调查	7430	77457	76232	1225

行业小类	代码	法人单位数	从事单一活动或位于一个地点的法人单位	从事多种活动或位于多个地点的法人单位
会计、审计及税务服务	7431	13154	12791	363
市场调查	7432	3363	3321	42
社会经济咨询	7433	28615	28168	447
其他专业咨询	7439	32325	31952	373
广告业	7440	45482	44768	714
知识产权服务	7450	2762	2688	74
职业中介服务	7460	13012	12573	439
市场管理	7470	13920	13084	836
旅行社	7480	14537	13353	1184
其他商务服务	7490	37816	36774	1042
会议及展览服务	7491	5883	5779	104
包装服务	7492	810	794	16
保安服务	7493	1493	1354	139
办公服务	7494	7376	7075	301
其他未列明的商务服务	7499	22254	21772	482
科学研究、技术服务和地质勘查业	**M**	**153076**	**146814**	**6262**
研究与试验发展	7500	16668	16015	653
自然科学研究与试验发展	7510	1598	1531	67
工程和技术研究与试验发展	7520	6536	6313	223
农业科学研究与试验发展	7530	4137	3901	236
医学研究与试验发展	7540	2742	2659	83
社会人文科学研究与试验发展	7550	1655	1611	44
专业技术服务业	7600	75294	73139	2155
气象服务	7610	3273	2974	299
地震服务	7620	1170	1127	43
海洋服务	7630	160	153	7
测绘服务	7640	2264	2217	47
技术检测	7650	10627	10310	317
环境监测	7660	2317	2271	46
工程技术与规划管理	7670	34631	33652	979
工程管理服务	7671	15815	15405	410
工程勘察设计	7672	13422	12973	449
规划管理	7673	5394	5274	120
其他专业技术服务	7690	20852	20435	417

行业小类	代码	法人单位数	从事单一活动或位于一个地点的法人单位	从事多种活动或位于多个地点的法人单位
科技交流和推广服务业	7700	58487	55387	3100
技术推广服务	7710	42186	39399	2787
科技中介服务	7720	6281	6130	151
其他科技服务	7790	10020	9858	162
地质勘查业	7800	2627	2273	354
矿产地质勘查	7810	996	828	168
能源矿产地质勘查	7811	475	390	85
固体矿产地质勘查	7812	356	293	63
其他矿产地质勘查	7819	165	145	20
基础地质勘查	7820	696	568	128
地质勘查技术服务	7830	935	877	58
水利、环境和公共设施管理业	**N**	**46847**	**44185**	**2662**
水利管理业	7900	18922	17648	1274
防洪管理	7910	2185	2040	145
水资源管理	7920	9319	8529	790
水库管理	7921	4143	3767	376
调水、引水管理	7922	3127	2803	324
其他水资源管理	7929	2049	1959	90
其他水利管理	7990	7418	7079	339
环境管理业	8000	10523	10035	488
自然保护	8010	1819	1649	170
自然保护区管理	8011	766	671	95
野生动植物保护	8012	446	425	21
其他自然保护	8019	607	553	54
环境治理	8020	8704	8386	318
城市市容管理	8021	1278	1223	55
城市环境卫生管理	8022	4968	4752	216
水污染治理	8023	748	726	22
危险废物治理	8024	179	178	1
其他环境治理	8029	1531	1507	24
公共设施管理业	8100	17402	16502	900
市政公共设施管理	8110	4126	3885	241
城市绿化管理	8120	7466	7208	258
游览景区管理	8130	5810	5409	401

单位:个

行业小类	代码	法人单位数	从事单一活动或位于一个地点的法人单位	从事多种活动或位于多个地点的法人单位
风景名胜区管理	8131	2017	1832	185
公园管理	8132	1784	1663	121
其他游览景区管理	8139	2009	1914	95
居民服务和其他服务业	**O**	**93947**	**90299**	**3648**
居民服务业	8200	46149	43720	2429
家庭服务	8210	2508	2424	84
托儿所	8220	843	826	17
洗染服务	8230	1707	1473	234
理发及美容保健服务	8240	11865	11072	793
洗浴服务	8250	7107	6892	215
婚姻服务	8260	1996	1950	46
殡葬服务	8270	3536	3362	174
摄影扩印服务	8280	4984	4537	447
其他居民服务	8290	11603	11184	419
其他服务业	8300	47798	46579	1219
修理与维护	8310	21037	20464	573
汽车、摩托车维护与保养	8311	14783	14409	374
办公设备维修	8312	1275	1235	40
家用电器修理	8313	3708	3604	104
其他日用品修理	8319	1271	1216	55
清洁服务	8320	6459	6353	106
建筑物清洁服务	8321	1403	1377	26
其他清洁服务	8329	5056	4976	80
其他未列明的服务	8390	20302	19762	540
教育	**P**	**305446**	**270188**	**35258**
教育	8400	305446	270188	35258
学前教育	8410	40095	39300	795
初等教育	8420	142710	116270	26440
中等教育	8430	77651	71800	5851
初中教育	8431	51934	47599	4335
高中教育	8432	10919	10223	696
中等专业教育	8433	4111	3825	286
职业中学教育	8434	4516	4235	281
技工学校教育	8435	2124	2001	123

单位:个

行业小类	代码	法人单位数	从事单一活动或位于一个地点的法人单位	从事多种活动或位于多个地点的法人单位
其他中等教育	8439	4047	3917	130
高等教育	8440	5254	4635	619
普通高等教育	8441	2163	1670	493
成人高等教育	8442	3091	2965	126
其他教育	8490	39736	38183	1553
职业技能培训	8491	24992	24229	763
特殊教育	8492	1471	1429	42
其他未列明的教育	8499	13273	12525	748
卫生、社会保障和社会福利业	**Q**	**183760**	**169327**	**14433**
卫生	8500	156998	143059	13939
医院	8510	18302	14845	3457
综合医院	8511	10700	8428	2272
中医医院	8512	2221	1669	552
中西医结合医院	8513	883	737	146
民族医院	8514	236	205	31
专科医院	8515	3494	3110	384
疗养院	8516	768	696	72
卫生院及社区医疗活动	8520	45566	36793	8773
门诊部医疗活动	8530	67301	66703	598
计划生育技术服务活动	8540	12567	12364	203
妇幼保健活动	8550	2997	2770	227
专科疾病防治活动	8560	1739	1563	176
疾病预防控制及防疫活动	8570	5226	4807	419
其他卫生活动	8590	3300	3214	86
社会保障业	8600	9135	8962	173
社会福利业	8700	17627	17306	321
提供住宿的社会福利	8710	13645	13444	201
干部休养所	8711	1892	1843	49
收养收容服务	8712	11753	11601	152
不提供住宿的社会福利	8720	3982	3862	120
文化、体育和娱乐业	**R**	**69490**	**66559**	**2931**
新闻出版业	8800	5291	4934	357
新闻业	8810	617	586	31
出版业	8820	4674	4348	326

单位:个

行业小类	代码	法　人单位数	从事单一活动或位于一个地点的法人单位	从事多种活动或位于多个地点的法人单位
图书出版	8821	736	649	87
报纸出版	8822	1645	1451	194
期刊出版	8823	1748	1724	24
音像制品出版	8824	178	165	13
电子出版物出版	8825	54	52	2
其他出版	8829	313	307	6
广播、电视、电影和音像业	8900	14539	13528	1011
广播	8910	3753	3594	159
电视	8920	4678	4324	354
电影	8930	5053	4575	478
电影制作与发行	8931	1135	1011	124
电影放映	8932	3918	3564	354
音像制作	8940	1055	1035	20
文化艺术业	9000	29742	28856	886
文艺创作与表演	9010	4016	3925	91
艺术表演场馆	9020	1087	1026	61
图书馆与档案馆	9030	4563	4448	115
图书馆	9031	2371	2314	57
档案馆	9032	2192	2134	58
文物及文化保护	9040	2108	2025	83
博物馆	9050	1532	1462	70
烈士陵园、纪念馆	9060	766	740	26
群众文化活动	9070	10137	9783	354
文化艺术经纪代理	9080	1806	1783	23
其他文化艺术	9090	3727	3664	63
体育	9100	6022	5838	184
体育组织	9110	3006	2917	89
体育场馆	9120	1472	1411	61
其他体育	9190	1544	1510	34
娱乐业	9200	13896	13403	493
室内娱乐活动	9210	8163	7901	262
游乐园	9220	509	475	34
休闲健身娱乐活动	9230	3418	3266	152
其他娱乐活动	9290	1806	1761	45

单位:个

行业小类	代码	法人单位数	从事单一活动或位于一个地点的法人单位	从事多种活动或位于多个地点的法人单位
公共管理和社会组织	**S**	**1252597**	**1113461**	**139136**
中国共产党机关	9300	40137	37610	2527
国家机构	9400	334091	271344	62747
国家权力机构	9410	6266	5624	642
国家行政机构	9420	316378	255778	60600
综合事务管理机构	9421	93546	66065	27481
对外事务管理机构	9422	1680	1600	80
公共安全管理机构	9423	12479	8382	4097
社会事务管理机构	9424	62337	52706	9631
经济事务管理机构	9425	89361	76371	12990
政府事务管理机构	9426	26583	22753	3830
行政监督检查机构	9427	30392	27901	2491
人民法院和人民检察院	9430	7006	5945	1061
人民法院	9431	3494	2698	796
人民检察院	9432	3512	3247	265
其他国家机构	9490	4441	3997	444
人民政协和民主党派	9500	5684	5585	99
人民政协	9510	3259	3191	68
民主党派	9520	2425	2394	31
群众团体、社会团体和宗教组织	9600	149582	146620	2962
群众团体	9610	20666	19575	1091
工会	9611	5244	4807	437
妇联	9612	3526	3373	153
共青团	9613	3456	3335	121
其他群众团体	9619	8440	8060	380
社会团体	9620	90161	88923	1238
专业性团体	9621	37633	37229	404
行业性团体	9622	37245	36687	558
其他社会团体	9629	15283	15007	276
宗教组织	9630	38755	38122	633
基层群众自治组织	9700	723103	652302	70801
社区自治组织	9710	75679	71485	4194
村民自治组织	9720	647424	580817	66607

1—5 按行业小类、东中西部地区分组的法人单位数

（2005 年）　　单位：个

行业小类	代码	法人单位数	东部地区	中部地区	西部地区
全　　国	**0000**	**5647823**	**3213296**	**1296304**	**1138223**
农、林、牧、渔业	**A**	**68800**	**25196**	**26660**	**16944**
农业	0100	13427	5777	4986	2664
谷物及其他作物的种植	0110	3375	1069	1493	813
谷物的种植	0111	1680	576	743	361
薯类的种植	0112	202	105	69	28
油料的种植	0113	111	19	57	35
豆类的种植	0114	94	18	65	11
棉花的种植	0115	224	29	53	142
麻类的种植	0116	36	8	13	15
糖料的种植	0117	68	22	6	40
烟草的种植	0118	24	8	13	3
其他作物的种植	0119	936	284	474	178
蔬菜、园艺作物的种植	0120	4693	2888	1017	788
蔬菜的种植	0121	1534	980	358	196
花卉的种植	0122	2084	1278	426	380
其他园艺作物的种植	0123	1075	630	233	212
水果、坚果、饮料和香料作物的种植	0130	4823	1672	2271	880
水果、坚果的种植	0131	3835	1435	1853	547
茶及其他饮料作物的种植	0132	878	227	347	304
香料作物的种植	0133	110	10	71	29
中药材的种植	0140	536	148	205	183
林业	0200	8809	2586	4503	1720
林木的培育和种植	0210	7592	2377	3719	1496
育种和育苗	0211	3157	1325	1188	644
造林	0212	2086	419	1313	354
林木的抚育和管理	0213	2349	633	1218	498
木材和竹材的采运	0220	671	74	523	74
木材的采运	0221	653	66	515	72
竹材的采运	0222	18	8	8	2
林产品的采集	0230	546	135	261	150
畜牧业	0300	12254	5062	5486	1706
牲畜的饲养	0310	3994	1491	1756	747
猪的饲养	0320	3152	1058	1759	335

注：东部地区包括北京、天津、河北、辽宁、上海、江苏、浙江、福建、山东、广东、广西、海南；
中部地区包括山西、内蒙、吉林、黑龙江、安徽、江西、河南、湖北、湖南；
西部地区包括重庆、四川、贵州、云南、西藏、陕西、甘肃、青海、宁夏、新疆。

单位:个

行业小类	代码	法人单位数	东部地区	中部地区	西部地区
家禽的饲养	0330	3791	1836	1528	427
狩猎和捕捉动物	0340	29	14	10	5
其他畜牧业	0390	1288	663	433	192
渔业	0400	5333	3014	2085	234
海洋渔业	0410	1504	1459	9	36
海水养殖	0411	1278	1252	4	22
海洋捕捞	0412	226	207	5	14
内陆渔业	0420	3829	1555	2076	198
内陆养殖	0421	3777	1534	2052	191
内陆捕捞	0422	52	21	24	7
农、林、牧、渔服务业	0500	28977	8757	9600	10620
农业服务业	0510	13617	4060	5559	3998
灌溉服务	0511	2917	362	1715	840
农产品初加工服务	0512	2525	1054	1209	262
其他农业服务	0519	8175	2644	2635	2896
林业服务业	0520	4674	995	1184	2495
畜牧服务业	0530	8676	2143	2564	3969
兽医服务	0531	6589	1414	1893	3282
其他畜牧服务	0539	2087	729	671	687
渔业服务业	0540	2010	1559	293	158
采矿业	**B**	**89430**	**26116**	**37640**	**25674**
煤炭开采和洗选业	0600	29138	3297	15071	10770
烟煤和无烟煤的开采洗选	0610	27971	3143	14714	10114
褐煤的开采洗选	0620	706	55	107	544
其他煤炭采选	0690	461	99	250	112
石油和天然气开采业	0700	669	192	182	295
天然原油和天然气开采	0710	270	76	79	115
与石油和天然气开采有关的服务活动	0790	399	116	103	180
黑色金属矿采选业	0800	12642	5797	4561	2284
铁矿采选	0810	11375	5670	4111	1594
其他黑色金属矿采选	0890	1267	127	450	690
有色金属矿采选业	0900	7305	1756	2895	2654
常用有色金属矿采选	0910	4571	910	1669	1992
铜矿采选	0911	802	86	379	337

单位:个

行业小类	代码	法人单位数	东部地区	中部地区	西部地区
铅锌矿采选	0912	2083	389	641	1053
镍钴矿采选	0913	46	4	19	23
锡矿采选	0914	466	4	267	195
锑矿采选	0915	110	2	80	28
铝矿采选	0916	323	19	188	116
镁矿采选	0917	321	286	15	20
其他常用有色金属矿采选	0919	420	120	80	220
贵金属矿采选	0920	1785	591	683	511
金矿采选	0921	1660	561	618	481
银矿采选	0922	104	23	56	25
其他贵金属矿采选	0929	21	7	9	5
稀有稀土金属矿采选	0930	949	255	543	151
钨钼矿采选	0931	727	201	461	65
稀土金属矿采选	0932	106	16	46	44
放射性金属矿采选	0933	17	6	7	4
其他稀有金属矿采选	0939	99	32	29	38
非金属矿采选业	1000	39246	14903	14826	9517
土砂石开采	1010	32773	12330	12866	7577
石灰石、石膏开采	1011	7176	2559	2582	2035
建筑装饰用石开采	1012	6834	3505	2408	921
耐火土石开采	1013	2278	831	1035	412
粘土及其他土砂石开采	1019	16485	5435	6841	4209
化学矿采选	1020	1476	204	550	722
采盐	1030	874	791	15	68
石棉及其他非金属矿采选	1090	4123	1578	1395	1150
石棉、云母矿采选	1091	174	39	28	107
石墨、滑石采选	1092	899	316	382	201
宝石、玉石开采	1093	105	53	31	21
其他非金属矿采选	1099	2945	1170	954	821
其他采矿业	1100	430	171	105	154
制造业	**C**	**1451556**	**1017244**	**278394**	**155918**
农副食品加工业	1300	80101	39144	28271	12686
谷物磨制	1310	24405	7862	13835	2708
饲料加工	1320	9667	4966	2788	1913

单位：个

行业小类	代码	法人单位数	东部地区	中部地区	西部地区
植物油加工	1330	8448	3841	3190	1417
食用植物油加工	1331	7763	3535	3029	1199
非食用植物油加工	1332	685	306	161	218
制糖	1340	661	234	95	332
屠宰及肉类加工	1350	11524	5621	2934	2969
畜禽屠宰	1351	6792	2924	1826	2042
肉制品及副产品加工	1352	4732	2697	1108	927
水产品加工	1360	7046	6562	355	129
水产品冷冻加工	1361	4604	4397	143	64
鱼糜制品及水产品干腌制加工	1362	1413	1255	132	26
水产饲料制造	1363	623	566	34	23
鱼油提取及制品的制造	1364	35	30	4	1
其他水产品加工	1369	371	314	42	15
蔬菜、水果和坚果加工	1370	10258	6606	2037	1615
其他农副食品加工	1390	8092	3452	3037	1603
淀粉及淀粉制品的制造	1391	3721	1340	1494	887
豆制品制造	1392	1486	705	543	238
蛋品加工	1393	434	230	177	27
其他未列明的农副食品加工	1399	2451	1177	823	451
食品制造业	1400	35267	20590	8542	6135
焙烤食品制造	1410	7473	4415	1852	1206
糕点、面包制造	1411	4832	2893	1126	813
饼干及其他焙烤食品制造	1419	2641	1522	726	393
糖果、巧克力及蜜饯制造	1420	4165	3080	682	403
糖果、巧克力制造	1421	2250	1605	409	236
蜜饯制作	1422	1915	1475	273	167
方便食品制造	1430	4930	2382	1642	906
米、面制品制造	1431	3215	1406	1121	688
速冻食品制造	1432	871	558	246	67
方便面及其他方便食品制造	1439	844	418	275	151
液体乳及乳制品制造	1440	2083	957	575	551
罐头制造	1450	2837	1814	613	410
肉、禽类罐头制造	1451	401	189	120	92
水产品罐头制造	1452	167	143	13	11

单位:个

行业小类	代码	法人单位数	东部地区	中部地区	西部地区
蔬菜、水果罐头制造	1453	1944	1273	403	268
其他罐头食品制造	1459	325	209	77	39
调味品、发酵制品制造	1460	6173	3210	1472	1491
味精制造	1461	438	284	49	105
酱油、食醋及类似制品的制造	1462	3605	1734	1033	838
其他调味品、发酵制品制造	1469	2130	1192	390	548
其他食品制造	1490	7606	4732	1706	1168
营养、保健食品制造	1491	1903	1219	422	262
冷冻饮品及食用冰制造	1492	1793	1123	421	249
盐加工	1493	207	118	42	47
食品及饲料添加剂制造	1494	2045	1389	357	299
其他未列明的食品制造	1499	1658	883	464	311
饮料制造业	1500	28902	13056	8130	7716
酒精制造	1510	420	177	130	113
酒的制造	1520	12408	4751	3321	4336
白酒制造	1521	8916	2766	2330	3820
啤酒制造	1522	963	452	352	159
黄酒制造	1523	919	751	111	57
葡萄酒制造	1524	798	408	288	102
其他酒制造	1529	812	374	240	198
软饮料制造	1530	9979	5544	2633	1802
碳酸饮料制造	1531	1471	745	487	239
瓶(罐)装饮用水制造	1532	5471	3136	1364	971
果菜汁及果菜汁饮料制造	1533	1196	640	295	261
含乳饮料和植物蛋白饮料制造	1534	794	442	227	125
固体饮料制造	1535	371	225	63	83
茶饮料及其他软饮料制造	1539	676	356	197	123
精制茶加工	1540	6095	2584	2046	1465
烟草制品业	1600	315	92	108	115
烟叶复烤	1610	101	20	39	42
卷烟制造	1620	135	38	52	45
其他烟草制品加工	1690	79	34	17	28
纺织业	1700	95506	81314	9247	4945
棉、化纤纺织及印染精加工	1710	36110	30033	4041	2036

1—5 续表 5

单位:个

行业小类	代码	法人单位数	东部地区	中部地区	西部地区
棉、化纤纺织加工	1711	30641	25068	3723	1850
棉、化纤印染精加工	1712	5469	4965	318	186
毛纺织和染整精加工	1720	4935	4176	278	481
毛条加工	1721	827	633	74	120
毛纺织	1722	3388	2893	184	311
毛染整精加工	1723	720	650	20	50
麻纺织	1730	1173	436	577	160
丝绢纺织及精加工	1740	6133	5280	380	473
缫丝加工	1741	1378	777	245	356
绢纺和丝织加工	1742	4015	3795	118	102
丝印染精加工	1743	740	708	17	15
纺织制成品制造	1750	19926	17179	1984	763
棉及化纤制品制造	1751	8929	7834	780	315
毛制品制造	1752	1018	842	99	77
麻制品制造	1753	406	164	172	70
丝制品制造	1754	859	728	82	49
绳、索、缆的制造	1755	1693	1472	159	62
纺织带和帘子布制造	1756	2147	1985	123	39
无纺布制造	1757	2137	1918	173	46
其他纺织制成品制造	1759	2737	2236	396	105
针织品、编织品及其制品制造	1760	27229	24210	1987	1032
棉、化纤针织品及编织品制造	1761	14645	13123	1164	358
毛针织品及编织品制造	1762	9296	8160	535	601
丝针织品及编织品制造	1763	1292	1178	87	27
其他针织品及编织品制造	1769	1996	1749	201	46
纺织服装、鞋、帽制造业	1800	59867	52351	5476	2040
纺织服装制造	1810	55941	49054	4996	1891
纺织面料鞋的制造	1820	2710	2187	403	120
制帽	1830	1216	1110	77	29
皮革、毛皮、羽毛(绒)及其制品业	1900	27043	22972	2573	1498
皮革鞣制加工	1910	2966	2155	589	222
皮革制品制造	1920	20789	18433	1362	994
皮鞋制造	1921	10637	9229	722	686
皮革服装制造	1922	1904	1634	188	82

单位:个

行业小类	代码	法人单位数	东部地区	中部地区	西部地区
皮箱、包(袋)制造	1923	5302	5072	171	59
皮手套及皮装饰制品制造	1924	1521	1261	160	100
其他皮革制品制造	1929	1425	1237	121	67
毛皮鞣制及制品加工	1930	1966	1579	282	105
毛皮鞣制加工	1931	489	292	151	46
毛皮服装加工	1932	674	634	26	14
其他毛皮制品加工	1939	803	653	105	45
羽毛(绒)加工及制品制造	1940	1322	805	340	177
羽毛(绒)加工	1941	630	325	169	136
羽毛(绒)制品加工	1942	692	480	171	41
木材加工及木、竹、藤、棕、草制品业	2000	45348	25555	15449	4344
锯材、木片加工	2010	13848	5805	6463	1580
锯材加工	2011	8749	3317	4247	1185
木片加工	2012	5099	2488	2216	395
人造板制造	2020	14323	9238	4038	1047
胶合板制造	2021	6863	4236	2176	451
纤维板制造	2022	953	459	333	161
刨花板制造	2023	1771	1347	295	129
其他人造板、材制造	2029	4736	3196	1234	306
木制品制造	2030	11044	7262	2663	1119
建筑用木料及木材组件加工	2031	4608	2851	1213	544
木容器制造	2032	2998	2376	405	217
软木制品及其他木制品制造	2039	3438	2035	1045	358
竹、藤、棕、草制品制造	2040	6133	3250	2285	598
家具制造业	2100	27489	18649	5666	3174
木质家具制造	2110	20338	13193	4639	2506
竹、藤家具制造	2120	431	235	152	44
金属家具制造	2130	3652	2863	490	299
塑料家具制造	2140	374	282	59	33
其他家具制造	2190	2694	2076	326	292
造纸及纸制品业	2200	44581	31606	8107	4868
纸浆制造	2210	714	417	183	114
造纸	2220	12749	7168	3572	2009
机制纸及纸板制造	2221	9610	5059	2908	1643

单位:个

行业小类	代码	法人单位数	东部地区	中部地区	西部地区
手工纸制造	2222	465	133	220	112
加工纸制造	2223	2674	1976	444	254
纸制品制造	2230	31118	24021	4352	2745
纸和纸板容器的制造	2231	21793	17283	2736	1774
其他纸制品制造	2239	9325	6738	1616	971
印刷业和记录媒介的复制	2300	45018	30952	7787	6279
印刷	2310	41406	28505	7160	5741
书、报、刊印刷	2311	14242	9248	2587	2407
本册印制	2312	7560	4001	1903	1656
包装装潢及其他印刷	2319	19604	15256	2670	1678
装订及其他印刷服务活动	2320	3395	2287	595	513
记录媒介的复制	2330	217	160	32	25
文教体育用品制造业	2400	16875	15174	1350	351
文化用品制造	2410	4835	4133	527	175
文具制造	2411	1671	1564	79	28
笔的制造	2412	1815	1547	239	29
教学用模型及教具制造	2413	628	478	103	47
墨水、墨汁制造	2414	209	128	46	35
其他文化用品制造	2419	512	416	60	36
体育用品制造	2420	3508	3215	221	72
球类制造	2421	516	439	69	8
体育器材及配件制造	2422	1180	1088	62	30
训练健身器材制造	2423	746	680	51	15
运动防护用具制造	2424	294	285	7	2
其他体育用品制造	2429	772	723	32	17
乐器制造	2430	1137	1028	83	26
中乐器制造	2431	233	181	44	8
西乐器制造	2432	504	492	4	8
电子乐器制造	2433	100	96	4	0
其他乐器及零件制造	2439	300	259	31	10
玩具制造	2440	6684	6157	482	45
游艺器材及娱乐用品制造	2450	711	641	37	33
露天游乐场所游乐设备制造	2451	394	354	18	22
游艺用品及室内游艺器材制造	2452	317	287	19	11

单位:个

行业小类	代码	法人单位数	东部地区	中部地区	西部地区
石油加工及炼焦业	2500	8176	4046	2336	1794
精炼石油产品的制造	2510	4915	3612	796	507
原油加工及石油制品制造	2511	4832	3563	772	497
人造原油生产	2512	83	49	24	10
炼焦	2520	3244	423	1535	1286
化学原料及化学制品制造业	2600	86772	56710	19552	10510
基础化学原料制造	2610	17336	10639	3800	2897
无机酸制造	2611	1971	1185	448	338
无机碱制造	2612	1475	958	294	223
无机盐制造	2613	4707	2506	1053	1148
有机化学原料制造	2614	5443	3953	1041	449
其他基础化学原料制造	2619	3740	2037	964	739
肥料制造	2620	7956	3462	2361	2133
氮肥制造	2621	947	373	360	214
磷肥制造	2622	1493	340	474	679
钾肥制造	2623	175	71	34	70
复混肥料制造	2624	3449	1623	1003	823
有机肥料及微生物肥料制造	2625	1253	734	318	201
其他肥料制造	2629	639	321	172	146
农药制造	2630	2310	1396	608	306
化学农药制造	2631	1736	1038	483	215
生物化学农药及微生物农药制造	2632	574	358	125	91
涂料、油墨、颜料及类似产品制造	2640	18352	14455	2563	1334
涂料制造	2641	12026	9362	1676	988
油墨及类似产品制造	2642	1464	1218	165	81
颜料制造	2643	1279	983	238	58
染料制造	2644	1601	1385	175	41
密封用填料及类似品制造	2645	1982	1507	309	166
合成材料制造	2650	5947	4823	788	336
初级形态的塑料及合成树脂制造	2651	3554	2909	469	176
合成橡胶制造	2652	941	746	118	77
合成纤维单(聚合)体的制造	2653	565	469	70	26
其他合成材料制造	2659	887	699	131	57
专用化学产品制造	2660	26370	15513	8211	2646

单位:个

行业小类	代码	法人单位数	东部地区	中部地区	西部地区
化学试剂和助剂制造	2661	8882	6935	1350	597
专项化学用品制造	2662	5141	3893	824	424
林产化学产品制造	2663	1718	710	619	389
炸药及火工产品制造	2664	5833	575	4421	837
信息化学品制造	2665	450	356	66	28
环境污染处理专用药剂材料制造	2666	758	530	167	61
动物胶制造	2667	531	282	172	77
其他专用化学产品制造	2669	3057	2232	592	233
日用化学产品制造	2670	8501	6422	1221	858
肥皂及合成洗涤剂制造	2671	2647	1956	391	300
化妆品制造	2672	2279	2024	129	126
口腔清洁用品制造	2673	158	120	18	20
香料、香精制造	2674	1321	907	238	176
其他日用化学产品制造	2679	2096	1415	445	236
医药制造业	2700	13597	7204	3700	2693
化学药品原药制造	2710	2113	1237	516	360
化学药品制剂制造	2720	2108	1154	597	357
中药饮片加工	2730	1586	680	478	428
中成药制造	2740	2590	933	867	790
兽用药品制造	2750	1408	754	399	255
生物、生化制品的制造	2760	1876	1170	366	340
卫生材料及医药用品制造	2770	1916	1276	477	163
化学纤维制造业	2800	3819	3333	371	115
纤维素纤维原料及纤维制造	2810	623	485	108	30
化纤浆粕制造	2811	199	150	34	15
人造纤维(纤维素纤维)制造	2812	424	335	74	15
合成纤维制造	2820	3196	2848	263	85
锦纶纤维制造	2821	365	303	48	14
涤纶纤维制造	2822	1293	1176	90	27
腈纶纤维制造	2823	139	119	17	3
维纶纤维制造	2824	51	36	10	5
其他合成纤维制造	2829	1348	1214	98	36
橡胶制品业	2900	17194	13678	2206	1310
轮胎制造	2910	1577	1207	215	155

1—5 续表 10　　单位:个

行业小类	代码	法人单位数	东部地区	中部地区	西部地区
车辆、飞机及工程机械轮胎制造	2911	967	792	112	63
力车胎制造	2912	280	224	40	16
轮胎翻新加工	2913	330	191	63	76
橡胶板、管、带的制造	2920	3460	2721	527	212
橡胶零件制造	2930	5570	4514	528	528
再生橡胶制造	2940	962	607	244	111
日用及医用橡胶制品制造	2950	963	798	118	47
橡胶靴鞋制造	2960	2058	1778	195	85
其他橡胶制品制造	2990	2604	2053	379	172
塑料制品业	3000	79681	64307	9497	5877
塑料薄膜制造	3010	7614	5895	984	735
塑料板、管、型材的制造	3020	12556	9658	1769	1129
塑料丝、绳及编织品的制造	3030	9015	5858	1888	1269
泡沫塑料制造	3040	4437	3615	458	364
塑料人造革、合成革制造	3050	924	821	73	30
塑料包装箱及容器制造	3060	9289	7437	1153	699
塑料零件制造	3070	11027	10288	464	275
日用塑料制造	3080	13177	10828	1495	854
塑料鞋制造	3081	2089	1790	230	69
日用塑料杂品制造	3082	11088	9038	1265	785
其他塑料制品制造	3090	11642	9907	1213	522
非金属矿物制品业	3100	175518	80198	63868	31452
水泥、石灰和石膏的制造	3110	14366	6046	4869	3451
水泥制造	3111	8801	3776	2755	2270
石灰和石膏制造	3112	5565	2270	2114	1181
水泥及石膏制品制造	3120	36678	15267	14259	7152
水泥制品制造	3121	14496	7394	4880	2222
砼结构构件制造	3122	17749	5290	8224	4235
石棉水泥制品制造	3123	1044	480	360	204
轻质建筑材料制造	3124	2424	1555	532	337
其他水泥制品制造	3129	965	548	263	154
砖瓦、石材及其他建筑材料制造	3130	84127	34387	32864	16876
粘土砖瓦及建筑砌块制造	3131	58797	17825	26956	14016
建筑陶瓷制品制造	3132	3880	2795	610	475

1—5 续表 11

单位:个

行业小类	代码	法人单位数	东部地区	中部地区	西部地区
建筑用石加工	3133	13532	8895	3452	1185
防水建筑材料制造	3134	2257	1318	575	364
隔热和隔音材料制造	3135	2681	1673	664	344
其他建筑材料制造	3139	2980	1881	607	492
玻璃及玻璃制品制造	3140	13349	9575	2514	1260
平板玻璃制造	3141	1022	701	162	159
技术玻璃制品制造	3142	1521	1180	199	142
光学玻璃制造	3143	462	342	59	61
玻璃仪器制造	3144	796	620	115	61
日用玻璃制品及玻璃包装容器制造	3145	3531	2389	785	357
玻璃保温容器制造	3146	271	186	59	26
玻璃纤维及制品制造	3147	1918	1409	364	145
玻璃纤维增强塑料制品制造	3148	2510	1765	543	202
其他玻璃制品制造	3149	1318	983	228	107
陶瓷制品制造	3150	7765	5047	2192	526
卫生陶瓷制品制造	3151	938	769	121	48
特种陶瓷制品制造	3152	1789	990	733	66
日用陶瓷制品制造	3153	3396	1889	1153	354
园林、陈设艺术及其他陶瓷制品制造	3159	1642	1399	185	58
耐火材料制品制造	3160	9863	4981	4009	873
石棉制品制造	3161	1410	947	333	130
云母制品制造	3162	243	188	38	17
耐火陶瓷制品及其他耐火材料制造	3169	8210	3846	3638	726
石墨及其他非金属矿物制品制造	3190	9370	4895	3161	1314
石墨及碳素制品制造	3191	2901	1381	910	610
其他非金属矿物制品制造	3199	6469	3514	2251	704
黑色金属冶炼及压延加工业	3200	23440	13672	5275	4493
炼铁	3210	5478	2156	2284	1038
炼钢	3220	1241	714	307	220
钢压延加工	3230	13380	10037	1830	1513
铁合金冶炼	3240	3341	765	854	1722
有色金属冶炼及压延加工业	3300	17750	11599	3497	2654
常用有色金属冶炼	3310	5131	2205	1541	1385
铜冶炼	3311	942	615	160	167

1—5 续表 12 单位:个

行业小类	代码	法人单位数	东部地区	中部地区	西部地区
铅锌冶炼	3312	1280	346	373	561
镍钴冶炼	3313	154	92	29	33
锡冶炼	3314	174	71	49	54
锑冶炼	3315	246	17	156	73
铝冶炼	3316	1387	792	370	225
镁冶炼	3317	415	107	239	69
其他常用有色金属冶炼	3319	533	165	165	203
贵金属冶炼	3320	535	212	204	119
金冶炼	3321	269	108	76	85
银冶炼	3322	185	64	105	16
其他贵金属冶炼	3329	81	40	23	18
稀有稀土金属冶炼	3330	1028	339	358	331
钨钼冶炼	3331	299	129	149	21
稀土金属冶炼	3332	386	124	104	158
其他稀有金属冶炼	3339	343	86	105	152
有色金属合金制造	3340	1415	936	296	183
有色金属压延加工	3350	9641	7907	1098	636
常用有色金属压延加工	3351	8931	7399	968	564
贵金属压延加工	3352	214	162	32	20
稀有稀土金属压延加工	3353	496	346	98	52
金属制品业	3400	96285	78516	10581	7188
结构性金属制品制造	3410	31234	24090	3933	3211
金属结构制造	3411	19703	15918	2260	1525
金属门窗制造	3412	11531	8172	1673	1686
金属工具制造	3420	13668	10908	1759	1001
切削工具制造	3421	3451	2668	551	232
手工具制造	3422	3502	3015	365	122
农用及园林用金属工具制造	3423	1536	789	388	359
刀剪及类似日用金属工具制造	3424	1836	1683	88	65
其他金属工具制造	3429	3343	2753	367	223
集装箱及金属包装容器制造	3430	4929	3896	589	444
集装箱制造	3431	240	204	25	11
金属压力容器制造	3432	1089	799	170	120
金属包装容器制造	3433	3600	2893	394	313

单位:个

行业小类	代码	法人单位数	东部地区	中部地区	西部地区
金属丝绳及其制品的制造	3440	5317	4246	700	371
建筑、安全用金属制品制造	3450	11848	9964	1266	618
建筑、家具用金属配件制造	3451	5832	5339	287	206
建筑装饰及水暖管道零件制造	3452	3893	3121	584	188
安全、消防用金属制品制造	3453	1254	851	269	134
其他建筑、安全用金属制品制造	3459	869	653	126	90
金属表面处理及热处理加工	3460	8501	7476	532	493
搪瓷制品制造	3470	883	725	103	55
工业生产配套用搪瓷制品制造	3471	227	188	21	18
搪瓷卫生洁具制造	3472	218	195	15	8
搪瓷日用品及其他搪瓷制品制造	3479	438	342	67	29
不锈钢及类似日用金属制品制造	3480	9726	8552	718	456
金属制厨房调理及卫生器具制造	3481	1832	1629	120	83
金属制厨用器皿及餐具制造	3482	3517	2962	316	239
其他日用金属制品制造	3489	4377	3961	282	134
其他金属制品制造	3490	10179	8659	981	539
铸币及贵金属制实验室用品制造	3491	79	54	12	13
其他未列明的金属制品制造	3499	10100	8605	969	526
通用设备制造业	3500	130809	102412	18496	9901
锅炉及原动机制造	3510	5967	3962	1249	756
锅炉及辅助设备制造	3511	3712	2292	872	548
内燃机及配件制造	3512	1748	1372	258	118
汽轮机及辅机制造	3513	191	113	51	27
水轮机及辅机制造	3514	144	75	35	34
其他原动机制造	3519	172	110	33	29
金属加工机械制造	3520	13718	10608	1827	1283
金属切削机床制造	3521	2031	1633	206	192
金属成形机床制造	3522	1685	1403	205	77
铸造机械制造	3523	2836	1947	539	350
金属切割及焊接设备制造	3524	1871	1549	165	157
机床附件制造	3525	1675	1387	186	102
其他金属加工机械制造	3529	3620	2689	526	405
起重运输设备制造	3530	4398	3487	687	224
泵、阀门、压缩机及类似机械的制造	3540	17921	15300	1804	817

单位:个

行业小类	代码	法人单位数	东部地区	中部地区	西部地区
泵及真空设备制造	3541	5555	4616	661	278
气体压缩机械制造	3542	1075	877	126	72
阀门和旋塞的制造	3543	6974	6174	543	257
液压和气压动力机械及元件制造	3544	4317	3633	474	210
轴承、齿轮、传动和驱动部件的制造	3550	9545	7913	1137	495
轴承制造	3551	5884	5037	660	187
齿轮、传动和驱动部件制造	3552	3661	2876	477	308
烘炉、熔炉及电炉制造	3560	1352	1093	162	97
风机、衡器、包装设备等通用设备制造	3570	15938	13510	1596	832
风机、风扇制造	3571	2552	2020	316	216
气体、液体分离及纯净设备制造	3572	2063	1721	222	120
制冷、空调设备制造	3573	3025	2686	208	131
风动和电动工具制造	3574	1968	1829	105	34
喷枪及类似器具制造	3575	628	558	51	19
包装专用设备制造	3576	1231	1106	87	38
衡器制造	3577	837	597	168	72
其他通用设备制造	3579	3634	2993	439	202
通用零部件制造及机械修理	3580	35520	28099	4416	3005
金属密封件制造	3581	1740	1515	118	107
紧固件、弹簧制造	3582	12239	10930	842	467
机械零部件加工及设备修理	3583	16322	11453	2824	2045
其他通用零部件制造	3589	5219	4201	632	386
金属铸、锻加工	3590	26450	18440	5618	2392
钢铁铸件制造	3591	21793	14844	4862	2087
锻件及粉末冶金制品制造	3592	4657	3596	756	305
专用设备制造业	3600	65997	51282	10000	4715
矿山、冶金、建筑专用设备制造	3610	10387	6741	2521	1125
采矿、采石设备制造	3611	3569	1984	1196	389
石油钻采专用设备制造	3612	1321	793	353	175
建筑工程用机械制造	3613	2141	1527	394	220
建筑材料生产专用机械制造	3614	2053	1449	350	254
冶金专用设备制造	3615	1303	988	228	87
化工、木材、非金属加工专用设备制造	3620	16641	14601	1284	756
炼油、化工生产专用设备制造	3621	1434	1099	196	139

单位:个

行业小类	代码	法人单位数	东部地区	中部地区	西部地区
橡胶加工专用设备制造	3622	565	473	47	45
塑料加工专用设备制造	3623	2006	1859	86	61
木材加工机械制造	3624	746	573	119	54
模具制造	3625	11442	10264	754	424
其他非金属加工专用设备制造	3629	448	333	82	33
食品、饮料、烟草及饲料生产专用设备制造	3630	3402	2251	689	462
食品、饮料、烟草工业专用设备制造	3631	1675	1330	225	120
农副食品加工专用设备制造	3632	1425	743	407	275
饲料生产专用设备制造	3633	302	178	57	67
印刷、制药、日化生产专用设备制造	3640	4584	3708	616	260
制浆和造纸专用设备制造	3641	1076	796	217	63
印刷专用设备制造	3642	1286	1139	83	64
日用化工专用设备制造	3643	290	231	46	13
制药专用设备制造	3644	637	520	71	46
照明器具生产专用设备制造	3645	511	419	66	26
玻璃、陶瓷和搪瓷制品生产专用设备制造	3646	469	364	83	22
其他日用品生产专用设备制造	3649	315	239	50	26
纺织、服装和皮革工业专用设备制造	3650	7656	7058	485	113
纺织专用设备制造	3651	5238	4781	391	66
皮革、毛皮及其制品加工专用设备制造	3652	302	265	31	6
缝纫机械制造	3653	1595	1524	38	33
其他服装加工专用设备制造	3659	521	488	25	8
电子和电工机械专用设备制造	3660	4369	3413	673	283
电工机械专用设备制造	3661	1796	1328	336	132
电子工业专用设备制造	3662	2360	1967	271	122
武器弹药制造	3663	108	44	45	19
航空、航天及其他专用设备制造	3669	105	74	21	10
农、林、牧、渔专用机械制造	3670	6157	3163	2125	869
拖拉机制造	3671	586	295	188	103
机械化农业及园艺机具制造	3672	1629	793	536	300
营林及木竹采伐机械制造	3673	50	25	14	11
畜牧机械制造	3674	202	144	34	24
渔业机械制造	3675	191	175	13	3
农林牧渔机械配件制造	3676	1887	1047	704	136

1—5 续表 16

单位:个

行业小类	代码	法人单位数	东部地区	中部地区	西部地区
其他农林牧渔业机械制造及机械修理	3679	1612	684	636	292
医疗仪器设备及器械制造	3680	4188	3458	440	290
医疗诊断、监护及治疗设备制造	3681	1084	874	113	97
口腔科用设备及器具制造	3682	152	134	7	11
实验室及医用消毒设备和器具的制造	3683	252	208	28	16
医疗、外科及兽医用器械制造	3684	1061	895	116	50
机械治疗及病房护理设备制造	3685	445	370	41	34
假肢、人工器官及植(介)入器械制造	3686	324	267	26	31
其他医疗设备及器械制造	3689	870	710	109	51
环保、社会公共安全及其他专用设备制造	3690	8613	6889	1167	557
环境污染防治专用设备制造	3691	3808	3195	387	226
地质勘查专用设备制造	3692	97	53	29	15
邮政专用机械及器材制造	3693	45	34	7	4
商业、饮食、服务业专用设备制造	3694	243	208	26	9
社会公共安全设备及器材制造	3695	870	665	146	59
交通安全及管制专用设备制造	3696	236	183	38	15
水资源专用机械制造	3697	777	522	197	58
其他专用设备制造	3699	2537	2029	337	171
交通运输设备制造业	3700	61387	42218	10369	8800
铁路运输设备制造	3710	2279	1314	656	309
铁路机车车辆及动车组制造	3711	94	55	25	14
工矿有轨专用车辆制造	3712	102	46	38	18
铁路机车车辆配件制造	3713	959	580	265	114
铁路专用设备及器材、配件制造	3714	682	411	185	86
其他铁路设备制造及设备修理	3719	442	222	143	77
汽车制造	3720	42852	28385	8520	5947
汽车整车制造	3721	581	311	161	109
改装汽车制造	3722	764	455	205	104
电车制造	3723	80	56	13	11
汽车车身、挂车的制造	3724	545	308	173	64
汽车零部件及配件制造	3725	24086	17516	4314	2256
汽车修理	3726	16796	9739	3654	3403
摩托车制造	3730	5951	3516	377	2058
摩托车整车制造	3731	466	310	90	66

1—5 续表 17

单位:个

行业小类	代码	法人单位数	东部地区	中部地区	西部地区
摩托车零部件及配件制造	3732	5485	3206	287	1992
自行车制造	3740	4416	4106	223	87
脚踏自行车及残疾人座车制造	3741	2762	2600	121	41
助动自行车制造	3742	1654	1506	102	46
船舶及浮动装置制造	3750	4571	3990	376	205
金属船舶制造	3751	1260	984	190	86
非金属船舶制造	3752	274	226	24	24
娱乐船和运动船的建造和修理	3753	134	117	9	8
船用配套设备制造	3754	926	842	65	19
船舶修理及拆船	3755	1907	1762	83	62
航标器材及其他浮动装置的制造	3759	70	59	5	6
航空航天器制造	3760	309	153	56	100
飞机制造及修理	3761	236	103	48	85
航天器制造	3762	46	33	5	8
其他飞行器制造	3769	27	17	3	7
交通器材及其他交通运输设备制造	3790	1009	754	161	94
潜水及水下救捞装备制造	3791	31	25	6	0
交通管理用金属标志及设施制造	3792	429	335	55	39
其他交通运输设备制造	3799	549	394	100	55
电气机械及器材制造业	3900	69984	58590	7340	4054
电机制造	3910	7294	6235	706	353
发电机及发电机组制造	3911	1534	1209	191	134
电动机制造	3912	3149	2714	301	134
微电机及其他电机制造	3919	2611	2312	214	85
输配电及控制设备制造	3920	23092	18900	2474	1718
变压器、整流器和电感器制造	3921	4691	3790	581	320
电容器及其配套设备制造	3922	1430	1157	143	130
配电开关控制设备制造	3923	10263	8413	1051	799
电力电子元器件制造	3924	4488	3830	368	290
其他输配电及控制设备制造	3929	2220	1710	331	179
电线、电缆、光缆及电工器材制造	3930	12784	10016	1924	844
电线电缆制造	3931	9465	7446	1435	584
光纤、光缆制造	3932	363	289	28	46
绝缘制品制造	3933	1412	1114	193	105

1—5 续表 18

单位:个

行业小类	代码	法人单位数	东部地区	中部地区	西部地区
其他电工器材制造	3939	1544	1167	268	109
电池制造	3940	3012	2317	480	215
家用电力器具制造	3950	8341	7592	491	258
家用制冷电器具制造	3951	639	528	82	29
家用空气调节器制造	3952	703	609	66	28
家用通风电器具制造	3953	794	725	37	32
家用厨房电器具制造	3954	2079	1959	65	55
家用清洁卫生电器具制造	3955	652	594	36	22
家用美容、保健电器具制造	3956	434	423	7	4
家用电力器具专用配件制造	3957	1212	1097	86	29
其他家用电力器具制造	3959	1828	1657	112	59
非电力家用器具制造	3960	2284	1824	254	206
燃气、太阳能及类似能源的器具制造	3961	1816	1531	138	147
其他非电力家用器具制造	3969	468	293	116	59
照明器具制造	3970	10571	9633	649	289
电光源制造	3971	2378	2132	189	57
照明灯具制造	3972	5324	4823	333	168
灯用电器附件及其他照明器具制造	3979	2869	2678	127	64
其他电气机械及器材制造	3990	2606	2073	362	171
车辆专用照明及电气信号设备装置制造	3991	797	703	65	29
其他未列明的电气机械制造	3999	1809	1370	297	142
通信设备、计算机及其他电子设备制造业	4000	33164	29643	1959	1562
通信设备制造	4010	4027	3410	276	341
通信传输设备制造	4011	1027	807	84	136
通信交换设备制造	4012	440	384	32	24
通信终端设备制造	4013	718	624	37	57
移动通信及终端设备制造	4014	616	562	25	29
其他通信设备制造	4019	1226	1033	98	95
雷达及配套设备制造	4020	104	70	12	22
广播电视设备制造	4030	1469	1285	94	90
广播电视节目制作及发射设备制造	4031	150	119	15	16
广播电视接收设备及器材制造	4032	1016	921	47	48
应用电视设备及其他广播电视设备制造	4039	303	245	32	26
电子计算机制造	4040	3319	2986	170	163

单位:个

行业小类	代码	法人单位数	东部地区	中部地区	西部地区
电子计算机整机制造	4041	663	566	36	61
计算机网络设备制造	4042	619	527	40	52
电子计算机外部设备制造	4043	2037	1893	94	50
电子器件制造	4050	4605	4034	317	254
电子真空器件制造	4051	549	444	47	58
半导体分立器件制造	4052	793	697	43	53
集成电路制造	4053	1009	910	50	49
光电子器件及其他电子器件制造	4059	2254	1983	177	94
电子元件制造	4060	13992	12795	735	462
电子元件及组件制造	4061	12343	11202	706	435
印制电路板制造	4062	1649	1593	29	27
家用视听设备制造	4070	2840	2684	107	49
家用影视设备制造	4071	990	908	55	27
家用音响设备制造	4072	1850	1776	52	22
其他电子设备制造	4090	2808	2379	248	181
仪器仪表及文化、办公用机械制造业	4100	19129	15853	1987	1289
通用仪器仪表制造	4110	9219	7442	1111	666
工业自动控制系统装置制造	4111	3220	2567	374	279
电工仪器仪表制造	4112	2047	1637	259	151
绘图、计算及测量仪器制造	4113	642	479	138	25
实验分析仪器制造	4114	1337	1178	95	64
试验机制造	4115	357	294	34	29
供应用仪表及其他通用仪器制造	4119	1616	1287	211	118
专用仪器仪表制造	4120	2972	2333	418	221
环境监测专用仪器仪表制造	4121	317	237	57	23
汽车及其他用计数仪表制造	4122	416	342	53	21
导航、气象及海洋专用仪器制造	4123	216	168	27	21
农林牧渔专用仪器仪表制造	4124	48	41	3	4
地质勘探和地震专用仪器制造	4125	150	110	20	20
教学专用仪器制造	4126	412	320	64	28
核子及核辐射测量仪器制造	4127	46	36	8	2
电子测量仪器制造	4128	696	550	98	48
其他专用仪器制造	4129	671	529	88	54
钟表与计时仪器制造	4130	1700	1616	57	27

1—5 续表 20　　单位:个

行业小类	代码	法人单位数	东部地区	中部地区	西部地区
光学仪器及眼镜制造	4140	3024	2554	202	268
光学仪器制造	4141	1247	876	136	235
眼镜制造	4142	1777	1678	66	33
文化、办公用机械制造	4150	1407	1288	77	42
电影机械制造	4151	57	52	3	2
幻灯及投影设备制造	4152	93	88	2	3
照相机及器材制造	4153	351	334	12	5
复印和胶印设备制造	4154	246	226	11	9
计算器及货币专用设备制造	4155	336	312	15	9
其他文化、办公用机械制造	4159	324	276	34	14
其他仪器仪表的制造及修理	4190	807	620	122	65
工艺品及其他制造业	4200	37965	29322	5830	2813
工艺美术品制造	4210	24664	20738	2513	1413
雕塑工艺品制造	4211	4684	3793	571	320
金属工艺品制造	4212	3317	2902	224	191
漆器工艺品制造	4213	859	786	38	35
花画工艺品制造	4214	1467	1337	100	30
天然植物纤维编织工艺品制造	4215	1996	1516	177	303
抽纱刺绣工艺品制造	4216	4161	3931	170	60
地毯、挂毯制造	4217	1983	1209	556	218
珠宝首饰及有关物品的制造	4218	1527	1285	121	121
其他工艺美术品制造	4219	4670	3979	556	135
日用杂品制造	4220	6314	5089	893	332
制镜及类似品加工	4221	473	374	72	27
鬃毛加工、制刷及清扫工具的制造	4222	1569	1159	266	144
其他日用杂品制造	4229	4272	3556	555	161
煤制品制造	4230	4084	1379	1901	804
核辐射加工	4240	34	20	6	8
其他未列明的制造业	4290	2869	2096	517	256
废弃资源和废旧材料回收加工业	4300	4577	3206	824	547
金属废料和碎屑的加工处理	4310	2072	1448	309	315
非金属废料和碎屑的加工处理	4320	2505	1758	515	232
电力、燃气及水的生产和供应业	**D**	**43148**	**20302**	**11296**	**11550**
电力、热力的生产和供应业	4400	28426	13514	7464	7448

单位:个

行业小类	代码	法人单位数	东部地区	中部地区	西部地区
电力生产	4410	23922	11785	6091	6046
火力发电	4411	1782	971	465	346
水力发电	4412	21893	10664	5588	5641
核力发电	4413	28	25	0	3
其他能源发电	4419	219	125	38	56
电力供应	4420	2611	783	907	921
热力生产和供应	4430	1893	946	466	481
燃气生产和供应业	4500	1867	816	432	619
水的生产和供应业	4600	12855	5972	3400	3483
自来水的生产和供应	4610	11844	5274	3240	3330
污水处理及其再生利用	4620	828	586	118	124
其他水的处理、利用与分配	4690	183	112	42	29
建筑业	**E**	**149471**	**92575**	**31817**	**25079**
房屋和土木工程建筑业	4700	64014	32839	17478	13697
房屋工程建筑	4710	42537	19764	12658	10115
土木工程建筑	4720	21477	13075	4820	3582
铁路、道路、隧道和桥梁工程建筑	4721	8178	4644	2047	1487
水利和港口工程建筑	4722	2736	1529	715	492
工矿工程建筑	4723	1331	797	298	236
架线和管道工程建筑	4724	4001	2490	827	684
其他土木工程建筑	4729	5231	3615	933	683
建筑安装业	4800	26934	18663	4681	3590
建筑装饰业	4900	45424	32351	7007	6066
其他建筑业	5000	13099	8722	2651	1726
工程准备	5010	5275	3771	1033	471
提供施工设备服务	5020	1213	766	243	204
其他未列明的建筑活动	5090	6611	4185	1375	1051
交通运输、仓储和邮政业	**F**	**91565**	**58319**	**17124**	**16122**
铁路运输业	5100	334	185	79	70
铁路旅客运输	5110	29	21	3	5
铁路货物运输	5120	170	98	35	37
铁路运输辅助活动	5130	135	66	41	28
客运火车站	5131	10	4	5	1
货运火车站	5132	33	22	10	1

1—5 续表 22 单位:个

行业小类	代码	法人单位数	东部地区	中部地区	西部地区
其他铁路运输辅助活动	5139	92	40	26	26
道路运输业	5200	41340	22963	9084	9293
公路旅客运输	5210	5752	2261	1728	1763
道路货物运输	5220	26302	17283	4832	4187
道路运输辅助活动	5230	9286	3419	2524	3343
客运汽车站	5231	1434	431	447	556
公路管理与养护	5232	5768	1723	1720	2325
其他道路运输辅助活动	5239	2084	1265	357	462
城市公共交通业	5300	6253	2902	1841	1510
公共电汽车客运	5310	1545	678	470	397
轨道交通	5320	86	34	23	29
出租车客运	5330	4290	2043	1260	987
城市轮渡	5340	62	41	17	4
其他城市公共交通	5390	270	106	71	93
水上运输业	5400	5853	3882	1148	823
水上旅客运输	5410	703	320	202	181
远洋旅客运输	5411	22	15	2	5
沿海旅客运输	5412	172	166	3	3
内河旅客运输	5413	509	139	197	173
水上货物运输	5420	3198	2164	653	381
远洋货物运输	5421	241	206	24	11
沿海货物运输	5422	901	878	11	12
内河货物运输	5423	2056	1080	618	358
水上运输辅助活动	5430	1952	1398	293	261
客运港口	5431	68	40	15	13
货运港口	5432	827	669	99	59
其他水上运输辅助活动	5439	1057	689	179	189
航空运输业	5500	627	324	119	184
航空客货运输	5510	167	81	30	56
航空旅客运输	5511	93	41	18	34
航空货物运输	5512	74	40	12	22
通用航空服务	5520	142	72	31	39
航空运输辅助活动	5530	318	171	58	89
机场	5531	111	58	20	33

单位:个

行业小类	代码	法人单位数	东部地区	中部地区	西部地区
空中交通管理	5532	15	9	2	4
其他航空运输辅助活动	5539	192	104	36	52
管道运输业	5600	53	39	4	10
装卸搬运和其他运输服务业	5700	22757	18205	2216	2336
装卸搬运	5710	5007	2830	1358	819
运输代理服务	5720	17750	15375	858	1517
仓储业	5800	11799	7759	2371	1669
谷物、棉花等农产品仓储	5810	3277	1376	1172	729
其他仓储	5890	8522	6383	1199	940
邮政业	5900	2549	2060	262	227
国家邮政	5910	571	194	205	172
其他寄递服务	5990	1978	1866	57	55
信息传输、计算机服务和软件业	**G**	**85499**	**58272**	**11048**	**16179**
电信和其他信息传输服务业	6000	15651	8677	3063	3911
电信	6010	3544	1739	952	853
固定电信服务	6011	1151	469	396	286
移动电信服务	6012	1092	438	363	291
其他电信服务	6019	1301	832	193	276
互联网信息服务	6020	7817	5115	1024	1678
广播电视传输服务	6030	4108	1710	1056	1342
有线广播电视传输服务	6031	3467	1496	857	1114
无线广播电视传输服务	6032	641	214	199	228
卫星传输服务	6040	182	113	31	38
计算机服务业	6100	43813	28072	5502	10239
计算机系统服务	6110	9054	7150	941	963
数据处理	6120	973	722	143	108
计算机维修	6130	1854	1476	147	231
其他计算机服务	6190	31932	18724	4271	8937
软件业	6200	26035	21523	2483	2029
公共软件服务	6210	19598	16102	1957	1539
基础软件服务	6211	6356	4925	777	654
应用软件服务	6212	13242	11177	1180	885
其他软件服务	6290	6437	5421	526	490

单位:个

行业小类	代码	法　人 单位数	东部地区	中部地区	西部地区
批发和零售业	**H**	**994953**	**680228**	**162848**	**151877**
批发业	6300	599766	429597	87660	82509
农畜产品批发	6310	31982	14606	11012	6364
谷物、豆及薯类批发	6311	13117	4974	5790	2353
种子、饲料批发	6312	10011	5026	2762	2223
棉、麻批发	6313	3197	1504	1179	514
牲畜批发	6314	922	495	236	191
其他农畜产品批发	6319	4735	2607	1045	1083
食品、饮料及烟草制品批发	6320	48471	31990	8606	7875
米、面制品及食用油批发	6321	10302	5464	2573	2265
糕点、糖果及糖批发	6322	2945	1888	556	501
果品、蔬菜批发	6323	3790	2545	729	516
肉、禽、蛋及水产品批发	6324	4905	3793	745	367
盐及调味品批发	6325	3034	1626	740	668
饮料及茶叶批发	6326	8940	6188	1256	1496
烟草制品批发	6327	2383	1123	550	710
其他食品批发	6329	12172	9363	1457	1352
纺织、服装及日用品批发	6330	59606	51823	4160	3623
纺织品、针织品及原料批发	6331	19982	18019	1146	817
服装批发	6332	14083	12584	871	628
鞋帽批发	6333	1987	1766	129	92
厨房、卫生间用具及日用杂货批发	6334	4995	4047	469	479
化妆品及卫生用品批发	6335	5239	4090	511	638
其他日用品批发	6339	13320	11317	1034	969
文化、体育用品及器材批发	6340	21664	17312	2200	2152
文具用品批发	6341	7756	6502	569	685
体育用品批发	6342	1566	1342	105	119
图书批发	6343	3360	1916	798	646
报刊批发	6344	239	172	37	30
音像制品及电子出版物批发	6345	979	796	71	112
首饰、工艺品及收藏品批发	6346	3579	3242	185	152
其他文化用品批发	6349	4185	3342	435	408
医药及医疗器材批发	6350	17736	10787	3691	3258
西药批发	6351	5536	2824	1425	1287
中药材及中成药批发	6352	3049	1526	920	603

单位:个

行业小类	代码	法　人 单位数	东部地区	中部地区	西部地区
医疗用品及器材批发	6353	9151	6437	1346	1368
矿产品、建材及化工产品批发	6360	196733	136283	29645	30805
煤炭及制品批发	6361	14179	7589	4075	2515
石油及制品批发	6362	15611	9980	2505	3126
非金属矿及制品批发	6363	3102	1744	598	760
金属及金属矿批发	6364	54056	38440	7198	8418
建材批发	6365	47713	34989	6092	6632
化肥批发	6366	17567	8914	4428	4225
农药批发	6367	4286	2256	1046	984
农用薄膜批发	6368	449	272	70	107
其他化工产品批发	6369	39770	32099	3633	4038
机械设备、五金交电及电子产品批发	6370	168493	124566	21440	22487
农业机械批发	6371	5609	2577	1647	1385
汽车、摩托车及零配件批发	6372	17612	10707	4193	2712
五金、交电批发	6373	40704	31112	4632	4960
家用电器批发	6374	9109	7001	1072	1036
计算机、软件及辅助设备批发	6375	16027	12684	1594	1749
通讯及广播电视设备批发	6376	7176	5247	881	1048
其他机械设备及电子产品批发	6379	72256	55238	7421	9597
贸易经纪与代理	6380	11099	9471	1002	626
其他批发	6390	43982	32759	5904	5319
再生物资回收与批发	6391	17933	12095	3203	2635
其他未列明的批发	6399	26049	20664	2701	2684
零售业	6500	395187	250631	75188	69368
综合零售	6510	51246	27105	13801	10340
百货零售	6511	20802	11514	5182	4106
超级市场零售	6512	7754	3821	2640	1293
其他综合零售	6519	22690	11770	5979	4941
食品、饮料及烟草制品专门零售	6520	35793	21760	6865	7168
粮油零售	6521	9444	3805	2547	3092
糕点、面包零售	6522	1804	1228	331	245
果品、蔬菜零售	6523	1681	1094	339	248
肉、禽、蛋及水产品零售	6524	3519	2128	910	481
饮料及茶叶零售	6525	5858	3957	854	1047

单位:个

行业小类	代码	法人单位数	东部地区	中部地区	西部地区
烟草制品零售	6526	2527	1861	319	347
其他食品零售	6529	10960	7687	1565	1708
纺织、服装及日用品专门零售	6530	41062	28288	6825	5949
纺织品及针织品零售	6531	5946	4161	898	887
服装零售	6532	14479	9739	2719	2021
鞋帽零售	6533	2412	1506	560	346
钟表、眼镜零售	6534	3001	1913	516	572
化妆品及卫生用品零售	6535	4474	3215	562	697
其他日用品零售	6539	10750	7754	1570	1426
文化、体育用品及器材专门零售	6540	30282	21015	4236	5031
文具用品零售	6541	7682	5606	895	1181
体育用品零售	6542	2101	1445	318	338
图书零售	6543	5857	3452	1141	1264
报刊零售	6544	466	267	52	147
音像制品及电子出版物零售	6545	2454	2057	166	231
珠宝首饰零售	6546	3751	2319	711	721
工艺美术品及收藏品零售	6547	3852	3025	343	484
照相器材零售	6548	770	520	116	134
其他文化用品零售	6549	3349	2324	494	531
医药及医疗器材专门零售	6550	28218	17703	6006	4509
药品零售	6551	21622	13287	4798	3537
医疗用品及器材零售	6552	6596	4416	1208	972
汽车、摩托车、燃料及零配件专门零售	6560	53216	31679	10836	10701
汽车零售	6561	13783	8151	3042	2590
汽车零配件零售	6562	13241	8497	2418	2326
摩托车及零配件零售	6563	7528	3985	1545	1998
机动车燃料零售	6564	18664	11046	3831	3787
家用电器及电子产品专门零售	6570	63913	41146	11003	11764
家用电器零售	6571	15482	9350	3176	2956
计算机、软件及辅助设备零售	6572	25336	15935	4304	5097
通信设备零售	6573	9099	5764	1599	1736
其他电子产品零售	6579	13996	10097	1924	1975
五金、家具及室内装修材料专门零售	6580	54095	37269	8488	8338
五金零售	6581	28727	19564	4570	4593

单位:个

行业小类	代码	法人单位数	东部地区	中部地区	西部地区
家具零售	6582	6140	4036	1032	1072
涂料零售	6583	2488	1838	371	279
其他室内装修材料零售	6589	16740	11831	2515	2394
无店铺及其他零售	6590	37362	24666	7128	5568
流动货摊零售	6591	148	81	54	13
邮购及电子销售	6592	342	299	22	21
生活用燃料零售	6593	7978	4838	1819	1321
花卉零售	6594	1873	1315	277	281
旧货零售	6595	514	358	103	53
其他未列明的零售	6599	26507	17775	4853	3879
住宿和餐饮业	**I**	**101853**	**59014**	**21803**	**21036**
住宿业	6600	41951	21216	10235	10500
旅游饭店	6610	13688	7041	3325	3322
一般旅馆	6620	25039	12445	6200	6394
其他住宿服务	6690	3224	1730	710	784
餐饮业	6700	59902	37798	11568	10536
正餐服务	6710	48235	29547	10109	8579
快餐服务	6720	3907	2915	613	379
饮料及冷饮服务	6730	3178	2277	319	582
其他餐饮服务	6790	4582	3059	527	996
金融业	**J**	**26828**	**11145**	**8144**	**7539**
银行业	6800	17156	5829	5821	5506
中央银行	6810	746	214	245	287
商业银行	6820	15641	5390	5290	4961
其他银行	6890	769	225	286	258
证券业	6900	1270	945	192	133
证券市场管理	6910	70	28	21	21
证券经纪与交易	6920	1010	783	139	88
证券投资	6930	88	56	15	17
证券分析与咨询	6940	102	78	17	7
保险业	7000	4573	2220	1268	1085
人寿保险	7010	1623	649	561	413
非人寿保险	7020	1735	762	484	489
保险辅助服务	7030	1215	809	223	183

单位:个

行业小类	代码	法人单位数	东部地区	中部地区	西部地区
其他金融活动	7100	3829	2151	863	815
金融信托与管理	7110	389	208	87	94
金融租赁	7120	50	36	4	10
财务公司	7130	180	111	33	36
邮政储蓄	7140	12	5	5	2
典当	7150	1422	730	327	365
其他未列明的金融活动	7190	1776	1061	407	308
房地产业	**K**	**148059**	**91758**	**28580**	**27721**
房地产业	7200	148059	91758	28580	27721
房地产开发经营	7210	69049	38560	15837	14652
物业管理	7220	35764	22750	6342	6672
房地产中介服务	7230	23866	17964	2735	3167
其他房地产活动	7290	19380	12484	3666	3230
租赁和商务服务业	**L**	**291498**	**210744**	**40267**	**40487**
租赁业	7300	10890	7096	1473	2321
机械设备租赁	7310	10074	6501	1392	2181
汽车租赁	7311	3183	1752	641	790
农业机械租赁	7312	158	95	34	29
建筑工程机械与设备租赁	7313	4466	3081	404	981
计算机及通讯设备租赁	7314	227	188	15	24
其他机械与设备租赁	7319	2040	1385	298	357
文化及日用品出租	7320	816	595	81	140
图书及音像制品出租	7321	428	318	38	72
其他文化及日用品出租	7329	388	277	43	68
商务服务业	7400	280608	203648	38794	38166
企业管理服务	7410	57505	41851	8050	7604
企业管理机构	7411	16459	10229	3742	2488
投资与资产管理	7412	19458	15912	1623	1923
其他企业管理服务	7419	21588	15710	2685	3193
法律服务	7420	18117	9266	4450	4401
律师及相关的法律服务	7421	15169	7860	3662	3647
公证服务	7422	1619	622	463	534
其他法律服务	7429	1329	784	325	220
咨询与调查	7430	77457	62892	7307	7258

单位:个

行业小类	代码	法人单位数	东部地区	中部地区	西部地区
会计、审计及税务服务	7431	13154	8378	2496	2280
市场调查	7432	3363	2035	797	531
社会经济咨询	7433	28615	24849	1767	1999
其他专业咨询	7439	32325	27630	2247	2448
广告业	7440	45482	32698	5901	6883
知识产权服务	7450	2762	2093	359	310
职业中介服务	7460	13012	9031	2054	1927
市场管理	7470	13920	8699	3124	2097
旅行社	7480	14537	8403	3296	2838
其他商务服务	7490	37816	28715	4253	4848
会议及展览服务	7491	5883	5221	259	403
包装服务	7492	810	608	105	97
保安服务	7493	1493	791	326	376
办公服务	7494	7376	5375	946	1055
其他未列明的商务服务	7499	22254	16720	2617	2917
科学研究、技术服务和地质勘查业	**M**	**153076**	**89482**	**29478**	**34116**
研究与试验发展	7500	16668	9838	3647	3183
自然科学研究与试验发展	7510	1598	846	418	334
工程和技术研究与试验发展	7520	6536	4379	1094	1063
农业科学研究与试验发展	7530	4137	1829	1282	1026
医学研究与试验发展	7540	2742	1974	408	360
社会人文科学研究与试验发展	7550	1655	810	445	400
专业技术服务业	7600	75294	46525	14042	14727
气象服务	7610	3273	1085	875	1313
地震服务	7620	1170	418	275	477
海洋服务	7630	160	142	9	9
测绘服务	7640	2264	1214	533	517
技术检测	7650	10627	5401	2738	2488
环境监测	7660	2317	1083	649	585
工程技术与规划管理	7670	34631	20425	6911	7295
工程管理服务	7671	15815	9279	3290	3246
工程勘察设计	7672	13422	8723	2276	2423
规划管理	7673	5394	2423	1345	1626
其他专业技术服务	7690	20852	16757	2052	2043

行业小类	代码	法人单位数	东部地区	中部地区	西部地区
科技交流和推广服务业	7700	58487	32094	11027	15366
技术推广服务	7710	42186	20457	8902	12827
科技中介服务	7720	6281	4150	1027	1104
其他科技服务	7790	10020	7487	1098	1435
地质勘查业	7800	2627	1025	762	840
矿产地质勘查	7810	996	334	302	360
能源矿产地质勘查	7811	475	166	149	160
固体矿产地质勘查	7812	356	110	98	148
其他矿产地质勘查	7819	165	58	55	52
基础地质勘查	7820	696	276	198	222
地质勘查技术服务	7830	935	415	262	258
水利、环境和公共设施管理业	**N**	**46847**	**22074**	**12832**	**11941**
水利管理业	7900	18922	6675	6099	6148
防洪管理	7910	2185	846	961	378
水资源管理	7920	9319	3282	3142	2895
水库管理	7921	4143	1277	1343	1523
调水、引水管理	7922	3127	1274	1084	769
其他水资源管理	7929	2049	731	715	603
其他水利管理	7990	7418	2547	1996	2875
环境管理业	8000	10523	5279	2662	2582
自然保护	8010	1819	647	409	763
自然保护区管理	8011	766	221	163	382
野生动植物保护	8012	446	170	105	171
其他自然保护	8019	607	256	141	210
环境治理	8020	8704	4632	2253	1819
城市市容管理	8021	1278	534	456	288
城市环境卫生管理	8022	4968	2553	1352	1063
水污染治理	8023	748	528	115	105
危险废物治理	8024	179	134	25	20
其他环境治理	8029	1531	883	305	343
公共设施管理业	8100	17402	10120	4071	3211
市政公共设施管理	8110	4126	2078	1239	809
城市绿化管理	8120	7466	5139	1304	1023
游览景区管理	8130	5810	2903	1528	1379

单位:个

行业小类	代码	法人单位数	东部地区	中部地区	西部地区
风景名胜区管理	8131	2017	977	542	498
公园管理	8132	1784	856	471	457
其他游览景区管理	8139	2009	1070	515	424
居民服务和其他服务业	**O**	**93947**	**68279**	**13356**	**12312**
居民服务业	8200	46149	32528	7299	6322
家庭服务	8210	2508	1819	283	406
托儿所	8220	843	480	175	188
洗染服务	8230	1707	1301	222	184
理发及美容保健服务	8240	11865	9432	1199	1234
洗浴服务	8250	7107	4639	1617	851
婚姻服务	8260	1996	1404	293	299
殡葬服务	8270	3536	1848	925	763
摄影扩印服务	8280	4984	3323	922	739
其他居民服务	8290	11603	8282	1663	1658
其他服务业	8300	47798	35751	6057	5990
修理与维护	8310	21037	14764	3018	3255
汽车、摩托车维护与保养	8311	14783	10025	2285	2473
办公设备维修	8312	1275	973	139	163
家用电器修理	8313	3708	2852	411	445
其他日用品修理	8319	1271	914	183	174
清洁服务	8320	6459	5140	615	704
建筑物清洁服务	8321	1403	1136	138	129
其他清洁服务	8329	5056	4004	477	575
其他未列明的服务	8390	20302	15847	2424	2031
教育	**P**	**305446**	**122213**	**91581**	**91652**
教育	8400	305446	122213	91581	91652
学前教育	8410	40095	20879	9202	10014
初等教育	8420	142710	48043	44584	50083
中等教育	8430	77651	29207	26607	21837
初中教育	8431	51934	18171	18598	15165
高中教育	8432	10919	4585	3440	2894
中等专业教育	8433	4111	1715	1309	1087
职业中学教育	8434	4516	1837	1436	1243
技工学校教育	8435	2124	909	714	501

1—5 续表 32

单位：个

行业小类	代码	法人单位数	东部地区	中部地区	西部地区
其他中等教育	8439	4047	1990	1110	947
高等教育	8440	5254	2624	1537	1093
普通高等教育	8441	2163	1021	699	443
成人高等教育	8442	3091	1603	838	650
其他教育	8490	39736	21460	9651	8625
职业技能培训	8491	24992	14194	5627	5171
特殊教育	8492	1471	680	518	273
其他未列明的教育	8499	13273	6586	3506	3181
卫生、社会保障和社会福利业	**Q**	**183760**	**60303**	**63865**	**59592**
卫生	8500	156998	49309	55359	52330
医院	8510	18302	7237	5831	5234
综合医院	8511	10700	3946	3469	3285
中医医院	8512	2221	841	710	670
中西医结合医院	8513	883	322	294	267
民族医院	8514	236	48	27	161
专科医院	8515	3494	1660	1145	689
疗养院	8516	768	420	186	162
卫生院及社区医疗活动	8520	45566	14628	14140	16798
门诊部医疗活动	8530	67301	19823	27763	19715
计划生育技术服务活动	8540	12567	2399	3682	6486
妇幼保健活动	8550	2997	952	890	1155
专科疾病防治活动	8560	1739	692	687	360
疾病预防控制及防疫活动	8570	5226	1953	1604	1669
其他卫生活动	8590	3300	1625	762	913
社会保障业	8600	9135	3273	2762	3100
社会福利业	8700	17627	7721	5744	4162
提供住宿的社会福利	8710	13645	5806	4700	3139
干部休养所	8711	1892	832	537	523
收养收容服务	8712	11753	4974	4163	2616
不提供住宿的社会福利	8720	3982	1915	1044	1023
文化、体育和娱乐业	**R**	**69490**	**36393**	**15669**	**17428**
新闻出版业	8800	5291	3064	1187	1040
新闻业	8810	617	213	207	197
出版业	8820	4674	2851	980	843

单位:个

行业小类	代码	法人单位数	东部地区	中部地区	西部地区
图书出版	8821	736	502	128	106
报纸出版	8822	1645	805	418	422
期刊出版	8823	1748	1205	318	225
音像制品出版	8824	178	128	29	21
电子出版物出版	8825	54	37	11	6
其他出版	8829	313	174	76	63
广播、电视、电影和音像业	8900	14539	6169	3928	4442
广播	8910	3753	841	1091	1821
电视	8920	4678	1878	1469	1331
电影	8930	5053	2676	1239	1138
电影制作与发行	8931	1135	693	242	200
电影放映	8932	3918	1983	997	938
音像制作	8940	1055	774	129	152
文化艺术业	9000	29742	14054	7341	8347
文艺创作与表演	9010	4016	1954	1082	980
艺术表演场馆	9020	1087	457	404	226
图书馆与档案馆	9030	4563	1674	1303	1586
图书馆	9031	2371	852	743	776
档案馆	9032	2192	822	560	810
文物及文化保护	9040	2108	649	706	753
博物馆	9050	1532	757	421	354
烈士陵园、纪念馆	9060	766	337	262	167
群众文化活动	9070	10137	3951	2590	3596
文化艺术经纪代理	9080	1806	1537	159	110
其他文化艺术	9090	3727	2738	414	575
体育	9100	6022	3834	1128	1060
体育组织	9110	3006	1960	524	522
体育场馆	9120	1472	983	259	230
其他体育	9190	1544	891	345	308
娱乐业	9200	13896	9272	2085	2539
室内娱乐活动	9210	8163	5482	1024	1657
游乐园	9220	509	278	134	97
休闲健身娱乐活动	9230	3418	2387	569	462
其他娱乐活动	9290	1806	1125	358	323

单位：个

行业小类	代码	法　人 单位数	东部地区	中部地区	西部地区
公共管理和社会组织	**S**	**1252597**	**463639**	**393902**	**395056**
中国共产党机关	9300	40137	12104	11255	16778
国家机构	9400	334091	103493	111502	119096
国家权力机构	9410	6266	1908	2096	2262
国家行政机构	9420	316378	97816	105662	112900
综合事务管理机构	9421	93546	26861	30887	35798
对外事务管理机构	9422	1680	709	468	503
公共安全管理机构	9423	12479	4200	3956	4323
社会事务管理机构	9424	62337	19537	20012	22788
经济事务管理机构	9425	89361	27819	31247	30295
政府事务管理机构	9426	26583	8176	8798	9609
行政监督检查机构	9427	30392	10514	10294	9584
人民法院和人民检察院	9430	7006	2141	2230	2635
人民法院	9431	3494	1070	1111	1313
人民检察院	9432	3512	1071	1119	1322
其他国家机构	9490	4441	1628	1514	1299
人民政协和民主党派	9500	5684	2076	1675	1933
人民政协	9510	3259	1005	1052	1202
民主党派	9520	2425	1071	623	731
群众团体、社会团体和宗教组织	9600	149582	63232	36244	50106
群众团体	9610	20666	8031	5843	6792
工会	9611	5244	2458	1281	1505
妇联	9612	3526	1078	1111	1337
共青团	9613	3456	1063	1099	1294
其他群众团体	9619	8440	3432	2352	2656
社会团体	9620	90161	42818	20812	26531
专业性团体	9621	37633	17683	9301	10649
行业性团体	9622	37245	17514	8482	11249
其他社会团体	9629	15283	7621	3029	4633
宗教组织	9630	38755	12383	9589	16783
基层群众自治组织	9700	723103	282734	233226	207143
社区自治组织	9710	75679	35166	22464	18049
村民自治组织	9720	647424	247568	210762	189094

1—6 按地区分组的法人单位数

单位:个

地区	法人单位数（2004年）	#多产业法人单位	法人单位数（2005年）	#多产业法人单位
全国	**5168303**	**348615**	**5647823**	**5293856**
北京	220956	11488	296705	284773
天津	93162	3082	95682	93413
河北	209740	9728	226878	217073
山西	131802	17336	144955	127512
内蒙古	71196	5569	79469	73744
辽宁	211502	11891	229983	218116
吉林	80235	4147	85148	81061
黑龙江	101889	9667	110286	100235
上海	343831	15707	343273	327513
江苏	430488	15039	479062	464310
浙江	403983	21752	440925	417974
安徽	158543	19948	184020	161932
福建	166053	11951	182304	170028
江西	114905	8055	130385	121520
山东	371066	26494	414320	387854
河南	267456	12378	286375	273953
湖北	158411	21453	165618	144610
湖南	180436	12584	189517	176221
广东	434974	22847	479166	456939
广西	120704	14545	130209	115389
海南	23494	1470	25006	23561
重庆	85843	9751	94428	84391
四川	257182	15405	275968	260461
贵州	77987	6326	83925	77508
云南	93202	11259	99131	87769
西藏	13135	1041	13223	12205
陕西	152537	9359	155723	146197
甘肃	85276	9066	87018	77989
青海	20628	2264	21686	19369
宁夏	24022	1532	27687	26080
新疆	63665	5481	69756	64156

1—7　农、林、牧、渔业法人单位按地区分组的单位数

单位:个

地　区	法人单位数（2004 年）	#多产业法人单位	法人单位数（2005 年）	#多产业法人单位
全　国	**1835**	**1835**	**68800**	**65861**
北　京	33	33	3456	3401
天　津	0	0	709	707
河　北	19	19	1539	1502
山　西	43	43	3217	3125
内蒙古	70	70	1367	1286
辽　宁	39	39	1484	1439
吉　林	41	41	1158	1108
黑龙江	256	256	1376	1098
上　海	15	15	776	738
江　苏	29	29	1777	1753
浙　江	41	41	4961	4856
安　徽	0	0	5788	5207
福　建	7	7	2614	2600
江　西	34	34	208	168
山　东	0	0	3888	3888
河　南	64	64	8256	8157
湖　北	31	31	266	229
湖　南	49	49	6391	6322
广　东	62	62	3710	3626
广　西	193	193	3536	3274
海　南	101	101	282	183
重　庆	27	27	1580	1515
四　川	79	79	3666	3605
贵　州	7	7	811	793
云　南	226	226	3253	2970
西　藏	1	1	1	0
陕　西	12	12	129	117
甘　肃	71	71	384	309
青　海	13	13	323	298
宁　夏	19	19	445	422
新　疆	253	253	1449	1165

注:2004 年农、林、牧、渔业单位数为第二、三产业法人兼营的产业活动单位。

1—8 采矿业法人单位按地区分组的单位数

单位:个

地区	法人单位数（2004年）	#多产业法人单位	法人单位数（2005年）	#多产业法人单位
全国	**82353**	**1667**	**89430**	**87705**
北京	564	28	658	630
天津	112	6	127	122
河北	6345	75	7061	6984
山西	8473	197	9000	8805
内蒙古	2172	76	2597	2518
辽宁	4278	64	4576	4518
吉林	1188	25	1255	1228
黑龙江	1605	65	1729	1664
上海	2	0	3	3
江苏	1791	38	1864	1828
浙江	2339	33	2373	2339
安徽	2918	76	3380	3282
福建	1683	31	1991	1958
江西	3866	55	4487	4400
山东	4645	60	5200	5141
河南	6895	62	7465	7403
湖北	2955	152	3217	3077
湖南	6916	57	7107	7054
广东	1963	30	2104	2072
广西	1502	38	1639	1599
海南	146	5	159	154
重庆	2680	67	2851	2780
四川	4795	120	5111	4987
贵州	3695	32	4004	3968
云南	3167	131	3304	3170
西藏	29	0	33	33
陕西	2875	50	3155	3103
甘肃	1138	38	1215	1178
青海	298	13	310	296
宁夏	561	8	619	611
新疆	757	35	836	800

1—9 制造业法人单位按地区分组的单位数

单位:个

地　　区	法人单位数（2004 年）	#多产业法人单位	法人单位数（2005 年）	#多产业法人单位
全　　国	**1328964**	**23631**	**1451556**	**1426803**
北　　京	30869	1034	37130	36080
天　　津	30064	381	30623	30309
河　　北	58669	546	64459	63909
山　　西	20806	628	22374	21715
内 蒙 古	9758	281	10858	10507
辽　　宁	57045	881	61017	60153
吉　　林	15403	169	16155	16000
黑 龙 江	18627	559	20304	19727
上　　海	62829	3110	65896	62774
江　　苏	197318	2094	217015	214958
浙　　江	184111	3395	199793	195830
安　　徽	35327	588	41240	40421
福　　建	47735	500	51777	51176
江　　西	26172	327	31446	30995
山　　东	118059	924	133559	132623
河　　南	77127	660	82869	82214
湖　　北	26315	903	27103	26383
湖　　南	35809	344	36903	36570
广　　东	139157	2190	153961	151710
广　　西	16069	574	17110	16445
海　　南	1915	57	2014	1955
重　　庆	17721	611	19229	18553
四　　川	38627	901	42308	41383
贵　　州	7482	241	8138	7897
云　　南	11276	576	11774	11164
西　　藏	243	12	244	241
陕　　西	22965	278	23492	23211
甘　　肃	10489	459	10706	10250
青　　海	1756	101	1839	1738
宁　　夏	3807	76	4195	4118
新　　疆	5414	231	6025	5794

1—10 电力、煤气及水的生产和供应业法人单位按地区分组的单位数

单位:个

地 区	法人单位数（2004年）	#多产业法人单位	法人单位数（2005年）	#多产业法人单位
全 国	**39830**	**2861**	**43148**	**40106**
北 京	271	29	335	303
天 津	205	13	217	208
河 北	611	115	691	577
山 西	479	48	553	499
内 蒙 古	463	88	551	458
辽 宁	836	115	917	809
吉 林	454	55	520	466
黑 龙 江	543	119	626	503
上 海	243	25	252	230
江 苏	2577	81	2705	2625
浙 江	3149	145	3301	3148
安 徽	1430	106	1609	1454
福 建	4435	106	4745	4634
江 西	2415	139	2832	2580
山 东	847	115	1033	915
河 南	886	113	942	829
湖 北	1354	164	1384	1241
湖 南	2742	117	2830	2714
广 东	5631	245	5871	5629
广 西	1578	162	1723	1548
海 南	216	4	235	231
重 庆	1074	123	1193	1068
四 川	3618	186	3915	3723
贵 州	675	77	793	712
云 南	1056	136	1148	1008
西 藏	85	12	86	85
陕 西	794	32	846	813
甘 肃	520	112	558	447
青 海	163	14	176	163
宁 夏	95	11	136	120
新 疆	385	54	425	366

1—11 建筑业法人单位按地区分组的单位数

单位:个

地 区	法人单位数（2004 年）	#多产业法人单位	法人单位数（2005 年）	#多产业法人单位
全 国	**128193**	**6470**	**149471**	**142841**
北 京	5878	377	9248	8908
天 津	3209	122	3538	3442
河 北	3419	161	3863	3692
山 西	2693	176	3147	2947
内蒙古	1367	122	1601	1463
辽 宁	7984	288	9251	8989
吉 林	1767	41	1985	1941
黑龙江	3162	170	3545	3363
上 海	14591	481	14230	13752
江 苏	12346	412	15571	15161
浙 江	8050	454	9088	8523
安 徽	3973	245	6073	5760
福 建	3497	210	3993	3723
江 西	2188	112	3690	3494
山 东	10456	219	12678	12444
河 南	5494	207	6200	5992
湖 北	4185	264	4039	3826
湖 南	3003	101	3138	3043
广 东	9209	603	10086	9621
广 西	1586	162	1821	1644
海 南	861	6	1029	1024
重 庆	2916	182	3387	3182
四 川	5638	330	6381	6068
贵 州	1060	88	1273	1186
云 南	2639	247	2819	2554
西 藏	156	12	242	230
陕 西	2628	173	2857	2684
甘 肃	1743	199	1822	1625
青 海	487	56	559	501
宁 夏	740	68	890	820
新 疆	1268	182	1427	1239

1—12 交通运输、仓储及邮政业法人单位按地区分组的单位数

单位:个

地　区	法人单位数（2004 年）	#多产业法人单位	法人单位数（2005 年）	#多产业法人单位
全　国	**80375**	**7227**	**91565**	**84244**
北　京	3855	276	5131	4858
天　津	3804	130	3769	3663
河　北	2415	142	2799	2654
山　西	1673	208	1983	1769
内蒙古	949	106	1338	1218
辽　宁	4518	221	5442	5215
吉　林	1085	75	1141	1069
黑龙江	1702	215	1893	1666
上　海	6574	336	7119	6755
江　苏	6598	340	7905	7571
浙　江	6990	639	7700	7021
安　徽	2659	252	3376	3061
福　建	2946	208	3311	3109
江　西	1880	202	2101	1889
山　东	4633	206	5547	5341
河　南	2346	526	2431	1906
湖　北	2330	291	2609	2315
湖　南	1557	198	1590	1392
广　东	8086	855	9149	8379
广　西	1925	286	2068	1771
海　南	420	60	447	394
重　庆	1715	246	2018	1762
四　川	3261	388	3733	3333
贵　州	758	60	859	797
云　南	1312	197	1394	1199
西　藏	105	23	106	83
陕　西	1499	145	1613	1453
甘　肃	1029	155	1049	895
青　海	329	57	334	278
宁　夏	326	33	388	353
新　疆	1096	151	1222	1075

1—13 信息传输、计算机服务和软件业法人单位按地区分组的单位数

单位:个

地　　区	法人单位数（2004 年）	#多产业法人单位	法人单位数（2005 年）	#多产业法人单位
全　　国	**72913**	**2555**	**85499**	**82936**
北　　京	11612	384	15116	14819
天　　津	1230	30	1295	1274
河　　北	1413	61	1660	1619
山　　西	1074	85	1262	1185
内 蒙 古	376	16	548	514
辽　　宁	2453	42	2979	2934
吉　　林	591	52	679	628
黑 龙 江	939	106	1075	975
上　　海	9117	225	8960	8740
江　　苏	5580	125	6649	6535
浙　　江	6110	127	6884	6747
安　　徽	1636	51	2118	1997
福　　建	1998	46	2475	2424
江　　西	576	69	703	629
山　　东	2972	96	3952	3852
河　　南	1517	17	1712	1650
湖　　北	1260	96	1645	1551
湖　　南	1827	79	1854	1775
广　　东	6797	323	7867	7594
广　　西	2300	95	2721	2623
海　　南	403	12	435	424
重　　庆	1040	46	1271	1223
四　　川	4775	147	5573	5421
贵　　州	570	46	749	708
云　　南	1254	31	1358	1322
西　　藏	38	5	38	33
陕　　西	1313	45	1428	1373
甘　　肃	426	23	457	428
青　　海	265	32	306	273
宁　　夏	335	23	460	439
新　　疆	1116	20	1270	1227

1—14　批发和零售业法人单位按地区分组的单位数

单位:个

地　区	法人单位数（2004 年）	#多产业法人单位	法人单位数（2005 年）	#多产业法人单位
全　国	**883653**	**60652**	**994953**	**931279**
北　京	65084	4161	82557	77944
天　津	23713	855	23966	23267
河　北	24678	1683	29354	27625
山　西	20375	2016	24457	22420
内蒙古	9944	688	12883	12103
辽　宁	43698	1766	48958	47159
吉　林	15746	567	17283	16723
黑龙江	18969	1386	21425	20009
上　海	140559	6284	136552	130193
江　苏	73000	4864	86024	81202
浙　江	57855	5022	64341	58985
安　徽	18315	557	22577	20458
福　建	24615	2257	28725	26338
江　西	10297	923	12534	11427
山　东	56939	2313	68200	65821
河　南	26959	2689	28729	26049
湖　北	19983	2114	22575	20515
湖　南	12796	987	13268	12285
广　东	93258	6191	106079	100039
广　西	14365	2674	16291	13537
海　南	5035	313	5472	5166
重　庆	11819	1655	14166	12386
四　川	26374	2626	31065	28352
贵　州	7392	619	8959	8298
云　南	13006	1500	13870	12351
西　藏	415	60	415	354
陕　西	18409	1065	19442	18371
甘　肃	11179	1308	11867	10567
青　海	2165	260	2436	2158
宁　夏	4886	267	6429	6118
新　疆	11825	982	14054	13059

1—15 住宿和餐饮业法人单位按地区分组的单位数

单位:个

地　区	法人单位数（2004 年）	#多产业法人单位	法人单位数（2005 年）	#多产业法人单位
全　国	**92869**	**7537**	**101853**	**94177**
北　京	8706	741	10798	10067
天　津	1758	104	1709	1647
河　北	2796	145	3047	2895
山　西	2159	128	2402	2270
内蒙古	1446	89	1641	1532
辽　宁	4380	237	4636	4408
吉　林	1560	47	1643	1594
黑龙江	1992	90	2126	2035
上　海	7603	579	7710	7107
江　苏	5495	248	6120	5878
浙　江	5077	1858	5481	3652
安　徽	2652	123	3079	2847
福　建	2340	150	2565	2414
江　西	1933	185	2458	2228
山　东	6236	173	7023	6847
河　南	4350	331	4549	4221
湖　北	2548	178	2789	2619
湖　南	2625	147	2757	2612
广　东	8211	663	9045	8378
广　西	1918	177	2056	1869
海　南	816	73	880	807
重　庆	1481	180	1658	1474
四　川	4150	235	4545	4304
贵　州	969	27	1081	1052
云　南	2285	165	2354	2191
西　藏	274	7	260	256
陕　西	3595	115	3754	3637
甘　肃	1675	146	1706	1561
青　海	452	40	467	422
宁　夏	434	30	476	445
新　疆	953	126	1038	908

1—16 金融业法人单位按地区分组的单位数

单位:个

地　区	法人单位数（2004年）	#多产业法人单位	法人单位数（2005年）	#多产业法人单位
全　国	**23793**	**11399**	**26828**	**15070**
北　京	673	192	635	544
天　津	366	170	396	226
河　北	1188	291	1344	1050
山　西	435	258	494	234
内蒙古	468	266	568	294
辽　宁	1827	848	1952	1099
吉　林	558	339	589	249
黑龙江	142	30	621	300
上　海	629	177	1040	854
江　苏	715	356	951	599
浙　江	1339	841	1395	658
安　徽	2703	1074	2932	1738
福　建	818	379	898	525
江　西	439	308	538	208
山　东	827	475	1079	610
河　南	1707	852	1682	841
湖　北	760	379	805	437
湖　南	476	304	483	183
广　东	1323	701	1303	686
广　西	1151	499	1191	684
海　南	144	51	152	105
重　庆	621	258	675	410
四　川	1752	944	1823	878
贵　州	314	185	349	162
云　南	519	360	547	184
西　藏	26	10	27	17
陕　西	56	6	443	226
甘　肃	852	376	854	478
青　海	388	150	385	238
宁　夏	181	62	244	179
新　疆	396	258	433	174

1—17 房地产业法人单位按地区分组的单位数

单位:个

地区	法人单位数（2004年）	#多产业法人单位	法人单位数（2005年）	#多产业法人单位
全国	**129197**	**7977**	**148059**	**139782**
北京	8782	619	10952	10311
天津	2196	116	2438	2328
河北	2710	71	3207	3132
山西	1967	84	2438	2347
内蒙古	1577	52	1973	1907
辽宁	6067	236	6910	6676
吉林	1593	35	1773	1736
黑龙江	2757	164	3058	2892
上海	11918	1102	12262	11182
江苏	8738	384	10314	9943
浙江	8237	714	9079	8302
安徽	3698	139	4844	4652
福建	4981	307	5556	5239
江西	3016	90	5065	4938
山东	5572	183	7042	6857
河南	3322	94	3611	3516
湖北	4281	252	3943	3701
湖南	3518	74	3848	3782
广东	19930	1870	22253	20330
广西	3189	209	3644	3431
海南	1616	14	1745	1730
重庆	3411	298	3884	3553
四川	5535	388	6423	6014
贵州	2348	50	2656	2602
云南	2281	145	2597	2448
西藏	38	1	48	48
陕西	1851	34	1967	1931
甘肃	1360	71	1448	1377
青海	506	51	560	503
宁夏	608	22	709	681
新疆	1594	108	1812	1693

1—18 租赁和商务服务业法人单位按地区分组的单位数

单位:个

地 区	法人单位数（2004 年）	#多产业法人单位	法人单位数（2005 年）	#多产业法人单位
全 国	**249192**	**9202**	**291498**	**282211**
北 京	32527	1065	48509	47299
天 津	5392	136	5669	5566
河 北	3997	172	4753	4579
山 西	4870	288	5569	5288
内蒙古	2066	82	2569	2476
辽 宁	11212	254	12965	12712
吉 林	3198	86	3622	3532
黑龙江	3838	193	4240	4049
上 海	38165	1013	38052	37073
江 苏	18391	574	21458	20918
浙 江	17904	689	21064	20306
安 徽	4358	184	5312	5110
福 建	7486	266	8613	8345
江 西	3306	166	3781	3602
山 东	10808	219	13209	12993
河 南	5860	190	6487	6296
湖 北	5683	306	6497	6194
湖 南	4689	196	4759	4561
广 东	31154	1485	34713	33323
广 西	4781	350	5406	5053
海 南	1599	50	1739	1697
重 庆	3544	204	4490	4275
四 川	9491	339	11278	10921
贵 州	1793	46	2291	2243
云 南	3851	192	4106	3915
西 藏	80	1	80	79
陕 西	3096	73	3275	3205
甘 肃	2054	161	2166	2007
青 海	602	55	683	625
宁 夏	828	36	1055	1018
新 疆	2569	131	3088	2951

1—19 科学研究、技术服务和地质勘查业法人单位按地区分组的单位数

单位:个

地　区	法人单位数（2004年）	#多产业法人单位	法人单位数（2005年）	#多产业法人单位
全　国	**136555**	**6280**	**153076**	**146814**
北　京	13828	442	22483	22031
天　津	3379	84	3759	3707
河　北	2476	78	2860	2779
山　西	2784	135	3124	2988
内蒙古	1914	78	2075	1999
辽　宁	6626	186	7167	6978
吉　林	2646	97	2704	2607
黑龙江	2977	146	3205	3058
上　海	12860	274	12428	12153
江　苏	8602	463	9384	8951
浙　江	8537	316	9076	8700
安　徽	2776	208	3248	3027
福　建	4410	183	4716	4533
江　西	2782	109	2965	2853
山　东	4503	136	5174	5037
河　南	4109	104	4199	4098
湖　北	5146	397	5590	5213
湖　南	4185	214	4443	4222
广　东	10564	486	11711	11268
广　西	4901	514	5083	4571
海　南	691	31	724	693
重　庆	2412	223	2490	2279
四　川	10085	529	10571	10029
贵　州	1613	87	1767	1681
云　南	3546	316	3560	3240
西　藏	148	15	149	134
陕　西	2786	97	2869	2769
甘　肃	2256	147	2269	2122
青　海	604	60	643	581
宁　夏	532	23	614	590
新　疆	1877	102	2026	1923

1—20 水利、环境和公共设施管理业法人单位按地区分组的单位数

单位:个

地区	法人单位数(2004年)	#多产业法人单位	法人单位数(2005年)	#多产业法人单位
全国	**44352**	**2689**	**46847**	**44185**
北京	1476	54	1932	1886
天津	759	47	793	777
河北	969	48	1058	1010
山西	1312	86	1388	1302
内蒙古	970	50	1036	984
辽宁	2111	87	2179	2091
吉林	861	34	871	837
黑龙江	1230	75	1292	1218
上海	2221	85	2161	2078
江苏	3369	160	3650	3498
浙江	2627	132	2813	2675
安徽	1291	164	1486	1312
福建	1596	97	1681	1586
江西	1193	67	1249	1178
山东	1750	113	1946	1832
河南	1921	71	1947	1873
湖北	2190	190	2310	2126
湖南	2266	171	2289	2116
广东	3433	181	3603	3428
广西	1481	130	1582	1453
海南	241	26	258	232
重庆	867	92	933	839
四川	2532	121	2607	2481
贵州	802	43	843	801
云南	1611	111	1576	1467
西藏	25	0	25	25
陕西	1451	46	1488	1442
甘肃	769	94	781	686
青海	215	18	213	195
宁夏	184	21	195	173
新疆	629	75	662	584

1—21 居民服务和其他服务业法人单位按地区分组的单位数

单位:个

地区	法人单位数(2004年)	#多产业法人单位	法人单位数(2005年)	#多产业法人单位
全国	**83606**	**3634**	**93947**	**90299**
北京	13001	565	16948	16330
天津	4419	157	4086	3986
河北	1313	48	1606	1551
山西	1559	91	1855	1766
内蒙古	834	35	1057	1018
辽宁	3338	111	3646	3538
吉林	1301	34	1469	1437
黑龙江	1412	63	1582	1519
上海	14214	706	13631	12961
江苏	6199	232	6972	6748
浙江	3439	184	3885	3677
安徽	1624	78	1994	1908
福建	2077	115	2460	2340
江西	907	25	1054	1026
山东	4473	95	5291	5191
河南	1827	70	1912	1843
湖北	2057	126	2337	2211
湖南	1118	38	1153	1115
广东	8633	369	9441	9079
广西	972	69	1124	1055
海南	275	9	313	304
重庆	1152	80	1407	1317
四川	2353	105	2938	2826
贵州	596	26	801	775
云南	934	57	1008	952
西藏	38	3	38	35
陕西	1683	32	1798	1766
甘肃	640	40	672	630
青海	179	16	197	181
宁夏	237	14	333	317
新疆	802	41	939	897

1—22 教育法人单位按地区分组的单位数

单位:个

地区	法人单位数(2004年)	#多产业法人单位	法人单位数(2005年)	#多产业法人单位
全国	**299418**	**35500**	**305446**	**270188**
北京	5423	268	6654	6420
天津	2522	206	2525	2408
河北	17493	1958	17620	15675
山西	7896	1687	8009	6334
内蒙古	4678	783	4673	3924
辽宁	9221	1390	9449	8060
吉林	4589	862	4643	3788
黑龙江	6411	884	6512	5630
上海	5231	296	5213	4922
江苏	12179	885	12474	11620
浙江	11703	1640	12224	10605
安徽	20160	1626	21155	19398
福建	10361	940	10591	9648
江西	8163	1503	8429	6904
山东	14446	1469	14761	13369
河南	16527	2347	16696	14358
湖北	15184	1347	15277	13935
湖南	10813	2728	10860	8131
广东	27908	1283	28268	26998
广西	17325	1174	17477	16305
海南	2399	222	2434	2212
重庆	6389	1922	6473	4554
四川	16275	2141	16510	14425
贵州	8623	1511	8747	7221
云南	6266	1466	6275	4819
西藏	484	118	484	366
陕西	15542	1148	15587	14439
甘肃	8727	829	8767	7929
青海	939	208	950	741
宁夏	1053	170	1088	918
新疆	4488	489	4621	4132

1—23 卫生、社会保障和社会福利业法人单位按地区分组的单位数

单位:个

地区	法人单位数（2004年）	#多产业法人单位	法人单位数（2005年）	#多产业法人单位
全国	**181877**	**14574**	**183760**	**169327**
北京	1745	136	2433	2312
天津	1006	154	995	940
河北	6650	546	6770	6224
山西	4189	589	4250	3662
内蒙古	2898	276	2929	2653
辽宁	8317	469	8450	7982
吉林	3206	172	3194	3023
黑龙江	3746	638	3790	3153
上海	2016	174	2028	1857
江苏	9512	812	9611	8818
浙江	6601	1020	6804	5784
安徽	4717	749	4865	4071
福建	6114	283	6201	5916
江西	5988	515	6069	5547
山东	9459	1089	9476	8389
河南	29780	216	29745	29526
湖北	5833	1115	5920	4809
湖南	6024	918	6032	5118
广东	6833	1002	6876	5902
广西	6265	513	6204	5696
海南	654	12	659	648
重庆	3043	716	3020	2305
四川	12742	555	12730	12184
贵州	3334	243	3406	3163
云南	3751	598	3758	3165
西藏	236	27	236	209
陕西	20818	374	20853	20479
甘肃	2918	360	2907	2547
青海	687	107	689	581
宁夏	686	45	703	658
新疆	2109	151	2157	2006

1—24 文化、体育和娱乐业法人单位按地区分组的单位数

单位:个

地　区	法人单位数（2004 年）	#多产业法人单位	法人单位数（2005 年）	#多产业法人单位
全　国	**64741**	**2905**	**69490**	**66559**
北　京	5856	208	8244	8009
天　津	807	30	821	803
河　北	1592	51	1670	1619
山　西	1844	107	1961	1854
内蒙古	1299	29	1339	1307
辽　宁	2681	97	2850	2752
吉　林	1238	32	1265	1234
黑龙江	1348	68	1408	1340
上　海	3870	237	3805	3576
江　苏	4238	168	4439	4270
浙　江	3766	230	3980	3747
安　徽	1649	95	1862	1752
福　建	2342	93	2472	2382
江　西	1615	64	1695	1628
山　东	2553	110	2772	2663
河　南	2562	79	2597	2517
湖　北	2447	160	2580	2421
湖　南	2285	101	2301	2199
广　东	4623	273	4904	4637
广　西	2574	144	2559	2420
海　南	406	16	436	420
重　庆	885	75	942	865
四　川	4520	113	4621	4503
贵　州	1073	20	1138	1116
云　南	1941	110	1944	1838
西　藏	129	7	129	122
陕　西	1771	35	1814	1779
甘　肃	1233	67	1249	1182
青　海	330	26	342	314
宁　夏	283	6	321	315
新　疆	981	54	1030	975

1—25　公共管理和社会组织法人单位按地区分组的单位数

单位:个

地　区	法人单位数（2004年）	#多产业法人单位	法人单位数（2005年）	#多产业法人单位
全　国	**1244587**	**140020**	**1252597**	**1113461**
北　京	10773	876	13486	12621
天　津	8221	341	8247	8033
河　北	70987	3518	71517	67997
山　西	47171	10482	47472	37002
内蒙古	27947	2382	27866	25583
辽　宁	34871	4560	35155	30604
吉　林	23210	1384	23199	21861
黑龙江	30233	4440	30479	26036
上　海	11174	588	11155	10565
江　苏	53811	2774	54179	51434
浙　江	66108	4272	66683	62419
安　徽	46657	13633	47082	34477
福　建	36612	5773	36914	31132
江　西	38135	3162	39081	35826
山　东	111888	18499	112488	94039
河　南	74203	3686	74346	70664
湖　北	53869	12988	54732	41807
湖　南	77738	5761	77511	71027
广　东	48199	4035	48222	44240
广　西	36629	6582	36974	30411
海　南	5556	408	5593	5182
重　庆	23046	2746	22761	20051
四　川	100580	5158	100170	95024
贵　州	34883	2918	35260	32333
云　南	32281	4695	32486	27812
西　藏	10585	727	10582	9855
陕　西	49393	5599	48913	43399
甘　肃	36197	4410	36141	31771
青　海	10250	987	10274	9283
宁　夏	8227	598	8387	7785
新　疆	25153	2038	25242	23188

第二部分

限额以上企业法人单位综合资料

2—1 限额以上企业按行业大类分组的单位数、从业人数和营业收入

（2005年）

行业大类	代码	企业单位数（个）	从业人数（万人）	男	女	营业收入（亿元）
全　国	**0000**	**409034**	**9792.69**	**6355.58**	**3437.11**	**349024.43**
采矿业	**B**	**12659**	**580.65**	**470.22**	**110.43**	**11741.73**
煤炭开采和洗选业	0600	5999	386.94	322.53	64.42	4378.03
石油和天然气开采业	0700	255	77.59	53.75	23.84	5000.41
黑色金属矿采选业	0800	2170	36.84	30.52	6.32	896.69
有色金属矿采选业	0900	1646	36.88	29.72	7.17	787.47
非金属矿采选业	1000	2555	42.28	33.61	8.66	676.85
其他采矿业	1100	34	0.12	0.10	0.02	2.28
制造业	**C**	**251777**	**5724.77**	**3215.65**	**2509.12**	**208651.03**
农副食品加工业	1300	14561	203.59	116.42	87.16	9205.13
食品制造业	1400	5786	113.81	55.25	58.56	3413.13
饮料制造业	1500	3756	83.99	50.58	33.41	2849.32
烟草制品业	1600	191	18.92	11.34	7.58	2804.81
纺织业	1700	22133	554.43	193.11	361.32	11600.05
纺织服装、鞋、帽制造业	1800	11688	335.48	96.95	238.53	4526.88
皮革、毛皮、羽毛(绒)及其制品业	1900	6189	212.08	74.62	137.46	3121.46
木材加工及木、竹、藤、棕、草制品业	2000	5282	76.14	43.40	32.74	1504.97
家具制造业	2100	3228	71.40	47.76	23.64	1333.09
造纸及纸制品业	2200	7507	126.75	76.61	50.14	3708.77
印刷业和记录媒介的复制	2300	5002	63.26	33.49	29.77	1329.25
文教体育用品制造业	2400	3174	101.35	38.38	62.97	1304.60
石油加工及炼焦业	2500	1951	75.03	56.27	18.76	10926.27
化学原料及化学制品制造业	2600	18539	388.80	286.10	102.69	15621.17
医药制造业	2700	4937	121.56	65.11	56.45	3763.09
化学纤维制造业	2800	1301	35.18	20.24	14.94	2084.84
橡胶制品业	2900	3060	78.22	42.96	35.26	1903.05
塑料制品业	3000	12074	186.50	97.42	89.08	4678.54

2—1续表

行业大类	代码	企业单位数（个）	从业人数（万人）	男	女	营业收入（亿元）
非金属矿物制品业	3100	20645	411.74	282.53	129.21	8287.72
黑色金属冶炼及压延加工业	3200	6702	264.49	208.68	55.80	20681.18
有色金属冶炼及压延加工业	3300	5136	118.78	86.22	32.56	15156.38
金属制品业	3400	13822	211.05	140.09	70.96	5886.03
通用设备制造业	3500	19976	380.12	281.52	98.60	9808.26
专用设备制造业	3600	10510	207.45	144.88	62.57	5416.64
交通运输设备制造业	3700	11109	321.44	222.84	98.6	15522.38
电气机械及器材制造业	3900	15275	350.08	183.31	166.77	12880.41
通信设备、计算机及其他电子设备制造业	4000	8882	404.70	166.66	238.05	24641.03
仪器仪表及文化、办公用机械制造业	4100	3774	84.24	40.34	43.90	2583.44
工艺品及其他制造业	4200	5114	119.96	49.52	70.44	1831.26
废弃资源和废旧材料回收加工业	4300	472	4.25	3.02	1.23	277.31
电力、燃气及水的生产和供应业	**D**	**8703**	**279.42**	**192.69**	**86.72**	**16506.48**
电力、热力的生产和供应业	4400	5680	221.43	157.51	63.92	15245.13
燃气生产和供应业	4500	521	14.36	9.47	4.89	678.56
水的生产和供应业	4600	2502	43.63	25.72	17.91	582.79
建筑业	**E**	**61684**	**2372.05**	**2098.28**	**273.77**	**29861.41**
房屋和土木工程建筑业	4700	35310	2042.71	1812.81	229.9	25570.69
建筑安装业	4800	10054	183.96	157.43	26.52	2676.56
建筑装饰业	4900	12576	82.67	71.24	11.44	1096.29
其他建筑业	5000	3744	62.72	56.80	5.92	517.86
批发和零售业	**H**	**55402**	**586.32**	**267.98**	**318.35**	**79999.20**
批发业	6300	31902	293.83	126.61	167.22	65411.22
零售业	6500	23500	292.49	141.37	151.13	14587.98
住宿和餐饮业	**I**	**18809**	**249.48**	**110.76**	**138.72**	**2264.57**
住宿业	6600	8768	132.90	59.19	73.70	1115.04
餐饮业	6700	10041	116.58	51.57	65.02	1149.53

2—2 限额以上企业按地区分组的单位数、从业人数和营业收入

（2005 年）

地区	企业单位数（个）	从业人数（万人）	男	女	营业收入（亿元）
全国	**409034**	**9792.69**	**6355.58**	**3437.11**	**349024.43**
北京	15757	233.56	158.62	74.95	19954.20
天津	13431	172.12	109.57	62.55	12125.73
河北	14356	596.01	376.65	219.36	13275.99
山西	7506	315.56	248.84	66.72	6173.78
内蒙古	4239	124.76	85.54	39.22	3836.82
辽宁	18054	399.01	273.58	125.44	16229.16
吉林	4958	142.91	98.77	44.14	5087.01
黑龙江	5664	193.38	134.91	58.47	6613.20
上海	20548	397.28	239.58	157.70	30230.02
江苏	33223	847.18	542.41	304.76	33559.22
浙江	50843	936.37	584.28	352.09	37317.75
安徽	8625	280.94	210.82	70.12	7155.27
福建	17606	359.88	191.27	168.61	9566.95
江西	6559	205.87	146.07	59.80	3406.50
山东	36353	849.50	543.29	306.21	29924.20
河南	18151	480.27	330.82	149.44	9774.09
湖北	9963	282.31	193.14	89.17	17947.53
湖南	11871	311.80	221.05	90.75	7002.79
广东	46696	1225.01	631.97	593.03	43935.12
广西	5813	136.59	90.16	46.44	3604.44
海南	1349	23.98	15.50	8.48	763.65
重庆	6430	186.63	138.78	47.86	4344.65
四川	23162	427.04	316.80	110.24	8788.10
贵州	3717	101.55	74.51	27.05	1958.98
云南	6561	140.38	104.14	36.24	4442.84
西藏	428	4.92	3.89	1.03	87.14
陕西	7608	169.21	115.07	54.14	4933.74
甘肃	3309	114.66	84.42	30.24	2403.80
青海	1319	21.52	15.20	6.31	570.78
宁夏	1529	35.67	25.39	10.28	810.02
新疆	3405	76.82	50.56	26.27	3200.90

2—3 限额以上企业按地区、营业状态分组的单位数

(2005 年)

单位:个

地区	企业单位数	营业	停业(歇业)	筹建	当年撤消	其他
全国	**409034**	**395904**	**5006**	**5826**	**858**	**1440**
北京	15757	15435	202	30	39	51
天津	13431	10618	323	2164	0	326
河北	14356	13818	278	199	8	53
山西	7506	7146	259	64	16	21
内蒙古	4239	4122	65	30	14	8
辽宁	18054	17075	761	93	73	52
吉林	4958	4781	136	8	13	20
黑龙江	5664	5493	104	24	5	38
上海	20548	20509	25		7	7
江苏	33223	32814	137	200	37	35
浙江	50843	50327	131	308	33	44
安徽	8625	8363	64	113	21	64
福建	17606	17088	64	399	14	41
江西	6559	6267	126	93	60	13
山东	36353	36107	130	26	47	43
河南	18151	17678	295	87	51	40
湖北	9963	9635	118	91	65	54
湖南	11871	11537	191	7	79	57
广东	46696	46113	290	112	66	115
广西	5813	5666	64	55	9	19
海南	1349	1276	49	15	3	6
重庆	6430	6350	59	6	3	12
四川	23162	21135	431	1338	125	133
贵州	3717	3386	226	56	24	25
云南	6561	6332	112	68	7	42
西藏	428	415	10		3	
陕西	7608	7197	172	155	20	64
甘肃	3309	3191	51	40	1	26
青海	1319	1224	50	20	6	19
宁夏	1529	1502	17	3	7	
新疆	3405	3303	66	22	2	12

2－4 限额以上企业按地区、控股情况分组的单位数

（2005 年）

单位：个

地 区	企业单位数	国有经济绝对控股	国有经济相对控股	集体经济绝对控股	集体经济相对控股	其 他
全 国	**409034**	**47359**	**5257**	**28860**	**2260**	**325106**
北 京	15757	2909	473	1094	34	11242
天 津	13431	1989	230	1054	11	10128
河 北	14356	1967	162	1220	24	10981
山 西	7506	1927	117	1241	9	4207
内蒙古	4239	749	104	149	3	3232
辽 宁	18054	2790	135	1923	60	13136
吉 林	4958	1289	97	379	30	3162
黑龙江	5664	1247	98	496	6	3812
上 海	20548	2048	509	1903	913	15175
江 苏	33223	1462	210	1721	5	29820
浙 江	50843	1710	367	452	632	47672
安 徽	8625	1297	131	608	7	6577
福 建	17606	1460	179	789	24	15148
江 西	6559	1386	105	442	81	4540
山 东	36353	2323	229	2717	72	31012
河 南	18151	2662	190	3223	174	11901
湖 北	9963	1833	250	786	18	7069
湖 南	11871	1895	178	1379	40	8374
广 东	46696	3296	470	2365	10	40528
广 西	5813	1450	110	639	7	3603
海 南	1349	387	32	63	2	861
重 庆	6430	805	99	431	2	5090
四 川	23162	1668	200	1081	25	20180
贵 州	3717	1303	69	312	1	2031
云 南	6561	1264	132	792	11	4355
西 藏	428	224	13	94	1	96
陕 西	7608	1537	116	779	54	5106
甘 肃	3309	877	88	413	0	1918
青 海	1319	256	24	109	0	921
宁 夏	1529	302	37	61	0	1129
新 疆	3405	1047	103	145	4	2099

2—5 限额以上企业按地区、

（2005 年）

地　区	企业单位数	7 人及以下	8—19 人	20—49 人	50—99 人
全　国	**409034**	**18923**	**33503**	**81477**	**92898**
北　京	15757	1122	2922	4197	3178
天　津	13431	3408	2063	2510	2171
河　北	14356	290	725	2645	3291
山　西	7506	191	414	1030	1533
内蒙古	4239	81	252	767	1032
辽　宁	18054	971	2053	4405	3920
吉　林	4958	163	368	912	1046
黑龙江	5664	184	490	1052	1221
上　海	20548	118	1038	5086	5656
江　苏	33223	310	1564	6794	8692
浙　江	50843	939	3672	11515	13962
安　徽	8625	101	442	1700	1944
福　建	17606	790	1618	3373	3894
江　西	6559	198	407	1125	1377
山　东	36353	372	1842	7106	9126
河　南	18151	348	1467	3651	4235
湖　北	9963	201	635	1821	2213
湖　南	11871	142	472	2327	2918
广　东	46696	1215	3099	8023	9971
广　西	5813	135	441	1104	1203
海　南	1349	90	149	304	289
重　庆	6430	211	484	1018	1254
四　川	23162	5084	3481	3665	3515
贵　州	3717	141	191	612	866
云　南	6561	486	878	1267	1158
西　藏	428	16	53	106	100
陕　西	7608	1120	1185	1370	1191
甘　肃	3309	53	237	633	663
青　海	1319	173	249	271	199
宁　夏	1529	70	180	324	369
新　疆	3405	199	432	764	711

从业人员规模分组的单位数

单位:个

100—299人	300—499人	500—999人	1000—4999人	5000—9999人	10000人以上
80689	**64646**	**21902**	**12136**	**1682**	**1178**
2201	1363	432	261	48	33
1542	1144	332	199	39	23
2980	2591	1029	680	72	53
1728	1632	562	311	60	45
884	742	260	175	23	23
2959	2387	823	403	64	69
1022	934	287	177	24	25
1184	962	301	202	35	33
4357	2924	858	412	61	38
7325	5613	1693	981	152	99
10768	6936	1905	926	112	108
1714	1550	704	374	56	40
3605	2934	871	434	53	34
1466	1284	441	206	29	26
7807	6548	2242	1109	126	75
3760	2874	1062	579	108	67
2089	1799	694	424	56	31
2573	2168	730	437	68	36
9974	9025	3278	1756	223	132
1247	1087	382	181	21	12
237	199	47	29	2	3
1389	1239	473	295	46	21
3049	2538	1024	673	87	46
844	677	216	131	20	19
1154	1042	368	169	21	18
83	60	8	2		
1086	975	369	246	35	31
651	607	240	189	17	19
184	160	51	25	3	4
257	210	64	45	7	3
570	442	156	105	14	12

2—6 限额以上企业按地区、

（2005年）

地　区	企业单位数	50万元及以下	50万—100万元
全　国	**409034**	**25185**	**7522**
北　京	15757	584	275
天　津	13431	3802	422
河　北	14356	884	316
山　西	7506	626	198
内蒙古	4239	111	46
辽　宁	18054	1201	286
吉　林	4958	302	115
黑龙江	5664	413	151
上　海	20548	103	92
江　苏	33223	636	500
浙　江	50843	474	354
安　徽	8625	203	155
福　建	17606	929	269
江　西	6559	414	142
山　东	36353	491	296
河　南	18151	857	277
湖　北	9963	372	231
湖　南	11871	282	164
广　东	46696	607	252
广　西	5813	315	174
海　南	1349	105	71
重　庆	6430	452	142
四　川	23162	7208	1278
贵　州	3717	382	149
云　南	6561	696	311
西　藏	428	59	38
陕　西	7608	1883	473
甘　肃	3309	185	99
青　海	1319	322	106
宁　夏	1529	81	43
新　疆	3405	206	97

营业收入规模分组的单位数

单位:个

100万－500万元	500万－1000万元	1000万－5000万元	5000万元－1亿元	1亿元以上
36978	**81837**	**167181**	**42772**	**47559**
2017	3228	6114	1474	2065
1332	1716	3818	988	1353
1402	2402	5567	1854	1931
947	1360	2763	693	919
429	839	1791	484	539
1337	5037	6805	1624	1764
474	1190	1916	443	518
684	1146	2142	539	589
1144	3909	9195	2545	3560
2252	5113	15834	4150	4738
3503	11004	23625	5573	6310
976	1676	3743	897	975
1613	4307	7313	1573	1602
936	1520	2526	515	506
2242	7459	15893	4990	4982
1773	4663	7424	1702	1455
1234	2036	4010	1036	1044
841	2989	5327	1254	1014
1933	10238	21782	5527	6357
801	1231	2174	498	620
247	222	429	133	142
759	1143	2590	660	684
3247	2932	5704	1439	1354
753	719	1123	277	314
1233	954	2106	609	652
114	61	120	21	15
1235	1114	1840	439	624
487	692	1296	265	285
316	158	281	67	69
226	279	615	151	134
491	499	1315	352	445

2—7 限额以上企业按行业中类、

（2005 年）

行业中类	代码	企业单位数	北京	天津	河北	山西	内蒙古
总　　计	**0000**	**409034**	**15757**	**13431**	**14355**	**7506**	**4239**
采矿业	B	**12659**	**55**	**43**	**874**	**1580**	**487**
煤炭开采和洗选业	0600	5999	30	3	157	1387	297
烟煤和无烟煤的开采洗选	0610	5750	30	0	148	1385	149
褐煤的开采洗选	0620	217	0	3	9	1	148
其他煤炭采选	0690	32	0	0	0	1	0
石油和天然气开采业	0700	255	1	19	5	0	6
天然原油和天然气开采	0710	123	0	15	3	0	5
与石油和天然气开采有关的服务活动	0790	132	1	4	2	0	1
黑色金属矿采选业	0800	2170	9	0	581	164	75
铁矿采选	0810	1978	9	0	581	153	74
其他黑色金属矿采选	0890	192	0	0	0	11	1
有色金属矿采选业	0900	1646	0	1	38	13	62
常用有色金属矿采选	0910	913	0	0	10	8	47
贵金属矿采选	0920	481	0	1	17	5	10
稀有稀土金属矿采选	0930	252	0	0	11	0	5
非金属矿采选业	1000	2555	15	20	93	16	46
土砂石开采	1010	1795	15	15	65	14	22
化学矿采选	1020	200	0	1	1	1	1
采盐	1030	192	0	3	19	0	6
石棉及其他非金属矿采选	1090	368	0	1	8	1	17
其他采矿业	1100	34	0	0	0	0	1
制造业	**C**	**251777**	**6141**	**7681**	**9069**	**2640**	**1811**
农副食品加工业	1300	14561	215	225	595	156	300
谷物磨制	1310	3145	12	28	95	40	25
饲料加工	1320	2282	86	47	107	31	36
植物油加工	1330	1611	6	20	78	20	39
制糖	1340	295	1	3	4	1	9
屠宰及肉类加工	1350	2553	71	62	139	35	152
水产品加工	1360	1556	4	22	13	0	1
蔬菜、水果和坚果加工	1370	1787	20	28	61	12	13
其他农副食品加工	1390	1332	15	15	98	17	25
食品制造业	1400	5786	209	174	238	90	87
焙烤食品制造	1410	920	59	23	35	20	10

地区分组的单位数

单位:个

辽宁	吉林	黑龙江	上海	江苏	浙江	安徽	福建	江西	山东	代码
18054	**4958**	**5664**	**20548**	**33223**	**50843**	**8625**	**17606**	**6559**	**36353**	**0000**
841	**250**	**194**	**2**	**138**	**304**	**258**	**387**	**386**	**738**	B
158	109	120	0	14	4	86	154	174	249	0600
151	96	117	0	12	3	85	152	174	243	0610
3	13	3	0	1	0	0	0	0	5	0620
4	0	0	0	1	1	1	2	0	1	0690
4	39	24	1	1	0	0	0	0	7	0700
2	30	4	1	1	0	0	0	0	4	0710
2	9	20	0	0	0	0	0	0	3	0790
415	40	6	0	12	7	56	61	51	111	0800
401	39	6	0	12	7	55	57	49	111	0810
14	1	0	0	0	0	1	4	2	0	0890
125	23	14	0	7	39	34	56	82	64	0900
84	5	4	0	5	14	26	37	23	1	0910
25	14	9	0	2	2	5	16	10	62	0920
16	4	1	0	0	23	3	3	49	1	0930
137	39	30	1	103	254	81	116	79	305	1000
83	31	15	1	81	233	66	85	66	181	1010
25	2	0	0	2	4	5	5	2	1	1020
9	0	0	0	15	3	1	10	1	74	1030
20	6	15	0	5	14	9	16	10	49	1090
2	0	0	0	1	0	1	0	0	2	1100
10847	**2457**	**2432**	**14727**	**25479**	**40504**	**4802**	**11747**	**3668**	**25630**	**C**
877	282	376	179	679	786	506	630	291	2931	1300
128	80	126	8	158	59	257	81	131	445	1310
206	48	38	37	88	129	41	81	59	218	1320
46	27	67	22	92	33	72	20	16	363	1330
4	0	12	0	4	1	0	5	2	6	1340
190	49	62	49	117	75	59	32	43	462	1350
160	10	1	14	123	302	7	220	10	415	1360
89	35	20	21	63	159	42	138	11	718	1370
54	33	50	28	34	28	28	53	19	304	1390
239	65	147	275	271	339	99	359	113	792	1400
41	7	10	81	39	35	10	52	13	110	1410

2—7 续表 1

行业中类	代码	企业单位数	北京	天津	河北	山西	内蒙古
糖果、巧克力及蜜饯制造	1420	449	14	9	15	8	1
方便食品制造	1430	788	22	24	36	8	3
液体乳及乳制品制造	1440	699	19	16	64	19	47
罐头制造	1450	723	6	25	16	16	3
调味品、发酵制品制造	1460	842	23	17	44	12	13
其他食品制造	1490	1365	66	60	28	7	10
饮料制造业	1500	3756	70	54	144	46	67
酒精制造	1510	154	1	5	3	1	2
酒的制造	1520	1910	20	19	92	25	60
软饮料制造	1530	1044	46	30	49	20	5
精制茶加工	1540	648	3	0	0	0	0
烟草制品业	1600	191	1	1	4	1	2
烟叶复烤	1610	60	0	0	0	0	0
卷烟制造	1620	100	1	1	4	1	2
其他烟草制品加工	1690	31	0	0	0	0	0
纺织业	1700	22133	164	350	697	56	134
棉、化纤纺织及印染精加工	1710	9523	25	115	369	41	5
毛纺织和染整精加工	1720	1261	15	36	161	3	60
麻纺织	1730	340	0	0	0	2	1
丝绢纺织及精加工	1740	1979	1	18	5	2	0
纺织制成品制造	1750	3394	42	92	96	3	4
针织品、编织品及其制品制造	1760	5636	81	89	66	5	64
纺织服装、鞋、帽制造业	1800	11688	266	361	243	13	24
纺织服装制造	1810	10997	258	347	230	13	24
纺织面料鞋的制造	1820	478	5	8	5	0	0
制帽	1830	213	3	6	8	0	0
皮革、毛皮、羽毛(绒)及其制品业	1900	6189	42	83	326	4	12
皮革鞣制加工	1910	732	3	8	100	0	1
皮革制品制造	1920	4751	30	62	111	2	4
毛皮鞣制及制品加工	1930	337	9	9	99	2	6
羽毛(绒)加工及制品制造	1940	369	0	4	16	0	1
木材加工及木、竹、藤、棕、草制品业	2000	5282	32	84	99	6	40
锯材、木片加工	2010	627	4	15	2	0	12
人造板制造	2020	2714	11	16	74	5	23

单位:个

辽宁	吉林	黑龙江	上海	江苏	浙江	安徽	福建	江西	山东	代码
11	0	1	36	14	22	3	52	7	52	1420
35	15	16	30	35	23	25	44	33	72	1430
25	6	72	16	24	36	10	13	11	79	1440
28	3	6	12	20	99	15	120	15	87	1450
44	9	12	38	44	35	11	38	10	132	1460
55	25	30	62	95	89	25	40	24	260	1490
147	114	120	62	131	282	134	224	98	363	1500
4	13	9	0	18	2	4	1	0	22	1510
87	71	92	17	72	105	86	51	47	241	1520
56	30	18	42	33	50	15	43	27	89	1530
0	0	1	3	8	125	29	129	24	11	1540
6	7	5	2	4	4	10	5	7	9	1600
1	3	3	0	0	0	2	3	2	3	1610
5	4	2	2	2	2	6	1	5	6	1620
0	0	0	0	2	2	2	1	0	0	1690
423	54	68	1011	4147	6465	371	815	271	2629	1700
150	15	19	221	2010	2301	166	326	104	1533	1710
17	6	0	66	271	233	13	15	5	139	1720
8	4	29	1	58	24	21	2	16	21	1730
50	0	0	22	437	962	67	8	24	61	1740
79	12	19	278	574	942	65	131	17	436	1750
119	17	1	423	797	2003	39	333	105	439	1760
370	32	14	1085	1554	2377	163	1045	202	942	1800
364	31	13	1031	1468	2252	159	967	201	805	1810
4	0	1	30	40	88	3	71	1	115	1820
2	1	0	24	46	37	1	7	0	22	1830
95	9	7	242	268	1732	91	867	65	396	1900
3	1	1	7	23	187	3	60	16	66	1910
79	3	5	221	207	1395	30	792	39	269	1920
9	0	0	4	12	56	2	1	0	46	1930
4	5	1	10	26	94	56	14	10	15	1940
277	172	189	175	409	670	181	519	165	718	2000
51	45	38	13	46	19	17	52	10	47	2010
73	82	77	35	285	308	110	250	96	494	2020

行业中类	代码	企业单位数	北京	天津	河北	山西	内蒙古
木制品制造	2030	1254	17	45	19	1	2
竹、藤、棕、草制品制造	2040	687	0	8	4	0	3
家具制造业	2100	3228	100	114	96	6	11
木质家具制造	2110	2035	77	57	52	6	11
竹、藤家具制造	2120	49	0	0	0	0	0
金属家具制造	2130	727	15	32	40	0	0
塑料家具制造	2140	61	0	0	1	0	0
其他家具制造	2190	356	8	25	3	0	0
造纸及纸制品业	2200	7507	113	233	307	30	28
纸浆制造	2210	118	0	5	7	0	1
造纸	2220	3376	31	77	197	18	12
纸制品制造	2230	4013	82	151	103	12	15
印刷业和记录媒介的复制	2300	5002	379	148	114	46	19
印刷	2310	4650	337	135	101	44	17
装订及其他印刷服务活动	2320	259	27	11	11	2	2
记录媒介的复制	2330	93	15	2	2	0	0
文教体育用品制造业	2400	3174	46	76	45	12	0
文化用品制造	2410	759	11	23	4	0	0
体育用品制造	2420	802	10	27	17	11	0
乐器制造	2430	240	18	21	21	1	0
玩具制造	2440	1251	5	5	1	0	0
游艺器材及娱乐用品制造	2450	122	2	0	2	0	0
石油加工及炼焦业	2500	1951	52	42	111	323	68
精炼石油产品的制造	2510	993	49	39	36	6	5
炼焦	2520	955	2	3	75	317	63
化学原料及化学制品制造业	2600	18539	430	673	734	289	227
基础化学原料制造	2610	4597	72	184	237	153	153
肥料制造	2620	1949	18	21	95	51	29
农药制造	2630	711	11	19	45	4	0
涂料、油墨、颜料及类似产品制造	2640	3057	106	192	110	17	6
合成材料制造	2650	1596	48	32	43	8	2
专用化学产品制造	2660	5266	133	155	172	49	35
日用化学产品制造	2670	1363	42	70	32	7	2
医药制造业	2700	4937	181	123	172	89	55

单位:个

辽宁	吉林	黑龙江	上海	江苏	浙江	安徽	福建	江西	山东	代码
146	45	73	116	58	165	29	93	29	97	2030
7	0	1	11	20	178	25	124	30	80	2040
147	22	49	245	121	458	27	188	32	339	2100
127	20	44	158	66	210	17	105	30	300	2110
0	0	0	1	0	7	1	5	0	7	2120
11	1	4	44	38	181	4	55	1	14	2130
0	0	0	2	5	22	0	4	0	1	2140
9	1	1	40	12	38	5	19	1	17	2190
238	55	79	322	423	1229	120	491	111	747	2200
1	1	2	0	3	5	4	7	0	12	2210
104	25	47	64	154	645	66	155	65	321	2220
133	29	30	258	266	579	50	329	46	414	2230
178	43	48	382	269	648	72	199	74	283	2300
170	37	44	345	261	618	72	188	73	266	2310
6	1	4	28	6	24	0	9	0	16	2320
2	5	0	9	2	6	0	2	1	1	2330
38	4	13	316	338	785	68	162	35	279	2400
6	1	8	90	33	334	8	33	22	36	2410
20	2	2	75	114	147	19	71	3	90	2420
7	1	2	28	18	19	1	4	1	33	2430
2	0	0	117	165	222	39	50	9	116	2440
3	0	1	6	8	63	1	4	0	4	2450
191	21	71	46	104	42	14	18	20	200	2500
177	15	47	45	88	41	8	15	7	146	2510
13	6	24	1	16	1	6	3	13	54	2520
771	213	178	1012	2325	1662	349	460	392	2246	2600
223	85	49	143	696	378	63	73	105	449	2610
75	25	28	9	123	38	77	53	25	250	2620
30	11	12	18	138	65	27	15	17	97	2630
114	19	14	310	435	394	44	100	33	173	2640
45	12	9	132	302	219	43	55	14	280	2650
242	51	55	255	527	452	73	106	162	944	2660
42	10	11	145	104	116	22	58	36	53	2670
207	208	101	213	335	420	132	74	162	444	2700

2—7 续表 3

行业中类	代码	企业单位数	北京	天津	河北	山西	内蒙古
化学药品原药制造	2710	935	10	34	44	12	12
化学药品制剂制造	2720	1085	56	26	32	35	13
中药饮片加工	2730	436	22	4	19	2	5
中成药制造	2740	1272	38	23	43	27	14
兽用药品制造	2750	350	11	6	20	6	6
生物、生化制品的制造	2760	486	33	19	10	2	4
卫生材料及医药用品制造	2770	373	11	11	4	5	1
化学纤维制造业	2800	1301	15	24	25	3	2
纤维素纤维原料及纤维制造	2810	184	3	6	10	1	2
合成纤维制造	2820	1117	12	18	15	2	0
橡胶制品业	2900	3060	38	136	224	22	0
轮胎制造	2910	416	2	32	11	1	0
橡胶板、管、带的制造	2920	640	5	24	94	11	0
橡胶零件制造	2930	648	18	22	42	4	0
再生橡胶制造	2940	133	2	5	17	4	0
日用及医用橡胶制品制造	2950	237	4	12	25	0	0
橡胶靴鞋制造	2960	605	1	18	10	2	0
其他橡胶制品制造	2990	381	6	23	25	0	0
塑料制品业	3000	12074	269	347	336	39	28
塑料薄膜制造	3010	1283	33	33	58	6	3
塑料板、管、型材的制造	3020	2040	38	71	81	15	10
塑料丝、绳及编织品的制造	3030	1508	17	39	48	11	12
泡沫塑料制造	3040	804	28	18	26	0	1
塑料人造革、合成革制造	3050	372	4	4	13	0	0
塑料包装箱及容器制造	3060	1362	53	59	28	4	2
塑料零件制造	3070	1369	20	46	13	0	0
日用塑料制造	3080	1880	51	20	35	3	0
其他塑料制品制造	3090	1456	25	57	34	0	0
非金属矿物制品业	3100	20645	410	326	1117	381	204
水泥、石灰和石膏的制造	3110	5370	33	32	412	153	98
水泥及石膏制品制造	3120	2888	177	90	95	34	21
砖瓦、石材及其他建筑材料制造	3130	5128	69	93	200	30	40
玻璃及玻璃制品制造	3140	2742	59	62	213	44	17
陶瓷制品制造	3150	1563	8	8	64	23	1

单位:个

辽宁	吉林	黑龙江	上海	江苏	浙江	安徽	福建	江西	山东	代码
40	9	3	37	143	173	12	7	29	78	2710
59	45	45	67	72	59	31	22	23	67	2720
27	17	11	16	14	18	27	4	8	32	2730
41	115	28	24	19	42	34	22	68	62	2740
11	9	4	11	15	23	5	5	14	70	2750
28	13	6	38	25	44	13	9	6	67	2760
1	0	4	20	47	61	10	5	14	68	2770
28	7	6	58	398	377	17	58	12	69	2800
4	2	0	5	46	27	2	9	5	16	2810
24	5	6	53	352	350	15	49	7	53	2820
149	17	13	262	273	477	55	187	40	366	2900
19	2	2	17	29	32	5	9	4	164	2910
38	5	7	53	58	88	15	4	12	75	2920
56	3	1	76	85	104	19	25	3	39	2930
3	0	0	2	23	13	2	3	9	15	2940
10	3	1	31	25	33	7	2	8	18	2950
15	0	1	23	27	177	5	120	2	30	2960
8	4	1	60	26	30	2	24	2	25	2990
414	71	81	929	1075	2416	209	689	91	969	3000
53	12	11	119	112	182	28	71	7	126	3010
118	13	24	146	214	378	29	59	20	212	3020
73	15	24	36	104	259	39	35	29	243	3030
30	2	1	72	95	135	12	65	3	54	3040
6	1	0	17	49	181	3	21	3	10	3050
58	14	11	149	130	210	39	39	18	97	3060
30	2	2	145	173	421	27	33	5	48	3070
24	6	6	109	93	513	16	280	4	84	3080
22	6	2	136	105	137	16	86	2	95	3090
1004	221	206	650	1265	1356	451	1543	507	2507	3100
197	74	85	24	261	303	174	238	208	419	3110
127	25	26	196	234	347	80	72	31	283	3120
196	54	49	161	188	257	59	939	77	908	3130
106	23	24	150	326	238	78	53	48	406	3140
21	3	4	34	65	44	11	187	104	167	3150

2—7 续表 4

行业中类	代码	企业单位数	北京	天津	河北	山西	内蒙古
耐火材料制品制造	3160	1411	29	18	72	49	8
石墨及其他非金属矿物制品制造	3190	1543	35	23	61	48	19
黑色金属冶炼及压延加工业	3200	6702	59	339	522	323	218
炼铁	3210	1052	11	11	125	244	34
炼钢	3220	396	3	9	59	11	4
钢压延加工	3230	3719	44	315	321	27	20
铁合金冶炼	3240	1535	1	4	17	41	160
有色金属冶炼及压延加工业	3300	5136	81	121	201	117	85
常用有色金属冶炼	3310	1494	10	14	78	82	26
贵金属冶炼	3320	220	2	1	13	2	9
稀有稀土金属冶炼	3330	415	8	7	6	2	40
有色金属合金制造	3340	411	14	13	20	8	4
有色金属压延加工	3350	2596	47	86	84	23	6
金属制品业	3400	13822	384	765	602	90	37
结构性金属制品制造	3410	3963	251	188	128	24	20
金属工具制造	3420	1649	21	51	58	7	1
集装箱及金属包装容器制造	3430	1100	24	55	44	6	1
金属丝绳及其制品的制造	3440	997	2	157	135	5	11
建筑、安全用金属制品制造	3450	1886	27	71	122	36	1
金属表面处理及热处理加工	3460	1099	17	48	26	4	0
搪瓷制品制造	3470	189	1	6	9	1	0
不锈钢及类似日用金属制品制造	3480	1711	12	72	32	7	1
其他金属制品制造	3490	1228	29	117	48	0	2
通用设备制造业	3500	19976	436	697	786	200	55
锅炉及原动机制造	3510	1183	37	36	50	14	10
金属加工机械制造	3520	1964	57	95	54	16	3
起重运输设备制造	3530	1201	26	41	41	8	3
泵、阀门、压缩机及类似机械的制造	3540	3330	77	139	90	24	6
轴承、齿轮、传动和驱动部件的制造	3550	1997	19	29	71	7	1
烘炉、熔炉及电炉制造	3560	158	9	6	5	1	1
风机、衡器、包装设备等通用设备制造	3570	2868	103	79	72	11	9
通用零部件制造及机械修理	3580	3149	46	170	118	24	8
金属铸、锻加工	3590	4126	62	102	285	95	14
专用设备制造业	3600	10510	469	404	378	116	26

单位:个

辽宁	吉林	黑龙江	上海	江苏	浙江	安徽	福建	江西	山东	代码
262	11	4	40	90	93	13	6	10	161	3160
95	31	14	45	101	74	36	48	29	163	3190
483	53	39	159	797	638	82	162	64	403	3200
64	6	7	0	56	27	19	20	5	106	3210
38	4	1	1	37	29	9	16	6	35	3220
293	33	23	144	672	561	48	93	48	241	3230
88	10	8	14	32	21	6	33	5	21	3240
253	34	14	242	578	695	77	101	142	246	3300
67	12	4	19	62	91	27	21	33	50	3310
14	4	0	3	12	12	3	4	9	12	3320
21	3	6	4	29	5	3	9	46	12	3330
29	4	1	29	55	42	4	13	13	9	3340
122	11	3	187	420	545	40	54	41	163	3350
506	64	61	1299	1463	2370	203	342	105	1089	3400
195	25	17	445	541	365	75	83	44	436	3410
34	7	7	121	159	464	23	40	11	146	3420
81	12	7	100	134	125	17	43	8	77	3430
35	4	3	63	121	135	21	20	7	62	3440
53	11	8	114	119	584	17	56	22	95	3450
37	0	13	144	151	249	6	21	0	51	3460
8	0	1	20	15	39	6	1	1	21	3470
33	2	2	148	79	309	7	31	6	106	3480
30	3	3	144	144	100	31	47	6	95	3490
1493	141	149	1616	2608	4411	418	384	158	2279	3500
77	19	33	69	215	101	27	17	18	168	3510
120	7	11	193	300	244	64	41	19	250	3520
107	17	8	124	180	222	39	21	8	91	3530
289	9	15	305	372	1014	53	71	16	330	3540
134	14	22	125	245	687	46	43	22	220	3550
7	0	4	14	42	15	1	1	1	6	3560
156	31	13	325	442	654	19	39	19	252	3570
208	17	24	293	309	839	56	51	26	284	3580
395	27	19	168	503	635	113	100	29	678	3590
648	102	148	860	1358	1350	187	262	87	1108	3600

2—7 续表 5

行业中类	代码	企业单位数	北京	天津	河北	山西	内蒙古
矿山、冶金、建筑专用设备制造	3610	2089	75	59	142	42	12
化工、木材、非金属加工专用设备制造	3620	2244	43	101	44	5	2
食品、饮料、烟草及饲料生产专用设备制造	3630	632	21	20	30	5	3
印刷、制药、日化生产专用设备制造	3640	778	35	29	21	1	0
纺织、服装和皮革工业专用设备制造	3650	1202	16	47	31	27	0
电子和电工机械专用设备制造	3660	638	45	28	18	11	3
农、林、牧、渔专用机械制造	3670	980	14	14	35	13	5
医疗仪器设备及器械制造	3680	732	94	45	12	2	0
环保、社会公共安全及其他专用设备制造	3690	1215	126	61	45	10	1
交通运输设备制造业	3700	11109	384	533	344	71	22
铁路运输设备制造	3710	581	67	17	27	18	1
汽车制造	3720	7238	285	260	246	48	20
摩托车制造	3730	1358	0	12	18	0	0
自行车制造	3740	869	2	209	29	2	0
船舶及浮动装置制造	3750	732	4	26	11	0	0
航空航天器制造	3760	169	17	2	4	2	0
交通器材及其他交通运输设备制造	3790	162	9	7	9	1	1
电气机械及器材制造业	3900	15275	368	474	374	52	31
电机制造	3910	1585	29	56	19	6	7
输配电及控制设备制造	3920	4643	216	160	93	28	13
电线、电缆、光缆及电工器材制造	3930	3427	42	128	183	13	7
电池制造	3940	827	10	25	33	1	2
家用电力器具制造	3950	1901	21	38	12	0	0
非电力家用器具制造	3960	334	14	9	7	1	0
照明器具制造	3970	2165	17	18	17	2	0
其他电气机械及器材制造	3990	393	19	40	10	1	2
通信设备、计算机及其他电子设备制造业	4000	8882	493	393	81	25	18
通信设备制造	4010	1195	128	48	12	5	4
雷达及配套设备制造	4020	44	6	2	0	0	0
广播电视设备制造	4030	362	36	6	6	1	0
电子计算机制造	4040	1125	103	28	5	5	3
电子器件制造	4050	1294	73	49	12	3	2
电子元件制造	4060	3504	68	211	41	9	8
家用视听设备制造	4070	848	13	18	2	0	1

单位:个

辽宁	吉林	黑龙江	上海	江苏	浙江	安徽	福建	江西	山东	代码
236	35	57	92	255	94	43	65	22	251	3610
114	23	13	245	298	446	30	64	4	141	3620
23	4	7	38	51	58	7	11	7	70	3630
50	3	5	83	78	109	13	20	4	96	3640
26	0	1	109	258	356	10	38	10	122	3650
31	3	13	59	72	29	19	5	4	48	3660
33	13	34	25	75	75	29	15	9	276	3670
33	12	4	101	89	67	11	14	15	35	3680
102	9	14	108	182	116	25	30	12	69	3690
541	330	93	706	939	2103	226	348	119	809	3700
86	40	18	12	60	16	7	3	2	36	3710
383	286	65	469	485	1350	186	242	91	592	3720
2	1	0	39	112	369	4	56	5	63	3730
5	0	0	67	158	219	3	1	5	21	3740
52	0	3	88	103	133	20	38	13	63	3750
10	2	7	16	7	2	2	2	3	6	3760
3	1	0	15	14	14	4	6	0	28	3790
671	61	95	1190	1587	3220	334	409	151	1005	3900
59	5	13	128	237	368	36	101	16	119	3910
315	28	42	409	537	813	73	98	46	359	3920
200	15	27	272	415	560	135	47	40	218	3930
11	2	4	55	50	138	16	38	18	67	3940
26	3	2	89	121	511	43	30	9	108	3950
2	1	2	22	21	60	7	3	1	47	3960
43	5	3	169	186	710	20	58	18	53	3970
15	2	2	46	20	60	4	34	3	34	3990
184	20	19	663	1196	1065	101	317	63	510	4000
23	1	3	113	101	144	7	52	10	57	4010
3	0	0	0	5	1	3	1	0	0	4020
9	0	0	16	39	71	5	13	2	13	4030
23	3	6	93	160	61	7	44	4	36	4040
45	8	5	131	249	132	13	46	10	65	4050
56	7	2	239	551	532	56	112	27	276	4060
15	1	2	42	59	78	6	25	9	23	4070

行业中类	代码	企业单位数	北京	天津	河北	山西	内蒙古
其他电子设备制造	4090	510	66	31	3	2	0
仪器仪表及文化、办公用机械制造业	4100	3774	334	199	57	20	0
通用仪器仪表制造	4110	1719	189	116	32	13	0
专用仪器仪表制造	4120	569	84	33	16	5	0
钟表与计时仪器制造	4130	393	2	17	2	0	0
光学仪器及眼镜制造	4140	575	21	7	2	2	0
文化、办公用机械制造	4150	395	16	15	3	0	0
其他仪器仪表的制造及修理	4190	123	22	11	2	0	0
工艺品及其他制造业	4200	5114	91	150	93	13	11
工艺美术品制造	4210	3644	38	106	61	3	9
日用杂品制造	4220	1027	11	16	23	0	0
煤制品制造	4230	82	10	3	1	1	0
核辐射加工	4240	8	3	0	0	0	0
其他未列明的制造业	4290	353	29	25	8	9	2
废弃资源和废旧材料回收加工业	4300	472	10	32	4	1	0
金属废料和碎屑的加工处理	4310	337	8	27	4	1	0
非金属废料和碎屑的加工处理	4320	135	2	5	0	0	0
电力、燃气及水的生产和供应业	**D**	**8703**	**103**	**106**	**376**	**233**	**247**
电力、热力的生产和供应业	4400	5680	67	65	249	115	171
电力生产	4410	3360	11	14	104	93	46
电力供应	4420	1647	6	9	119	9	87
热力生产和供应	4430	673	50	42	26	13	38
燃气生产和供应业	4500	521	14	19	22	10	6
水的生产和供应业	4600	2502	22	22	105	108	70
自来水的生产和供应	4610	2370	16	17	97	103	69
污水处理及其再生利用	4620	121	5	3	8	5	1
其他水的处理、利用与分配	4690	11	1	2	0	0	0
建筑业	**E**	**61684**	**2860**	**1661**	**2380**	**1623**	**686**
房屋和土木工程建筑业	4700	35310	924	453	1615	869	593
房屋工程建筑	4710	25449	562	207	1278	580	454
土木工程建筑	4720	9861	362	246	337	289	139
建筑安装业	4800	10054	626	564	272	273	54
建筑装饰业	4900	12576	1096	433	367	343	26
其他建筑业	5000	3744	214	211	126	138	13

单位:个

辽宁	吉林	黑龙江	上海	江苏	浙江	安徽	福建	江西	山东	代码
10	0	1	29	32	46	4	24	1	40	4090
161	15	29	313	320	745	41	180	35	226	4100
107	10	18	168	174	338	23	37	15	138	4110
26	4	6	42	56	79	14	15	7	36	4120
7	0	0	16	8	55	0	59	4	17	4130
6	1	1	34	43	206	1	45	6	9	4140
10	0	2	45	36	53	2	20	2	14	4150
5	0	2	8	3	14	1	4	1	12	4190
99	16	10	175	221	1264	53	703	52	706	4200
73	8	5	106	157	780	39	534	36	635	4210
11	3	1	46	42	454	9	145	9	34	4220
10	2	1	1	3	2	0	1	3	4	4230
0	0	0	0	1	1	0	0	0	0	4240
5	3	3	22	18	27	5	23	4	33	4290
9	4	4	38	23	118	11	6	4	20	4300
6	4	1	20	16	85	6	3	3	11	4310
3	0	3	18	7	33	5	3	1	9	4320
379	**201**	**292**	**80**	**238**	**528**	**189**	**431**	**288**	**397**	**D**
265	138	208	28	143	348	123	327	188	243	4400
76	47	66	16	106	247	46	249	87	135	4410
57	33	95	3	4	81	70	73	99	59	4420
132	58	47	9	33	20	7	5	2	49	4430
23	12	9	8	20	24	18	10	10	35	4500
91	51	75	44	75	156	48	94	90	119	4600
82	50	74	36	67	136	46	90	90	111	4610
9	1	1	8	7	20	2	4	0	8	4620
0	0	0	0	1	0	0	0	0	0	4690
3274	**1122**	**1689**	**2422**	**4229**	**4149**	**2103**	**1794**	**1261**	**5538**	**E**
1587	634	1006	1123	2133	2455	1118	907	837	3489	4700
1017	402	738	723	1445	1403	810	674	593	2736	4710
570	232	268	400	688	1052	308	233	244	753	4720
798	273	349	504	764	489	326	261	154	805	4800
718	159	223	611	912	1021	479	491	240	916	4900
171	56	111	184	420	184	180	135	30	328	5000

行业中类	代码	企业单位数	北京	天津	河北	山西	内蒙古
工程准备	5010	1283	85	25	36	59	2
提供施工设备服务	5020	335	13	26	9	24	1
其他未列明的建筑活动	5090	2126	116	160	81	55	10
批发和零售业	**H**	**55402**	**5345**	**3556**	**1262**	**1040**	**645**
批发业	6300	31902	2760	2547	715	474	321
农畜产品批发	6310	1705	51	79	90	19	56
食品、饮料及烟草制品批发	6320	3355	184	124	82	50	58
纺织、服装及日用品批发	6330	2488	176	166	32	3	4
文化、体育用品及器材批发	6340	878	152	60	6	10	3
医药及医疗器材批发	6350	1926	164	83	74	27	15
矿产品、建材及化工产品批发	6360	12169	1062	1062	275	300	135
机械设备、五金交电及电子产品批发	6370	6966	851	698	127	52	45
贸易经纪与代理	6380	378	9	76	5	1	2
其他批发	6390	2037	111	199	24	12	3
零售业	6500	23500	2585	1009	547	566	324
综合零售	6510	5748	235	120	243	142	53
食品、饮料及烟草制品专门零售	6520	1091	85	79	19	22	14
纺织、服装及日用品专门零售	6530	1327	186	86	21	27	22
文化、体育用品及器材专门零售	6540	1850	206	72	56	55	26
医药及医疗器材专门零售	6550	1623	209	32	44	35	23
汽车、摩托车、燃料及零配件专门零售	6560	6095	645	186	82	197	127
家用电器及电子产品专门零售	6570	3583	761	131	50	45	40
五金、家具及室内装修材料专门零售	6580	1170	140	152	27	16	12
无店铺及其他零售	6590	1013	118	151	5	27	7
住宿和餐饮业	**I**	**18809**	**1253**	**384**	**394**	**390**	**363**
住宿业	6600	8768	0	115	254	236	148
旅游饭店	6610	7656	0	79	214	204	107
一般旅馆	6620	990	0	26	37	30	40
其他住宿服务	6690	122	0	10	3	2	1
餐饮业	6700	10041	1253	269	140	154	215
正餐服务	6710	9299	1118	220	139	150	211
快餐服务	6720	377	85	25	1	4	4
饮料及冷饮服务	6730	105	13	2	0	0	0
其他餐饮服务	6790	260	37	22	0	0	0

单位:个

辽宁	吉林	黑龙江	上海	江苏	浙江	安徽	福建	江西	山东	代码
111	24	61	24	190	99	40	40	14	89	5010
5	4	2	12	36	22	19	21	0	30	5020
55	28	48	148	194	63	121	74	16	209	5090
2055	**648**	**760**	**2296**	**2101**	**4038**	**813**	**2645**	**577**	**2689**	**H**
1236	330	446	1803	1063	2918	460	1619	265	1230	6300
144	132	105	9	46	53	72	29	24	68	6310
101	36	39	156	113	244	62	171	37	110	6320
43	6	10	242	145	530	35	241	16	67	6330
20	10	2	47	21	76	13	65	5	15	6340
70	23	33	94	56	110	65	69	26	47	6350
469	67	165	366	411	1234	105	642	81	608	6360
329	47	68	412	232	516	88	270	59	233	6370
15	2	6	25	1	4	2	22	1	8	6380
45	7	18	452	38	151	18	110	16	74	6390
819	318	314	493	1038	1120	353	1026	312	1459	6500
161	71	101	167	350	261	172	217	75	418	6510
21	6	11	37	47	60	8	45	4	46	6520
42	13	19	59	53	29	17	39	3	68	6530
68	34	29	52	93	89	40	79	69	59	6540
51	17	30	33	88	84	21	45	36	46	6550
301	122	58	71	239	382	51	414	66	473	6560
138	44	45	25	116	164	38	123	49	220	6570
28	4	12	35	27	13	5	32	7	79	6580
9	7	9	14	25	38	1	32	3	50	6590
658	**280**	**297**	**1021**	**1038**	**1320**	**460**	**602**	**379**	**1361**	**I**
333	169	148	285	401	826	295	379	223	424	6600
317	163	133	263	357	793	269	327	210	386	6610
12	5	10	21	41	29	25	48	13	37	6620
4	1	5	1	3	4	1	4	0	1	6690
325	111	149	736	637	494	165	223	156	937	6700
300	109	142	667	590	455	156	209	154	919	6710
20	1	5	40	27	15	6	8	2	9	6720
1	0	2	3	4	12	0	1	0	2	6730
4	1	0	26	16	12	3	5	0	7	6790

行业中类	代码	企业单位数					
		河南	湖北	湖南	广东	广西	海南
总　　计	**0000**	**18151**	**9963**	**11871**	**46696**	**5813**	**1349**
采矿业	B	**1139**	**292**	**951**	**262**	**182**	**42**
煤炭开采和洗选业	0600	698	60	507	11	18	0
烟煤和无烟煤的开采洗选	0610	693	56	504	11	11	0
褐煤的开采洗选	0620	2	0	3	0	4	0
其他煤炭采选	0690	3	4	0	0	3	0
石油和天然气开采业	0700	6	1	0	5	0	1
天然原油和天然气开采	0710	5	0	0	3	0	1
与石油和天然气开采有关的服务活动	0790	1	1	0	2	0	0
黑色金属矿采选业	0800	72	52	96	32	46	10
铁矿采选	0810	70	48	55	30	12	10
其他黑色金属矿采选	0890	2	4	41	2	34	0
有色金属矿采选业	0900	232	19	206	35	78	19
常用有色金属矿采选	0910	58	15	129	21	64	18
贵金属矿采选	0920	159	4	23	1	8	1
稀有稀土金属矿采选	0930	15	0	54	13	6	0
非金属矿采选业	1000	130	158	141	178	40	12
土砂石开采	1010	93	99	107	153	14	1
化学矿采选	1020	6	41	11	3	6	0
采盐	1030	1	2	2	9	4	4
石棉及其他非金属矿采选	1090	30	16	21	13	16	7
其他采矿业	1100	1	2	1	1	0	0
制造业	**C**	**9302**	**5644**	**6811**	**33648**	**3018**	**498**
农副食品加工业	1300	1233	578	518	708	317	75
谷物磨制	1310	589	243	127	54	20	3
饲料加工	1320	155	51	118	195	87	10
植物油加工	1330	173	116	61	35	11	0
制糖	1340	5	2	8	49	79	17
屠宰及肉类加工	1350	165	53	99	123	22	1
水产品加工	1360	8	20	10	151	22	32
蔬菜、水果和坚果加工	1370	44	29	43	54	11	4
其他农副食品加工	1390	94	64	52	47	65	8
食品制造业	1400	322	166	217	591	93	31
焙烤食品制造	1410	87	30	16	100	10	2

单位:个

重庆	四川	贵州	云南	西藏	陕西	甘肃	青海	宁夏	新疆	代码
6430	**23162**	**3717**	**6561**	**428**	**7608**	**3309**	**1319**	**1529**	**3405**	**0000**
217	**1054**	**347**	**335**	**19**	**816**	**185**	**82**	**55**	**143**	B
182	601	267	144	1	365	63	27	53	59	0600
182	600	264	127	1	356	63	27	51	59	0610
0	0	2	17	0	0	0	0	2	0	0620
0	1	1	0	0	9	0	0	0	0	0690
2	17	0	1	0	92	3	2	1	17	0700
2	11	0	1	0	27	2	1	0	5	0710
0	6	0	0	0	65	1	1	1	12	0790
9	55	14	55	3	76	27	9	0	26	0800
1	47	3	26	0	64	27	6	0	25	0810
8	8	11	29	3	12	0	3	0	1	0890
2	82	33	103	12	160	59	23	0	25	0900
2	63	21	91	7	83	41	17	0	19	0910
0	11	12	4	4	48	17	6	0	5	0920
0	8	0	8	1	29	1	0	0	1	0930
22	282	33	32	3	118	33	21	1	16	1000
15	215	6	16	2	72	14	12	0	3	1010
3	23	23	13	1	16	2	1	0	1	1020
2	15	0	2	0	3	0	1	0	6	1030
2	29	4	1	0	27	17	7	1	6	1090
0	17	0	0	0	5	0	0	0	0	1100
2529	**10011**	**1992**	**2153**	**95**	**3091**	**1313**	**407**	**556**	**1073**	**C**
138	897	153	191	14	273	181	51	46	160	1300
20	174	20	15	9	96	54	2	10	36	1310
27	204	35	40	2	46	17	6	11	26	1320
11	91	43	12	2	41	16	8	5	65	1330
0	5	4	54	0	1	3	0	1	15	1340
45	286	38	27	1	34	17	30	7	8	1350
0	3	0	3	0	3	0	1	0	1	1360
29	73	5	19	0	11	30	0	1	4	1370
6	61	8	21	0	41	44	4	11	5	1390
49	388	69	66	5	133	46	12	30	71	1400
7	51	10	15	2	30	5	1	4	5	1410

2—7 续表 9

行业中类	代码	企业单位数					
		河南	湖北	湖南	广东	广西	海南
糖果、巧克力及蜜饯制造	1420	14	13	16	125	4	3
方便食品制造	1430	76	26	44	83	9	1
液体乳及乳制品制造	1440	23	13	16	21	9	3
罐头制造	1450	9	20	45	55	27	5
调味品、发酵制品制造	1460	47	18	28	84	10	1
其他食品制造	1490	66	46	52	123	24	16
饮料制造业	1500	221	154	133	189	86	25
酒精制造	1510	16	3	0	8	16	1
酒的制造	1520	124	54	55	59	22	6
软饮料制造	1530	70	32	28	107	32	13
精制茶加工	1540	11	65	50	15	16	5
烟草制品业	1600	20	13	9	12	4	1
烟叶复烤	1610	6	2	3	2	1	0
卷烟制造	1620	11	4	4	5	2	1
其他烟草制品加工	1690	3	7	2	5	1	0
纺织业	1700	633	553	289	2054	95	11
棉、化纤纺织及印染精加工	1710	468	399	115	725	23	1
毛纺织和染整精加工	1720	25	11	11	110	3	0
麻纺织	1730	10	33	59	4	3	1
丝绢纺织及精加工	1740	10	11	2	52	35	1
纺织制成品制造	1750	78	60	53	310	15	2
针织品、编织品及其制品制造	1760	42	39	49	853	16	6
纺织服装、鞋、帽制造业	1800	108	172	77	2430	16	2
纺织服装制造	1810	86	169	70	2307	16	2
纺织面料鞋的制造	1820	20	1	7	74	0	0
制帽	1830	2	2	0	49	0	0
皮革、毛皮、羽毛(绒)及其制品业	1900	164	36	85	1322	43	3
皮革鞣制加工	1910	58	3	38	95	10	0
皮革制品制造	1920	37	30	43	1173	20	1
毛皮鞣制及制品加工	1930	55	1	0	15	0	0
羽毛(绒)加工及制品制造	1940	14	2	4	39	13	2
木材加工及木、竹、藤、棕、草制品业	2000	226	104	338	369	165	35
锯材、木片加工	2010	57	4	27	45	31	24
人造板制造	2020	132	74	231	156	58	5

单位：个

重庆	四川	贵州	云南	西藏	陕西	甘肃	青海	宁夏	新疆	代码
2	16	2	2	0	5	1	0	0	1	1420
5	69	13	10	0	21	6	0	1	3	1430
6	32	4	10	1	46	14	6	16	22	1440
8	38	6	12	1	4	3	0	0	19	1450
12	89	25	9	0	13	10	3	4	7	1460
9	93	9	8	1	14	7	2	5	14	1490
38	404	95	109	7	111	66	11	14	37	1500
0	14	0	3	1	4	2	0	1	0	1510
14	258	67	32	4	35	52	5	11	27	1520
16	62	16	30	2	53	12	6	2	10	1530
8	70	12	44	0	19	0	0	0	0	1540
4	9	14	24	0	7	2	0	2	2	1600
2	5	9	10	0	2	0	0	1	0	1610
2	4	5	9	0	5	2	0	0	2	1620
0	0	0	5	0	0	0	0	1	0	1690
117	398	32	26	3	105	41	11	33	77	1700
54	170	13	9	0	66	18	1	2	59	1710
1	3	2	1	1	5	13	4	25	6	1720
8	19	2	3	1	0	3	0	2	5	1730
45	142	2	7	0	14	0	1	0	0	1740
7	44	6	4	1	11	5	4	3	1	1750
2	20	7	2	0	9	2	1	1	6	1760
16	98	10	11	0	32	7	5	3	10	1800
16	95	9	10	0	32	6	3	3	10	1810
0	3	1	0	0	0	0	1	0	0	1820
0	0	0	1	0	0	1	1	0	0	1830
44	212	3	5	2	7	11	0	7	6	1900
4	32	0	0	0	3	6	0	1	3	1910
33	146	2	5	1	4	4	0	0	3	1920
0	3	0	0	1	0	1	0	6	0	1930
7	31	1	0	0	0	0	0	0	0	1940
11	150	33	54	6	33	5	2	1	14	2000
1	21	8	13	6	15	0	2	0	2	2010
5	60	14	24	0	5	3	0	0	8	2020

行业中类	代码	企业单位数					
		河南	湖北	湖南	广东	广西	海南
木制品制造	2030	21	16	21	124	40	6
竹、藤、棕、草制品制造	2040	16	10	59	44	36	0
家具制造业	2100	120	32	59	783	20	14
木质家具制造	2110	52	24	45	446	13	12
竹、藤家具制造	2120	1	0	6	14	3	0
金属家具制造	2130	57	2	4	184	2	1
塑料家具制造	2140	2	0	0	13	2	0
其他家具制造	2190	8	6	4	126	0	1
造纸及纸制品业	2200	400	188	288	1262	124	16
纸浆制造	2210	10	4	5	26	8	1
造纸	2220	289	96	194	374	66	5
纸制品制造	2230	101	88	89	862	50	10
印刷业和记录媒介的复制	2300	134	124	107	969	73	28
印刷	2310	118	116	103	888	70	25
装订及其他印刷服务活动	2320	13	6	3	50	1	1
记录媒介的复制	2330	3	2	1	31	2	2
文教体育用品制造业	2400	15	13	18	871	5	0
文化用品制造	2410	5	2	7	116	2	0
体育用品制造	2420	2	0	6	177	2	0
乐器制造	2430	4	4	0	52	0	0
玩具制造	2440	3	7	5	502	1	0
游艺器材及娱乐用品制造	2450	1	0	0	24	0	0
石油加工及炼焦业	2500	76	18	29	89	13	3
精炼石油产品的制造	2510	28	14	12	85	11	3
炼焦	2520	48	4	17	4	2	0
化学原料及化学制品制造业	2600	734	499	1033	1837	334	45
基础化学原料制造	2610	184	143	211	146	55	2
肥料制造	2620	121	148	122	57	58	11
农药制造	2630	44	21	35	20	17	1
涂料、油墨、颜料及类似产品制造	2640	65	54	71	644	26	2
合成材料制造	2650	33	23	15	196	3	1
专用化学产品制造	2660	230	88	548	435	148	15
日用化学产品制造	2670	57	22	31	339	27	13
医药制造业	2700	244	207	175	311	134	50

单位:个

重庆	四川	贵州	云南	西藏	陕西	甘肃	青海	宁夏	新疆	代码
5	44	7	15	0	13	2	0	1	4	2030
0	25	4	2	0	0	0	0	0	0	2040
16	162	8	11	2	28	5	1	1	11	2100
11	108	6	4	2	17	5	1	1	8	2110
0	4	0	0	0	0	0	0	0	0	2120
2	20	2	4	0	6	0	0	0	3	2130
0	8	0	0	0	1	0	0	0	0	2140
3	22	0	3	0	4	0	0	0	0	2190
65	317	38	79	0	110	33	3	20	38	2200
1	1	3	3	0	3	2	0	0	3	2210
30	150	19	48	0	74	16	1	16	17	2220
34	166	16	28	0	33	15	2	4	18	2230
50	267	61	104	9	90	21	10	7	46	2300
48	243	57	101	9	83	20	9	7	45	2310
1	21	3	3	0	7	1	1	0	1	2320
1	3	1	0	0	0	0	0	0	0	2330
3	17	6	3	0	4	2	0	0	0	2400
3	9	3	1	0	1	1	0	0	0	2410
0	3	2	0	0	1	1	0	0	0	2420
0	3	0	1	0	1	0	0	0	0	2430
0	1	1	0	0	0	0	0	0	0	2440
0	1	0	1	0	1	0	0	0	0	2450
15	71	70	45	0	101	32	1	22	43	2500
4	25	1	4	0	15	27	1	7	32	2510
11	46	69	41	0	86	4	0	15	11	2520
169	848	216	260	5	234	133	49	87	95	2600
56	326	91	99	2	70	58	12	55	24	2610
26	180	78	85	1	59	29	29	11	17	2620
9	30	6	3	0	7	3	1	4	1	2630
22	50	5	14	1	16	6	0	3	11	2640
5	39	5	3	0	14	6	1	4	4	2650
42	158	20	38	1	56	27	4	9	36	2660
9	65	11	18	0	12	4	2	1	2	2670
64	334	112	89	11	188	51	20	12	19	2700

行业中类	代码	企业单位数					
		河南	湖北	湖南	广东	广西	海南
化学药品原药制造	2710	42	50	33	31	10	3
化学药品制剂制造	2720	62	39	30	88	15	31
中药饮片加工	2730	16	24	22	30	16	1
中成药制造	2740	61	57	55	77	70	11
兽用药品制造	2750	20	5	17	24	14	0
生物、生化制品的制造	2760	18	12	10	33	7	1
卫生材料及医药用品制造	2770	25	20	8	28	2	3
化学纤维制造业	2800	26	18	16	97	3	3
纤维素纤维原料及纤维制造	2810	7	8	3	16	0	0
合成纤维制造	2820	19	10	13	81	3	3
橡胶制品业	2900	115	48	52	406	17	4
轮胎制造	2910	18	9	6	23	3	0
橡胶板、管、带的制造	2920	39	11	11	51	3	2
橡胶零件制造	2930	13	8	6	85	2	0
再生橡胶制造	2940	4	4	7	6	1	0
日用及医用橡胶制品制造	2950	5	4	4	38	2	2
橡胶靴鞋制造	2960	27	5	8	104	1	0
其他橡胶制品制造	2990	9	7	10	99	5	0
塑料制品业	3000	263	214	170	2601	85	16
塑料薄膜制造	3010	27	12	15	244	9	5
塑料板、管、型材的制造	3020	47	54	38	272	14	2
塑料丝、绳及编织品的制造	3030	98	61	38	100	36	4
泡沫塑料制造	3040	13	5	4	198	0	2
塑料人造革、合成革制造	3050	2	3	5	46	0	0
塑料包装箱及容器制造	3060	22	32	19	282	11	2
塑料零件制造	3070	7	12	6	354	1	0
日用塑料制造	3080	18	14	20	520	10	1
其他塑料制品制造	3090	29	21	25	585	4	0
非金属矿物制品业	3100	1456	616	894	2004	387	42
水泥、石灰和石膏的制造	3110	261	192	339	441	226	22
水泥及石膏制品制造	3120	139	99	60	257	34	9
砖瓦、石材及其他建筑材料制造	3130	215	180	120	484	36	6
玻璃及玻璃制品制造	3140	163	56	65	269	21	0
陶瓷制品制造	3150	70	12	174	464	50	1

单位:个

重庆	四川	贵州	云南	西藏	陕西	甘肃	青海	宁夏	新疆	代码
18	42	3	6	0	44	4	0	3	3	2710
15	68	12	24	0	36	5	1	4	3	2720
5	49	4	9	0	19	8	3	1	3	2730
14	87	86	43	11	61	18	12	1	8	2740
6	29	3	0	0	6	6	1	1	2	2750
5	43	3	6	0	18	9	2	2	0	2760
1	16	1	1	0	4	1	1	0	0	2770
2	19	3	1	0	5	2	0	3	4	2800
0	4	1	1	0	3	0	0	0	3	2810
2	15	2	0	0	2	2	0	3	1	2820
29	66	22	6	0	21	4	1	4	6	2900
7	10	5	1	0	0	1	0	2	2	2910
2	18	2	1	0	5	1	1	1	3	2920
6	15	6	0	0	9	0	0	1	0	2930
2	6	0	1	0	3	0	0	0	1	2940
1	1	0	0	0	0	1	0	0	0	2950
10	7	8	2	0	1	1	0	0	0	2960
1	9	1	1	0	3	0	0	0	0	2990
82	330	51	75	0	60	61	3	18	82	3000
7	44	9	17	0	7	8	0	1	24	3010
18	85	10	16	0	11	13	1	5	26	3020
18	71	14	25	0	18	22	1	6	12	3030
10	12	5	3	0	1	3	0	1	5	3040
1	2	1	0	0	0	0	0	0	0	3050
9	43	3	8	0	6	6	1	2	5	3060
4	13	2	1	0	3	0	0	1	0	3070
7	21	4	3	0	4	4	0	1	9	3080
8	39	3	2	0	10	5	0	1	1	3090
271	1351	287	312	16	393	166	92	82	128	3100
120	337	169	191	12	168	81	20	24	56	3110
43	184	18	31	3	79	25	19	18	32	3120
42	469	29	56	1	82	24	34	7	23	3130
46	198	16	10	0	27	9	1	3	11	3140
5	22	6	8	0	5	1	1	0	0	3150

行业中类	代码	企业单位数					
		河南	湖北	湖南	广东	广西	海南
耐火材料制品制造	3160	339	43	42	12	4	1
石墨及其他非金属矿物制品制造	3190	269	34	94	77	16	3
黑色金属冶炼及压延加工业	3200	216	128	325	274	206	8
炼铁	3210	33	29	19	14	21	2
炼钢	3220	19	22	8	29	7	1
钢压延加工	3230	95	57	80	227	52	5
铁合金冶炼	3240	69	20	218	4	126	0
有色金属冶炼及压延加工业	3300	263	102	367	520	120	5
常用有色金属冶炼	3310	136	32	181	78	80	1
贵金属冶炼	3320	4	4	64	2	5	2
稀有稀土金属冶炼	3330	18	8	37	25	13	1
有色金属合金制造	3340	21	8	36	32	5	0
有色金属压延加工	3350	84	50	49	383	17	1
金属制品业	3400	276	212	196	2836	63	10
结构性金属制品制造	3410	117	92	49	489	17	3
金属工具制造	3420	17	22	46	312	4	1
集装箱及金属包装容器制造	3430	20	30	13	189	8	3
金属丝绳及其制品的制造	3440	36	16	14	92	2	1
建筑、安全用金属制品制造	3450	25	12	19	413	6	0
金属表面处理及热处理加工	3460	11	10	13	247	3	1
搪瓷制品制造	3470	6	1	5	37	3	0
不锈钢及类似日用金属制品制造	3480	30	15	9	765	13	1
其他金属制品制造	3490	14	14	28	292	7	0
通用设备制造业	3500	626	359	419	1177	111	3
锅炉及原动机制造	3510	43	22	42	30	17	0
金属加工机械制造	3520	50	40	39	125	16	0
起重运输设备制造	3530	65	29	24	77	6	0
泵、阀门、压缩机及类似机械的制造	3540	88	41	57	143	13	1
轴承、齿轮、传动和驱动部件的制造	3550	77	34	30	54	6	1
烘炉、熔炉及电炉制造	3560	0	0	10	17	1	0
风机、衡器、包装设备等通用设备制造	3570	68	54	53	288	14	0
通用零部件制造及机械修理	3580	67	42	28	231	12	0
金属铸、锻加工	3590	168	97	136	212	26	1
专用设备制造业	3600	526	195	236	1072	105	10

单位:个

重庆	四川	贵州	云南	西藏	陕西	甘肃	青海	宁夏	新疆	代码
11	60	8	9	0	6	6	2	1	1	3160
4	81	41	7	0	26	20	15	29	5	3190
89	361	282	161	0	74	108	33	60	36	3200
4	45	54	57	0	11	9	0	7	12	3210
3	16	11	5	0	7	2	0	0	4	3220
50	158	13	28	0	35	13	2	7	14	3230
32	142	204	71	0	21	84	31	46	6	3240
53	190	138	168	0	119	50	15	20	19	3300
25	69	84	99	0	52	28	13	14	6	3310
1	2	8	12	0	4	4	0	0	8	3320
0	28	36	32	0	10	5	0	1	0	3330
5	22	3	2	0	11	2	1	2	3	3340
22	69	7	23	0	42	11	1	3	2	3350
88	421	33	59	0	101	53	30	19	44	3400
26	192	6	25	0	36	25	18	10	20	3410
11	56	4	4	0	15	4	2	1	0	3420
11	35	5	14	0	16	9	1	3	9	3430
4	18	7	1	0	2	6	9	1	7	3440
10	38	3	5	0	10	4	0	2	3	3450
11	18	4	5	0	7	0	0	0	2	3460
2	2	0	0	0	3	1	0	0	0	3470
5	20	2	1	0	3	0	0	0	0	3480
8	42	2	4	0	9	4	0	2	3	3490
156	766	61	63	1	255	68	13	28	39	3500
18	79	2	5	0	19	8	2	3	2	3510
14	113	9	9	0	50	12	5	6	2	3520
16	19	2	6	0	10	1	0	6	4	3530
13	101	9	7	0	33	9	1	1	3	3540
21	51	7	4	0	15	3	0	8	1	3550
2	7	0	0	0	8	0	0	0	0	3560
23	82	12	5	0	32	6	0	2	5	3570
13	190	11	12	1	39	9	2	0	19	3580
36	124	9	15	0	49	20	3	2	3	3590
47	463	35	52	0	173	52	5	12	24	3600

2—7 续表 13

行业中类	代码	企业单位数					
		河南	湖北	湖南	广东	广西	海南
矿山、冶金、建筑专用设备制造	3610	141	55	71	59	31	0
化工、木材、非金属加工专用设备制造	3620	51	27	19	452	13	2
食品、饮料、烟草及饲料生产专用设备制造	3630	64	23	23	60	19	1
印刷、制药、日化生产专用设备制造	3640	45	13	25	91	3	0
纺织、服装和皮革工业专用设备制造	3650	30	15	13	69	0	0
电子和电工机械专用设备制造	3660	18	19	19	123	4	0
农、林、牧、渔专用机械制造	3670	124	11	31	28	22	5
医疗仪器设备及器械制造	3680	7	12	8	94	10	0
环保、社会公共安全及其他专用设备制造	3690	46	20	27	96	3	2
交通运输设备制造业	3700	291	448	274	783	187	35
铁路运输设备制造	3710	25	10	46	6	8	0
汽车制造	3720	198	384	196	397	162	26
摩托车制造	3730	46	9	13	154	1	6
自行车制造	3740	5	3	0	126	1	0
船舶及浮动装置制造	3750	6	35	11	81	13	2
航空航天器制造	3760	4	5	4	3	1	0
交通器材及其他交通运输设备制造	3790	7	2	4	16	1	1
电气机械及器材制造业	3900	315	217	264	3489	68	10
电机制造	3910	31	28	32	212	7	0
输配电及控制设备制造	3920	91	75	93	740	30	4
电线、电缆、光缆及电工器材制造	3930	116	66	74	598	16	4
电池制造	3940	19	20	23	241	6	2
家用电力器具制造	3950	14	13	11	800	6	0
非电力家用器具制造	3960	4	4	6	94	0	0
照明器具制造	3970	31	6	15	756	1	0
其他电气机械及器材制造	3990	9	5	10	48	2	0
通信设备、计算机及其他电子设备制造业	4000	41	106	83	2980	42	5
通信设备制造	4010	12	28	15	305	17	2
雷达及配套设备制造	4020	0	2	2	3	0	0
广播电视设备制造	4030	0	4	7	110	2	0
电子计算机制造	4040	2	13	9	455	2	0
电子器件制造	4050	3	16	12	342	6	2
电子元件制造	4060	11	33	32	1089	11	1
家用视听设备制造	4070	5	3	1	527	1	0

单位:个

重庆	四川	贵州	云南	西藏	陕西	甘肃	青海	宁夏	新疆	代码
10	132	12	14	0	47	19	1	9	8	3610
9	70	3	3	0	16	6	0	0	0	3620
1	45	4	15	0	19	2	0	0	1	3630
2	34	1	2	0	11	4	0	0	0	3640
3	3	0	1	0	16	0	0	0	1	3650
6	39	2	1	0	14	5	0	0	0	3660
2	31	10	11	0	17	6	2	2	13	3670
6	43	2	0	0	13	2	0	1	0	3680
8	66	1	5	0	20	8	2	0	1	3690
701	486	73	70	10	127	22	16	1	17	3700
6	33	4	2	0	21	5	1	0	4	3710
250	384	44	66	8	76	11	15	1	12	3720
422	22	1	0	0	2	1	0	0	0	3730
2	9	0	0	0	2	0	0	0	0	3740
19	9	1	0	0	1	0	0	0	0	3750
1	19	22	0	0	25	3	0	0	0	3760
1	10	1	2	2	0	2	0	0	1	3790
112	431	36	54	0	149	53	5	14	36	3900
11	35	2	6	0	13	5	1	1	2	3910
50	166	13	23	0	72	28	1	8	19	3920
29	130	10	15	0	36	14	2	4	11	3930
7	25	2	3	0	5	0	0	0	4	3940
4	25	6	0	0	9	0	0	0	0	3950
4	11	1	6	0	3	3	1	0	0	3960
3	22	2	0	0	7	3	0	0	0	3970
4	17	0	1	0	4	0	0	1	0	3990
25	328	24	9	0	76	11	0	2	2	4000
10	74	5	2	0	15	2	0	0	0	4010
0	12	0	0	0	3	1	0	0	0	4020
0	13	0	0	0	6	2	0	0	1	4030
2	54	1	3	0	3	0	0	0	0	4040
3	36	8	2	0	17	4	0	0	0	4050
5	89	8	0	0	26	1	0	2	1	4060
4	9	2	0	0	2	0	0	0	0	4070

行业中类	代码	企业单位数					
		河南	湖北	湖南	广东	广西	海南
其他电子设备制造	4090	8	7	5	149	3	0
仪器仪表及文化、办公用机械制造业	4100	68	69	52	628	23	3
通用仪器仪表制造	4110	33	38	28	111	10	1
专用仪器仪表制造	4120	8	12	16	44	6	0
钟表与计时仪器制造	4130	2	2	1	193	3	1
光学仪器及眼镜制造	4140	20	7	5	96	3	0
文化、办公用机械制造	4150	1	4	1	165	1	0
其他仪器仪表的制造及修理	4190	4	6	1	19	0	1
工艺品及其他制造业	4200	164	42	61	909	72	5
工艺美术品制造	4210	136	24	29	723	54	4
日用杂品制造	4220	14	7	22	137	13	0
煤制品制造	4230	7	1	5	2	0	1
核辐射加工	4240	0	1	0	0	0	0
其他未列明的制造业	4290	7	9	5	47	5	0
废弃资源和废旧材料回收加工业	4300	6	13	27	74	7	0
金属废料和碎屑的加工处理	4310	5	11	24	49	6	0
非金属废料和碎屑的加工处理	4320	1	2	3	25	1	0
电力、燃气及水的生产和供应业	**D**	**326**	**273**	**402**	**772**	**338**	**76**
电力、热力的生产和供应业	4400	235	153	275	456	233	46
电力生产	4410	106	118	211	363	137	38
电力供应	4420	119	31	63	85	95	8
热力生产和供应	4430	10	4	1	8	1	0
燃气生产和供应业	4500	15	13	13	47	5	5
水的生产和供应业	4600	76	107	114	269	100	25
自来水的生产和供应	4610	73	105	109	256	99	25
污水处理及其再生利用	4620	3	0	4	12	1	0
其他水的处理、利用与分配	4690	0	2	1	1	0	0
建筑业	**E**	**2992**	**1913**	**1986**	**3608**	**1026**	**153**
房屋和土木工程建筑业	4700	1651	1250	1534	1982	682	99
房屋工程建筑	4710	1233	917	1203	1437	525	79
土木工程建筑	4720	418	333	331	545	157	20
建筑安装业	4800	399	282	215	768	136	24
建筑装饰业	4900	797	212	157	673	167	24
其他建筑业	5000	145	169	80	185	41	6

单位:个

重庆	四川	贵州	云南	西藏	陕西	甘肃	青海	宁夏	新疆	代码
1	41	0	2	0	4	1	0	0	0	4090
51	87	18	26	0	49	14	2	5	4	4100
27	37	10	5	0	25	8	2	3	3	4110
9	29	3	0	0	13	4	0	1	1	4120
0	1	1	0	0	2	0	0	0	0	4130
15	14	4	21	0	5	1	0	0	0	4140
0	2	0	0	0	1	1	0	1	0	4150
0	4	0	0	0	3	0	0	0	0	4190
15	105	8	15	4	24	12	16	3	2	4200
6	31	2	10	4	13	8	6	2	2	4210
9	17	1	2	0	0	1	0	0	0	4220
0	4	1	1	0	6	1	10	1	0	4230
0	1	0	0	0	0	1	0	0	0	4240
0	52	4	2	0	5	1	0	0	0	4290
9	35	1	5	0	9	1	0	0	1	4300
9	24	1	5	0	7	0	0	0	1	4310
0	11	0	0	0	2	1	0	0	0	4320
126	**824**	**273**	**327**	**80**	**270**	**188**	**73**	**43**	**224**	**D**
73	539	175	226	72	144	165	46	25	139	4400
45	434	95	114	66	125	64	41	13	47	4410
28	100	80	112	6	5	82	1	1	27	4420
0	5	0	0	0	14	19	4	11	65	4430
21	116	5	4	0	16	3	2	5	11	4500
32	169	93	97	8	110	20	25	13	74	4600
32	158	91	95	8	107	19	24	12	73	4610
0	9	2	2	0	2	1	1	1	1	4620
0	2	0	0	0	1	0	0	0	0	4690
2330	**4710**	**637**	**1668**	**171**	**1054**	**906**	**371**	**494**	**874**	**E**
1417	2748	483	1098	137	808	585	227	348	518	4700
1219	2161	403	842	99	624	410	145	200	330	4710
198	587	80	256	38	184	175	82	148	188	4720
289	602	72	192	31	99	151	69	63	150	4800
487	1132	64	319	2	91	145	56	71	144	4900
137	228	18	59	1	56	25	19	12	62	5000

行业中类	代码	企业单位数					
		河南	湖北	湖南	广东	广西	海南
工程准备	5010	41	49	23	72	15	4
提供施工设备服务	5020	17	12	3	10	17	1
其他未列明的建筑活动	5090	87	108	54	103	9	1
批发和零售业	**H**	**3549**	**1244**	**1048**	**6033**	**886**	**299**
批发业	6300	1307	673	435	3874	477	175
农畜产品批发	6310	138	91	29	61	16	1
食品、饮料及烟草制品批发	6320	237	74	98	443	66	13
纺织、服装及日用品批发	6330	46	40	13	375	8	15
文化、体育用品及器材批发	6340	31	22	20	164	16	8
医药及医疗器材批发	6350	88	88	68	303	23	52
矿产品、建材及化工产品批发	6360	533	204	115	1414	212	58
机械设备、五金交电及电子产品批发	6370	196	123	57	807	110	23
贸易经纪与代理	6380	0	6	5	156	2	0
其他批发	6390	38	25	30	151	24	5
零售业	6500	2242	571	613	2159	409	124
综合零售	6510	999	208	205	375	79	22
食品、饮料及烟草制品专门零售	6520	137	21	16	62	18	3
纺织、服装及日用品专门零售	6530	127	28	23	91	8	6
文化、体育用品及器材专门零售	6540	121	55	90	101	37	8
医药及医疗器材专门零售	6550	119	52	55	142	41	3
汽车、摩托车、燃料及零配件专门零售	6560	363	107	120	901	113	54
家用电器及电子产品专门零售	6570	231	68	69	259	78	25
五金、家具及室内装修材料专门零售	6580	84	14	18	92	16	2
无店铺及其他零售	6590	61	18	17	136	19	1
住宿和餐饮业	**I**	**843**	**597**	**673**	**2373**	**363**	**281**
住宿业	6600	340	355	386	966	248	247
旅游饭店	6610	251	316	318	827	228	240
一般旅馆	6620	79	36	60	120	17	6
其他住宿服务	6690	10	3	8	19	3	1
餐饮业	6700	503	242	287	1407	115	34
正餐服务	6710	472	231	271	1324	107	32
快餐服务	6720	16	10	12	40	6	1
饮料及冷饮服务	6730	4	0	1	13	0	1
其他餐饮服务	6790	11	1	3	30	2	0

单位:个

重庆	四川	贵州	云南	西藏	陕西	甘肃	青海	宁夏	新疆	代码
37	57	6	24	0	19	5	6	12	14	5010
25	16	1	3	0	2	1	1	0	2	5020
75	155	11	32	1	35	19	12	0	46	5090
855	**5570**	**277**	**1465**	**28**	**1812**	**518**	**271**	**281**	**796**	**H**
471	3351	175	849	12	830	299	108	172	507	6300
9	148	2	26	1	46	16	7	3	134	6310
48	289	57	172	5	99	90	16	29	52	6320
17	179	2	15	1	41	6	2	2	10	6330
7	63	6	7	0	16	0	5	5	3	6340
52	144	20	46	0	43	15	5	10	13	6350
223	1173	54	401	2	379	112	53	72	182	6360
95	1014	25	142	3	143	53	15	44	89	6370
0	14	1	2	0	6	1	0	0	6	6380
20	327	8	38	0	57	6	5	7	18	6390
384	2219	102	616	16	982	219	163	109	289	6500
93	392	36	103	3	298	49	21	23	56	6510
14	142	5	69	4	55	9	18	4	10	6520
19	204	2	30	0	76	3	6	2	18	6530
36	140	3	35	1	91	47	15	13	30	6540
34	219	10	32	1	61	12	15	12	21	6550
92	338	22	216	6	106	57	58	37	91	6560
65	476	22	74	0	123	30	16	11	47	6570
29	171	1	27	0	108	5	2	5	7	6580
2	137	1	30	1	64	7	12	2	9	6590
373	**993**	**191**	**613**	**35**	**565**	**199**	**115**	**100**	**295**	**I**
144	421	127	517	35	267	125	78	46	230	6600
120	340	113	440	33	216	112	35	37	208	6610
23	67	13	69	1	47	11	41	9	17	6620
1	14	1	8	1	4	2	2	0	5	6690
229	572	64	96	0	298	74	37	54	65	6700
224	475	59	89	0	259	72	31	53	61	6710
3	11	5	4	0	10	1	1	1	4	6720
0	40	0	1	0	5	0	0	0	0	6730
2	46	0	2	0	24	1	5	0	0	6790

2-8 限额以上企业按行业小类、东中西部地区分组的单位数

（2005 年）

单位：个

行业小类	代码	法人单位数	东部地区	中部地区	西部地区
全　　国	**0000**	**409034**	**268216**	**73297**	**67520**
采矿业	**B**	**12659**	**3686**	**5050**	**3922**
煤炭开采和洗选业	0600	5999	780	3141	2077
烟煤和无烟煤的开采洗选	0610	5750	750	3110	1890
褐煤的开采洗选	0620	217	21	22	173
其他煤炭采选	0690	32	9	9	14
石油和天然气开采业	0700	255	44	70	141
天然原油和天然气开采	0710	123	30	39	54
与石油和天然气开采有关的服务活动	0790	132	14	31	87
黑色金属矿采选业	0800	2170	1238	537	395
铁矿采选	0810	1978	1218	475	285
其他黑色金属矿采选	0890	192	20	62	110
有色金属矿采选业	0900	1646	384	623	639
常用有色金属矿采选	0910	913	190	268	455
铜矿采选	0911	161	18	55	88
铅锌矿采选	0912	498	80	136	282
镍钴矿采选	0913	20	0	6	14
锡矿采选	0914	54	1	39	14
锑矿采选	0915	21	0	13	8
铝矿采选	0916	20	1	11	8
镁矿采选	0917	65	61	3	1
其他常用有色金属矿采选	0919	74	29	5	40
贵金属矿采选	0920	481	127	229	125
金矿采选	0921	454	123	215	116
银矿采选	0922	19	4	10	5
其他贵金属矿采选	0929	8	0	4	4
稀有稀土金属矿采选	0930	252	67	126	59
钨钼矿采选	0931	191	52	107	32
稀土金属矿采选	0932	22	3	11	8
放射性金属矿采选	0933	10	5	3	2
其他稀有金属矿采选	0939	29	7	5	17
非金属矿采选业	1000	2555	1234	674	647
土砂石开采	1010	1795	913	491	391

注：东部地区包括北京、天津、河北、辽宁、上海、江苏、浙江、福建、山东、广东、广西、海南；
中部地区包括山西、内蒙、吉林、黑龙江、安徽、江西、河南、湖北、湖南；
西部地区包括重庆、四川、贵州、云南、西藏、陕西、甘肃、青海、宁夏、新疆。

2—8 续表 1 单位：个

行业小类	代码	法人单位数	东部地区	中部地区	西部地区
石灰石、石膏开采	1011	486	248	117	121
建筑装饰用石开采	1012	370	196	92	82
耐火土石开采	1013	180	77	70	33
粘土及其他土砂石开采	1019	759	392	212	155
化学矿采选	1020	200	42	68	90
采盐	1030	192	146	7	39
石棉及其他非金属矿采选	1090	368	133	108	127
石棉、云母矿采选	1091	28	4	1	23
石墨、滑石采选	1092	83	36	30	17
宝石、玉石开采	1093	11	10	0	1
其他非金属矿采选	1099	246	83	77	86
其他采矿业	1100	34	6	5	23
制造业	**C**	**251777**	**185972**	**37756**	**28049**
农副食品加工业	1300	14561	7900	3940	2721
谷物磨制	1310	3145	1071	1593	481
饲料加工	1320	2282	1204	541	537
植物油加工	1330	1611	715	552	344
食用植物油加工	1331	1528	683	527	318
非食用植物油加工	1332	83	32	25	26
制糖	1340	295	94	30	171
屠宰及肉类加工	1350	2553	1321	565	667
畜禽屠宰	1351	1579	769	364	446
肉制品及副产品加工	1352	974	552	201	221
水产品加工	1360	1556	1456	66	34
水产品冷冻加工	1361	1099	1049	31	19
鱼糜制品及水产品干腌制加工	1362	287	264	18	5
水产饲料制造	1363	109	90	11	8
鱼油提取及制品的制造	1364	9	7	1	1
其他水产品加工	1369	52	46	5	1
蔬菜、水果和坚果加工	1370	1787	1355	236	196
其他农副食品加工	1390	1332	684	357	291
淀粉及淀粉制品的制造	1391	602	273	160	169
豆制品制造	1392	203	111	53	39

单位:个

行业小类	代码	法　人 单位数	东部地区	中部地区	西部地区
蛋品加工	1393	65	35	27	3
其他未列明的农副食品加工	1399	462	265	117	80
食品制造业	1400	5786	3518	1219	1049
焙烤食品制造	1410	920	577	193	150
糕点、面包制造	1411	439	290	60	89
饼干及其他焙烤食品制造	1419	481	287	133	61
糖果、巧克力及蜜饯制造	1420	449	353	62	34
糖果、巧克力制造	1421	257	201	35	21
蜜饯制作	1422	192	152	27	13
方便食品制造	1430	788	405	243	140
米、面制品制造	1431	351	150	122	79
速冻食品制造	1432	177	118	45	14
方便面及其他方便食品制造	1439	260	137	76	47
液体乳及乳制品制造	1440	699	316	170	213
罐头制造	1450	723	473	129	121
肉、禽类罐头制造	1451	83	39	17	27
水产品罐头制造	1452	44	40	2	2
蔬菜、水果罐头制造	1453	536	353	97	86
其他罐头食品制造	1459	60	41	13	6
调味品、发酵制品制造	1460	842	500	147	195
味精制造	1461	89	55	11	23
酱油、食醋及类似制品的制造	1462	365	206	81	78
其他调味品、发酵制品制造	1469	388	239	55	94
其他食品制造	1490	1365	894	275	196
营养、保健食品制造	1491	280	190	58	32
冷冻饮品及食用冰制造	1492	236	143	54	39
盐加工	1493	65	26	18	21
食品及饲料添加剂制造	1494	542	403	80	59
其他未列明的食品制造	1499	242	132	65	45
饮料制造业	1500	3756	1691	1020	1045
酒精制造	1510	154	65	46	43
酒的制造	1520	1910	769	554	587
白酒制造	1521	1037	313	302	422

单位:个

行业小类	代码	法人单位数	东部地区	中部地区	西部地区
啤酒制造	1522	551	254	184	113
黄酒制造	1523	99	78	12	9
葡萄酒制造	1524	127	78	25	24
其他酒制造	1529	96	46	31	19
软饮料制造	1530	1044	558	240	246
碳酸饮料制造	1531	145	75	42	28
瓶(罐)装饮用水制造	1532	323	172	70	81
果菜汁及果菜汁饮料制造	1533	275	136	55	84
含乳饮料和植物蛋白饮料制造	1534	139	81	42	16
固体饮料制造	1535	68	37	8	23
茶饮料及其他软饮料制造	1539	94	57	23	14
精制茶加工	1540	648	299	180	169
烟草制品业	1600	191	49	72	70
烟叶复烤	1610	60	9	21	30
卷烟制造	1620	100	30	37	33
其他烟草制品加工	1690	31	10	14	7
纺织业	1700	22133	18766	2295	1072
棉、化纤纺织及印染精加工	1710	9523	7776	1327	420
棉、化纤纺织加工	1711	7643	6036	1228	379
棉、化纤印染精加工	1712	1880	1740	99	41
毛纺织和染整精加工	1720	1261	1063	74	124
毛条加工	1721	139	89	17	33
毛纺织	1722	945	815	54	76
毛染整精加工	1723	177	159	3	15
麻纺织	1730	340	119	174	47
丝绢纺织及精加工	1740	1979	1617	116	246
缫丝加工	1741	608	342	74	192
绢纺和丝织加工	1742	1139	1047	41	51
丝印染精加工	1743	232	228	1	3
纺织制成品制造	1750	3394	2982	307	105
棉及化纤制品制造	1751	1526	1334	148	44
毛制品制造	1752	242	213	16	13
麻制品制造	1753	70	35	27	8

单位:个

行业小类	代码	法人单位数	东部地区	中部地区	西部地区
丝制品制造	1754	183	158	11	14
绳、索、缆的制造	1755	183	154	20	9
纺织带和帘子布制造	1756	314	296	16	2
无纺布制造	1757	444	404	34	6
其他纺织制成品制造	1759	432	388	35	9
针织品、编织品及其制品制造	1760	5636	5209	297	130
棉、化纤针织品及编织品制造	1761	3393	3162	193	38
毛针织品及编织品制造	1762	1710	1551	74	85
丝针织品及编织品制造	1763	275	255	16	4
其他针织品及编织品制造	1769	258	241	14	3
纺织服装、鞋、帽制造业	1800	11688	10675	781	232
纺织服装制造	1810	10997	10031	742	224
纺织面料鞋的制造	1820	478	440	33	5
制帽	1830	213	204	6	3
皮革、毛皮、羽毛(绒)及其制品业	1900	6189	5376	461	352
皮革鞣制加工	1910	732	552	120	60
皮革制品制造	1920	4751	4340	189	222
皮鞋制造	1921	2410	2153	86	171
皮革服装制造	1922	501	461	22	18
皮箱、包(袋)制造	1923	1303	1269	31	3
皮手套及皮装饰制品制造	1924	332	271	41	20
其他皮革制品制造	1929	205	186	9	10
毛皮鞣制及制品加工	1930	337	260	60	17
毛皮鞣制加工	1931	92	50	34	8
毛皮服装加工	1932	141	134	4	3
其他毛皮制品加工	1939	104	76	22	6
羽毛(绒)加工及制品制造	1940	369	224	92	53
羽毛(绒)加工	1941	179	85	50	44
羽毛(绒)制品加工	1942	190	139	42	9
木材加工及木、竹、藤、棕、草制品业	2000	5282	3387	1381	514
锯材、木片加工	2010	627	318	198	111
锯材加工	2011	401	190	139	72
木片加工	2012	226	128	59	39

单位:个

行业小类	代码	法人单位数	东部地区	中部地区	西部地区
人造板制造	2020	2714	1707	807	200
胶合板制造	2021	1553	1038	438	77
纤维板制造	2022	350	182	99	69
刨花板制造	2023	159	75	67	17
其他人造板、材制造	2029	652	412	203	37
木制品制造	2030	1254	886	235	133
建筑用木料及木材组件加工	2031	558	401	102	55
木容器制造	2032	253	208	36	9
软木制品及其他木制品制造	2039	443	277	97	69
竹、藤、棕、草制品制造	2040	687	476	141	70
家具制造业	2100	3228	2605	347	276
木质家具制造	2110	2035	1610	238	187
竹、藤家具制造	2120	49	34	8	7
金属家具制造	2130	727	615	73	39
塑料家具制造	2140	61	48	2	11
其他家具制造	2190	356	298	26	32
造纸及纸制品业	2200	7507	5381	1271	855
纸浆制造	2210	118	67	26	25
造纸	2220	3376	2127	800	449
机制纸及纸板制造	2221	2968	1805	746	417
手工纸制造	2222	24	11	9	4
加工纸制造	2223	384	311	45	28
纸制品制造	2230	4013	3187	445	381
纸和纸板容器的制造	2231	2835	2270	312	253
其他纸制品制造	2239	1178	917	133	128
印刷业和记录媒介的复制	2300	5002	3597	648	757
印刷	2310	4650	3334	607	709
书、报、刊印刷	2311	1836	1236	263	337
本册印制	2312	393	244	78	71
包装装潢及其他印刷	2319	2421	1854	266	301
装订及其他印刷服务活动	2320	259	189	29	41
记录媒介的复制	2330	93	74	12	7
文教体育用品制造业	2400	3174	2956	178	40
文化用品制造	2410	759	686	53	20

单位:个

行业小类	代码	法人单位数	东部地区	中部地区	西部地区
文具制造	2411	293	283	7	3
笔的制造	2412	325	288	34	3
教学用模型及教具制造	2413	69	54	8	7
墨水、墨汁制造	2414	17	11	1	5
其他文化用品制造	2419	55	50	3	2
体育用品制造	2420	802	748	45	9
球类制造	2421	126	111	12	3
体育器材及配件制造	2422	219	205	11	3
训练健身器材制造	2423	212	197	13	2
运动防护用具制造	2424	85	84	1	0
其他体育用品制造	2429	160	151	8	1
乐器制造	2430	240	221	14	5
中乐器制造	2431	30	21	7	2
西乐器制造	2432	135	133	1	1
电子乐器制造	2433	30	28	2	0
其他乐器及零件制造	2439	45	39	4	2
玩具制造	2440	1251	1185	63	3
游艺器材及娱乐用品制造	2450	122	116	3	3
露天游乐场所游乐设备制造	2451	73	70	1	2
游艺用品及室内游艺器材制造	2452	49	46	2	1
石油加工及炼焦业	2500	1951	898	572	481
精炼石油产品的制造	2510	993	724	137	132
原油加工及石油制品制造	2511	981	716	135	130
人造原油生产	2512	12	8	2	2
炼焦	2520	955	172	435	348
化学原料及化学制品制造业	2600	18539	12195	3687	2657
基础化学原料制造	2610	4597	2603	993	1001
无机酸制造	2611	496	271	116	109
无机碱制造	2612	320	179	71	70
无机盐制造	2613	1222	487	303	432
有机化学原料制造	2614	1627	1203	289	135
其他基础化学原料制造	2619	932	463	214	255
肥料制造	2620	1949	750	597	602
氮肥制造	2621	533	165	222	146

单位：个

行业小类	代码	法人单位数	东部地区	中部地区	西部地区
磷肥制造	2622	387	88	127	172
钾肥制造	2623	55	14	10	31
复混肥料制造	2624	767	375	185	207
有机肥料及微生物肥料制造	2625	133	78	28	27
其他肥料制造	2629	74	30	25	19
农药制造	2630	711	459	171	81
化学农药制造	2631	615	411	140	64
生物化学农药及微生物农药制造	2632	96	48	31	17
涂料、油墨、颜料及类似产品制造	2640	3057	2580	317	160
涂料制造	2641	1689	1416	169	104
油墨及类似产品制造	2642	299	266	21	12
颜料制造	2643	355	269	64	22
染料制造	2644	494	441	42	11
密封用填料及类似品制造	2645	220	188	21	11
合成材料制造	2650	1596	1353	157	86
初级形态的塑料及合成树脂制造	2651	1043	891	107	45
合成橡胶制造	2652	162	132	12	18
合成纤维单(聚合)体的制造	2653	171	149	12	10
其他合成材料制造	2659	220	181	26	13
专用化学产品制造	2660	5266	3436	1256	574
化学试剂和助剂制造	2661	1980	1567	288	125
专项化学用品制造	2662	1202	972	150	80
林产化学产品制造	2663	352	155	75	122
炸药及火工产品制造	2664	883	133	583	167
信息化学品制造	2665	200	159	28	13
环境污染处理专用药剂材料制造	2666	64	47	9	8
动物胶制造	2667	91	39	34	18
其他专用化学产品制造	2669	494	364	89	41
日用化学产品制造	2670	1363	1014	196	153
肥皂及合成洗涤剂制造	2671	384	261	68	55
化妆品制造	2672	326	298	11	17
口腔清洁用品制造	2673	41	29	4	8
香料、香精制造	2674	328	230	58	40
其他日用化学产品制造	2679	284	196	55	33

单位:个

行业小类	代码	法人单位数	东部地区	中部地区	西部地区
医药制造业	2700	4937	2530	1318	1089
化学药品原药制造	2710	935	600	190	145
化学药品制剂制造	2720	1085	579	310	196
中药饮片加工	2730	436	187	127	122
中成药制造	2740	1272	402	445	425
兽用药品制造	2750	350	196	80	74
生物、生化制品的制造	2760	486	307	80	99
卫生材料及医药用品制造	2770	373	259	86	28
化学纤维制造业	2800	1301	1152	105	44
纤维素纤维原料及纤维制造	2810	184	142	28	14
化纤浆粕制造	2811	46	33	8	5
人造纤维(纤维素纤维)制造	2812	138	109	20	9
合成纤维制造	2820	1117	1010	77	30
锦纶纤维制造	2821	144	124	16	4
涤纶纤维制造	2822	554	503	33	18
腈纶纤维制造	2823	34	29	4	1
维纶纤维制造	2824	12	7	4	1
其他合成纤维制造	2829	373	347	20	6
橡胶制品业	2900	3060	2522	362	176
轮胎制造	2910	416	338	47	31
车辆、飞机及工程机械轮胎制造	2911	300	251	27	22
力车胎制造	2912	80	68	10	2
轮胎翻新加工	2913	36	19	10	7
橡胶板、管、带的制造	2920	640	492	111	37
橡胶零件制造	2930	648	552	57	39
再生橡胶制造	2940	133	89	30	14
日用及医用橡胶制品制造	2950	237	200	32	5
橡胶靴鞋制造	2960	605	525	50	30
其他橡胶制品制造	2990	381	326	35	20
塑料制品业	3000	12074	10061	1138	875
塑料薄膜制造	3010	1283	1036	118	129
塑料板、管、型材的制造	3020	2040	1591	240	209
塑料丝、绳及编织品的制造	3030	1508	958	315	235
泡沫塑料制造	3040	804	723	40	41

单位：个

行业小类	代码	法人单位数	东部地区	中部地区	西部地区
塑料人造革、合成革制造	3050	372	351	17	4
塑料包装箱及容器制造	3060	1362	1107	159	96
塑料零件制造	3070	1369	1283	61	25
日用塑料制造	3080	1880	1730	87	63
塑料鞋制造	3081	429	402	17	10
日用塑料杂品制造	3082	1451	1328	70	53
其他塑料制品制造	3090	1456	1282	101	73
非金属矿物制品业	3100	20645	12224	4732	3689
水泥、石灰和石膏的制造	3110	5370	2382	1486	1502
水泥制造	3111	5073	2231	1386	1456
石灰和石膏制造	3112	297	151	100	46
水泥及石膏制品制造	3120	2888	1887	494	507
水泥制品制造	3121	1987	1334	315	338
砼结构构件制造	3122	451	267	97	87
石棉水泥制品制造	3123	87	40	32	15
轻质建筑材料制造	3124	277	196	38	43
其他水泥制品制造	3129	86	50	12	24
砖瓦、石材及其他建筑材料制造	3130	5128	3501	784	843
粘土砖瓦及建筑砌块制造	3131	1605	769	393	443
建筑陶瓷制品制造	3132	1223	944	94	185
建筑用石加工	3133	1480	1198	162	120
防水建筑材料制造	3134	307	240	42	25
隔热和隔音材料制造	3135	221	156	39	26
其他建筑材料制造	3139	292	194	54	44
玻璃及玻璃制品制造	3140	2742	1882	501	359
平板玻璃制造	3141	251	149	49	53
技术玻璃制品制造	3142	436	354	50	32
光学玻璃制造	3143	106	72	16	18
玻璃仪器制造	3144	114	72	23	19
日用玻璃制品及玻璃包装容器制造	3145	791	504	158	129
玻璃保温容器制造	3146	59	44	11	4
玻璃纤维及制品制造	3147	444	322	69	53
玻璃纤维增强塑料制品制造	3148	330	218	84	28
其他玻璃制品制造	3149	211	147	41	23

行业小类	代码	法人单位数	东部地区	中部地区	西部地区
陶瓷制品制造	3150	1563	1063	401	99
卫生陶瓷制品制造	3151	207	164	33	10
特种陶瓷制品制造	3152	364	204	147	13
日用陶瓷制品制造	3153	713	432	209	72
园林、陈设艺术及其他陶瓷制品制造	3159	279	263	12	4
耐火材料制品制造	3160	1411	784	511	116
石棉制品制造	3161	117	68	30	19
云母制品制造	3162	40	22	15	3
耐火陶瓷制品及其他耐火材料制造	3169	1254	694	466	94
石墨及其他非金属矿物制品制造	3190	1543	725	555	263
石墨及碳素制品制造	3191	569	242	223	104
其他非金属矿物制品制造	3199	974	483	332	159
黑色金属冶炼及压延加工业	3200	6702	3844	1230	1628
炼铁	3210	1052	436	362	254
炼钢	3220	396	257	80	59
钢压延加工	3230	3719	2916	411	392
铁合金冶炼	3240	1535	235	377	923
有色金属冶炼及压延加工业	3300	5136	3043	1116	977
常用有色金属冶炼	3310	1494	491	507	496
铜冶炼	3311	250	158	42	50
铅锌冶炼	3312	476	87	173	216
镍钴冶炼	3313	45	21	11	13
锡冶炼	3314	56	21	14	21
锑冶炼	3315	70	8	37	25
铝冶炼	3316	330	137	108	85
镁冶炼	3317	142	28	82	32
其他常用有色金属冶炼	3319	125	31	40	54
贵金属冶炼	3320	220	77	90	53
金冶炼	3321	120	47	34	39
银冶炼	3322	75	17	50	8
其他贵金属冶炼	3329	25	13	6	6
稀有稀土金属冶炼	3330	415	127	123	165
钨钼冶炼	3331	95	39	47	9
稀土金属冶炼	3332	149	49	36	64

2—8 续表 11

单位:个

行业小类	代码	法人单位数	东部地区	中部地区	西部地区
其他稀有金属冶炼	3339	171	39	40	92
有色金属合金制造	3340	411	256	95	60
有色金属压延加工	3350	2596	2092	301	203
常用有色金属压延加工	3351	2416	1972	260	184
贵金属压延加工	3352	65	49	9	7
稀有稀土金属压延加工	3353	115	71	32	12
金属制品业	3400	13822	11667	1207	948
结构性金属制品制造	3410	3963	3125	443	395
金属结构制造	3411	3026	2402	358	266
金属门窗制造	3412	937	723	85	129
金属工具制造	3420	1649	1407	140	102
切削工具制造	3421	371	264	62	45
手工具制造	3422	574	520	33	21
农用及园林用金属工具制造	3423	138	111	22	5
刀剪及类似日用金属工具制造	3424	270	262	5	3
其他金属工具制造	3429	296	250	18	28
集装箱及金属包装容器制造	3430	1100	875	113	112
集装箱制造	3431	63	61	2	0
金属压力容器制造	3432	316	240	37	39
金属包装容器制造	3433	721	574	74	73
金属丝绳及其制品的制造	3440	997	823	106	68
建筑、安全用金属制品制造	3450	1886	1654	150	82
建筑、家具用金属配件制造	3451	957	904	29	24
建筑装饰及水暖管道零件制造	3452	632	539	65	28
安全、消防用金属制品制造	3453	159	106	37	16
其他建筑、安全用金属制品制造	3459	138	105	19	14
金属表面处理及热处理加工	3460	1099	992	57	50
搪瓷制品制造	3470	189	157	21	11
工业生产配套用搪瓷制品制造	3471	43	36	2	5
搪瓷卫生洁具制造	3472	30	26	3	1
搪瓷日用品及其他搪瓷制品制造	3479	116	95	16	5
不锈钢及类似日用金属制品制造	3480	1711	1588	78	45
金属制厨房调理及卫生器具制造	3481	316	304	6	6
金属制厨用器皿及餐具制造	3482	789	735	38	16

单位:个

行业小类	代码	法人单位数	东部地区	中部地区	西部地区
其他日用金属制品制造	3489	606	549	34	23
其他金属制品制造	3490	1228	1046	99	83
铸币及贵金属制实验室用品制造	3491	21	13	1	7
其他未列明的金属制品制造	3499	1207	1033	98	76
通用设备制造业	3500	19976	15890	2470	1616
锅炉及原动机制造	3510	1183	800	218	165
锅炉及辅助设备制造	3511	590	364	129	97
内燃机及配件制造	3512	467	356	65	46
汽轮机及辅机制造	3513	66	46	11	9
水轮机及辅机制造	3514	41	21	9	11
其他原动机制造	3519	19	13	4	2
金属加工机械制造	3520	1964	1479	246	239
金属切削机床制造	3521	492	357	67	68
金属成形机床制造	3522	357	280	63	14
铸造机械制造	3523	310	220	49	41
金属切割及焊接设备制造	3524	231	189	18	24
机床附件制造	3525	200	163	17	20
其他金属加工机械制造	3529	374	270	32	72
起重运输设备制造	3530	1201	930	198	73
泵、阀门、压缩机及类似机械的制造	3540	3330	2831	303	196
泵及真空设备制造	3541	917	725	113	79
气体压缩机械制造	3542	279	228	27	24
阀门和旋塞的制造	3543	1333	1202	84	47
液压和气压动力机械及元件制造	3544	801	676	79	46
轴承、齿轮、传动和驱动部件的制造	3550	1997	1628	252	117
轴承制造	3551	1281	1078	158	45
齿轮、传动和驱动部件制造	3552	716	550	94	72
烘炉、熔炉及电炉制造	3560	158	122	17	19
风机、衡器、包装设备等通用设备制造	3570	2868	2410	268	190
风机、风扇制造	3571	409	312	51	46
气体、液体分离及纯净设备制造	3572	347	298	29	20
制冷、空调设备制造	3573	677	583	44	50
风动和电动工具制造	3574	417	390	21	6
喷枪及类似器具制造	3575	103	95	6	2

2—8 续表 13　　单位:个

行业小类	代码	法人单位数	东部地区	中部地区	西部地区
包装专用设备制造	3576	227	191	26	10
衡器制造	3577	160	133	22	5
其他通用设备制造	3579	528	408	69	51
通用零部件制造及机械修理	3580	3149	2549	284	316
金属密封件制造	3581	242	208	12	22
紧固件、弹簧制造	3582	1363	1250	73	40
机械零部件加工及设备修理	3583	1028	671	149	208
其他通用零部件制造	3589	516	420	50	46
金属铸、锻加工	3590	4126	3141	684	301
钢铁铸件制造	3591	3191	2378	563	250
锻件及粉末冶金制品制造	3592	935	763	121	51
专用设备制造业	3600	10510	7919	1597	994
矿山、冶金、建筑专用设备制造	3610	2089	1328	466	295
采矿、采石设备制造	3611	679	397	199	83
石油钻采专用设备制造	3612	339	185	84	70
建筑工程用机械制造	3613	463	321	75	67
建筑材料生产专用机械制造	3614	305	202	56	47
冶金专用设备制造	3615	303	223	52	28
化工、木材、非金属加工专用设备制造	3620	2244	1950	172	122
炼油、化工生产专用设备制造	3621	296	211	51	34
橡胶加工专用设备制造	3622	136	114	8	14
塑料加工专用设备制造	3623	380	359	11	10
木材加工机械制造	3624	115	85	18	12
模具制造	3625	1253	1131	76	46
其他非金属加工专用设备制造	3629	64	50	8	6
食品、饮料、烟草及饲料生产专用设备制造	3630	632	383	140	109
食品、饮料、烟草工业专用设备制造	3631	301	231	37	33
农副食品加工专用设备制造	3632	271	123	95	53
饲料生产专用设备制造	3633	60	29	8	23
印刷、制药、日化生产专用设备制造	3640	778	612	109	57
制浆和造纸专用设备制造	3641	242	186	37	19
印刷专用设备制造	3642	250	212	25	13
日用化工专用设备制造	3643	27	22	3	2
制药专用设备制造	3644	108	81	21	6

2—8 续表 14

单位:个

行业小类	代码	法人单位数	东部地区	中部地区	西部地区
照明器具生产专用设备制造	3645	58	44	8	6
玻璃、陶瓷和搪瓷制品生产专用设备制造	3646	61	48	9	4
其他日用品生产专用设备制造	3649	32	19	6	7
纺织、服装和皮革工业专用设备制造	3650	1202	1072	106	24
纺织专用设备制造	3651	766	669	85	12
皮革、毛皮及其制品加工专用设备制造	3652	37	34	3	0
缝纫机械制造	3653	331	309	11	11
其他服装加工专用设备制造	3659	68	60	7	1
电子和电工机械专用设备制造	3660	638	458	106	74
电工机械专用设备制造	3661	232	165	44	23
电子工业专用设备制造	3662	314	256	25	33
武器弹药制造	3663	61	14	29	18
航空、航天及其他专用设备制造	3669	31	23	8	0
农、林、牧、渔专用机械制造	3670	980	595	264	121
拖拉机制造	3671	193	102	60	31
机械化农业及园艺机具制造	3672	285	156	85	44
营林及木竹采伐机械制造	3673	14	6	2	6
畜牧机械制造	3674	28	20	2	6
渔业机械制造	3675	31	30	1	0
农林牧渔机械配件制造	3676	289	201	76	12
其他农林牧渔业机械制造及机械修理	3679	140	80	38	22
医疗仪器设备及器械制造	3680	732	584	71	77
医疗诊断、监护及治疗设备制造	3681	200	158	12	30
口腔科用设备及器具制造	3682	20	18	0	2
实验室及医用消毒设备和器具的制造	3683	40	33	4	3
医疗、外科及兽医用器械制造	3684	218	176	28	14
机械治疗及病房护理设备制造	3685	59	45	5	9
假肢、人工器官及植(介)入器械制造	3686	54	42	8	4
其他医疗设备及器械制造	3689	141	112	14	15
环保、社会公共安全及其他专用设备制造	3690	1215	937	163	115
环境污染防治专用设备制造	3691	485	391	64	30
地质勘查专用设备制造	3692	32	16	12	4
邮政专用机械及器材制造	3693	9	6	1	2
商业、饮食、服务业专用设备制造	3694	35	27	6	2

单位:个

行业小类	代码	法人单位数	东部地区	中部地区	西部地区
社会公共安全设备及器材制造	3695	159	129	20	10
交通安全及管制专用设备制造	3696	42	29	8	5
水资源专用机械制造	3697	96	68	18	10
其他专用设备制造	3699	357	271	34	52
交通运输设备制造业	3700	11109	7525	1852	1732
铁路运输设备制造	3710	581	330	166	85
铁路机车车辆及动车组制造	3711	35	15	12	8
工矿有轨专用车辆制造	3712	21	12	7	2
铁路机车车辆配件制造	3713	233	131	72	30
铁路专用设备及器材、配件制造	3714	185	110	46	29
其他铁路设备制造及设备修理	3719	107	62	29	16
汽车制造	3720	7238	4735	1454	1049
汽车整车制造	3721	239	123	68	48
改装汽车制造	3722	430	242	120	68
电车制造	3723	14	7	5	2
汽车车身、挂车的制造	3724	209	121	61	27
汽车零部件及配件制造	3725	5380	3640	1067	673
汽车修理	3726	966	602	133	231
摩托车制造	3730	1358	831	78	449
摩托车整车制造	3731	206	146	29	31
摩托车零部件及配件制造	3732	1152	685	49	418
自行车制造	3740	869	837	18	14
脚踏自行车及残疾人座车制造	3741	646	632	9	5
助动自行车制造	3742	223	205	9	9
船舶及浮动装置制造	3750	732	601	88	43
金属船舶制造	3751	304	225	53	26
非金属船舶制造	3752	32	27	4	1
娱乐船和运动船的建造和修理	3753	22	19	1	2
船用配套设备制造	3754	173	142	21	10
船舶修理及拆船	3755	187	177	7	3
航标器材及其他浮动装置的制造	3759	14	11	2	1
航空航天器制造	3760	169	69	29	71
飞机制造及修理	3761	143	52	27	64
航天器制造	3762	22	15	1	6

单位:个

行业小类	代码	法人单位数	东部地区	中部地区	西部地区
其他飞行器制造	3769	4	2	1	1
交通器材及其他交通运输设备制造	3790	162	122	19	21
潜水及水下救捞装备制造	3791	6	5	1	0
交通管理用金属标志及设施制造	3792	82	59	11	12
其他交通运输设备制造	3799	74	58	7	9
电气机械及器材制造业	3900	15275	12797	1489	989
电机制造	3910	1585	1328	167	90
发电机及发电机组制造	3911	315	234	41	40
电动机制造	3912	665	542	86	37
微电机及其他电机制造	3919	605	552	40	13
输配电及控制设备制造	3920	4643	3744	476	423
变压器、整流器和电感器制造	3921	1144	887	159	98
电容器及其配套设备制造	3922	262	216	27	19
配电开关控制设备制造	3923	1984	1619	205	160
电力电子元器件制造	3924	776	651	38	87
其他输配电及控制设备制造	3929	477	371	47	59
电线、电缆、光缆及电工器材制造	3930	3427	2667	486	274
电线电缆制造	3931	2819	2211	399	209
光纤、光缆制造	3932	120	87	13	20
绝缘制品制造	3933	268	208	36	24
其他电工器材制造	3939	220	161	38	21
电池制造	3940	827	670	103	54
家用电力器具制造	3950	1901	1756	95	50
家用制冷电器具制造	3951	154	120	21	13
家用空气调节器制造	3952	200	175	17	8
家用通风电器具制造	3953	187	182	3	2
家用厨房电器具制造	3954	462	450	5	7
家用清洁卫生电器具制造	3955	169	154	9	6
家用美容、保健电器具制造	3956	118	113	3	2
家用电力器具专用配件制造	3957	260	228	28	4
其他家用电力器具制造	3959	351	334	9	8
非电力家用器具制造	3960	334	279	26	29
燃气、太阳能及类似能源的器具制造	3961	253	216	14	23
其他非电力家用器具制造	3969	81	63	12	6

2—8 续表 17

单位:个

行业小类	代码	法人单位数	东部地区	中部地区	西部地区
照明器具制造	3970	2165	2027	100	38
电光源制造	3971	486	444	32	10
照明灯具制造	3972	1196	1123	55	18
灯用电器附件及其他照明器具制造	3979	483	460	13	10
其他电气机械及器材制造	3990	393	326	36	31
车辆专用照明及电气信号设备装置制造	3991	146	132	5	9
其他未列明的电气机械制造	3999	247	194	31	22
通信设备、计算机及其他电子设备制造业	4000	8882	7887	458	537
通信设备制造	4010	1195	985	81	129
通信传输设备制造	4011	267	194	23	50
通信交换设备制造	4012	157	131	16	10
通信终端设备制造	4013	213	176	11	26
移动通信及终端设备制造	4014	247	225	10	12
其他通信设备制造	4019	311	259	21	31
雷达及配套设备制造	4020	44	21	7	16
广播电视设备制造	4030	362	319	19	24
广播电视节目制作及发射设备制造	4031	41	34	2	5
广播电视接收设备及器材制造	4032	248	223	12	13
应用电视设备及其他广播电视设备制造	4039	73	62	5	6
电子计算机制造	4040	1125	1008	49	68
电子计算机整机制造	4041	223	186	7	30
计算机网络设备制造	4042	163	139	7	17
电子计算机外部设备制造	4043	739	683	35	21
电子器件制造	4050	1294	1146	70	78
电子真空器件制造	4051	142	115	11	16
半导体分立器件制造	4052	261	224	16	21
集成电路制造	4053	359	331	13	15
光电子器件及其他电子器件制造	4059	532	476	30	26
电子元件制造	4060	3504	3176	177	151
电子元件及组件制造	4061	2948	2633	171	144
印制电路板制造	4062	556	543	6	7
家用视听设备制造	4070	848	802	27	19
家用影视设备制造	4071	354	321	19	14
家用音响设备制造	4072	494	481	8	5

2—8 续表 18

单位：个

行业小类	代码	法人单位数	东部地区	中部地区	西部地区
其他电子设备制造	4090	510	430	28	52
仪器仪表及文化、办公用机械制造业	4100	3774	3166	329	279
通用仪器仪表制造	4110	1719	1411	178	130
工业自动控制系统装置制造	4111	734	592	79	63
电工仪器仪表制造	4112	254	212	25	17
绘图、计算及测量仪器制造	4113	135	103	21	11
实验分析仪器制造	4114	207	190	8	9
试验机制造	4115	67	53	4	10
供应用仪表及其他通用仪器制造	4119	322	261	41	20
专用仪器仪表制造	4120	569	431	72	66
环境监测专用仪器仪表制造	4121	63	48	9	6
汽车及其他用计数仪表制造	4122	105	81	19	5
导航、气象及海洋专用仪器制造	4123	56	39	9	8
农林牧渔专用仪器仪表制造	4124	4	4	0	0
地质勘探和地震专用仪器制造	4125	40	29	2	9
教学专用仪器制造	4126	52	36	10	6
核子及核辐射测量仪器制造	4127	11	8	1	2
电子测量仪器制造	4128	147	115	12	20
其他专用仪器制造	4129	91	71	10	10
钟表与计时仪器制造	4130	393	377	9	7
光学仪器及眼镜制造	4140	575	469	43	63
光学仪器制造	4141	279	178	38	63
眼镜制造	4142	296	291	5	0
文化、办公用机械制造	4150	395	377	12	6
电影机械制造	4151	13	11	2	0
幻灯及投影设备制造	4152	19	18	1	0
照相机及器材制造	4153	122	116	3	3
复印和胶印设备制造	4154	91	89	1	1
计算器及货币专用设备制造	4155	92	87	4	1
其他文化、办公用机械制造	4159	58	56	1	1
其他仪器仪表的制造及修理	4190	123	101	15	7
工艺品及其他制造业	4200	5114	4416	411	287
工艺美术品制造	4210	3644	3217	280	147
雕塑工艺品制造	4211	454	372	60	22

行业小类	代码	法　人单位数	东部地区	中部地区	西部地区
金属工艺品制造	4212	385	356	9	20
漆器工艺品制造	4213	137	128	5	4
花画工艺品制造	4214	223	217	5	1
天然植物纤维编织工艺品制造	4215	425	361	23	41
抽纱刺绣工艺品制造	4216	504	480	22	2
地毯、挂毯制造	4217	310	253	33	24
珠宝首饰及有关物品的制造	4218	297	265	17	15
其他工艺美术品制造	4219	909	785	106	18
日用杂品制造	4220	1027	919	65	43
制镜及类似品加工	4221	68	60	8	0
鬃毛加工、制刷及清扫工具的制造	4222	204	157	22	25
其他日用杂品制造	4229	755	702	35	18
煤制品制造	4230	82	38	20	24
核辐射加工	4240	8	5	1	2
其他未列明的制造业	4290	353	237	45	71
废弃资源和废旧材料回收加工业	4300	472	334	70	68
金属废料和碎屑的加工处理	4310	337	229	55	53
非金属废料和碎屑的加工处理	4320	135	105	15	15
电力、燃气及水的生产和供应业	**D**	**8703**	**3486**	**2204**	**3013**
电力、热力的生产和供应业	4400	5680	2237	1435	2008
电力生产	4410	3360	1359	774	1227
火力发电	4411	1254	691	331	232
水力发电	4412	2029	622	433	974
核力发电	4413	6	5	0	1
其他能源发电	4419	71	41	10	20
电力供应	4420	1647	504	519	624
热力生产和供应	4430	673	374	142	157
燃气生产和供应业	4500	521	227	100	194
水的生产和供应业	4600	2502	1022	669	811
自来水的生产和供应	4610	2370	933	650	787
污水处理及其再生利用	4620	121	84	16	21
其他水的处理、利用与分配	4690	11	5	3	3
建筑业	**E**	**61684**	**32068**	**14689**	**14927**
房屋和土木工程建筑业	4700	35310	16767	8899	9644

行业小类	代码	法人单位数	东部地区	中部地区	西部地区
房屋工程建筑	4710	25449	11561	6476	7412
土木工程建筑	4720	9861	5206	2423	2232
铁路、道路、隧道和桥梁工程建筑	4721	4398	2307	1124	967
水利和港口工程建筑	4722	1440	680	408	352
工矿工程建筑	4723	553	261	147	145
架线和管道工程建筑	4724	1787	991	392	404
其他土木工程建筑	4729	1683	967	352	364
建筑安装业	4800	10054	5875	2271	1908
建筑装饰业	4900	12576	7262	2610	2704
其他建筑业	5000	3744	2164	909	671
工程准备	5010	1283	775	311	197
提供施工设备服务	5020	335	185	81	69
其他未列明的建筑活动	5090	2126	1204	517	405
批发和零售业	**H**	**55402**	**32319**	**9679**	**13404**
批发业	6300	31902	19940	4390	7572
农畜产品批发	6310	1705	631	610	464
谷物、豆及薯类批发	6311	881	294	442	145
种子、饲料批发	6312	281	106	46	129
棉、麻批发	6313	308	104	96	108
牲畜批发	6314	26	9	6	11
其他农畜产品批发	6319	209	118	20	71
食品、饮料及烟草制品批发	6320	3355	1741	633	981
米、面制品及食用油批发	6321	672	346	137	189
糕点、糖果及糖批发	6322	171	95	7	69
果品、蔬菜批发	6323	164	95	30	39
肉、禽、蛋及水产品批发	6324	295	216	34	45
盐及调味品批发	6325	237	114	72	51
饮料及茶叶批发	6326	389	246	40	103
烟草制品批发	6327	1002	348	264	390
其他食品批发	6329	425	281	49	95
纺织、服装及日用品批发	6330	2488	2032	169	287
纺织品、针织品及原料批发	6331	908	739	83	86
服装批发	6332	753	654	42	57
鞋帽批发	6333	147	136	3	8

单位:个

行业小类	代码	法人单位数	东部地区	中部地区	西部地区
厨房、卫生间用具及日用杂货批发	6334	129	101	8	20
化妆品及卫生用品批发	6335	186	134	13	39
其他日用品批发	6339	365	268	20	77
文化、体育用品及器材批发	6340	878	634	113	131
文具用品批发	6341	250	201	11	38
体育用品批发	6342	45	34	0	11
图书批发	6343	230	117	74	39
报刊批发	6344	11	9	1	1
音像制品及电子出版物批发	6345	39	31	1	7
首饰、工艺品及收藏品批发	6346	145	122	6	17
其他文化用品批发	6349	158	120	20	18
医药及医疗器材批发	6350	1926	1122	418	386
西药批发	6351	1239	669	317	253
中药材及中成药批发	6352	388	230	82	76
医疗用品及器材批发	6353	299	223	19	57
矿产品、建材及化工产品批发	6360	12169	7601	1570	2998
煤炭及制品批发	6361	1185	641	295	249
石油及制品批发	6362	1770	1108	288	374
非金属矿及制品批发	6363	208	104	19	85
金属及金属矿批发	6364	4359	2932	522	905
建材批发	6365	1423	779	117	527
化肥批发	6366	771	276	149	346
农药批发	6367	125	47	15	63
农用薄膜批发	6368	21	11	5	5
其他化工产品批发	6369	2307	1703	160	444
机械设备、五金交电及电子产品批发	6370	6966	4498	690	1778
农业机械批发	6371	244	106	58	80
汽车、摩托车及零配件批发	6372	1408	859	216	333
五金、交电批发	6373	1005	650	46	309
家用电器批发	6374	626	445	77	104
计算机、软件及辅助设备批发	6375	899	674	83	142
通讯及广播电视设备批发	6376	530	330	69	131
其他机械设备及电子产品批发	6379	2254	1434	141	679
贸易经纪与代理	6380	378	321	23	34

单位:个

行业小类	代码	法人单位数	东部地区	中部地区	西部地区
其他批发	6390	2037	1360	164	513
再生物资回收与批发	6391	854	424	90	340
其他未列明的批发	6399	1183	936	74	173
零售业	6500	23500	12379	5289	5832
综合零售	6510	5748	2569	1973	1206
百货零售	6511	2793	1273	880	640
超级市场零售	6512	2027	1045	626	356
其他综合零售	6519	928	251	467	210
食品、饮料及烟草制品专门零售	6520	1091	504	225	362
粮油零售	6521	295	87	64	144
糕点、面包零售	6522	57	36	9	12
果品、蔬菜零售	6523	31	15	7	9
肉、禽、蛋及水产品零售	6524	154	68	64	22
饮料及茶叶零售	6525	118	52	17	49
烟草制品零售	6526	151	104	21	26
其他食品零售	6529	285	142	43	100
纺织、服装及日用品专门零售	6530	1327	680	257	390
纺织品及针织品零售	6531	191	72	63	56
服装零售	6532	635	351	105	179
鞋帽零售	6533	93	54	20	19
钟表、眼镜零售	6534	130	69	14	47
化妆品及卫生用品零售	6535	75	35	6	34
其他日用品零售	6539	203	99	49	55
文化、体育用品及器材专门零售	6540	1850	883	493	474
文具用品零售	6541	135	88	7	40
体育用品零售	6542	60	31	12	17
图书零售	6543	1236	498	430	308
报刊零售	6544	21	14	2	5
音像制品及电子出版物零售	6545	34	23	1	10
珠宝首饰零售	6546	165	109	22	34
工艺美术品及收藏品零售	6547	69	39	6	24
照相器材零售	6548	52	40	3	9
其他文化用品零售	6549	78	41	10	27
医药及医疗器材专门零售	6550	1623	777	365	481

单位:个

行业小类	代码	法人单位数	东部地区	中部地区	西部地区
药品零售	6551	1376	585	348	443
医疗用品及器材零售	6552	247	192	17	38
汽车、摩托车、燃料及零配件专门零售	6560	6095	3748	1084	1263
汽车零售	6561	3776	2361	721	694
汽车零配件零售	6562	338	197	40	101
摩托车及零配件零售	6563	479	255	57	167
机动车燃料零售	6564	1502	935	266	301
家用电器及电子产品专门零售	6570	3583	2012	589	982
家用电器零售	6571	1335	674	351	310
计算机、软件及辅助设备零售	6572	1347	787	145	415
通信设备零售	6573	510	270	72	168
其他电子产品零售	6579	391	281	21	89
五金、家具及室内装修材料专门零售	6580	1170	627	160	383
五金零售	6581	553	301	84	168
家具零售	6582	232	130	39	63
涂料零售	6583	42	27	3	12
其他室内装修材料零售	6589	343	169	34	140
无店铺及其他零售	6590	1013	579	143	291
流动货摊零售	6591	7	4	2	1
邮购及电子销售	6592	11	10	1	0
生活用燃料零售	6593	357	215	62	80
花卉零售	6594	33	8	2	23
旧货零售	6595	3	1	0	2
其他未列明的零售	6599	602	341	76	185
住宿和餐饮业	**I**	**18809**	**10685**	**3919**	**4205**
住宿业	6600	8768	4230	2152	2386
旅游饭店	6610	7656	3803	1864	1989
一般旅馆	6620	990	377	258	355
其他住宿服务	6690	122	50	30	42
餐饮业	6700	10041	6455	1767	1819
正餐服务	6710	9299	5973	1685	1641
快餐服务	6720	377	271	56	50
饮料及冷饮服务	6730	105	52	7	46
其他餐饮服务	6790	260	159	19	82

2—9　限额以上企业按行业小类、直辖市和省会城市

（2005 年）

行业小类	代码	企　业 单位数	北京	天津	石家庄
总　　计	**0000**	**409034**	**15757**	**13431**	**2698**
采矿业	B	**12659**	**55**	**43**	**88**
煤炭开采和洗选业	0600	5999	30	3	28
烟煤和无烟煤的开采洗选	0610	5750	30	0	20
褐煤的开采洗选	0620	217	0	3	8
其他煤炭采选	0690	32	0	0	0
石油和天然气开采业	0700	255	1	19	0
天然原油和天然气开采	0710	123	0	15	0
与石油和天然气开采有关的服务活动	0790	132	1	4	0
黑色金属矿采选业	0800	2170	9	0	31
铁矿采选	0810	1978	9	0	31
其他黑色金属矿采选	0890	192	0	0	0
有色金属矿采选业	0900	1646	0	1	1
常用有色金属矿采选	0910	913	0	0	0
贵金属矿采选	0920	481	0	1	1
稀有稀土金属矿采选	0930	252	0	0	0
非金属矿采选业	1000	2555	15	20	28
土砂石开采	1010	1795	15	15	25
化学矿采选	1020	200	0	1	0
采盐	1030	192	0	3	0
石棉及其他非金属矿采选	1090	368	0	1	3
其他采矿业	1100	34	0	0	0
制造业	**C**	**251777**	**6141**	**7681**	**1890**
农副食品加工业	1300	14561	215	225	154
谷物磨制	1310	3145	12	28	26
饲料加工	1320	2282	86	47	40
植物油加工	1330	1611	6	20	11
制糖	1340	295	1	3	3
屠宰及肉类加工	1350	2553	71	62	32
水产品加工	1360	1556	4	22	0
蔬菜、水果和坚果加工	1370	1787	20	28	4
其他农副食品加工	1390	1332	15	15	38
食品制造业	1400	5786	209	174	45
焙烤食品制造	1410	920	59	23	7

以及计划单列市分组的单位数

单位:个

太原	呼和浩特	沈阳	长春	哈尔滨	上海	南京	杭州	合肥	代码
1477	**690**	**5436**	**1584**	**2221**	**20548**	**4009**	**10054**	**1581**	**0000**
87	**13**	**28**	**17**	**12**	**2**	**41**	**57**	**0**	B
54	0	9	13	5	0	0	2	0	0600
54	0	6	13	5	0	0	1	0	0610
0	0	3	0	0	0	0	0	0	0620
0	0	0	0	0	0	0	1	0	0690
0	0	1	1	1	1	0	0	0	0700
0	0	1	0	1	1	0	0	0	0710
0	0	0	1	0	0	0	0	0	0790
32	11	3	0	0	0	6	1	0	0800
32	11	2	0	0	0	6	1	0	0810
0	0	1	0	0	0	0	0	0	0890
0	1	0	0	2	0	4	11	0	0900
0	0	0	0	1	0	2	8	0	0910
0	1	0	0	0	0	2	0	0	0920
0	0	0	0	1	0	0	3	0	0930
1	1	15	3	4	1	31	43	0	1000
1	1	10	3	3	1	29	37	0	1010
0	0	0	0	0	0	1	2	0	1020
0	0	0	0	0	0	0	0	0	1030
0	0	5	0	1	0	1	4	0	1090
0	0	0	0	0	0	0	0	0	1100
392	**213**	**3517**	**701**	**763**	**14727**	**2284**	**7243**	**655**	**C**
14	19	205	67	82	179	46	128	28	1300
3	4	40	13	20	8	10	8	7	1310
4	3	68	19	15	37	7	22	7	1320
1	2	9	8	12	22	6	3	3	1330
0	0	2	0	2	0	0	1	0	1340
6	3	58	15	17	49	17	23	2	1350
0	0	1	0	0	14	0	5	0	1360
0	1	13	3	5	21	5	60	7	1370
0	6	14	9	11	28	1	6	2	1390
10	14	80	15	41	275	34	96	7	1400
0	2	22	2	5	81	5	20	1	1410

行业小类	代码	企业单位数	北京	天津	石家庄
糖果、巧克力及蜜饯制造	1420	449	14	9	5
方便食品制造	1430	788	22	24	5
液体乳及乳制品制造	1440	699	19	16	13
罐头制造	1450	723	6	25	1
调味品、发酵制品制造	1460	842	23	17	4
其他食品制造	1490	1365	66	60	10
饮料制造业	1500	3756	70	54	27
酒精制造	1510	154	1	5	0
酒的制造	1520	1910	20	19	10
软饮料制造	1530	1044	46	30	17
精制茶加工	1540	648	3	0	0
烟草制品业	1600	191	1	1	2
烟叶复烤	1610	60	0	0	0
卷烟制造	1620	100	1	1	2
其他烟草制品加工	1690	31	0	0	0
纺织业	1700	22133	164	350	179
棉、化纤纺织及印染精加工	1710	9523	25	115	147
毛纺织和染整精加工	1720	1261	15	36	5
麻纺织	1730	340	0	0	0
丝绢纺织及精加工	1740	1979	1	18	0
纺织制成品制造	1750	3394	42	92	15
针织品、编织品及其制品制造	1760	5636	81	89	12
纺织服装、鞋、帽制造业	1800	11688	266	361	65
纺织服装制造	1810	10997	258	347	58
纺织面料鞋的制造	1820	478	5	8	3
制帽	1830	213	3	6	4
皮革、毛皮、羽毛(绒)及其制品业	1900	6189	42	83	148
皮革鞣制加工	1910	732	3	8	79
皮革制品制造	1920	4751	30	62	59
毛皮鞣制及制品加工	1930	337	9	9	7
羽毛(绒)加工及制品制造	1940	369	0	4	3
木材加工及木、竹、藤、棕、草制品业	2000	5282	32	84	35
锯材、木片加工	2010	627	4	15	0
人造板制造	2020	2714	11	16	29

单位：个

太原	呼和浩特	沈阳	长春	哈尔滨	上海	南京	杭州	合肥	代码
0	0	8	0	1	36	1	9	0	1420
0	1	17	5	9	30	10	7	2	1430
2	7	6	1	15	16	5	8	1	1440
1	1	1	0	2	12	1	13	1	1450
5	0	13	4	4	38	1	7	0	1460
2	3	13	3	5	62	11	32	2	1490
7	7	47	21	41	62	13	59	5	1500
0	0	3	1	1	0	0	0	0	1510
3	6	20	14	29	17	2	12	2	1520
4	1	24	6	11	42	9	20	3	1530
0	0	0	0	0	3	2	27	0	1540
1	1	3	1	2	2	1	2	1	1600
0	0	0	0	1	0	0	0	0	1610
1	1	3	1	1	2	1	1	1	1620
0	0	0	0	0	0	0	1	0	1690
7	26	81	6	27	1011	79	1234	24	1700
2	1	29	2	7	221	21	656	9	1710
2	4	8	0	0	66	3	15	1	1720
0	0	0	0	9	1	3	2	0	1730
1	0	0	0	0	22	3	186	1	1740
1	2	21	3	10	278	31	184	11	1750
1	19	23	1	1	423	18	191	2	1760
3	11	57	16	3	1085	178	423	20	1800
3	11	55	15	2	1031	168	393	20	1810
0	0	2	0	1	30	6	22	0	1820
0	0	0	1	0	24	4	8	0	1830
0	2	44	3	1	242	23	206	9	1900
0	1	1	0	0	7	0	4	0	1910
0	1	39	0	1	221	13	140	2	1920
0	0	1	0	0	4	1	6	0	1930
0	0	3	3	0	10	9	56	7	1940
1	1	65	10	62	175	11	91	5	2000
0	0	13	0	15	13	2	2	0	2010
1	1	21	8	25	35	4	35	1	2020

2—9 续表 2

行业小类	代码	企业单位数	北京	天津	石家庄
木制品制造	2030	1254	17	45	6
竹、藤、棕、草制品制造	2040	687	0	8	0
家具制造业	2100	3228	100	114	18
木质家具制造	2110	2035	77	57	16
竹、藤家具制造	2120	49	0	0	0
金属家具制造	2130	727	15	32	2
塑料家具制造	2140	61	0	0	0
其他家具制造	2190	356	8	25	0
造纸及纸制品业	2200	7507	113	233	55
纸浆制造	2210	118	0	5	2
造纸	2220	3376	31	77	19
纸制品制造	2230	4013	82	151	34
印刷业和记录媒介的复制	2300	5002	379	148	24
印刷	2310	4650	337	135	21
装订及其他印刷服务活动	2320	259	27	11	2
记录媒介的复制	2330	93	15	2	1
文教体育用品制造业	2400	3174	46	76	1
文化用品制造	2410	759	11	23	0
体育用品制造	2420	802	10	27	0
乐器制造	2430	240	18	21	0
玩具制造	2440	1251	5	5	1
游艺器材及娱乐用品制造	2450	122	2	0	0
石油加工及炼焦业	2500	1951	52	42	14
精炼石油产品的制造	2510	993	49	39	7
炼焦	2520	955	2	3	7
化学原料及化学制品制造业	2600	18539	430	673	238
基础化学原料制造	2610	4597	72	184	112
肥料制造	2620	1949	18	21	28
农药制造	2630	711	11	19	15
涂料、油墨、颜料及类似产品制造	2640	3057	106	192	21
合成材料制造	2650	1596	48	32	13
专用化学产品制造	2660	5266	133	155	31
日用化学产品制造	2670	1363	42	70	18
医药制造业	2700	4937	181	123	59

单位：个

太原	呼和浩特	沈阳	长春	哈尔滨	上海	南京	杭州	合肥	代码
0	0	30	2	21	116	5	27	1	2030
0	0	1	0	1	11	0	27	3	2040
3	3	71	5	14	245	14	91	12	2100
3	3	60	4	9	158	8	36	7	2110
0	0	0	0	0	1	0	3	0	2120
0	0	7	1	4	44	2	39	1	2130
0	0	0	0	0	2	1	7	0	2140
0	0	4	0	1	40	3	6	4	2190
7	7	69	13	19	322	41	527	19	2200
0	0	0	0	1	0	0	1	0	2210
2	3	26	5	9	64	10	383	5	2220
5	4	43	8	9	258	31	143	14	2230
11	4	99	20	32	382	52	131	28	2300
11	4	93	19	28	345	50	123	28	2310
0	0	4	0	4	28	2	3	0	2320
0	0	2	1	0	9	0	5	0	2330
1	0	15	0	8	316	52	125	3	2400
0	0	3	0	7	90	3	54	0	2410
1	0	8	0	0	75	10	47	2	2420
0	0	1	0	1	28	3	5	0	2430
0	0	0	0	0	117	36	15	1	2440
0	0	3	0	0	6	0	4	0	2450
28	1	43	5	7	46	17	13	1	2500
0	1	41	4	6	45	17	13	1	2510
28	0	1	1	1	1	0	0	0	2520
33	14	226	34	29	1012	253	452	39	2600
9	9	48	7	5	143	95	89	5	2610
0	2	13	8	2	9	10	8	7	2620
1	0	10	1	2	18	11	22	4	2630
8	0	52	2	4	310	38	104	1	2640
1	0	14	5	1	132	26	53	3	2650
13	2	69	9	12	255	59	138	14	2660
1	1	20	2	3	145	14	38	5	2670
19	11	89	53	47	213	36	78	19	2700

2—9 续表 3

行业小类	代码	企业单位数	北京	天津	石家庄
化学药品原药制造	2710	935	10	34	25
化学药品制剂制造	2720	1085	56	26	9
中药饮片加工	2730	436	22	4	0
中成药制造	2740	1272	38	23	8
兽用药品制造	2750	350	11	6	11
生物、生化制品的制造	2760	486	33	19	3
卫生材料及医药用品制造	2770	373	11	11	3
化学纤维制造业	2800	1301	15	24	5
纤维素纤维原料及纤维制造	2810	184	3	6	4
合成纤维制造	2820	1117	12	18	1
橡胶制品业	2900	3060	38	136	17
轮胎制造	2910	416	2	32	2
橡胶板、管、带的制造	2920	640	5	24	6
橡胶零件制造	2930	648	18	22	1
再生橡胶制造	2940	133	2	5	1
日用及医用橡胶制品制造	2950	237	4	12	6
橡胶靴鞋制造	2960	605	1	18	0
其他橡胶制品制造	2990	381	6	23	1
塑料制品业	3000	12074	269	347	77
塑料薄膜制造	3010	1283	33	33	6
塑料板、管、型材的制造	3020	2040	38	71	16
塑料丝、绳及编织品的制造	3030	1508	17	39	14
泡沫塑料制造	3040	804	28	18	8
塑料人造革、合成革制造	3050	372	4	4	0
塑料包装箱及容器制造	3060	1362	53	59	6
塑料零件制造	3070	1369	20	46	1
日用塑料制造	3080	1880	51	20	14
其他塑料制品制造	3090	1456	25	57	12
非金属矿物制品业	3100	20645	410	326	233
水泥、石灰和石膏的制造	3110	5370	33	32	109
水泥及石膏制品制造	3120	2888	177	90	16
砖瓦、石材及其他建筑材料制造	3130	5128	69	93	65
玻璃及玻璃制品制造	3140	2742	59	62	13
陶瓷制品制造	3150	1563	8	8	7

单位:个

太原	呼和浩特	沈阳	长春	哈尔滨	上海	南京	杭州	合肥	代码
4	4	15	2	1	37	6	15	0	2710
8	1	28	22	17	67	14	15	8	2720
1	2	5	4	8	16	1	9	1	2730
2	3	17	10	14	24	2	11	4	2740
1	1	6	3	1	11	5	7	0	2750
1	0	17	12	4	38	6	15	6	2760
2	0	1	0	2	20	2	6	0	2770
2	2	0	1	2	58	5	87	2	2800
0	2	0	1	0	5	1	9	0	2810
2	0	0	0	2	53	4	78	2	2820
1	0	56	5	3	262	19	65	9	2900
1	0	6	1	0	17	1	10	2	2910
0	0	22	1	1	53	7	12	3	2920
0	0	14	1	0	76	4	11	2	2930
0	0	2	0	0	2	1	2	0	2940
0	0	3	0	1	31	0	8	1	2950
0	0	4	0	0	23	0	18	0	2960
0	0	5	2	1	60	6	4	1	2990
11	6	139	26	21	929	100	341	42	3000
2	0	17	3	2	119	8	33	3	3010
6	2	42	6	4	146	17	97	8	3020
0	1	15	5	4	36	13	20	1	3030
0	1	18	0	0	72	14	33	3	3040
0	0	4	0	0	17	1	9	2	3050
2	2	20	8	6	149	16	52	5	3060
0	0	9	0	1	145	6	29	12	3070
1	0	11	1	3	109	12	40	4	3080
0	0	3	3	1	136	13	28	4	3090
36	19	235	47	45	650	171	300	38	3100
10	9	16	10	20	24	33	75	5	3110
8	6	50	12	10	196	61	94	23	3120
5	4	94	14	7	161	23	31	3	3130
3	0	36	8	3	150	30	76	6	3140
1	0	8	0	0	34	9	3	0	3150

2—9 续表 4

行业小类	代码	企业单位数	北京	天津	石家庄
耐火材料制品制造	3160	1411	29	18	10
石墨及其他非金属矿物制品制造	3190	1543	35	23	13
黑色金属冶炼及压延加工业	3200	6702	59	339	34
炼铁	3210	1052	11	11	15
炼钢	3220	396	3	9	1
钢压延加工	3230	3719	44	315	12
铁合金冶炼	3240	1535	1	4	6
有色金属冶炼及压延加工业	3300	5136	81	121	20
常用有色金属冶炼	3310	1494	10	14	10
贵金属冶炼	3320	220	2	1	1
稀有稀土金属冶炼	3330	415	8	7	0
有色金属合金制造	3340	411	14	13	0
有色金属压延加工	3350	2596	47	86	9
金属制品业	3400	13822	384	765	98
结构性金属制品制造	3410	3963	251	188	16
金属工具制造	3420	1649	21	51	11
集装箱及金属包装容器制造	3430	1100	24	55	11
金属丝绳及其制品的制造	3440	997	2	157	21
建筑、安全用金属制品制造	3450	1886	27	71	23
金属表面处理及热处理加工	3460	1099	17	48	1
搪瓷制品制造	3470	189	1	6	4
不锈钢及类似日用金属制品制造	3480	1711	12	72	4
其他金属制品制造	3490	1228	29	117	7
通用设备制造业	3500	19976	436	697	134
锅炉及原动机制造	3510	1183	37	36	17
金属加工机械制造	3520	1964	57	95	6
起重运输设备制造	3530	1201	26	41	0
泵、阀门、压缩机及类似机械的制造	3540	3330	77	139	21
轴承、齿轮、传动和驱动部件的制造	3550	1997	19	29	9
烘炉、熔炉及电炉制造	3560	158	9	6	0
风机、衡器、包装设备等通用设备制造	3570	2868	103	79	18
通用零部件制造及机械修理	3580	3149	46	170	9
金属铸、锻加工	3590	4126	62	102	54
专用设备制造业	3600	10510	469	404	56

单位:个

太原	呼和浩特	沈阳	长春	哈尔滨	上海	南京	杭州	合肥	代码
5	0	14	3	1	40	3	16	0	3160
4	0	17	0	4	45	12	5	1	3190
15	7	83	10	9	159	67	120	4	3200
7	3	2	0	2	0	12	7	0	3210
2	0	5	2	0	1	6	5	2	3220
5	0	68	8	6	144	44	98	2	3230
1	4	8	0	1	14	5	10	0	3240
23	7	84	6	6	242	47	71	1	3300
11	2	9	2	3	19	10	16	0	3310
0	1	1	0	0	3	2	0	0	3320
0	4	0	0	0	4	5	1	0	3330
3	0	15	1	0	29	7	4	0	3340
9	0	59	3	3	187	23	50	1	3350
37	5	158	26	21	1299	135	487	38	3400
9	5	61	13	4	445	49	136	22	3410
3	0	7	1	5	121	13	126	0	3420
2	0	29	2	4	100	14	40	0	3430
2	0	13	1	2	63	7	34	0	3440
11	0	16	6	2	114	11	57	7	3450
2	0	9	0	0	144	23	34	2	3460
1	0	4	0	1	20	1	11	2	3470
7	0	11	1	2	148	5	15	4	3480
0	0	8	2	1	144	12	34	1	3490
25	10	531	47	57	1616	231	672	74	3500
3	3	14	8	22	69	15	41	1	3510
5	1	58	4	4	193	31	53	6	3520
3	0	41	2	3	124	16	82	15	3530
2	1	118	5	6	305	30	70	7	3540
0	0	26	1	6	125	8	106	6	3550
0	1	4	0	3	14	8	5	0	3560
2	2	76	3	5	325	38	108	7	3570
3	0	81	9	7	293	28	98	9	3580
7	2	113	15	1	168	57	109	23	3590
33	8	282	22	35	860	112	198	51	3600

2—9 续表 5

行业小类	代码	企业单位数	北京	天津	石家庄
矿山、冶金、建筑专用设备制造	3610	2089	75	59	10
化工、木材、非金属加工专用设备制造	3620	2244	43	101	2
食品、饮料、烟草及饲料生产专用设备制造	3630	632	21	20	11
印刷、制药、日化生产专用设备制造	3640	778	35	29	3
纺织、服装和皮革工业专用设备制造	3650	1202	16	47	7
电子和电工机械专用设备制造	3660	638	45	28	3
农、林、牧、渔专用机械制造	3670	980	14	14	12
医疗仪器设备及器械制造	3680	732	94	45	3
环保、社会公共安全及其他专用设备制造	3690	1215	126	61	5
交通运输设备制造业	3700	11109	384	533	49
铁路运输设备制造	3710	581	67	17	8
汽车制造	3720	7238	285	260	33
摩托车制造	3730	1358	0	12	2
自行车制造	3740	869	2	209	2
船舶及浮动装置制造	3750	732	4	26	0
航空航天器制造	3760	169	17	2	2
交通器材及其他交通运输设备制造	3790	162	9	7	2
电气机械及器材制造业	3900	15275	368	474	60
电机制造	3910	1585	29	56	3
输配电及控制设备制造	3920	4643	216	160	10
电线、电缆、光缆及电工器材制造	3930	3427	42	128	28
电池制造	3940	827	10	25	6
家用电力器具制造	3950	1901	21	38	4
非电力家用器具制造	3960	334	14	9	4
照明器具制造	3970	2165	17	18	2
其他电气机械及器材制造	3990	393	19	40	3
通信设备、计算机及其他电子设备制造业	4000	8882	493	393	15
通信设备制造	4010	1195	128	48	2
雷达及配套设备制造	4020	44	6	2	0
广播电视设备制造	4030	362	36	6	1
电子计算机制造	4040	1125	103	28	1
电子器件制造	4050	1294	73	49	3
电子元件制造	4060	3504	68	211	7
家用视听设备制造	4070	848	13	18	1

单位：个

太原	呼和浩特	沈阳	长春	哈尔滨	上海	南京	杭州	合肥	代码
13	4	104	3	5	92	28	20	17	3610
3	2	46	6	6	245	23	35	4	3620
1	2	11	0	5	38	9	5	1	3630
0	0	11	1	4	83	10	17	2	3640
0	0	16	0	0	109	5	56	2	3650
5	0	21	0	5	59	9	9	10	3660
2	0	12	4	4	25	7	9	1	3670
1	0	18	6	0	101	7	19	3	3680
8	0	43	2	6	108	14	28	11	3690
17	7	236	193	55	706	142	272	48	3700
9	0	45	19	9	12	21	6	1	3710
6	6	175	171	37	469	77	166	45	3720
0	0	1	1	0	39	13	7	0	3730
0	0	2	0	0	67	7	80	0	3740
0	0	2	0	2	88	21	5	0	3750
1	0	8	1	7	16	1	0	1	3760
1	1	3	1	0	15	2	8	1	3790
11	8	346	21	54	1190	159	460	71	3900
1	1	29	1	9	128	19	29	4	3910
7	4	157	11	19	409	57	101	29	3920
1	2	107	5	17	272	29	158	13	3930
0	1	10	0	4	55	1	14	0	3940
0	0	12	0	1	89	11	44	21	3950
0	0	1	1	0	22	7	7	1	3960
1	0	25	2	2	169	31	100	3	3970
1	0	5	1	2	46	4	7	0	3990
19	10	80	11	14	663	146	233	37	4000
4	4	14	1	3	113	32	74	6	4010
0	0	1	0	0	0	4	1	2	4020
1	0	6	0	0	16	8	19	3	4030
5	2	12	3	3	93	17	24	6	4040
3	2	13	3	4	131	26	27	7	4050
5	1	21	3	2	239	46	63	7	4060
0	1	6	1	1	42	7	12	2	4070

行业小类	代码	企业单位数	北京	天津	石家庄
其他电子设备制造	4090	510	66	31	0
仪器仪表及文化、办公用机械制造业	4100	3774	334	199	11
通用仪器仪表制造	4110	1719	189	116	5
专用仪器仪表制造	4120	569	84	33	1
钟表与计时仪器制造	4130	393	2	17	2
光学仪器及眼镜制造	4140	575	21	7	1
文化、办公用机械制造	4150	395	16	15	0
其他仪器仪表的制造及修理	4190	123	22	11	2
工艺品及其他制造业	4200	5114	91	150	16
工艺美术品制造	4210	3644	38	106	12
日用杂品制造	4220	1027	11	16	2
煤制品制造	4230	82	10	3	0
核辐射加工	4240	8	3	0	0
其他未列明的制造业	4290	353	29	25	2
废弃资源和废旧材料回收加工业	4300	472	10	32	1
金属废料和碎屑的加工处理	4310	337	8	27	1
非金属废料和碎屑的加工处理	4320	135	2	5	0
电力、燃气及水的生产和供应业	**D**	**8703**	**103**	**106**	**37**
电力、热力的生产和供应业	4400	5680	67	65	18
电力生产	4410	3360	11	14	16
电力供应	4420	1647	6	9	1
热力生产和供应	4430	673	50	42	1
燃气生产和供应业	4500	521	14	19	4
水的生产和供应业	4600	2502	22	22	15
自来水的生产和供应	4610	2370	16	17	9
污水处理及其再生利用	4620	121	5	3	6
其他水的处理、利用与分配	4690	11	1	2	0
建筑业	**E**	**61684**	**2860**	**1661**	**307**
房屋和土木工程建筑业	4700	35310	924	453	208
房屋工程建筑	4710	25449	562	207	164
土木工程建筑	4720	9861	362	246	44
建筑安装业	4800	10054	626	564	31
建筑装饰业	4900	12576	1096	433	49
其他建筑业	5000	3744	214	211	19

单位:个

太原	呼和浩特	沈阳	长春	哈尔滨	上海	南京	杭州	合肥	代码
1	0	7	0	1	29	6	13	4	4090
15	0	55	8	19	313	79	143	15	4100
9	0	37	5	10	168	42	86	10	4110
4	0	9	2	4	42	14	21	5	4120
0	0	3	0	0	16	1	10	0	4130
2	0	1	1	1	34	16	8	0	4140
0	0	3	0	2	45	5	15	0	4150
0	0	2	0	2	8	1	3	0	4190
1	3	35	9	5	175	17	128	5	4200
0	1	30	5	2	106	14	93	1	4210
0	0	2	1	0	46	2	30	1	4220
0	0	3	1	0	1	0	0	0	4230
0	0	0	0	0	0	0	0	0	4240
1	2	0	2	3	22	1	5	3	4290
1	0	3	0	2	38	4	10	0	4300
1	0	1	0	0	20	3	4	0	4310
0	0	2	0	2	18	1	6	0	4320
11	**16**	**77**	**38**	**57**	**80**	**28**	**84**	**13**	**D**
8	10	55	27	38	28	15	57	7	4400
5	3	11	8	9	16	13	41	2	4410
2	5	4	4	19	3	1	12	2	4420
1	2	40	15	10	9	1	4	3	4430
0	1	5	5	4	8	5	6	1	4500
3	5	17	6	15	44	8	21	5	4600
3	4	13	6	15	36	7	15	4	4610
0	1	4	0	0	8	0	6	1	4620
0	0	0	0	0	0	1	0	0	4690
651	**159**	**907**	**438**	**875**	**2422**	**977**	**882**	**531**	**E**
190	126	259	183	412	1123	375	477	175	4700
78	95	144	101	276	723	229	242	119	4710
112	31	115	82	136	400	146	235	56	4720
170	19	294	142	246	504	223	129	116	4800
194	9	303	83	143	611	298	246	173	4900
97	5	51	30	74	184	81	30	67	5000

行业小类	代码	企业单位数	北京	天津	石家庄
工程准备	5010	1283	85	25	2
提供施工设备服务	5020	335	13	26	1
其他未列明的建筑活动	5090	2126	116	160	16
批发和零售业	**H**	**55402**	**5345**	**3556**	**296**
批发业	6300	31902	2760	2547	186
农畜产品批发	6310	1705	51	79	17
食品、饮料及烟草制品批发	6320	3355	184	124	25
纺织、服装及日用品批发	6330	2488	176	166	19
文化、体育用品及器材批发	6340	878	152	60	2
医药及医疗器材批发	6350	1926	164	83	24
矿产品、建材及化工产品批发	6360	12169	1062	1062	53
机械设备、五金交电及电子产品批发	6370	6966	851	698	39
贸易经纪与代理	6380	378	9	76	0
其他批发	6390	2037	111	199	7
零售业	6500	23500	2585	1009	110
综合零售	6510	5748	235	120	42
食品、饮料及烟草制品专门零售	6520	1091	85	79	6
纺织、服装及日用品专门零售	6530	1327	186	86	8
文化、体育用品及器材专门零售	6540	1850	206	72	5
医药及医疗器材专门零售	6550	1623	209	32	13
汽车、摩托车、燃料及零配件专门零售	6560	6095	645	186	19
家用电器及电子产品专门零售	6570	3583	761	131	9
五金、家具及室内装修材料专门零售	6580	1170	140	152	7
无店铺及其他零售	6590	1013	118	151	1
住宿和餐饮业	**I**	**18809**	**1253**	**384**	**80**
住宿业	6600	8768	0	115	48
旅游饭店	6610	7656	0	79	40
一般旅馆	6620	990	0	26	8
其他住宿服务	6690	122	0	10	0
餐饮业	6700	10041	1253	269	32
正餐服务	6710	9299	1118	220	32
快餐服务	6720	377	85	25	0
饮料及冷饮服务	6730	105	13	2	0
其他餐饮服务	6790	260	37	22	0

单位:个

太原	呼和浩特	沈阳	长春	哈尔滨	上海	南京	杭州	合肥	代码
45	0	44	9	50	24	26	17	6	5010
5	1	1	0	1	12	2	1	11	5020
47	4	6	21	23	148	53	12	50	5090
218	**157**	**743**	**291**	**351**	**2296**	**409**	**1424**	**263**	**H**
134	72	460	150	201	1803	242	1229	179	6300
4	6	17	30	22	9	6	14	13	6310
11	12	21	8	11	156	27	65	17	6320
1	1	9	5	5	242	34	200	23	6330
5	3	15	8	2	47	11	32	7	6340
10	7	46	14	24	94	13	38	22	6350
68	24	172	38	65	366	77	569	34	6360
29	18	176	42	53	412	69	273	58	6370
1	0	1	2	5	25	0	0	0	6380
5	1	3	3	14	452	5	38	5	6390
84	85	283	141	150	493	167	195	84	6500
18	11	46	33	43	167	64	48	28	6510
7	4	9	3	5	37	9	10	1	6520
11	4	20	8	10	59	11	7	7	6530
5	3	19	10	10	52	12	11	1	6540
5	3	14	6	14	33	15	20	4	6550
28	43	96	62	42	71	29	72	29	6560
9	16	67	14	20	25	20	23	11	6570
0	1	10	2	6	35	3	2	3	6580
1	0	2	3	0	14	4	2	0	6590
118	**132**	**164**	**99**	**163**	**1021**	**270**	**364**	**119**	**I**
65	34	71	42	67	285	99	221	37	6600
62	26	68	42	55	263	90	208	36	6610
2	8	3	0	7	21	9	12	1	6620
1	0	0	0	5	1	0	1	0	6690
53	98	93	57	96	736	171	143	82	6700
51	97	83	56	90	667	157	130	78	6710
2	1	7	0	4	40	11	5	1	6720
0	0	0	0	2	3	2	3	0	6730
0	0	3	1	0	26	1	5	3	6790

行业小类	代码	企业单位数			
		福州	南昌	济南	郑州
总　　计	**0000**	**3451**	**1541**	**2733**	**3353**
采矿业	**B**	**26**	**2**	**28**	**258**
煤炭开采和洗选业	0600	0	0	8	244
烟煤和无烟煤的开采洗选	0610	0	0	7	244
褐煤的开采洗选	0620	0	0	1	0
其他煤炭采选	0690	0	0	0	0
石油和天然气开采业	0700	0	0	3	2
天然原油和天然气开采	0710	0	0	1	2
与石油和天然气开采有关的服务活动	0790	0	0	2	0
黑色金属矿采选业	0800	0	0	3	1
铁矿采选	0810	0	0	3	1
其他黑色金属矿采选	0890	0	0	0	0
有色金属矿采选业	0900	1	0	0	2
常用有色金属矿采选	0910	0	0	0	2
贵金属矿采选	0920	1	0	0	0
稀有稀土金属矿采选	0930	0	0	0	0
非金属矿采选业	1000	25	2	14	9
土砂石开采	1010	18	2	14	7
化学矿采选	1020	0	0	0	0
采盐	1030	1	0	0	0
石棉及其他非金属矿采选	1090	6	0	0	2
其他采矿业	1100	0	0	0	0
制造业	**C**	**2181**	**750**	**1570**	**1539**
农副食品加工业	1300	177	58	82	53
谷物磨制	1310	11	16	13	10
饲料加工	1320	25	24	13	21
植物油加工	1330	7	2	30	6
制糖	1340	0	0	0	1
屠宰及肉类加工	1350	7	8	15	1
水产品加工	1360	101	2	0	5
蔬菜、水果和坚果加工	1370	16	0	7	2
其他农副食品加工	1390	10	6	4	7
食品制造业	1400	61	36	57	46
焙烤食品制造	1410	15	3	8	6

单位:个

武汉	长沙	广州	南宁	海口	重庆	成都	贵阳	代码
3110	**2728**	**9063**	**1441**	**704**	**4260**	**9619**	**1179**	**0000**
12	**87**	**23**	**10**	**1**	**40**	**38**	**16**	**B**
	41	0	2	0	28	12	2	0600
0	41	0	0	0	28	12	2	0610
0	0	0	0	0	0	0	0	0620
0	0	0	2	0	0	0	0	0690
0	0	0	0	0	1	9	0	0700
0	0	0	0	0	1	5	0	0710
0	0	0	0	0	0	4	0	0790
5	9	0	1	0	1	0	0	0800
4	2	0	0	0	1	0	0	0810
1	7	0	1	0	0	0	0	0890
0	5	1	3	1	0	2	3	0900
0	1	0	1	1	0	2	3	0910
0	2	0	1	0	0	0	0	0920
0	2	1	1	0	0	0	0	0930
7	32	22	4	0	10	13	11	1000
7	29	22	3	0	7	11	0	1010
0	1	0	0	0	1	1	11	1020
0	0	0	0	0	2	0	0	1030
0	2	0	1	0	0	1	0	1090
0	0	0	0	0	0	2	0	1100
1405	**1571**	**5134**	**549**	**215**	**1669**	**3966**	**643**	**C**
60	80	98	100	20	62	195	30	1300
6	11	9	5	1	4	16	3	1310
11	30	39	43	6	15	65	12	1320
10	3	11	1	0	2	18	8	1330
2	0	3	12	1	0	1	0	1340
16	22	11	2	0	18	55	5	1350
4	1	9	0	11	0	0	0	1360
5	7	8	3	1	19	25	1	1370
6	6	8	34	0	4	15	1	1390
39	55	142	22	15	25	162	28	1400
4	8	24	3	1	3	32	4	1410

2—9 续表 9

行业小类	代码	企业单位数			
		福州	南昌	济南	郑州
糖果、巧克力及蜜饯制造	1420	7	1	1	6
方便食品制造	1430	13	12	3	16
液体乳及乳制品制造	1440	3	2	5	2
罐头制造	1450	6	2	4	0
调味品、发酵制品制造	1460	10	8	18	7
其他食品制造	1490	7	8	18	9
饮料制造业	1500	34	12	23	16
酒精制造	1510	0	0	0	0
酒的制造	1520	4	2	13	4
软饮料制造	1530	13	8	10	12
精制茶加工	1540	17	2	0	0
烟草制品业	1600	0	1	1	3
烟叶复烤	1610	0	0	0	0
卷烟制造	1620	0	1	1	3
其他烟草制品加工	1690	0	0	0	0
纺织业	1700	183	102	58	38
棉、化纤纺织及印染精加工	1710	62	26	35	29
毛纺织和染整精加工	1720	2	1	4	0
麻纺织	1730	2	0	0	0
丝绢纺织及精加工	1740	2	1	0	0
纺织制成品制造	1750	36	3	12	7
针织品、编织品及其制品制造	1760	79	71	7	2
纺织服装、鞋、帽制造业	1800	122	52	23	24
纺织服装制造	1810	108	52	20	24
纺织面料鞋的制造	1820	13	0	3	0
制帽	1830	1	0	0	0
皮革、毛皮、羽毛(绒)及其制品业	1900	47	11	13	6
皮革鞣制加工	1910	4	2	6	1
皮革制品制造	1920	35	9	5	3
毛皮鞣制及制品加工	1930	0	0	1	2
羽毛(绒)加工及制品制造	1940	8	0	1	0
木材加工及木、竹、藤、棕、草制品业	2000	34	7	15	14
锯材、木片加工	2010	0	2	5	3
人造板制造	2020	7	1	2	8

单位:个

武汉	长沙	广州	南宁	海口	重庆	成都	贵阳	代码
1	4	19	1	0	0	7	1	1420
5	6	16	2	1	2	20	8	1430
6	7	10	5	2	6	14	2	1440
1	3	3	5	2	4	17	0	1450
7	6	25	2	0	5	30	8	1460
15	21	45	4	9	5	42	5	1490
10	34	35	14	9	22	92	13	1500
0	0	0	4	0	0	1	0	1510
3	9	8	1	2	6	57	9	1520
6	9	24	4	7	13	24	4	1530
1	16	3	5	0	3	10	0	1540
4	1	1	2	1	3	3	3	1600
0	0	0	1	0	1	1	2	1610
1	1	1	1	1	2	2	1	1620
3	0	0	0	0	0	0	0	1690
57	33	350	9	7	45	66	9	1700
36	9	192	3	1	32	27	4	1710
2	2	6	0	0	0	1	0	1720
1	1	0	0	0	2	0	0	1730
1	0	3	6	0	7	6	0	1740
9	16	42	0	0	2	19	2	1750
8	5	107	0	6	2	13	3	1760
58	32	418	7	1	13	63	6	1800
56	29	392	7	1	13	61	5	1810
0	3	13	0	0	0	2	1	1820
2	0	13	0	0	0	0	0	1830
6	15	239	8	0	26	163	2	1900
0	5	16	3	0	0	17	0	1910
4	10	221	3	0	25	129	2	1920
0	0	0	0	0	0	3	0	1930
2	0	2	2	0	1	14	0	1940
10	32	46	9	5	6	60	4	2000
0	0	3	1	3	1	8	0	2010
7	17	23	6	0	1	27	2	2020

2—9 续表 10

行业小类	代码	企业单位数			
		福州	南昌	济南	郑州
木制品制造	2030	10	3	8	2
竹、藤、棕、草制品制造	2040	17	1	0	1
家具制造业	2100	45	4	12	9
木质家具制造	2110	30	4	10	6
竹、藤家具制造	2120	1	0	0	0
金属家具制造	2130	9	0	1	1
塑料家具制造	2140	1	0	0	0
其他家具制造	2190	4	0	1	2
造纸及纸制品业	2200	73	14	34	119
纸浆制造	2210	1	0	1	1
造纸	2220	18	4	14	97
纸制品制造	2230	54	10	19	21
印刷业和记录媒介的复制	2300	51	34	37	45
印刷	2310	47	33	36	40
装订及其他印刷服务活动	2320	3	0	1	4
记录媒介的复制	2330	1	1	0	1
文教体育用品制造业	2400	24	16	9	1
文化用品制造	2410	6	15	6	0
体育用品制造	2420	4	0	1	0
乐器制造	2430	1	0	0	0
玩具制造	2440	11	1	0	0
游艺器材及娱乐用品制造	2450	2	0	2	1
石油加工及炼焦业	2500	3	3	15	6
精炼石油产品的制造	2510	2	3	11	4
炼焦	2520	1	0	4	2
化学原料及化学制品制造业	2600	60	40	144	102
基础化学原料制造	2610	9	9	14	32
肥料制造	2620	2	4	10	6
农药制造	2630	0	2	13	7
涂料、油墨、颜料及类似产品制造	2640	26	7	19	8
合成材料制造	2650	1	2	26	9
专用化学产品制造	2660	14	8	58	29
日用化学产品制造	2670	8	8	4	11
医药制造业	2700	22	48	66	42

单位:个

武汉	长沙	广州	南宁	海口	重庆	成都	贵阳	代码
3	6	17	0	2	4	23	2	2030
0	9	3	2	0	0	2	0	2040
10	15	79	4	4	13	138	6	2100
8	5	37	3	3	9	95	4	2110
0	5	4	0	0	0	1	0	2120
0	1	19	1	1	1	16	2	2130
0	0	1	0	0	0	8	0	2140
2	4	18	0	0	3	18	0	2190
47	74	175	32	6	33	99	12	2200
2	0	0	3	0	0	0	1	2210
16	48	42	17	1	9	37	3	2220
29	26	133	12	5	24	62	8	2230
41	38	149	24	17	45	150	31	2300
36	35	132	22	15	43	131	30	2310
3	2	10	0	1	1	17	0	2320
2	1	7	2	1	1	2	1	2330
3	5	126	0	0	3	12	2	2400
0	2	20	0	0	3	5	2	2410
0	3	36	0	0	0	2	0	2420
3	0	19	0	0	0	3	0	2430
0	0	50	0	0	0	1	0	2440
0	0	1	0	0	0	1	0	2450
9	7	16	4	0	5	8	1	2500
8	6	14	3	0	4	5	1	2510
1	1	2	1	0	1	3	0	2520
92	371	424	48	14	95	249	65	2600
25	27	38	10	2	28	59	25	2610
5	12	10	10	2	9	29	15	2620
4	2	4	3	0	4	13	1	2630
24	21	120	1	0	22	29	4	2640
6	7	62	2	1	4	16	4	2650
18	292	87	16	4	21	59	9	2660
10	10	103	6	5	7	44	7	2670
59	52	70	47	38	39	174	64	2700

2—9 续表 11

行业小类	代码	企业单位数			
		福州	南昌	济南	郑州
化学药品原药制造	2710	4	6	11	5
化学药品制剂制造	2720	7	5	13	8
中药饮片加工	2730	1	1	4	2
中成药制造	2740	4	21	6	10
兽用药品制造	2750	1	7	15	9
生物、生化制品的制造	2760	4	2	12	7
卫生材料及医药用品制造	2770	1	6	5	1
化学纤维制造业	2800	17	2	2	4
纤维素纤维原料及纤维制造	2810	1	0	0	0
合成纤维制造	2820	16	2	2	4
橡胶制品业	2900	25	10	9	13
轮胎制造	2910	0	1	0	2
橡胶板、管、带的制造	2920	0	1	6	3
橡胶零件制造	2930	4	1	0	5
再生橡胶制造	2940	0	2	1	0
日用及医用橡胶制品制造	2950	0	3	2	1
橡胶靴鞋制造	2960	18	1	0	0
其他橡胶制品制造	2990	3	1	0	2
塑料制品业	3000	245	26	63	34
塑料薄膜制造	3010	22	3	15	3
塑料板、管、型材的制造	3020	22	6	17	8
塑料丝、绳及编织品的制造	3030	4	6	7	8
泡沫塑料制造	3040	11	0	5	1
塑料人造革、合成革制造	3050	4	1	1	1
塑料包装箱及容器制造	3060	10	7	6	6
塑料零件制造	3070	10	2	1	1
日用塑料制造	3080	141	0	3	1
其他塑料制品制造	3090	21	1	8	5
非金属矿物制品业	3100	217	50	151	470
水泥、石灰和石膏的制造	3110	7	7	27	60
水泥及石膏制品制造	3120	16	12	32	36
砖瓦、石材及其他建筑材料制造	3130	159	13	44	20
玻璃及玻璃制品制造	3140	15	7	15	15
陶瓷制品制造	3150	17	0	8	8

单位:个

武汉	长沙	广州	南宁	海口	重庆	成都	贵阳	代码
3	17	4	5	2	13	26	0	2710
21	7	24	6	27	9	50	5	2720
7	5	9	10	1	3	21	1	2730
18	9	16	19	8	9	31	54	2740
0	5	8	5	0	1	8	1	2750
8	4	5	2	0	3	25	2	2760
2	5	4	0	0	1	13	1	2770
0	2	8	1	3	1	6	1	2800
0	0	1	0	0	0	1	0	2810
0	2	7	1	3	1	5	1	2820
12	9	92	1	0	15	34	15	2900
3	1	9	0	0	5	6	3	2910
4	1	9	1	0	2	15	2	2920
3	1	19	0	0	6	5	5	2930
0	1	2	0	0	0	1	0	2940
0	1	6	0	0	1	1	0	2950
0	3	33	0	0	0	1	4	2960
2	1	14	0	0	1	5	1	2990
44	65	305	29	12	60	138	34	3000
0	6	31	3	5	5	11	6	3010
13	15	48	6	1	15	45	7	3020
4	5	11	15	2	8	16	9	3030
1	3	29	0	1	7	8	2	3040
0	2	14	0	0	1	1	1	3050
11	13	43	4	2	8	16	3	3060
3	1	32	0	0	4	4	2	3070
3	8	47	1	1	5	11	1	3080
9	12	50	0	0	7	26	3	3090
133	141	265	58	6	130	300	84	3100
17	40	95	29	0	45	46	31	3110
46	20	68	17	2	37	57	4	3120
27	25	24	2	3	23	85	8	3130
14	10	46	5	0	15	73	7	3140
3	9	22	3	0	3	11	2	3150

行业小类	代码	企业单位数			
		福州	南昌	济南	郑州
耐火材料制品制造	3160	0	1	13	219
石墨及其他非金属矿物制品制造	3190	3	10	12	112
黑色金属冶炼及压延加工业	3200	38	7	28	34
炼铁	3210	2	0	4	3
炼钢	3220	5	0	2	5
钢压延加工	3230	28	7	18	17
铁合金冶炼	3240	3	0	4	9
有色金属冶炼及压延加工业	3300	13	13	20	55
常用有色金属冶炼	3310	3	2	4	16
贵金属冶炼	3320	0	0	2	0
稀有稀土金属冶炼	3330	0	1	1	3
有色金属合金制造	3340	0	2	2	8
有色金属压延加工	3350	10	8	11	28
金属制品业	3400	48	33	86	47
结构性金属制品制造	3410	16	16	48	24
金属工具制造	3420	5	5	4	0
集装箱及金属包装容器制造	3430	4	2	10	4
金属丝绳及其制品的制造	3440	1	0	7	5
建筑、安全用金属制品制造	3450	8	6	10	4
金属表面处理及热处理加工	3460	2	0	0	4
搪瓷制品制造	3470	1	1	1	0
不锈钢及类似日用金属制品制造	3480	4	1	2	2
其他金属制品制造	3490	7	2	4	4
通用设备制造业	3500	98	30	241	87
锅炉及原动机制造	3510	7	6	23	9
金属加工机械制造	3520	11	4	35	11
起重运输设备制造	3530	7	2	12	6
泵、阀门、压缩机及类似机械的制造	3540	11	2	29	31
轴承、齿轮、传动和驱动部件的制造	3550	16	0	11	2
烘炉、熔炉及电炉制造	3560	1	1	2	0
风机、衡器、包装设备等通用设备制造	3570	17	6	22	13
通用零部件制造及机械修理	3580	10	8	28	3
金属铸、锻加工	3590	18	1	79	12
专用设备制造业	3600	54	33	87	121

单位:个

武汉	长沙	广州	南宁	海口	重庆	成都	贵阳	代码
21	9	3	2	0	5	16	5	3160
5	28	7	0	1	2	12	27	3190
21	17	32	11	0	34	93	31	3200
1	2	1	1	0	1	8	9	3210
1	0	2	0	0	2	4	7	3220
17	9	28	6	0	30	61	7	3230
2	6	1	4	0	1	20	8	3240
26	35	63	11	3	36	73	18	3300
4	7	8	3	1	15	15	11	3310
0	1	0	3	0	0	0	0	3320
1	3	3	0	1	0	8	0	3330
5	12	5	0	0	5	11	1	3340
16	12	47	5	1	16	39	6	3350
85	45	339	11	5	54	230	24	3400
47	16	57	7	1	12	111	5	3410
5	3	21	0	0	8	30	4	3420
7	2	24	3	2	9	16	3	3430
5	6	10	0	0	4	10	4	3440
5	5	87	1	0	7	16	3	3450
6	2	50	0	1	5	8	2	3460
0	0	7	0	0	2	1	0	3470
3	3	60	0	1	4	12	1	3480
7	8	23	0	0	3	26	2	3490
126	131	223	18	0	115	331	36	3500
11	7	9	6	0	15	30	2	3510
18	19	28	1	0	12	62	3	3520
7	6	27	1	0	14	11	1	3530
15.	20	20	1	0	8	38	5	3540
6	4	11	0	0	12	24	3	3550
0	4	2	0	0	2	5	0	3560
25	26	58	2	0	19	58	8	3570
23	2	31	4	0	12	60	9	3580
21	43	37	3	0	21	43	5	3590
77	64	174	19	4	41	236	20	3600

行业小类	代码	企业单位数			
		福州	南昌	济南	郑州
矿山、冶金、建筑专用设备制造	3610	4	6	19	44
化工、木材、非金属加工专用设备制造	3620	15	1	11	10
食品、饮料、烟草及饲料生产专用设备制造	3630	2	1	5	12
印刷、制药、日化生产专用设备制造	3640	8	0	20	6
纺织、服装和皮革工业专用设备制造	3650	2	2	3	16
电子和电工机械专用设备制造	3660	2	2	4	4
农、林、牧、渔专用机械制造	3670	3	4	3	14
医疗仪器设备及器械制造	3680	9	13	4	3
环保、社会公共安全及其他专用设备制造	3690	9	4	18	12
交通运输设备制造业	3700	102	33	97	45
铁路运输设备制造	3710	0	2	6	11
汽车制造	3720	88	25	67	31
摩托车制造	3730	2	1	19	1
自行车制造	3740	0	1	1	0
船舶及浮动装置制造	3750	11	2	2	1
航空航天器制造	3760	0	2	1	1
交通器材及其他交通运输设备制造	3790	1	0	1	0
电气机械及器材制造业	3900	122	47	83	68
电机制造	3910	28	4	9	4
输配电及控制设备制造	3920	30	16	38	19
电线、电缆、光缆及电工器材制造	3930	16	13	11	36
电池制造	3940	7	5	3	2
家用电力器具制造	3950	8	5	5	2
非电力家用器具制造	3960	0	0	4	0
照明器具制造	3970	32	3	7	1
其他电气机械及器材制造	3990	1	1	6	4
通信设备、计算机及其他电子设备制造业	4000	104	12	53	18
通信设备制造	4010	15	1	12	6
雷达及配套设备制造	4020	0	0	0	0
广播电视设备制造	4030	3	1	0	0
电子计算机制造	4040	22	3	17	2
电子器件制造	4050	22	2	6	1
电子元件制造	4060	24	2	5	2
家用视听设备制造	4070	8	3	2	0

单位:个

武汉	长沙	广州	南宁	海口	重庆	成都	贵阳	代码
16	21	14	4	0	9	46	9	3610
8	4	63	0	0	9	39	3	3620
3	3	15	6	1	0	10	1	3630
5	9	10	1	0	1	18	1	3640
6	3	18	0	0	3	1	0	3650
12	4	10	1	0	6	30	2	3660
2	4	4	3	1	2	7	2	3670
10	4	16	3	0	6	32	2	3680
15	12	24	1	2	5	53	0	3690
116	92	265	25	30	567	252	42	3700
7	3	1	0	0	4	15	4	3710
93	79	132	23	23	171	196	25	3720
0	5	75	0	6	375	11	1	3730
2	0	19	0	0	2	8	0	3740
12	3	32	1	0	13	2	0	3750
1	2	1	0	0	1	13	11	3760
1	0	5	1	1	1	7	1	3790
112	63	399	13	6	95	283	25	3900
20	8	20	1	0	10	11	2	3910
41	22	71	2	4	41	114	9	3920
30	14	78	6	2	23	92	8	3930
12	8	42	0	0	7	14	2	3940
4	6	90	2	0	3	19	3	3950
2	0	14	0	0	4	7	1	3960
0	4	82	0	0	3	13	0	3970
3	1	2	2	0	4	13	0	3990
74	26	346	7	5	23	223	18	4000
23	3	53	2	2	10	63	2	4010
1	0	1	0	0	0	3	0	4020
4	3	12	0	0	0	9	0	4030
11	6	45	0	0	2	48	1	4040
14	7	39	1	2	2	27	8	4050
15	5	93	2	1	4	31	6	4060
1	0	78	1	0	4	4	1	4070

行业小类	代码	企业单位数			
		福州	南昌	济南	郑州
其他电子设备制造	4090	10	0	11	7
仪器仪表及文化、办公用机械制造业	4100	52	8	38	7
通用仪器仪表制造	4110	10	4	31	3
专用仪器仪表制造	4120	9	3	3	2
钟表与计时仪器制造	4130	19	1	1	0
光学仪器及眼镜制造	4140	9	0	1	0
文化、办公用机械制造	4150	3	0	1	0
其他仪器仪表的制造及修理	4190	2	0	1	2
工艺品及其他制造业	4200	108	6	23	10
工艺美术品制造	4210	98	1	18	9
日用杂品制造	4220	8	1	2	0
煤制品制造	4230	0	1	0	0
核辐射加工	4240	0	0	0	0
其他未列明的制造业	4290	2	3	3	1
废弃资源和废旧材料回收加工业	4300	2	2	0	2
金属废料和碎屑的加工处理	4310	2	2	0	2
非金属废料和碎屑的加工处理	4320	0	0	0	0
电力、燃气及水的生产和供应业	**D**	**45**	**17**	**35**	**35**
电力、热力的生产和供应业	4400	29	10	23	23
电力生产	4410	21	4	7	14
电力供应	4420	7	5	5	7
热力生产和供应	4430	1	1	11	2
燃气生产和供应业	4500	4	1	3	2
水的生产和供应业	4600	12	6	9	10
自来水的生产和供应	4610	12	6	7	10
污水处理及其再生利用	4620	0	0	2	0
其他水的处理、利用与分配	4690	0	0	0	0
建筑业	**E**	**501**	**386**	**708**	**556**
房屋和土木工程建筑业	4700	229	188	284	184
房屋工程建筑	4710	168	102	187	114
土木工程建筑	4720	61	86	97	70
建筑安装业	4800	95	92	159	129
建筑装饰业	4900	145	97	221	184
其他建筑业	5000	32	9	44	59

单位:个

武汉	长沙	广州	南宁	海口	重庆	成都	贵阳	代码
5	2	25	1	0	1	38	0	4090
57	28	101	5	1	49	63	16	4100
32	20	12	2	0	26	28	9	4110
9	6	11	2	0	9	20	2	4120
1	0	30	1	0	0	1	1	4130
6	0	26	0	0	14	12	4	4140
4	1	20	0	0	0	0	0	4150
5	1	2	0	1	0	2	0	4190
9	9	144	10	3	7	49	2	4200
4	7	117	4	2	5	17	0	4210
1	2	17	1	0	2	2	0	4220
1	0	1	0	1	0	0	1	4230
0	0	0	0	0	0	1	0	4240
3	0	9	5	0	0	29	1	4290
8	0	10	0	0	7	21	1	4300
7	0	6	0	0	7	15	1	4310
1	0	4	0	0	0	6	0	4320
36	**19**	**82**	**29**	**8**	**30**	**119**	**29**	**D**
16	5	40	12	3	16	62	16	4400
8	5	35	4	1	9	50	7	4410
6	0	2	8	2	7	10	9	4420
2	0	3	0	0	0	2	0	4430
5	5	11	1	2	6	26	4	4500
15	9	31	16	3	8	31	9	4600
13	7	30	16	3	8	25	8	4610
0	2	1	0	0	0	5	1	4620
2	0	0	0	0	0	1	0	4690
869	**449**	**773**	**367**	**112**	**1603**	**1900**	**262**	**E**
430	271	397	170	58	807	821	148	4700
304	197	252	112	43	657	584	108	4710
126	74	145	58	15	150	237	40	4720
200	80	200	69	24	263	381	49	4800
144	74	130	107	24	435	581	50	4900
95	24	46	21	6	98	117	15	5000

行业小类	代码	企业单位数			
		福州	南昌	济南	郑州
工程准备	5010	6	7	15	15
提供施工设备服务	5020	6	0	5	8
其他未列明的建筑活动	5090	20	2	24	36
批发和零售业	**H**	**556**	**250**	**229**	**774**
批发业	6300	308	138	135	417
农畜产品批发	6310	8	3	8	25
食品、饮料及烟草制品批发	6320	34	9	11	30
纺织、服装及日用品批发	6330	37	12	0	21
文化、体育用品及器材批发	6340	23	3	1	11
医药及医疗器材批发	6350	14	12	10	38
矿产品、建材及化工产品批发	6360	94	43	56	172
机械设备、五金交电及电子产品批发	6370	72	49	36	109
贸易经纪与代理	6380	3	0	0	0
其他批发	6390	23	7	13	11
零售业	6500	248	112	94	357
综合零售	6510	62	20	18	106
食品、饮料及烟草制品专门零售	6520	10	2	1	16
纺织、服装及日用品专门零售	6530	13	3	3	17
文化、体育用品及器材专门零售	6540	21	11	3	21
医药及医疗器材专门零售	6550	9	12	6	17
汽车、摩托车、燃料及零配件专门零售	6560	88	48	51	91
家用电器及电子产品专门零售	6570	28	13	9	75
五金、家具及室内装修材料专门零售	6580	11	3	3	9
无店铺及其他零售	6590	6	0	0	5
住宿和餐饮业	**I**	**142**	**136**	**163**	**191**
住宿业	6600	73	35	51	87
旅游饭店	6610	60	35	51	72
一般旅馆	6620	11	0	0	14
其他住宿服务	6690	2	0	0	1
餐饮业	6700	69	101	112	104
正餐服务	6710	66	100	110	97
快餐服务	6720	2	1	1	4
饮料及冷饮服务	6730	0	0	0	1
其他餐饮服务	6790	1	0	1	2

单位:个

武汉	长沙	广州	南宁	海口	重庆	成都	贵阳	代码
33	11	28	7	4	26	23	5	5010
3	1	1	13	1	16	5	1	5020
59	12	17	1	1	56	89	9	5090
541	**362**	**2286**	**398**	**274**	**645**	**3087**	**145**	**H**
375	163	1613	224	164	397	2028	95	6300
11	5	29	6	1	3	57	1	6310
21	25	117	34	11	26	138	10	6320
30	9	178	6	15	17	147	1	6330
15	7	90	7	7	5	49	4	6340
62	24	131	6	49	48	83	13	6350
134	32	563	75	53	192	628	40	6360
85	43	404	79	23	90	765	21	6370
6	2	54	0	0	0	5	1	6380
11	16	47	11	5	16	156	4	6390
166	199	673	174	110	248	1059	50	6500
53	38	102	20	15	53	155	17	6510
6	6	18	9	2	10	68	1	6520
12	9	33	5	6	16	136	2	6530
11	12	40	13	4	16	69	1	6540
24	18	51	15	3	15	102	6	6550
42	73	278	61	54	70	107	12	6560
13	25	108	40	24	39	279	10	6570
4	12	21	7	2	28	83	1	6580
1	6	22	4	0	1	60	0	6590
247	**240**	**765**	**88**	**94**	**273**	**509**	**84**	**I**
103	91	205	49	66	99	138	40	6600
102	79	172	44	64	83	104	40	6610
1	9	32	5	2	15	25	0	6620
0	3	1	0	0	1	9	0	6690
144	149	560	39	28	174	371	44	6700
136	140	531	37	26	169	298	43	6710
7	5	16	2	1	3	10	1	6720
0	1	8	0	1	0	37	0	6730
1	3	5	0	0	2	26	0	6790

2—9 续表 16

行业小类	代码	企业单位数			
		昆明	拉萨	西安	兰州
总　计	**0000**	**2227**	**157**	**1841**	**1222**
采矿业	**B**	**29**	**10**	**11**	**12**
煤炭开采和洗选业	0600	3	0	0	7
烟煤和无烟煤的开采洗选	0610	0	0	0	7
褐煤的开采洗选	0620	3	0	0	0
其他煤炭采选	0690	0	0	0	0
石油和天然气开采业	0700	0	0	3	0
天然原油和天然气开采	0710	0	0	1	0
与石油和天然气开采有关的服务活动	0790	0	0	2	0
黑色金属矿采选业	0800	1	2	1	0
铁矿采选	0810	1	0	1	0
其他黑色金属矿采选	0890	0	2	0	0
有色金属矿采选业	0900	8	6	2	1
常用有色金属矿采选	0910	7	5	0	1
贵金属矿采选	0920	0	1	1	0
稀有稀土金属矿采选	0930	1	0	1	0
非金属矿采选业	1000	17	2	5	4
土砂石开采	1010	3	2	2	2
化学矿采选	1020	11	0	0	0
采盐	1030	2	0	0	0
石棉及其他非金属矿采选	1090	1	0	3	2
其他采矿业	1100	0	0	0	0
制造业	**C**	**760**	**42**	**983**	**497**
农副食品加工业	1300	45	2	62	15
谷物磨制	1310	2	2	25	3
饲料加工	1320	25	0	18	4
植物油加工	1330	3	0	3	2
制糖	1340	0	0	1	0
屠宰及肉类加工	1350	6	0	11	2
水产品加工	1360	0	0	0	0
蔬菜、水果和坚果加工	1370	5	0	1	3
其他农副食品加工	1390	4	0	3	1
食品制造业	1400	20	2	26	12
焙烤食品制造	1410	6	0	10	3

单位:个

西宁	银川	乌鲁木齐	大连	宁波	厦门	青岛	深圳	代码
632	**773**	**1181**	**3969**	**10214**	**2995**	**5028**	**7077**	**0000**
5	**5**	**9**	**6**	**9**	**2**	**42**	**3**	**B**
1	4	5	0	1	0	0	0	0600
1	4	5	0	1	0	0	0	0610
0	0	0	0	0	0	0	0	0620
0	0	0	0	0	0	0	0	0690
0	1	1	0	0	0	0	3	0700
0	0	1	0	0	0	0	1	0710
0	1	0	0	0	0	0	2	0790
2	0	0	0	1	0	2	0	0800
1	0	0	0	1	0	2	0	0810
1	0	0	0	0	0	0	0	0890
1	0	1	1	0	0	5	0	0900
1	0	0	0	0	0	0	0	0910
0	0	1	1	0	0	5	0	0920
0	0	0	0	0	0	0	0	0930
1	0	2	4	7	2	34	0	1000
0	0	1	1	5	2	7	0	1010
0	0	0	0	0	0	0	0	1020
0	0	1	2	2	0	3	0	1030
1	0	0	1	0	0	24	0	1090
0	0	0	1	0	0	1	0	1100
151	**230**	**274**	**2053**	**8699**	**1599**	**3549**	**5156**	**C**
12	20	15	191	126	72	303	47	1300
1	8	2	6	5	8	19	5	1310
2	4	3	15	8	14	17	12	1320
2	3	4	7	9	4	13	5	1330
0	1	0	0	0	0	1	0	1340
6	4	4	21	2	6	23	8	1350
0	0	0	97	57	13	65	4	1360
0	0	1	26	37	16	132	7	1370
1	0	1	19	8	11	33	6	1390
4	16	13	59	60	33	118	44	1400
0	3	3	5	4	6	15	7	1410

2—9 续表 17

行业小类	代码	企业单位数			
		昆明	拉萨	西安	兰州
糖果、巧克力及蜜饯制造	1420	0	0	0	0
方便食品制造	1430	3	0	3	1
液体乳及乳制品制造	1440	4	1	9	2
罐头制造	1450	4	0	0	0
调味品、发酵制品制造	1460	2	0	1	1
其他食品制造	1490	1	1	3	5
饮料制造业	1500	18	3	15	10
酒精制造	1510	0	0	0	0
酒的制造	1520	4	3	4	3
软饮料制造	1530	10	0	11	7
精制茶加工	1540	4	0	0	0
烟草制品业	1600	3	0	1	1
烟叶复烤	1610	2	0	0	0
卷烟制造	1620	1	0	1	1
其他烟草制品加工	1690	0	0	0	0
纺织业	1700	6	1	24	7
棉、化纤纺织及印染精加工	1710	3	0	14	2
毛纺织和染整精加工	1720	0	0	2	2
麻纺织	1730	0	0	0	0
丝绢纺织及精加工	1740	0	0	0	0
纺织制成品制造	1750	1	1	5	3
针织品、编织品及其制品制造	1760	2	0	3	0
纺织服装、鞋、帽制造业	1800	7	0	9	4
纺织服装制造	1810	6	0	9	4
纺织面料鞋的制造	1820	0	0	0	0
制帽	1830	1	0	0	0
皮革、毛皮、羽毛(绒)及其制品业	1900	2	2	4	1
皮革鞣制加工	1910	0	0	3	0
皮革制品制造	1920	2	1	1	0
毛皮鞣制及制品加工	1930	0	1	0	1
羽毛(绒)加工及制品制造	1940	0	0	0	0
木材加工及木、竹、藤、棕、草制品业	2000	13	0	9	2
锯材、木片加工	2010	1	0	0	0
人造板制造	2020	2	0	1	1

单位:个

西宁	银川	乌鲁木齐	大连	宁波	厦门	青岛	深圳	代码
0	0	0	1	2	1	3	8	1420
0	0	1	9	0	8	10	11	1430
2	7	3	6	2	1	13	2	1440
0	0	2	16	32	4	5	3	1450
1	3	3	8	6	5	25	2	1460
1	3	1	14	14	8	47	11	1490
4	5	6	14	34	17	27	21	1500
0	1	0	0	1	0	0	0	1510
2	4	4	8	18	3	18	3	1520
2	0	2	6	4	6	6	18	1530
0	0	0	0	11	8	3	0	1540
0	0	0	0	2	1	2	1	1600
0	0	0	0	0	0	0	0	1610
0	0	0	0	1	0	2	1	1620
0	0	0	0	1	1	0	0	1690
5	24	8	75	1122	83	296	114	1700
1	1	3	16	152	19	76	28	1710
2	19	1	2	63	1	19	2	1720
0	2	0	0	2	0	2	0	1730
0	0	0	2	12	2	6	3	1740
1	1	0	23	184	22	79	41	1750
1	1	4	32	709	39	114	40	1760
2	3	4	140	387	101	274	310	1800
2	3	4	137	365	98	230	302	1810
0	0	0	1	13	1	27	1	1820
0	0	0	2	9	2	17	7	1830
0	3	0	25	60	47	166	98	1900
0	1	0	1	6	1	9	1	1910
0	0	0	21	44	44	146	90	1920
0	2	0	2	4	0	8	3	1930
0	0	0	1	6	2	3	4	1940
0	1	3	63	69	19	40	40	2000
0	0	0	10	0	1	9	5	2010
0	0	1	6	5	2	10	13	2020

2—9 续表 18

行业小类	代码	企业单位数			
		昆明	拉萨	西安	兰州
木制品制造	2030	10	0	8	1
竹、藤、棕、草制品制造	2040	0	0	0	0
家具制造业	2100	5	1	14	1
木质家具制造	2110	1	1	8	1
竹、藤家具制造	2120	0	0	0	0
金属家具制造	2130	1	0	3	0
塑料家具制造	2140	0	0	0	0
其他家具制造	2190	3	0	3	0
造纸及纸制品业	2200	17	0	47	13
纸浆制造	2210	0	0	0	1
造纸	2220	10	0	35	3
纸制品制造	2230	7	0	12	9
印刷业和记录媒介的复制	2300	41	6	39	12
印刷	2310	38	6	38	11
装订及其他印刷服务活动	2320	3	0	1	1
记录媒介的复制	2330	0	0	0	0
文教体育用品制造业	2400	3	0	3	1
文化用品制造	2410	1	0	1	0
体育用品制造	2420	0	0	0	1
乐器制造	2430	1	0	1	0
玩具制造	2440	0	0	0	0
游艺器材及娱乐用品制造	2450	1	0	1	0
石油加工及炼焦业	2500	11	0	8	25
精炼石油产品的制造	2510	4	0	7	23
炼焦	2520	7	0	1	1
化学原料及化学制品制造业	2600	114	2	47	63
基础化学原料制造	2610	32	1	8	24
肥料制造	2620	37	1	1	12
农药制造	2630	3	0	5	1
涂料、油墨、颜料及类似产品制造	2640	9	0	5	2
合成材料制造	2650	2	0	5	5
专用化学产品制造	2660	18	0	18	16
日用化学产品制造	2670	13	0	5	3
医药制造业	2700	46	5	60	21

单位:个

西宁	银川	乌鲁木齐	大连	宁波	厦门	青岛	深圳	代码
0	1	2	46	16	10	11	22	2030
0	0	0	1	48	6	10	0	2040
1	1	6	38	70	27	69	101	2100
1	1	4	34	33	15	61	59	2110
0	0	0	0	2	0	1	0	2120
0	0	2	0	23	8	3	19	2130
0	0	0	0	7	1	0	0	2140
0	0	0	4	5	3	4	23	2190
3	7	12	46	150	73	100	155	2200
0	0	0	1	0	0	2	0	2210
1	5	6	10	26	14	23	23	2220
2	2	6	35	124	59	75	132	2230
6	4	22	30	109	61	43	158	2300
6	4	22	29	103	57	40	147	2310
0	0	0	1	6	3	3	9	2320
0	0	0	0	0	1	0	2	2330
0	0	0	11	257	39	89	143	2400
0	0	0	1	141	1	12	19	2410
0	0	0	5	46	37	25	21	2420
0	0	0	3	7	0	6	3	2430
0	0	0	2	59	1	45	90	2440
0	0	0	0	4	0	1	10	2450
1	5	7	10	12	3	10	6	2500
1	5	7	9	12	3	10	6	2510
0	0	0	1	0	0	0	0	2520
13	26	23	98	178	73	171	226	2600
7	12	4	19	29	5	17	9	2610
2	5	5	5	1	2	14	2	2620
1	2	1	9	3	1	8	2	2630
0	1	3	20	50	18	15	92	2640
1	1	0	5	40	16	43	27	2650
2	4	10	31	48	11	69	58	2660
0	1	0	9	7	20	5	36	2670
14	10	8	27	36	12	30	44	2700

行业小类	代码	企业单位数			
		昆明	拉萨	西安	兰州
化学药品原药制造	2710	2	0	3	1
化学药品制剂制造	2720	16	0	20	2
中药饮片加工	2730	2	0	1	2
中成药制造	2740	21	5	22	7
兽用药品制造	2750	0	0	1	3
生物、生化制品的制造	2760	4	0	11	6
卫生材料及医药用品制造	2770	1	0	2	0
化学纤维制造业	2800	1	0	3	2
纤维素纤维原料及纤维制造	2810	1	0	1	0
合成纤维制造	2820	0	0	2	2
橡胶制品业	2900	3	0	6	1
轮胎制造	2910	1	0	0	1
橡胶板、管、带的制造	2920	0	0	2	0
橡胶零件制造	2930	0	0	2	0
再生橡胶制造	2940	1	0	1	0
日用及医用橡胶制品制造	2950	0	0	0	0
橡胶靴鞋制造	2960	1	0	0	0
其他橡胶制品制造	2990	0	0	1	0
塑料制品业	3000	37	0	20	38
塑料薄膜制造	3010	4	0	2	4
塑料板、管、型材的制造	3020	8	0	4	7
塑料丝、绳及编织品的制造	3030	13	0	3	12
泡沫塑料制造	3040	2	0	1	3
塑料人造革、合成革制造	3050	0	0	0	0
塑料包装箱及容器制造	3060	7	0	4	5
塑料零件制造	3070	1	0	1	0
日用塑料制造	3080	2	0	2	3
其他塑料制品制造	3090	0	0	3	4
非金属矿物制品业	3100	68	8	79	60
水泥、石灰和石膏的制造	3110	31	5	19	17
水泥及石膏制品制造	3120	17	2	35	13
砖瓦、石材及其他建筑材料制造	3130	5	1	14	9
玻璃及玻璃制品制造	3140	7	0	9	7
陶瓷制品制造	3150	0	0	0	0

单位:个

西宁	银川	乌鲁木齐	大连	宁波	厦门	青岛	深圳	代码
0	2	1	3	10	1	2	5	2710
1	4	2	12	8	2	7	12	2720
2	0	0	0	0	0	0	2	2730
7	1	4	4	4	4	3	11	2740
1	1	1	2	1	1	5	0	2750
2	2	0	6	9	4	7	12	2760
1	0	0	0	4	0	6	2	2770
0	3	0	2	85	6	14	7	2800
0	0	0	1	7	0	2	2	2810
0	3	0	1	78	6	12	5	2820
1	4	1	20	73	38	116	56	2900
0	2	0	0	3	4	65	1	2910
1	1	1	4	13	2	10	13	2920
0	1	0	7	32	14	10	15	2930
0	0	0	0	3	0	1	0	2940
0	0	0	3	7	2	6	4	2950
0	0	0	4	5	4	14	4	2960
0	0	0	2	10	12	10	19	2990
2	5	27	103	641	136	154	407	3000
0	0	5	11	32	20	16	20	3010
1	2	10	19	48	15	28	46	3020
1	1	2	16	27	2	23	6	3030
0	1	0	6	26	11	13	28	3040
0	0	0	0	5	1	0	3	3050
0	0	3	15	73	10	20	53	3060
0	0	0	12	243	10	20	79	3070
0	1	7	8	143	30	14	76	3080
0	0	0	16	44	37	20	96	3090
19	19	28	107	156	92	157	122	3100
7	5	9	33	9	6	15	1	3110
4	6	11	24	45	17	30	44	3120
3	1	4	16	13	42	47	19	3130
0	3	3	16	40	14	20	36	3140
1	0	0	4	14	6	3	9	3150

2—9 续表 20

行业小类	代码	企业单位数			
		昆明	拉萨	西安	兰州
耐火材料制品制造	3160	6	0	0	4
石墨及其他非金属矿物制品制造	3190	2	0	2	10
黑色金属冶炼及压延加工业	3200	33	0	15	41
炼铁	3210	7	0	2	1
炼钢	3220	1	0	0	1
钢压延加工	3230	18	0	10	11
铁合金冶炼	3240	7	0	3	28
有色金属冶炼及压延加工业	3300	48	0	22	16
常用有色金属冶炼	3310	24	0	6	6
贵金属冶炼	3320	5	0	1	0
稀有稀土金属冶炼	3330	2	0	4	2
有色金属合金制造	3340	2	0	3	1
有色金属压延加工	3350	15	0	8	7
金属制品业	3400	29	0	41	27
结构性金属制品制造	3410	13	0	18	12
金属工具制造	3420	2	0	3	1
集装箱及金属包装容器制造	3430	8	0	7	7
金属丝绳及其制品的制造	3440	1	0	0	3
建筑、安全用金属制品制造	3450	3	0	2	1
金属表面处理及热处理加工	3460	0	0	3	0
搪瓷制品制造	3470	0	0	1	1
不锈钢及类似日用金属制品制造	3480	1	0	3	0
其他金属制品制造	3490	1	0	4	2
通用设备制造业	3500	42	0	95	46
锅炉及原动机制造	3510	3	0	5	6
金属加工机械制造	3520	7	0	13	6
起重运输设备制造	3530	5	0	5	0
泵、阀门、压缩机及类似机械的制造	3540	5	0	11	4
轴承、齿轮、传动和驱动部件的制造	3550	3	0	4	1
烘炉、熔炉及电炉制造	3560	0	0	6	0
风机、衡器、包装设备等通用设备制造	3570	4	0	16	5
通用零部件制造及机械修理	3580	8	0	8	8
金属铸、锻加工	3590	7	0	27	16
专用设备制造业	3600	38	0	75	31

单位:个

西宁	银川	乌鲁木齐	大连	宁波	厦门	青岛	深圳	代码
1	0	1	5	13	1	8	3	3160
3	4	0	9	22	6	34	10	3190
10	11	12	50	193	12	41	16	3200
0	1	2	3	1	0	23	0	3210
0	0	0	4	9	0	1	1	3220
1	5	10	42	180	12	17	15	3230
9	5	0	1	3	0	0	0	3240
6	4	5	16	179	19	28	30	3300
5	2	0	4	18	3	4	6	3310
0	0	1	0	0	1	1	0	3320
0	0	0	0	1	1	1	0	3330
0	0	3	2	8	4	1	1	3340
1	2	1	10	152	10	21	23	3350
17	16	12	127	653	112	183	303	3400
11	10	6	49	66	24	74	73	3410
2	1	0	9	140	12	23	18	3420
1	2	1	16	24	5	12	29	3430
3	0	3	11	34	4	11	20	3440
0	2	2	13	176	20	17	29	3450
0	0	0	13	84	12	6	25	3460
0	0	0	0	6	0	0	1	3470
0	0	0	4	102	17	18	41	3480
0	1	0	12	21	18	22	67	3490
10	24	16	390	1286	60	291	146	3500
2	3	0	17	20	0	25	1	3510
4	5	0	34	62	8	38	25	3520
0	6	4	27	55	8	12	3	3530
1	1	0	71	228	9	33	19	3540
0	6	1	85	258	7	6	5	3550
0	0	0	0	2	0	0	2	3560
0	2	5	26	169	9	42	45	3570
2	0	4	39	299	16	28	39	3580
1	1	2	91	193	3	107	7	3590
3	3	11	94	423	50	151	252	3600

2—9 续表 21

行业小类	代码	企业单位数			
		昆明	拉萨	西安	兰州
矿山、冶金、建筑专用设备制造	3610	9	0	17	13
化工、木材、非金属加工专用设备制造	3620	3	0	7	6
食品、饮料、烟草及饲料生产专用设备制造	3630	13	0	4	0
印刷、制药、日化生产专用设备制造	3640	2	0	7	2
纺织、服装和皮革工业专用设备制造	3650	1	0	9	0
电子和电工机械专用设备制造	3660	1	0	9	3
农、林、牧、渔专用机械制造	3670	4	0	5	1
医疗仪器设备及器械制造	3680	0	0	5	0
环保、社会公共安全及其他专用设备制造	3690	5	0	12	6
交通运输设备制造业	3700	31	7	55	14
铁路运输设备制造	3710	2	0	10	4
汽车制造	3720	27	6	32	7
摩托车制造	3730	0	0	1	0
自行车制造	3740	0	0	2	0
船舶及浮动装置制造	3750	0	0	1	0
航空航天器制造	3760	0	0	9	2
交通器材及其他交通运输设备制造	3790	2	1	0	1
电气机械及器材制造业	3900	34	0	98	16
电机制造	3910	5	0	10	4
输配电及控制设备制造	3920	14	0	57	1
电线、电缆、光缆及电工器材制造	3930	9	0	20	8
电池制造	3940	2	0	3	0
家用电力器具制造	3950	0	0	5	0
非电力家用器具制造	3960	4	0	0	0
照明器具制造	3970	0	0	2	3
其他电气机械及器材制造	3990	0	0	1	0
通信设备、计算机及其他电子设备制造业	4000	8	0	45	8
通信设备制造	4010	2	0	13	2
雷达及配套设备制造	4020	0	0	1	1
广播电视设备制造	4030	0	0	5	2
电子计算机制造	4040	3	0	2	0
电子器件制造	4050	2	0	13	1
电子元件制造	4060	0	0	7	1
家用视听设备制造	4070	0	0	1	0

单位:个

西宁	银川	乌鲁木齐	大连	宁波	厦门	青岛	深圳	代码
1	1	5	26	6	14	10	3	3610
0	0	0	28	236	13	26	114	3620
0	0	0	0	23	0	8	2	3630
0	0	0	3	13	2	4	16	3640
0	0	0	5	84	12	63	8	3650
0	0	0	4	5	1	17	39	3660
0	1	5	6	19	0	10	2	3670
0	1	0	6	19	1	5	38	3680
2	0	1	16	18	7	8	30	3690
7	1	13	115	552	53	140	141	3700
1	0	3	22	3	0	21	2	3710
6	1	10	49	407	38	78	49	3720
0	0	0	1	70	6	3	5	3730
0	0	0	0	52	0	2	77	3740
0	0	0	42	17	4	14	5	3750
0	0	0	1	1	2	4	1	3760
0	0	0	0	2	3	18	2	3790
5	11	18	105	1060	119	210	677	3900
1	1	1	17	106	8	25	45	3910
1	7	10	49	156	34	71	228	3920
2	3	5	26	133	15	28	155	3930
0	0	2	0	42	3	1	83	3940
0	0	0	6	312	11	63	88	3950
1	0	0	1	25	0	5	2	3960
0	0	0	5	267	16	6	61	3970
0	0	0	1	19	32	11	15	3990
0	0	1	45	299	111	118	1084	4000
0	0	0	3	40	15	15	160	4010
0	0	0	1	0	0	0	1	4020
0	0	0	0	18	5	0	44	4030
0	0	0	8	20	14	5	199	4040
0	0	0	14	47	18	15	137	4050
0	0	1	14	140	44	67	318	4060
0	0	0	3	34	9	9	193	4070

行业小类	代码	企业单位数			
		昆明	拉萨	西安	兰州
其他电子设备制造	4090	1	0	3	1
仪器仪表及文化、办公用机械制造业	4100	24	0	43	7
通用仪器仪表制造	4110	3	0	24	3
专用仪器仪表制造	4120	0	0	11	2
钟表与计时仪器制造	4130	0	0	1	0
光学仪器及眼镜制造	4140	21	0	5	1
文化、办公用机械制造	4150	0	0	1	1
其他仪器仪表的制造及修理	4190	0	0	1	0
工艺品及其他制造业	4200	10	3	16	2
工艺美术品制造	4210	7	3	11	0
日用杂品制造	4220	1	0	0	1
煤制品制造	4230	1	0	3	0
核辐射加工	4240	0	0	0	1
其他未列明的制造业	4290	1	0	2	0
废弃资源和废旧材料回收加工业	4300	3	0	2	0
金属废料和碎屑的加工处理	4310	3	0	2	0
非金属废料和碎屑的加工处理	4320	0	0	0	0
电力、燃气及水的生产和供应业	**D**	**39**	**11**	**26**	**26**
电力、热力的生产和供应业	4400	25	10	17	23
电力生产	4410	10	7	11	12
电力供应	4420	15	3	2	8
热力生产和供应	4430	0	0	4	3
燃气生产和供应业	4500	3	0	2	1
水的生产和供应业	4600	11	1	7	2
自来水的生产和供应	4610	11	1	7	1
污水处理及其再生利用	4620	0	0	0	1
其他水的处理、利用与分配	4690	0	0	0	0
建筑业	**E**	**709**	**62**	**255**	**361**
房屋和土木工程建筑业	4700	323	58	173	147
房屋工程建筑	4710	217	40	124	81
土木工程建筑	4720	106	18	49	66
建筑安装业	4800	151	2	32	103
建筑装饰业	4900	200	1	26	97
其他建筑业	5000	35	1	24	14

单位:个

西宁	银川	乌鲁木齐	大连	宁波	厦门	青岛	深圳	代码
0	0	0	2	0	6	7	32	4090
2	4	2	41	184	44	39	248	4100
2	2	2	29	92	9	14	53	4110
0	1	0	1	17	3	13	14	4120
0	0	0	3	24	0	4	81	4130
0	0	0	3	25	26	2	19	4140
0	1	0	5	21	6	2	70	4150
0	0	0	0	5	0	4	11	4190
4	0	0	10	176	85	166	156	4200
4	0	0	4	79	39	146	116	4210
0	0	0	5	92	38	9	32	4220
0	0	0	0	1	0	0	1	4230
0	0	0	0	1	0	0	0	4240
0	0	0	1	3	8	11	7	4290
0	0	1	1	67	1	3	2	4300
0	0	1	0	52	1	3	0	4310
0	0	0	1	15	0	0	2	4320
3	**13**	**38**	**45**	**56**	**10**	**32**	**48**	**D**
2	7	35	30	32	7	19	21	4400
1	4	7	7	23	5	10	19	4410
1	1	2	4	7	0	4	1	4420
0	2	26	19	2	2	5	1	4430
0	4	2	4	3	1	5	0	4500
1	2	1	11	21	2	8	27	4600
1	2	1	9	21	2	8	25	4610
0	0	0	2	0	0	0	1	4620
0	0	0	0	0	0	0	1	4690
264	**288**	**402**	**969**	**696**	**321**	**704**	**572**	**E**
137	164	157	485	342	106	432	202	4700
92	85	75	337	200	68	356	133	4710
45	79	82	148	142	38	76	69	4720
59	54	102	273	111	57	107	159	4800
53	59	103	154	212	98	138	179	4900
15	11	40	57	31	60	27	32	5000

行业小类	代码	企业单位数			
		昆明	拉萨	西安	兰州
工程准备	5010	17	0	6	5
提供施工设备服务	5020	2	0	0	0
其他未列明的建筑活动	5090	16	1	18	9
批发和零售业	**H**	**539**	**14**	**376**	**236**
批发业	6300	353	6	261	143
农畜产品批发	6310	8	0	9	3
食品、饮料及烟草制品批发	6320	55	3	9	16
纺织、服装及日用品批发	6330	7	0	17	6
文化、体育用品及器材批发	6340	5	0	10	0
医药及医疗器材批发	6350	30	0	19	12
矿产品、建材及化工产品批发	6360	158	1	115	65
机械设备、五金交电及电子产品批发	6370	75	2	70	37
贸易经纪与代理	6380	2	0	3	1
其他批发	6390	13	0	9	3
零售业	6500	186	8	115	93
综合零售	6510	22	2	49	18
食品、饮料及烟草制品专门零售	6520	8	2	3	0
纺织、服装及日用品专门零售	6530	5	0	9	3
文化、体育用品及器材专门零售	6540	7	1	7	8
医药及医疗器材专门零售	6550	9	1	11	3
汽车、摩托车、燃料及零配件专门零售	6560	85	2	19	34
家用电器及电子产品专门零售	6570	41	0	12	22
五金、家具及室内装修材料专门零售	6580	5	0	5	2
无店铺及其他零售	6590	4	0	0	3
住宿和餐饮业	**I**	**151**	**18**	**190**	**90**
住宿业	6600	97	18	70	36
旅游饭店	6610	96	16	67	29
一般旅馆	6620	1	1	3	7
其他住宿服务	6690	0	1	0	0
餐饮业	6700	54	0	120	54
正餐服务	6710	49	0	117	52
快餐服务	6720	4	0	2	1
饮料及冷饮服务	6730	0	0	0	0
其他餐饮服务	6790	1	0	1	1

单位:个

西宁	银川	乌鲁木齐	大连	宁波	厦门	青岛	深圳	代码
5	11	13	21	13	19	11	16	5010
0	0	1	1	7	7	6	2	5020
10	0	26	35	11	34	10	14	5090
161	**175**	**342**	**657**	**516**	**943**	**474**	**906**	**H**
70	116	223	443	375	765	276	623	6300
1	1	25	27	8	10	13	7	6310
4	12	20	42	39	60	21	78	6320
2	2	7	30	76	163	34	75	6330
4	4	3	5	15	35	5	34	6340
2	7	6	13	14	15	9	45	6350
39	53	85	184	131	293	113	137	6360
14	34	69	118	73	134	61	200	6370
0	0	1	10	1	6	0	30	6380
4	3	7	14	18	49	20	17	6390
91	59	119	214	141	178	198	283	6500
13	9	24	36	47	23	38	54	6510
9	1	3	4	3	16	6	12	6520
6	1	15	7	3	14	7	28	6530
2	4	11	15	12	10	3	12	6540
8	9	9	15	11	7	8	15	6550
29	24	38	102	40	67	97	101	6560
14	8	12	26	20	29	23	32	6570
2	2	4	7	1	7	10	14	6580
8	1	3	2	4	5	6	15	6590
48	**62**	**116**	**239**	**238**	**120**	**227**	**392**	**I**
23	30	69	126	146	63	81	139	6600
16	30	68	120	146	55	74	132	6610
7	0	1	2	0	7	7	6	6620
0	0	0	4	0	1	0	1	6690
25	32	47	113	92	57	146	253	6700
20	31	43	100	85	48	142	228	6710
1	1	4	11	2	6	2	14	6720
0	0	0	1	4	0	2	3	6730
4	0	0	1	1	3	0	8	6790

2—10 限额以上企业按行业中类、控股情况分组的单位数

（2005 年） 单位：个

行业中类	代码	企业单位数	国有经济绝对控股	国有经济相对控股	集体经济绝对控股	集体经济相对控股	其他
全　　国	**0000**	**409034**	**47359**	**5257**	**28860**	**2260**	**325106**
采矿业	**B**	**12659**	**1598**	**103**	**2717**	**26**	**8214**
煤炭开采和洗选业	0600	5999	852	41	1846	21	3239
烟煤和无烟煤的开采洗选	0610	5750	807	41	1809	21	3072
褐煤的开采洗选	0620	217	39	0	29	0	149
其他煤炭采选	0690	32	6	0	8	0	18
石油和天然气开采业	0700	255	93	7	17	1	137
天然原油和天然气开采	0710	123	67	4	6	1	45
与石油和天然气开采有关的服务活动	0790	132	26	3	11	0	92
黑色金属矿采选业	0800	2170	104	11	218	2	1835
铁矿采选	0810	1978	86	10	183	1	1698
其他黑色金属矿采选	0890	192	18	1	35	1	137
有色金属矿采选业	0900	1646	271	24	286	1	1064
常用有色金属矿采选	0910	913	103	13	90	1	706
贵金属矿采选	0920	481	119	8	184	0	170
稀有稀土金属矿采选	0930	252	49	3	12	0	188
非金属矿采选业	1000	2555	276	20	349	1	1908
土砂石开采	1010	1795	130	5	239	0	1420
化学矿采选	1020	200	33	2	36	0	129
采盐	1030	192	75	9	28	0	80
石棉及其他非金属矿采选	1090	368	38	4	46	1	279
其他采矿业	1100	34	2	0	1	0	31
制造业	**C**	**251777**	**17531**	**2692**	**13834**	**1814**	**215896**
农副食品加工业	1300	14561	1310	142	590	56	12463
谷物磨制	1310	3145	417	39	104	10	2575
饲料加工	1320	2282	178	26	51	8	2019
植物油加工	1330	1611	115	14	80	3	1399
制糖	1340	295	58	18	7	0	212
屠宰及肉类加工	1350	2553	369	27	120	7	2030
水产品加工	1360	1556	58	3	107	15	1373
蔬菜、水果和坚果加工	1370	1787	42	6	45	4	1690
其他农副食品加工	1390	1332	73	9	76	9	1165
食品制造业	1400	5786	564	71	205	34	4912
焙烤食品制造	1410	920	109	9	29	4	769

单位:个

行业中类	代码	企业单位数	国有经济绝对控股	国有经济相对控股	集体经济绝对控股	集体经济相对控股	其他
糖果、巧克力及蜜饯制造	1420	449	28	2	18	4	397
方便食品制造	1430	788	66	5	26	3	688
液体乳及乳制品制造	1440	699	58	19	18	5	599
罐头制造	1450	723	57	7	24	4	631
调味品、发酵制品制造	1460	842	125	16	34	4	663
其他食品制造	1490	1365	121	13	56	10	1165
饮料制造业	1500	3756	477	101	161	11	3006
酒精制造	1510	154	17	4	10	0	123
酒的制造	1520	1910	279	62	61	6	1502
软饮料制造	1530	1044	124	28	27	5	860
精制茶加工	1540	648	57	7	63	0	521
烟草制品业	1600	191	147	5	19	1	19
烟叶复烤	1610	60	49	1	3	1	6
卷烟制造	1620	100	82	3	10	0	5
其他烟草制品加工	1690	31	16	1	6	0	8
纺织业	1700	22133	817	115	731	95	20375
棉、化纤纺织及印染精加工	1710	9523	355	56	353	23	8736
毛纺织和染整精加工	1720	1261	84	10	62	2	1103
麻纺织	1730	340	23	1	18	0	298
丝绢纺织及精加工	1740	1979	71	10	47	4	1847
纺织制成品制造	1750	3394	134	16	120	33	3091
针织品、编织品及其制品制造	1760	5636	150	22	131	33	5300
纺织服装、鞋、帽制造业	1800	11688	250	46	402	67	10923
纺织服装制造	1810	10997	238	45	388	60	10266
纺织面料鞋的制造	1820	478	9	1	10	5	453
制帽	1830	213	3	0	4	2	204
皮革、毛皮、羽毛(绒)及其制品业	1900	6189	74	11	157	37	5910
皮革鞣制加工	1910	732	11	3	39	0	679
皮革制品制造	1920	4751	46	7	97	35	4566
毛皮鞣制及制品加工	1930	337	8	1	8	0	320
羽毛(绒)加工及制品制造	1940	369	9	0	13	2	345
木材加工及木、竹、藤、棕、草制品业	2000	5282	234	35	168	19	4826
锯材、木片加工	2010	627	69	7	30	2	519
人造板制造	2020	2714	105	16	58	3	2532

 单位:个

行业中类	代码	企业单位数	国有经济绝对控股	国有经济相对控股	集体经济绝对控股	集体经济相对控股	其他
木制品制造	2030	1254	50	11	56	9	1128
竹、藤、棕、草制品制造	2040	687	10	1	24	5	647
家具制造业	2100	3228	91	8	66	8	3055
木质家具制造	2110	2035	73	7	43	3	1909
竹、藤家具制造	2120	49	0	0	0	0	49
金属家具制造	2130	727	14	1	17	4	691
塑料家具制造	2140	61	1	0	1	1	58
其他家具制造	2190	356	3	0	5	0	348
造纸及纸制品业	2200	7507	339	51	669	56	6392
纸浆制造	2210	118	17	3	6	0	92
造纸	2220	3376	184	27	355	18	2792
纸制品制造	2230	4013	138	21	308	38	3508
印刷业和记录媒介的复制	2300	5002	1098	69	313	46	3473
印刷	2310	4650	1010	60	295	45	3237
装订及其他印刷服务活动	2320	259	60	2	15	1	181
记录媒介的复制	2330	93	28	7	3	0	55
文教体育用品制造业	2400	3174	74	14	95	20	2971
文化用品制造	2410	759	36	6	15	4	698
体育用品制造	2420	802	16	2	27	5	752
乐器制造	2430	240	14	2	9	2	213
玩具制造	2440	1251	6	4	41	9	1191
游艺器材及娱乐用品制造	2450	122	2	0	3	0	117
石油加工及炼焦业	2500	1951	205	26	137	8	1574
精炼石油产品的制造	2510	993	145	15	96	7	730
炼焦	2520	955	59	11	40	1	843
化学原料及化学制品制造业	2600	18539	1459	261	1381	140	15297
基础化学原料制造	2610	4597	392	73	410	38	3683
肥料制造	2620	1949	294	39	118	7	1491
农药制造	2630	711	74	11	52	2	572
涂料、油墨、颜料及类似产品制造	2640	3057	144	32	222	36	2623
合成材料制造	2650	1596	89	27	94	16	1370
专用化学产品制造	2660	5266	370	63	413	36	4384
日用化学产品制造	2670	1363	96	16	72	5	1174
医药制造业	2700	4937	523	173	151	35	4055

单位:个

行业中类	代码	企业单位数	国有经济绝对控股	国有经济相对控股	集体经济绝对控股	集体经济相对控股	其他
化学药品原药制造	2710	935	87	32	34	9	773
化学药品制剂制造	2720	1085	162	44	27	9	843
中药饮片加工	2730	436	26	13	15	3	379
中成药制造	2740	1272	162	53	35	8	1014
兽用药品制造	2750	350	32	7	12	3	296
生物、生化制品的制造	2760	486	38	17	8	1	422
卫生材料及医药用品制造	2770	373	16	7	20	2	328
化学纤维制造业	2800	1301	77	12	56	4	1152
纤维素纤维原料及纤维制造	2810	184	26	2	6	0	150
合成纤维制造	2820	1117	51	10	50	4	1002
橡胶制品业	2900	3060	164	22	219	40	2615
轮胎制造	2910	416	32	5	21	5	353
橡胶板、管、带的制造	2920	640	34	4	53	12	537
橡胶零件制造	2930	648	31	8	55	10	544
再生橡胶制造	2940	133	6	0	12	2	113
日用及医用橡胶制品制造	2950	237	19	2	11	3	202
橡胶靴鞋制造	2960	605	28	3	30	5	539
其他橡胶制品制造	2990	381	14	0	37	3	327
塑料制品业	3000	12074	384	62	621	114	10893
塑料薄膜制造	3010	1283	64	11	68	6	1134
塑料板、管、型材的制造	3020	2040	101	18	117	11	1793
塑料丝、绳及编织品的制造	3030	1508	57	8	116	8	1319
泡沫塑料制造	3040	804	19	5	54	3	723
塑料人造革、合成革制造	3050	372	6	1	12	1	352
塑料包装箱及容器制造	3060	1362	31	5	62	16	1248
塑料零件制造	3070	1369	31	5	62	20	1251
日用塑料制造	3080	1880	39	6	75	43	1717
其他塑料制品制造	3090	1456	36	3	55	6	1356
非金属矿物制品业	3100	20645	1650	236	1919	90	16749
水泥、石灰和石膏的制造	3110	5370	602	84	716	15	3952
水泥及石膏制品制造	3120	2888	335	53	193	9	2298
砖瓦、石材及其他建筑材料制造	3130	5128	279	21	477	24	4327
玻璃及玻璃制品制造	3140	2742	135	34	132	14	2427
陶瓷制品制造	3150	1563	106	19	76	9	1353

2—10 续表 4　　　　单位:个

行业中类	代码	企业单位数	国有经济绝对控股	国有经济相对控股	集体经济绝对控股	集体经济相对控股	其他
耐火材料制品制造	3160	1411	69	11	200	11	1120
石墨及其他非金属矿物制品制造	3190	1543	124	14	125	8	1272
黑色金属冶炼及压延加工业	3200	6702	373	48	465	48	5768
炼铁	3210	1052	58	6	69	0	919
炼钢	3220	396	34	1	33	0	328
钢压延加工	3230	3719	199	27	243	45	3205
铁合金冶炼	3240	1535	82	14	120	3	1316
有色金属冶炼及压延加工业	3300	5136	374	62	419	46	4235
常用有色金属冶炼	3310	1494	146	16	129	4	1199
贵金属冶炼	3320	220	42	9	17	1	151
稀有稀土金属冶炼	3330	415	31	7	25	1	351
有色金属合金制造	3340	411	28	3	39	1	340
有色金属压延加工	3350	2596	127	27	209	39	2194
金属制品业	3400	13822	590	96	970	140	12025
结构性金属制品制造	3410	3963	204	31	284	39	3405
金属工具制造	3420	1649	73	14	79	13	1470
集装箱及金属包装容器制造	3430	1100	76	14	108	15	886
金属丝绳及其制品的制造	3440	997	61	8	95	11	822
建筑、安全用金属制品制造	3450	1886	40	7	99	10	1730
金属表面处理及热处理加工	3460	1099	34	5	132	23	905
搪瓷制品制造	3470	189	11	1	21	4	152
不锈钢及类似日用金属制品制造	3480	1711	35	5	56	14	1601
其他金属制品制造	3490	1228	56	11	96	11	1054
通用设备制造业	3500	19976	1415	205	1275	231	16849
锅炉及原动机制造	3510	1183	154	26	111	16	876
金属加工机械制造	3520	1964	240	36	83	23	1582
起重运输设备制造	3530	1201	134	16	75	8	968
泵、阀门、压缩机及类似机械的制造	3540	3330	225	28	166	36	2875
轴承、齿轮、传动和驱动部件的制造	3550	1997	109	16	88	22	1761
烘炉、熔炉及电炉制造	3560	158	8	1	13	2	134
风机、衡器、包装设备等通用设备制造	3570	2868	174	40	145	33	2476
通用零部件制造及机械修理	3580	3149	199	20	204	32	2694
金属铸、锻加工	3590	4126	172	22	390	59	3483
专用设备制造业	3600	10510	1215	172	548	87	8488

2—10 续表 5　　　　　　　　　　　　　　　　　　　　　　　　　　　　　　单位：个

行业中类	代码	企业单位数	国有经济绝对控股	国有经济相对控股	集体经济绝对控股	集体经济相对控股	其他
矿山、冶金、建筑专用设备制造	3610	2089	335	34	176	8	1536
化工、木材、非金属加工专用设备制造	3620	2244	134	30	76	28	1976
食品、饮料、烟草及饲料生产专用设备制造	3630	632	89	10	37	5	491
印刷、制药、日化生产专用设备制造	3640	778	68	9	34	8	659
纺织、服装和皮革工业专用设备制造	3650	1202	81	21	54	9	1037
电子和电工机械专用设备制造	3660	638	110	12	23	4	489
农、林、牧、渔专用机械制造	3670	980	150	12	60	5	753
医疗仪器设备及器械制造	3680	732	95	17	28	15	577
环保、社会公共安全及其他专用设备制造	3690	1215	153	27	60	5	970
交通运输设备制造业	3700	11109	1589	193	666	124	8535
铁路运输设备制造	3710	581	214	15	101	3	248
汽车制造	3720	7238	990	138	406	67	5635
摩托车制造	3730	1358	46	14	58	27	1213
自行车制造	3740	869	28	8	25	5	803
船舶及浮动装置制造	3750	732	169	12	59	22	470
航空航天器制造	3760	169	121	5	2	0	41
交通器材及其他交通运输设备制造	3790	162	21	1	15	0	125
电气机械及器材制造业	3900	15275	775	169	898	133	13300
电机制造	3910	1585	111	26	64	20	1364
输配电及控制设备制造	3920	4643	305	74	368	35	3861
电线、电缆、光缆及电工器材制造	3930	3427	150	32	293	35	2917
电池制造	3940	827	60	12	29	1	725
家用电力器具制造	3950	1901	47	11	52	11	1780
非电力家用器具制造	3960	334	11	2	11	1	309
照明器具制造	3970	2165	48	7	63	28	2019
其他电气机械及器材制造	3990	393	43	5	18	2	325
通信设备、计算机及其他电子设备制造业	4000	8882	656	177	165	29	7855
通信设备制造	4010	1195	160	42	17	3	973
雷达及配套设备制造	4020	44	32	3	1	0	8
广播电视设备制造	4030	362	27	2	4	0	329
电子计算机制造	4040	1125	57	17	17	5	1029
电子器件制造	4050	1294	123	46	20	3	1102
电子元件制造	4060	3504	178	48	83	16	3179
家用视听设备制造	4070	848	45	11	15	0	777

单位:个

行业中类	代码	企业单位数	国有经济绝对控股	国有经济相对控股	集体经济绝对控股	集体经济相对控股	其他
其他电子设备制造	4090	510	34	8	8	2	458
仪器仪表及文化、办公用机械制造业	4100	3774	430	85	133	30	3096
通用仪器仪表制造	4110	1719	202	47	66	19	1385
专用仪器仪表制造	4120	569	115	15	26	3	410
钟表与计时仪器制造	4130	393	23	5	15	0	350
光学仪器及眼镜制造	4140	575	52	7	11	3	502
文化、办公用机械制造	4150	395	22	7	9	3	354
其他仪器仪表的制造及修理	4190	123	16	4	6	2	95
工艺品及其他制造业	4200	5114	164	21	190	59	4680
工艺美术品制造	4210	3644	88	10	145	50	3351
日用杂品制造	4220	1027	8	1	14	7	997
煤制品制造	4230	82	13	3	14	1	51
核辐射加工	4240	8	4	2	0	0	2
其他未列明的制造业	4290	353	51	5	17	1	279
废弃资源和废旧材料回收加工业	4300	472	13	4	45	6	404
金属废料和碎屑的加工处理	4310	337	10	4	29	5	289
非金属废料和碎屑的加工处理	4320	135	3	0	16	1	115
电力、燃气及水的生产和供应业	**D**	**8703**	**5627**	**248**	**359**	**14**	**2394**
电力、热力的生产和供应业	4400	5680	3482	185	160	11	1803
电力生产	4410	3360	1666	129	111	7	1434
电力供应	4420	1647	1471	32	29	3	108
热力生产和供应	4430	673	345	24	20	1	261
燃气生产和供应业	4500	521	193	32	12	1	281
水的生产和供应业	4600	2502	1952	31	187	2	310
自来水的生产和供应	4610	2370	1895	25	180	2	250
污水处理及其再生利用	4620	121	56	6	7	0	50
其他水的处理、利用与分配	4690	11	1	0	0	0	10
建筑业	**E**	**61684**	**8245**	**845**	**7436**	**201**	**44950**
房屋和土木工程建筑业	4700	35310	5859	522	5746	122	23055
房屋工程建筑	4710	25449	2678	305	4883	95	17488
土木工程建筑	4720	9861	3181	217	863	27	5567
建筑安装业	4800	10054	1265	143	909	42	7695
建筑装饰业	4900	12576	633	115	554	31	11243
其他建筑业	5000	3744	488	65	227	6	2957

单位:个

行业中类	代码	企业单位数	国有经济绝对控股	国有经济相对控股	集体经济绝对控股	集体经济相对控股	其他
工程准备	5010	1283	225	21	63	2	972
提供施工设备服务	5020	335	42	5	15	1	272
其他未列明的建筑活动	5090	2126	221	39	149	3	1713
批发和零售业	**H**	**55402**	**10478**	**1124**	**3365**	**156**	**40274**
批发业	6300	31902	6769	683	1379	86	22983
农畜产品批发	6310	1705	933	31	154	3	584
食品、饮料及烟草制品批发	6320	3355	1798	42	94	6	1414
纺织、服装及日用品批发	6330	2488	413	120	66	6	1883
文化、体育用品及器材批发	6340	878	254	19	25	1	579
医药及医疗器材批发	6350	1926	385	86	37	8	1410
矿产品、建材及化工产品批发	6360	12169	1929	226	697	39	9278
机械设备、五金交电及电子产品批发	6370	6966	750	121	161	16	5918
贸易经纪与代理	6380	378	86	12	7	0	273
其他批发	6390	2037	221	26	138	7	1644
零售业	6500	23500	3709	441	1986	70	17291
综合零售	6510	5748	704	177	1119	31	3717
食品、饮料及烟草制品专门零售	6520	1091	412	26	87	6	560
纺织、服装及日用品专门零售	6530	1327	102	21	113	3	1088
文化、体育用品及器材专门零售	6540	1850	1169	24	39	3	614
医药及医疗器材专门零售	6550	1623	319	60	42	2	1200
汽车、摩托车、燃料及零配件专门零售	6560	6095	611	98	359	17	5010
家用电器及电子产品专门零售	6570	3583	132	18	76	6	3351
五金、家具及室内装修材料专门零售	6580	1170	114	6	68	0	980
无店铺及其他零售	6590	1013	146	11	83	2	771
住宿和餐饮业	**I**	**18809**	**3880**	**245**	**1149**	**49**	**13378**
住宿业	6600	8768	3207	166	686	18	4618
旅游饭店	6610	7656	2874	159	577	16	3980
一般旅馆	6620	990	296	6	98	1	571
其他住宿服务	6690	122	37	1	11	1	67
餐饮业	6700	10041	673	79	463	31	8760
正餐服务	6710	9299	633	65	434	26	8112
快餐服务	6720	377	24	5	13	5	329
饮料及冷饮服务	6730	105	4	0	4	0	97
其他餐饮服务	6790	260	12	9	12	0	222

2—11 限额以上企业按地区、

（2005 年）

地　区	企业单位数	内资企业	国有企业	集体企业	股份合作企业
全　国	**409034**	**349607**	**33709**	**26937**	**10296**
北　京	15757	14122	1735	889	659
天　津	13431	11552	1327	983	224
河　北	14356	13334	1505	1150	278
山　西	7506	7362	1522	1187	147
内蒙古	4239	4095	524	140	77
辽　宁	18054	15544	2183	1725	448
吉　林	4958	4640	982	368	70
黑龙江	5664	5411	965	445	112
上　海	20548	14062	846	1307	669
江　苏	33223	26390	925	1685	1178
浙　江	50843	43574	953	1159	2076
安　徽	8625	8100	751	592	243
福　建	17606	12467	1008	750	454
江　西	6559	6015	1120	426	214
山　东	36353	31579	1726	2491	631
河　南	18151	17664	2119	2935	409
湖　北	9963	9332	1325	753	201
湖　南	11871	11385	1476	1019	378
广　东	46696	30530	2255	2247	494
广　西	5813	5403	1196	624	108
海　南	1349	1209	326	58	16
重　庆	6430	6205	474	423	159
四　川	23162	22569	1214	1053	373
贵　州	3717	3589	1073	303	93
云　南	6561	6320	919	744	203
西　藏	428	426	212	70	8
陕　西	7608	7385	1231	704	191
甘　肃	3309	3244	698	404	98
青　海	1319	1292	203	107	58
宁　夏	1529	1489	214	57	6
新　疆	3405	3317	702	139	21

登记注册类型分组的单位数

单位:个

国有联营企业	集体联营企业	国有与集体联营	国有独资公司	其他企业	港、澳、台商投资企业	外商投资企业
2010	**82609**	**12813**	**180626**	**607**	**28784**	**30643**
74	4146	336	6283	0	491	1144
78	3375	217	5150	198	429	1450
48	3217	791	6344	1	335	687
53	1902	242	2309	0	69	75
14	1374	265	1701	0	54	90
45	2995	387	7759	2	601	1909
14	1231	375	1600	0	85	233
17	1617	426	1829	0	84	169
336	2683	241	7980	0	2114	4372
100	4266	607	17626	3	2909	3924
95	9110	493	29675	13	3531	3738
58	2114	435	3903	4	212	313
148	2511	319	7277	0	3229	1910
13	1272	313	2657	0	322	222
86	7076	1445	18121	3	1091	3683
100	3654	989	7438	20	228	259
58	2436	706	3852	1	300	331
46	2359	635	5471	1	281	205
325	7038	692	17267	212	11546	4620
20	1132	259	2035	29	213	197
24	392	83	310	0	70	70
21	1810	266	3052	0	77	148
65	8029	1103	10645	87	182	411
39	841	164	1076	0	57	71
29	1288	298	2839	0	116	125
8	64	15	48	1	0	2
50	1918	381	2878	32	74	149
24	890	155	975	0	31	34
6	309	47	562	0	13	14
6	357	35	814	0	7	33
10	1203	93	1149	0	33	55

2—12 限额以上企业按行业中类、

(2005 年)

行业中类	代码	企业单位数	内资企业	国有企业	集体企业
全　国	**0000**	**409034**	**349607**	**33709**	**26937**
采矿业	**B**	**12659**	**12431**	**1191**	**2600**
煤炭开采和洗选业	0600	5999	5975	667	1735
烟煤和无烟煤的开采洗选	0610	5750	5729	633	1702
褐煤的开采洗选	0620	217	214	28	26
其他煤炭采选	0690	32	32	6	7
石油和天然气开采业	0700	255	248	54	16
天然原油和天然气开采	0710	123	120	35	5
与石油和天然气开采有关的服务活动	0790	132	128	19	11
黑色金属矿采选业	0800	2170	2140	72	203
铁矿采选	0810	1978	1951	54	171
其他黑色金属矿采选	0890	192	189	18	32
有色金属矿采选业	0900	1646	1606	184	280
常用有色金属矿采选	0910	913	877	75	87
贵金属矿采选	0920	481	478	83	179
稀有稀土金属矿采选	0930	252	251	26	14
非金属矿采选业	1000	2555	2429	212	365
土砂石开采	1010	1795	1710	103	255
化学矿采选	1020	200	194	25	33
采盐	1030	192	186	55	29
石棉及其他非金属矿采选	1090	368	339	29	48
其他采矿业	1100	34	33	2	1
制造业	**C**	**251777**	**196977**	**11463**	**12869**
农副食品加工业	1300	14561	12476	1024	537
谷物磨制	1310	3145	3066	343	96
饲料加工	1320	2282	2014	131	45
植物油加工	1330	1611	1496	87	73
制糖	1340	295	276	33	5
屠宰及肉类加工	1350	2553	2322	313	107
水产品加工	1360	1556	1002	45	104
蔬菜、水果和坚果加工	1370	1787	1222	29	41
其他农副食品加工	1390	1332	1078	43	66
食品制造业	1400	5786	4499	417	169
焙烤食品制造	1410	920	667	91	22

登记注册类型分组的单位数

单位:个

股份合作企业	国有联营企业	集体联营企业	国有与集体联营	国有独资公司	其他企业	港、澳、台商投资企业	外商投资企业	代码
10296	**2010**	**82609**	**12813**	**180626**	**607**	**28784**	**30643**	**0000**
329	**120**	**1864**	**286**	**6021**	**20**	**120**	**108**	**B**
201	65	774	111	2419	3	13	11	0600
182	63	727	103	2317	2	11	10	0610
18	1	44	8	89	0	2	1	0620
1	1	3	0	13	1	0	0	0690
3	0	75	29	70	1	4	3	0700
3	0	40	26	10	1	2	1	0710
0	0	35	3	60	0	2	2	0790
30	10	326	43	1451	5	19	11	0800
26	10	299	38	1348	5	18	9	0810
4	0	27	5	103	0	1	2	0890
40	18	323	41	715	5	18	22	0900
22	7	180	26	480	0	18	18	0910
17	10	82	14	92	1	0	3	0920
1	1	61	1	143	4	0	1	0930
55	27	359	62	1343	6	66	60	1000
43	21	200	41	1046	1	50	35	1010
2	1	46	7	80	0	3	3	1020
3	3	49	9	38	0	2	4	1030
7	2	64	5	179	5	11	18	1090
0	0	7	0	23	0	0	1	1100
7024	**1052**	**40338**	**6479**	**117438**	**314**	**26670**	**28130**	**C**
274	65	2400	507	7652	17	730	1355	1300
61	14	451	92	2006	3	31	48	1310
37	16	489	97	1197	2	105	163	1320
39	4	316	53	923	1	33	82	1330
3	3	115	28	89	0	14	5	1340
48	14	446	112	1277	5	96	135	1350
45	5	175	35	592	1	181	373	1360
17	3	204	37	889	2	180	385	1370
24	6	204	53	679	3	90	164	1390
112	17	1118	218	2439	9	491	796	1400
17	3	129	14	388	3	113	140	1410

行业中类	代码	企业单位数	内资企业	国有企业	集体企业
糖果、巧克力及蜜饯制造	1420	449	318	22	13
方便食品制造	1430	788	619	45	21
液体乳及乳制品制造	1440	699	631	33	14
罐头制造	1450	723	517	45	24
调味品、发酵制品制造	1460	842	682	97	25
其他食品制造	1490	1365	1065	84	50
饮料制造业	1500	3756	3186	323	146
酒精制造	1510	154	147	10	10
酒的制造	1520	1910	1705	181	53
软饮料制造	1530	1044	725	78	19
精制茶加工	1540	648	609	54	64
烟草制品业	1600	191	187	112	18
烟叶复烤	1610	60	57	30	2
卷烟制造	1620	100	99	72	10
其他烟草制品加工	1690	31	31	10	6
纺织业	1700	22133	17139	492	720
棉、化纤纺织及印染精加工	1710	9523	8154	215	344
毛纺织和染整精加工	1720	1261	981	52	62
麻纺织	1730	340	278	10	16
丝绢纺织及精加工	1740	1979	1752	40	58
纺织制成品制造	1750	3394	2408	82	109
针织品、编织品及其制品制造	1760	5636	3566	93	131
纺织服装、鞋、帽制造业	1800	11688	6683	154	349
纺织服装制造	1810	10997	6257	146	336
纺织面料鞋的制造	1820	478	315	7	9
制帽	1830	213	111	1	4
皮革、毛皮、羽毛(绒)及其制品业	1900	6189	3765	53	144
皮革鞣制加工	1910	732	507	6	37
皮革制品制造	1920	4751	2737	34	85
毛皮鞣制及制品加工	1930	337	240	6	10
羽毛(绒)加工及制品制造	1940	369	281	7	12
木材加工及木、竹、藤、棕、草制品业	2000	5282	4372	174	167
锯材、木片加工	2010	627	553	63	31
人造板制造	2020	2714	2409	68	52

单位:个

股份合作企业	国有联营企业	集体联营企业	国有与集体联营	国有独资公司	其他企业	港、澳、台商投资企业	外商投资企业	代码
8	1	62	12	200	0	68	63	1420
12	3	152	30	354	2	71	98	1430
18	2	229	65	269	1	17	51	1440
10	2	111	20	304	1	66	140	1450
19	2	177	30	332	0	50	110	1460
28	4	258	47	592	2	106	194	1490
76	22	795	196	1626	2	198	372	1500
2	1	41	9	73	1	4	3	1510
48	11	475	123	814	0	67	138	1520
12	7	202	51	355	1	112	207	1530
14	3	77	13	384	0	15	24	1540
3	2	42	7	3	0	3	1	1600
1	0	21	2	1	0	2	1	1610
1	1	12	2	1	0	1	0	1620
1	1	9	3	1	0	0	0	1690
432	51	2575	350	12504	15	2853	2141	1700
181	22	1268	197	5922	5	869	500	1710
36	4	173	19	635	0	175	105	1720
7	3	50	10	182	0	40	22	1730
50	3	260	29	1311	1	147	80	1740
86	6	361	55	1706	3	467	519	1750
72	13	463	40	2748	6	1155	915	1760
158	22	948	117	4922	13	2673	2332	1800
137	21	878	103	4625	11	2533	2207	1810
14	1	55	6	221	2	82	81	1820
7	0	15	8	76	0	58	44	1830
117	7	618	52	2768	6	1300	1124	1900
20	0	78	21	345	0	121	104	1910
91	7	455	25	2034	6	1098	916	1920
0	0	43	1	180	0	39	58	1930
6	0	42	5	209	0	42	46	1940
61	6	553	104	3297	10	447	463	2000
7	2	63	10	376	1	36	38	2010
30	2	324	63	1866	4	166	139	2020

2—12 续表 2

行业中类	代码	企业单位数	内资企业	国有企业	集体企业
木制品制造	2030	1254	912	36	59
竹、藤、棕、草制品制造	2040	687	498	7	25
家具制造业	2100	3228	2178	62	57
木质家具制造	2110	2035	1389	49	37
竹、藤家具制造	2120	49	31	0	0
金属家具制造	2130	727	503	11	15
塑料家具制造	2140	61	44	1	1
其他家具制造	2190	356	211	1	4
造纸及纸制品业	2200	7507	6277	208	646
纸浆制造	2210	118	105	9	6
造纸	2220	3376	3026	114	340
纸制品制造	2230	4013	3146	85	300
印刷业和记录媒介的复制	2300	5002	4352	962	284
印刷	2310	4650	4066	895	266
装订及其他印刷服务活动	2320	259	218	55	15
记录媒介的复制	2330	93	68	12	3
文教体育用品制造业	2400	3174	1652	50	90
文化用品制造	2410	759	494	28	17
体育用品制造	2420	802	376	10	25
乐器制造	2430	240	135	6	7
玩具制造	2440	1251	553	5	38
游艺器材及娱乐用品制造	2450	122	94	1	3
石油加工及炼焦业	2500	1951	1798	98	119
精炼石油产品的制造	2510	993	879	68	85
炼焦	2520	955	917	29	34
化学原料及化学制品制造业	2600	18539	15559	879	1277
基础化学原料制造	2610	4597	4142	222	381
肥料制造	2620	1949	1820	188	103
农药制造	2630	711	639	43	42
涂料、油墨、颜料及类似产品制造	2640	3057	2283	89	212
合成材料制造	2650	1596	1192	35	92
专用化学产品制造	2660	5266	4500	239	390
日用化学产品制造	2670	1363	983	63	57
医药制造业	2700	4937	4062	247	113

单位:个

股份合作企业	国有联营企业	集体联营企业	国有与集体联营	国有独资公司	其他企业	港、澳、台商投资企业	外商投资企业	代码
16	2	127	21	647	4	154	188	2030
8	0	39	10	408	1	91	98	2040
35	4	341	51	1623	5	530	520	2100
17	2	234	33	1015	2	333	313	2110
0	0	4	0	27	0	10	8	2120
12	2	53	9	399	2	114	110	2130
3	0	12	2	25	0	11	6	2140
3	0	38	7	157	1	62	83	2190
239	28	1157	159	3831	9	719	511	2200
1	0	36	5	47	1	8	5	2210
108	9	537	102	1812	4	204	146	2220
130	19	584	52	1972	4	507	360	2230
172	29	926	87	1886	6	394	256	2300
161	26	846	80	1787	5	357	227	2310
11	3	45	2	86	1	25	16	2320
0	0	35	5	13	0	12	13	2330
47	3	200	24	1234	4	869	653	2400
12	0	51	6	379	1	139	126	2410
13	2	55	10	261	0	230	196	2420
3	1	26	1	91	0	33	72	2430
17	0	60	7	423	3	449	249	2440
2	0	8	0	80	0	18	10	2450
53	15	403	125	983	2	56	97	2500
30	12	165	75	442	2	37	77	2510
23	3	238	50	540	0	19	19	2520
653	102	3538	695	8396	19	1352	1628	2600
182	33	1004	184	2134	2	181	274	2610
67	5	490	128	836	3	53	76	2620
28	2	176	65	282	1	26	46	2630
113	19	461	84	1300	5	399	375	2640
53	6	278	54	672	2	177	227	2650
178	33	891	138	2625	6	345	421	2660
32	4	238	42	547	0	171	209	2670
119	31	1504	481	1561	6	330	545	2700

行业中类	代码	企业单位数	内资企业	国有企业	集体企业
化学药品原药制造	2710	935	784	30	28
化学药品制剂制造	2720	1085	850	70	14
中药饮片加工	2730	436	376	16	13
中成药制造	2740	1272	1088	84	27
兽用药品制造	2750	350	322	19	7
生物、生化制品的制造	2760	486	356	17	6
卫生材料及医药用品制造	2770	373	286	11	18
化学纤维制造业	2800	1301	1006	23	56
纤维素纤维原料及纤维制造	2810	184	138	5	6
合成纤维制造	2820	1117	868	18	50
橡胶制品业	2900	3060	2304	97	203
轮胎制造	2910	416	324	13	17
橡胶板、管、带的制造	2920	640	554	21	48
橡胶零件制造	2930	648	491	19	53
再生橡胶制造	2940	133	126	5	13
日用及医用橡胶制品制造	2950	237	150	12	11
橡胶靴鞋制造	2960	605	405	18	26
其他橡胶制品制造	2990	381	254	9	35
塑料制品业	3000	12074	8760	206	605
塑料薄膜制造	3010	1283	939	30	65
塑料板、管、型材的制造	3020	2040	1583	39	112
塑料丝、绳及编织品的制造	3030	1508	1354	36	113
泡沫塑料制造	3040	804	591	7	56
塑料人造革、合成革制造	3050	372	275	3	12
塑料包装箱及容器制造	3060	1362	970	21	61
塑料零件制造	3070	1369	890	20	66
日用塑料制造	3080	1880	1296	24	69
其他塑料制品制造	3090	1456	862	26	51
非金属矿物制品业	3100	20645	18234	1108	1798
水泥、石灰和石膏的制造	3110	5370	5151	396	662
水泥及石膏制品制造	3120	2888	2520	214	166
砖瓦、石材及其他建筑材料制造	3130	5128	4531	229	462
玻璃及玻璃制品制造	3140	2742	2237	61	120
陶瓷制品制造	3150	1563	1147	83	71

单位:个

股份合作企业	国有联营企业	集体联营企业	国有与集体联营	国有独资公司	其他企业	港、澳、台商投资企业	外商投资企业	代码
34	8	268	70	345	1	66	85	2710
12	9	400	117	227	1	90	145	2720
23	4	112	24	183	1	19	41	2730
29	4	439	187	317	1	91	93	2740
14	2	82	25	172	1	4	24	2750
3	2	128	45	155	0	33	97	2760
4	2	75	13	162	1	27	60	2770
27	8	175	33	683	1	171	124	2800
3	2	33	10	79	0	23	23	2810
24	6	142	23	604	1	148	101	2820
126	10	518	70	1277	3	380	376	2900
11	3	68	16	196	0	29	63	2910
30	2	105	24	323	1	36	50	2920
25	2	111	8	271	2	76	81	2930
10	0	18	3	77	0	4	3	2940
5	1	32	6	83	0	40	47	2950
41	1	138	2	179	0	123	77	2960
4	1	46	11	148	0	72	55	2990
371	32	1670	169	5685	22	1853	1461	3000
41	3	211	29	557	3	192	152	3010
39	9	353	44	983	4	218	239	3020
84	7	262	36	815	1	61	93	3030
22	3	98	13	391	1	126	87	3040
3	1	39	1	216	0	52	45	3050
41	2	168	22	648	7	240	152	3060
47	1	133	3	620	0	241	238	3070
71	4	238	9	880	1	337	247	3080
23	2	168	12	575	5	386	208	3090
630	151	3830	680	10012	25	1144	1267	3100
178	67	1237	267	2340	4	118	101	3110
50	24	673	84	1306	3	183	185	3120
238	27	663	111	2790	11	267	330	3130
63	9	448	86	1446	4	223	282	3140
36	5	226	31	693	2	251	165	3150

2—12 续表 4

行业中类	代码	企业单位数	内资企业	国有企业	集体企业
耐火材料制品制造	3160	1411	1300	48	202
石墨及其他非金属矿物制品制造	3190	1543	1348	77	115
黑色金属冶炼及压延加工业	3200	6702	6205	181	448
炼铁	3210	1052	1020	38	65
炼钢	3220	396	360	13	31
钢压延加工	3230	3719	3336	74	239
铁合金冶炼	3240	1535	1489	56	113
有色金属冶炼及压延加工业	3300	5136	4509	176	392
常用有色金属冶炼	3310	1494	1373	61	115
贵金属冶炼	3320	220	209	25	15
稀有稀土金属冶炼	3330	415	375	13	23
有色金属合金制造	3340	411	357	16	35
有色金属压延加工	3350	2596	2195	61	204
金属制品业	3400	13822	11102	371	923
结构性金属制品制造	3410	3963	3411	122	269
金属工具制造	3420	1649	1296	44	73
集装箱及金属包装容器制造	3430	1100	853	43	104
金属丝绳及其制品的制造	3440	997	831	44	93
建筑、安全用金属制品制造	3450	1886	1471	29	94
金属表面处理及热处理加工	3460	1099	914	23	136
搪瓷制品制造	3470	189	166	8	21
不锈钢及类似日用金属制品制造	3480	1711	1227	23	49
其他金属制品制造	3490	1228	933	35	84
通用设备制造业	3500	19976	17031	988	1197
锅炉及原动机制造	3510	1183	1050	100	101
金属加工机械制造	3520	1964	1669	169	78
起重运输设备制造	3530	1201	1012	90	67
泵、阀门、压缩机及类似机械的制造	3540	3330	2753	153	144
轴承、齿轮、传动和驱动部件的制造	3550	1997	1698	79	89
烘炉、熔炉及电炉制造	3560	158	127	6	10
风机、衡器、包装设备等通用设备制造	3570	2868	2278	124	129
通用零部件制造及机械修理	3580	3149	2674	151	200
金属铸、锻加工	3590	4126	3770	116	379
专用设备制造业	3600	10510	8504	830	475

单位:个

股份合作企业	国有联营企业	集体联营企业	国有与集体联营	国有独资公司	其他企业	港、澳、台商投资企业	外商投资企业	代码
42	8	287	46	667	0	32	79	3160
23	11	296	55	770	1	70	125	3190
206	32	1275	175	3874	14	232	265	3200
15	8	228	46	620	0	12	20	3210
7	2	96	6	205	0	21	15	3220
142	11	632	70	2155	13	178	205	3230
42	11	319	53	894	1	21	25	3240
172	26	999	176	2561	7	325	302	3300
42	10	307	79	756	3	50	71	3310
2	5	44	12	106	0	6	5	3320
13	2	95	19	210	0	16	24	3330
16	0	90	14	186	0	21	33	3340
99	9	463	52	1303	4	232	169	3350
466	69	1879	208	7157	29	1376	1344	3400
107	26	688	67	2125	7	254	298	3410
41	4	220	26	887	1	178	175	3420
49	8	165	20	464	0	109	138	3430
48	6	100	23	507	10	69	97	3440
78	7	188	17	1057	1	188	227	3450
64	4	127	10	550	0	112	73	3460
9	1	23	4	98	2	12	11	3470
39	3	181	20	908	4	278	206	3480
31	10	187	21	561	4	176	119	3490
843	99	3275	474	10123	32	1066	1879	3500
61	10	238	54	483	3	39	94	3510
54	12	382	59	911	4	119	176	3520
48	9	213	34	551	0	61	128	3530
178	5	672	91	1510	0	174	403	3540
64	14	289	47	1115	1	101	198	3550
7	0	30	0	73	1	9	22	3560
105	10	457	67	1381	5	232	358	3570
122	16	457	38	1685	5	200	275	3580
204	23	537	84	2414	13	131	225	3590
350	39	2037	313	4440	20	875	1131	3600

行业中类	代码	企业单位数	内资企业	国有企业	集体企业
矿山、冶金、建筑专用设备制造	3610	2089	1909	237	157
化工、木材、非金属加工专用设备制造	3620	2244	1559	104	74
食品、饮料、烟草及饲料生产专用设备制造	3630	632	560	65	29
印刷、制药、日化生产专用设备制造	3640	778	619	41	24
纺织、服装和皮革工业专用设备制造	3650	1202	946	49	52
电子和电工机械专用设备制造	3660	638	453	59	16
农、林、牧、渔专用机械制造	3670	980	906	116	55
医疗仪器设备及器械制造	3680	732	529	65	19
环保、社会公共安全及其他专用设备制造	3690	1215	1023	94	49
交通运输设备制造业	3700	11109	9126	1075	624
铁路运输设备制造	3710	581	545	179	94
汽车制造	3720	7238	5844	658	372
摩托车制造	3730	1358	1214	21	62
自行车制造	3740	869	621	20	29
船舶及浮动装置制造	3750	732	625	115	50
航空航天器制造	3760	169	142	65	2
交通器材及其他交通运输设备制造	3790	162	135	17	15
电气机械及器材制造业	3900	15275	11468	471	841
电机制造	3910	1585	1223	64	70
输配电及控制设备制造	3920	4643	3624	206	329
电线、电缆、光缆及电工器材制造	3930	3427	2720	83	274
电池制造	3940	827	590	30	26
家用电力器具制造	3950	1901	1310	28	60
非电力家用器具制造	3960	334	261	6	8
照明器具制造	3970	2165	1470	32	59
其他电气机械及器材制造	3990	393	270	22	15
通信设备、计算机及其他电子设备制造业	4000	8882	4314	290	138
通信设备制造	4010	1195	743	73	11
雷达及配套设备制造	4020	44	41	16	1
广播电视设备制造	4030	362	236	18	3
电子计算机制造	4040	1125	440	18	10
电子器件制造	4050	1294	568	45	15
电子元件制造	4060	3504	1603	86	78
家用视听设备制造	4070	848	365	15	12

单位:个

股份合作企业	国有联营企业	集体联营企业	国有与集体联营	国有独资公司	其他企业	港、澳、台商投资企业	外商投资企业	代码
60	2	470	78	903	2	54	126	3610
62	5	321	33	954	6	359	326	3620
28	0	116	28	292	2	27	45	3630
38	3	167	23	322	1	73	86	3640
45	4	195	19	582	0	140	116	3650
12	4	142	19	199	2	77	108	3660
26	8	196	41	461	3	16	58	3670
31	3	144	25	241	1	61	142	3680
48	10	286	47	486	3	68	124	3690
416	49	2143	291	4521	7	695	1288	3700
28	4	99	15	126	0	14	22	3710
272	32	1471	227	2809	3	427	967	3720
60	2	263	17	788	1	63	81	3730
17	3	97	8	444	3	140	108	3740
38	8	131	13	270	0	39	68	3750
0	0	56	7	12	0	3	24	3760
1	0	26	4	72	0	9	18	3790
485	61	2793	361	6443	13	1918	1889	3900
53	9	284	45	698	0	145	217	3910
195	23	1140	129	1594	8	448	571	3920
140	18	629	82	1493	1	371	336	3930
11	3	124	29	366	1	130	107	3940
26	0	253	33	909	1	323	268	3950
5	0	61	5	176	0	29	44	3960
48	6	222	26	1076	1	418	277	3970
7	2	80	12	131	1	54	69	3990
111	38	1270	197	2259	11	2133	2435	4000
18	8	272	43	318	0	177	275	4010
0	2	18	2	2	0	1	2	4020
6	5	60	9	135	0	65	61	4030
7	0	151	35	218	1	339	346	4040
5	6	189	41	267	0	310	416	4050
56	13	383	43	935	9	863	1038	4060
10	4	91	9	223	1	283	200	4070

2—12 续表 6

行业中类	代码	企业单位数	内资企业	国有企业	集体企业
其他电子设备制造	4090	510	318	19	8
仪器仪表及文化、办公用机械制造业	4100	3774	2544	268	116
通用仪器仪表制造	4110	1719	1363	117	60
专用仪器仪表制造	4120	569	450	84	24
钟表与计时仪器制造	4130	393	178	17	15
光学仪器及眼镜制造	4140	575	321	24	8
文化、办公用机械制造	4150	395	139	14	6
其他仪器仪表的制造及修理	4190	123	93	12	3
工艺品及其他制造业	4200	5114	3313	121	176
工艺美术品制造	4210	3644	2296	68	133
日用杂品制造	4220	1027	661	6	16
煤制品制造	4230	82	81	9	13
核辐射加工	4240	8	8	2	0
其他未列明的制造业	4290	353	267	36	14
废弃资源和废旧材料回收加工业	4300	472	371	3	41
金属废料和碎屑的加工处理	4310	337	255	2	28
非金属废料和碎屑的加工处理	4320	135	116	1	13
电力、燃气及水的生产和供应业	**D**	**8703**	**8159**	**4594**	**335**
电力、热力的生产和供应业	4400	5680	5295	2651	132
电力生产	4410	3360	3012	1173	92
电力供应	4420	1647	1632	1202	24
热力生产和供应	4430	673	651	276	16
燃气生产和供应业	4500	521	418	139	7
水的生产和供应业	4600	2502	2446	1804	196
自来水的生产和供应	4610	2370	2324	1752	192
污水处理及其再生利用	4620	121	112	51	4
其他水的处理、利用与分配	4690	11	10	1	0
建筑业	**E**	**61684**	**60777**	**5667**	**6962**
房屋和土木工程建筑业	4700	35310	35128	4149	5463
房屋工程建筑	4710	25449	25330	1930	4660
土木工程建筑	4720	9861	9798	2219	803
建筑安装业	4800	10054	9841	822	815
建筑装饰业	4900	12576	12117	366	480
其他建筑业	5000	3744	3691	330	204

单位:个

股份合作企业	国有联营企业	集体联营企业	国有与集体联营	国有独资公司	其他企业	港、澳、台商投资企业	外商投资企业	代码
9	0	106	15	161	0	95	97	4090
114	17	737	90	1200	2	539	691	4100
67	10	417	64	627	1	100	256	4110
13	3	125	14	186	1	43	76	4120
6	1	39	2	98	0	150	65	4130
17	0	91	3	178	0	116	138	4140
4	2	34	4	75	0	120	136	4150
7	1	31	3	36	0	10	20	4190
148	9	538	61	2256	4	984	817	4200
115	7	334	40	1598	1	719	629	4210
29	0	103	11	495	1	222	144	4220
2	1	16	4	36	0	0	1	4230
0	0	4	0	2	0	0	0	4240
2	1	81	6	125	2	43	43	4290
8	8	81	8	221	1	34	67	4300
4	4	63	4	150	0	24	58	4310
4	4	18	4	71	1	10	9	4320
90	**67**	**2006**	**375**	**686**	**6**	**272**	**272**	**D**
68	49	1573	311	508	3	198	187	4400
52	30	1020	236	407	2	177	171	4410
5	11	329	50	10	1	8	7	4420
11	8	224	25	91	0	13	9	4430
13	5	155	24	73	2	44	59	4500
9	13	278	40	105	1	30	26	4600
8	12	236	37	86	1	25	21	4610
1	1	38	3	14	0	5	4	4620
0	0	4	0	5	0	0	1	4690
1432	**276**	**19099**	**2783**	**24503**	**55**	**508**	**399**	**E**
892	168	11472	1949	11014	21	78	104	4700
722	118	8086	1545	8257	12	51	68	4710
170	50	3386	404	2757	9	27	36	4720
232	44	3179	333	4403	13	109	104	4800
239	47	3385	370	7214	16	293	166	4900
69	17	1063	131	1872	5	28	25	5000

2—12 续表 7

行业中类	代码	企业单位数	内资企业	国有企业	集体企业
工程准备	5010	1283	1270	170	55
提供施工设备服务	5020	335	327	23	15
其他未列明的建筑活动	5090	2126	2094	137	134
批发和零售业	**H**	**55402**	**54002**	**7485**	**3085**
批发业	6300	31902	30876	4745	1228
农畜产品批发	6310	1705	1696	794	143
食品、饮料及烟草制品批发	6320	3355	3288	1513	77
纺织、服装及日用品批发	6330	2488	2402	207	52
文化、体育用品及器材批发	6340	878	856	197	20
医药及医疗器材批发	6350	1926	1906	264	22
矿产品、建材及化工产品批发	6360	12169	12032	1106	636
机械设备、五金交电及电子产品批发	6370	6966	6696	449	133
贸易经纪与代理	6380	378	355	59	6
其他批发	6390	2037	1645	156	139
零售业	6500	23500	23126	2740	1857
综合零售	6510	5748	5574	499	1071
食品、饮料及烟草制品专门零售	6520	1091	1077	323	81
纺织、服装及日用品专门零售	6530	1327	1279	73	108
文化、体育用品及器材专门零售	6540	1850	1835	1044	38
医药及医疗器材专门零售	6550	1623	1617	238	31
汽车、摩托车、燃料及零配件专门零售	6560	6095	6054	292	321
家用电器及电子产品专门零售	6570	3583	3561	83	68
五金、家具及室内装修材料专门零售	6580	1170	1144	80	62
无店铺及其他零售	6590	1013	985	108	77
住宿和餐饮业	**I**	**18809**	**17261**	**3309**	**1086**
住宿业	6600	8768	8001	2757	656
旅游饭店	6610	7656	6939	2445	554
一般旅馆	6620	990	945	278	90
其他住宿服务	6690	122	117	34	12
餐饮业	6700	10041	9260	552	430
正餐服务	6710	9299	8689	529	410
快餐服务	6720	377	242	14	9
饮料及冷饮服务	6730	105	93	2	3
其他餐饮服务	6790	260	236	7	8

单位:个

股份合作企业	国有联营企业	集体联营企业	国有与集体联营	国有独资公司	其他企业	港、澳、台商投资企业	外商投资企业	代码
24	6	319	38	657	1	9	4	5010
5	2	103	10	169	0	6	2	5020
40	9	641	83	1046	4	13	19	5090
926	**371**	**16177**	**2296**	**23504**	**158**	**445**	**955**	**H**
396	190	9638	1221	13386	72	314	712	6300
15	7	386	45	300	6	3	6	6310
28	18	760	95	793	4	21	46	6320
22	12	888	99	1120	2	29	57	6330
13	8	247	19	351	1	7	15	6340
32	10	804	121	653	0	6	14	6350
182	87	3552	589	5837	43	46	91	6360
77	34	2352	184	3454	13	93	177	6370
1	4	107	17	160	1	7	16	6380
26	10	542	52	718	2	102	290	6390
530	181	6539	1075	10118	86	131	243	6500
139	28	1647	376	1807	7	56	118	6510
29	9	312	39	281	3	5	9	6520
24	5	392	50	625	2	22	26	6530
26	5	310	44	364	4	5	10	6540
53	12	560	87	605	31	3	3	6550
167	89	1774	319	3077	15	17	24	6560
52	15	942	103	2293	5	9	13	6570
20	8	332	26	606	10	2	24	6580
20	10	270	31	460	9	12	16	6590
495	**124**	**3125**	**594**	**8474**	**54**	**769**	**779**	**I**
184	88	1538	345	2421	12	423	344	6600
150	81	1352	312	2038	7	394	323	6610
31	5	161	29	347	4	26	19	6620
3	2	25	4	36	1	3	2	6690
311	36	1587	249	6053	42	346	435	6700
291	32	1446	229	5713	39	297	313	6710
9	1	51	11	147	0	34	101	6720
2	0	31	1	53	1	5	7	6730
9	3	59	8	140	2	10	14	6790

2—13 限额以上企业按登记注册类型、

(2005 年)

登记注册类型	企业单位数	50 万元及以下	50 万—100 万元
全　国	**409034**	**18923**	**33503**
内资	**349607**	**18373**	**31859**
国有	33709	1530	2621
集体	26937	738	1794
股份合作	10296	203	719
联营企业	2010	55	159
国有联营	460	9	49
集体联营	508	13	35
国有与集体联营	509	8	31
其他联营	533	25	44
有限责任公司	82609	5951	6560
国有独资公司	2355	50	110
其他有限责任公司	80254	5901	6450
股份有限公司	12813	338	757
私营企业	180626	9391	19165
私营独资	33925	1693	3378
私营合伙	8055	325	740
私营有限责任公司	129443	6794	13919
私营股份有限公司	9203	579	1128
其他内资	607	167	84
港、澳、台商投资	**28784**	**255**	**644**
与港澳台合资经营	10681	119	258
与港澳台合作经营	1894	7	34
港澳台商独资	15909	126	344
港澳台商投资股份有限公司	300	3	8
外商投资	**30643**	**295**	**1000**
中外合资经营	13388	119	431
中外合作经营	1902	13	41
外资企业	14978	160	522
外商投资股份有限公司	375	3	6

营业收入规模分组的单位数

单位：个

100万一500万元	500万一1000万元	1000万一5000万元	5000万元一1亿元	1亿元以上
81477	**92898**	**80689**	**64646**	**21902**
74103	**80821**	**66366**	**49947**	**16505**
5950	6366	6223	6066	2491
5243	6016	5649	4794	1791
2285	2736	2234	1532	413
450	459	419	321	85
102	97	92	68	27
112	129	100	88	17
106	121	115	90	24
130	112	112	75	17
14419	16745	15475	13891	5349
293	288	345	397	263
14126	16457	15130	13494	5086
1658	2077	2313	2775	1441
43964	46332	33984	20528	4920
9736	9758	6099	2745	394
2148	2373	1649	678	108
30133	32044	24579	15914	4076
1947	2157	1657	1191	342
134	90	69	40	15
3174	**5645**	**7086**	**7502**	**2839**
1277	2284	2765	2648	891
202	375	461	522	193
1669	2927	3810	4261	1718
26	59	50	71	37
4200	**6432**	**7237**	**7197**	**2558**
1823	2897	3304	3173	1036
242	415	458	481	170
2089	3073	3389	3467	1311
46	47	86	76	41

2—14 限额以上企业按行业中类、

(2005年)

行业中类	代码	企业单位数	50万元及以下	50万—100万元
全　　国	**0000**	**409034**	**25185**	**7522**
采矿业	**B**	**12659**	**748**	**156**
煤炭开采和洗选业	0600	5999	154	40
烟煤和无烟煤的开采洗选	0610	5750	142	35
褐煤的开采洗选	0620	217	5	3
其他煤炭采选	0690	32	7	2
石油和天然气开采业	0700	255	47	12
天然原油和天然气开采	0710	123	17	0
与石油和天然气开采有关的服务活动	0790	132	30	12
黑色金属矿采选业	0800	2170	122	21
铁矿采选	0810	1978	105	19
其他黑色金属矿采选	0890	192	17	2
有色金属矿采选业	0900	1646	110	25
常用有色金属矿采选	0910	913	65	12
贵金属矿采选	0920	481	31	9
稀有稀土金属矿采选	0930	252	14	4
非金属矿采选业	1000	2555	304	52
土砂石开采	1010	1795	243	43
化学矿采选	1020	200	19	2
采盐	1030	192	1	1
石棉及其他非金属矿采选	1090	368	41	6
其他采矿业	1100	34	11	6
制造业	**C**	**251777**	**8478**	**2084**
农副食品加工业	1300	14561	590	116
谷物磨制	1310	3145	110	37
饲料加工	1320	2282	114	15
植物油加工	1330	1611	62	8
制糖	1340	295	5	1
屠宰及肉类加工	1350	2553	154	23
水产品加工	1360	1556	18	10
蔬菜、水果和坚果加工	1370	1787	52	9
其他农副食品加工	1390	1332	75	13
食品制造业	1400	5786	364	73
焙烤食品制造	1410	920	89	18

营业收入规模分组的单位数

单位：个

100 万—500 万元	500 万—1000 万元	1000 万—5000 万元	5000 万元—1 亿元	1 亿元以上	代码
36978	**81837**	**167181**	**42772**	**47559**	**0000**
959	**3369**	**5295**	**1146**	**986**	**B**
469	1715	2637	510	474	0600
460	1637	2534	491	451	0610
7	68	92	19	23	0620
2	10	11	0	0	0690
27	21	44	22	82	0700
2	13	27	12	52	0710
25	8	17	10	30	0790
123	559	961	222	162	0800
94	504	892	212	152	0810
29	55	69	10	10	0890
117	325	698	214	157	0900
88	194	381	117	56	0910
18	93	198	58	74	0920
11	38	119	39	27	0930
215	747	948	178	111	1000
141	552	665	105	46	1010
20	38	83	25	13	1020
15	42	75	22	36	1030
39	115	125	26	16	1090
8	2	7	0	0	1100
10836	**59642**	**115948**	**26696**	**28093**	**C**
563	3266	6419	1764	1843	1300
116	844	1504	322	212	1310
86	436	922	340	369	1320
47	310	706	211	267	1330
2	22	96	61	108	1340
141	503	1090	270	372	1350
51	302	686	234	255	1360
70	485	880	173	118	1370
50	364	535	153	142	1390
310	1423	2372	633	611	1400
51	247	369	76	70	1410

行业中类	代码	企业单位数	50 万元及以下	50 万—100 万元
糖果、巧克力及蜜饯制造	1420	449	20	4
方便食品制造	1430	788	49	11
液体乳及乳制品制造	1440	699	16	9
罐头制造	1450	723	40	4
调味品、发酵制品制造	1460	842	82	15
其他食品制造	1490	1365	68	12
饮料制造业	1500	3756	340	89
酒精制造	1510	154	11	3
酒的制造	1520	1910	132	40
软饮料制造	1530	1044	88	25
精制茶加工	1540	648	109	21
烟草制品业	1600	191	5	0
烟叶复烤	1610	60	1	0
卷烟制造	1620	100	0	0
其他烟草制品加工	1690	31	4	0
纺织业	1700	22133	371	103
棉、化纤纺织及印染精加工	1710	9523	144	37
毛纺织和染整精加工	1720	1261	32	7
麻纺织	1730	340	6	2
丝绢纺织及精加工	1740	1979	32	9
纺织制成品制造	1750	3394	74	24
针织品、编织品及其制品制造	1760	5636	83	24
纺织服装、鞋、帽制造业	1800	11688	271	64
纺织服装制造	1810	10997	260	61
纺织面料鞋的制造	1820	478	10	2
制帽	1830	213	1	1
皮革、毛皮、羽毛(绒)及其制品业	1900	6189	129	12
皮革鞣制加工	1910	732	15	2
皮革制品制造	1920	4751	101	8
毛皮鞣制及制品加工	1930	337	7	0
羽毛(绒)加工及制品制造	1940	369	6	2
木材加工及木、竹、藤、棕、草制品业	2000	5282	248	55
锯材、木片加工	2010	627	57	16
人造板制造	2020	2714	72	19

单位:个

100万—500万元	500万—1000万元	1000万—5000万元	5000万元—1亿元	1亿元以上	代码
24	141	179	44	37	1420
39	196	298	92	103	1430
18	142	291	89	134	1440
38	176	327	83	55	1450
59	188	313	88	97	1460
81	333	595	161	115	1490
259	905	1292	352	519	1500
2	26	56	25	31	1510
122	450	682	187	297	1520
62	248	339	100	182	1530
73	181	215	40	9	1540
12	7	38	29	100	1600
6	3	16	19	15	1610
1	1	11	6	81	1620
5	3	11	4	4	1690
773	4507	11382	2689	2308	1700
266	1603	4733	1374	1366	1710
41	243	566	196	176	1720
11	77	165	43	36	1730
73	331	1171	210	153	1740
142	851	1695	358	250	1750
240	1402	3052	508	327	1760
425	2777	6267	1225	659	1800
392	2574	5934	1155	621	1810
26	127	240	44	29	1820
7	76	93	26	9	1830
192	1406	3102	698	650	1900
30	108	317	133	127	1910
146	1171	2432	464	429	1920
9	64	169	57	31	1930
7	63	184	44	63	1940
304	1668	2332	433	242	2000
50	209	245	34	16	2010
126	808	1274	261	154	2020

2—14 续表 2

行业中类	代码	企业单位数	50 万元及以下	50 万—100 万元
木制品制造	2030	1254	63	9
竹、藤、棕、草制品制造	2040	687	56	11
家具制造业	2100	3228	167	28
木质家具制造	2110	2035	108	15
竹、藤家具制造	2120	49	4	0
金属家具制造	2130	727	26	7
塑料家具制造	2140	61	4	2
其他家具制造	2190	356	25	4
造纸及纸制品业	2200	7507	228	44
纸浆制造	2210	118	11	3
造纸	2220	3376	81	14
纸制品制造	2230	4013	136	27
印刷业和记录媒介的复制	2300	5002	369	138
印刷	2310	4650	335	123
装订及其他印刷服务活动	2320	259	31	14
记录媒介的复制	2330	93	3	1
文教体育用品制造业	2400	3174	42	11
文化用品制造	2410	759	15	3
体育用品制造	2420	802	14	4
乐器制造	2430	240	6	1
玩具制造	2440	1251	6	3
游艺器材及娱乐用品制造	2450	122	1	0
石油加工及炼焦业	2500	1951	47	6
精炼石油产品的制造	2510	993	24	5
炼焦	2520	955	23	1
化学原料及化学制品制造业	2600	18539	544	117
基础化学原料制造	2610	4597	139	29
肥料制造	2620	1949	77	21
农药制造	2630	711	15	4
涂料、油墨、颜料及类似产品制造	2640	3057	74	12
合成材料制造	2650	1596	31	6
专用化学产品制造	2660	5266	139	31
日用化学产品制造	2670	1363	69	14
医药制造业	2700	4937	138	37

单位:个

100 万—500 万元	500 万—1000 万元	1000 万—5000 万元	5000 万元—1 亿元	1 亿元以上	代码
80	409	528	104	61	2030
48	242	285	34	11	2040
111	820	1533	324	245	2100
76	571	935	193	137	2110
2	17	21	3	2	2120
22	135	386	82	69	2130
3	16	27	6	3	2140
8	81	164	40	34	2190
292	2001	3529	762	651	2200
3	17	52	14	18	2210
119	771	1635	370	386	2220
170	1213	1842	378	247	2230
487	1501	1949	323	235	2300
452	1410	1818	293	219	2310
30	73	90	11	10	2320
5	18	41	19	6	2330
113	885	1557	306	260	2400
48	244	360	51	38	2410
21	204	409	76	74	2420
6	73	117	17	20	2430
36	326	610	150	120	2440
2	38	61	12	8	2450
64	324	668	294	548	2500
21	187	354	138	264	2510
43	136	313	156	283	2520
714	4211	8515	2035	2403	2600
203	942	2155	534	595	2610
79	408	748	247	369	2620
26	136	323	101	106	2630
121	790	1479	297	284	2640
30	288	692	192	357	2650
187	1343	2537	520	509	2660
68	304	581	144	183	2670
263	1049	2116	608	726	2700

行业中类	代码	企业单位数	50 万元及以下	50 万—100 万元
化学药品原药制造	2710	935	21	3
化学药品制剂制造	2720	1085	15	8
中药饮片加工	2730	436	21	4
中成药制造	2740	1272	35	6
兽用药品制造	2750	350	12	5
生物、生化制品的制造	2760	486	22	5
卫生材料及医药用品制造	2770	373	12	6
化学纤维制造业	2800	1301	18	3
纤维素纤维原料及纤维制造	2810	184	3	0
合成纤维制造	2820	1117	15	3
橡胶制品业	2900	3060	88	15
轮胎制造	2910	416	13	4
橡胶板、管、带的制造	2920	640	15	3
橡胶零件制造	2930	648	16	4
再生橡胶制造	2940	133	6	1
日用及医用橡胶制品制造	2950	237	7	0
橡胶靴鞋制造	2960	605	9	1
其他橡胶制品制造	2990	381	22	2
塑料制品业	3000	12074	278	82
塑料薄膜制造	3010	1283	37	9
塑料板、管、型材的制造	3020	2040	52	14
塑料丝、绳及编织品的制造	3030	1508	28	9
泡沫塑料制造	3040	804	13	2
塑料人造革、合成革制造	3050	372	9	1
塑料包装箱及容器制造	3060	1362	27	12
塑料零件制造	3070	1369	14	6
日用塑料制造	3080	1880	33	10
其他塑料制品制造	3090	1456	65	19
非金属矿物制品业	3100	20645	833	245
水泥、石灰和石膏的制造	3110	5370	109	15
水泥及石膏制品制造	3120	2888	213	53
砖瓦、石材及其他建筑材料制造	3130	5128	323	130
玻璃及玻璃制品制造	3140	2742	79	22
陶瓷制品制造	3150	1563	35	9

单位:个

100万—500万元	500万—1000万元	1000万—5000万元	5000万元—1亿元	1亿元以上	代码
38	160	399	125	189	2710
47	178	437	171	229	2720
23	117	202	48	21	2730
85	269	561	147	169	2740
14	118	152	28	21	2750
34	96	201	59	69	2760
22	111	164	30	28	2770
32	162	608	168	310	2800
4	35	77	21	44	2810
28	127	531	147	266	2820
124	794	1438	317	284	2900
15	73	144	52	115	2910
23	178	305	70	46	2920
34	208	306	50	30	2930
6	39	66	9	6	2940
7	63	107	26	27	2950
24	123	347	61	40	2960
15	110	163	49	20	2990
456	3296	5952	1111	899	3000
45	320	572	135	165	3010
87	552	995	190	150	3020
66	459	787	100	59	3030
33	229	417	67	43	3040
5	25	159	77	96	3050
60	366	677	138	82	3060
42	398	644	146	119	3070
70	565	964	139	99	3080
48	382	737	119	86	3090
1059	5301	9445	2138	1624	3100
186	1129	2829	585	517	3110
161	544	1260	429	228	3120
402	1568	1970	432	303	3130
134	720	1243	260	284	3140
74	459	753	138	95	3150

2—14 续表 4

行业中类	代码	企业单位数	50 万元及以下	50 万—100 万元
耐火材料制品制造	3160	1411	27	4
石墨及其他非金属矿物制品制造	3190	1543	47	12
黑色金属冶炼及压延加工业	3200	6702	231	31
炼铁	3210	1052	39	7
炼钢	3220	396	13	1
钢压延加工	3230	3719	110	16
铁合金冶炼	3240	1535	69	7
有色金属冶炼及压延加工业	3300	5136	148	22
常用有色金属冶炼	3310	1494	55	3
贵金属冶炼	3320	220	7	2
稀有稀土金属冶炼	3330	415	13	4
有色金属合金制造	3340	411	11	3
有色金属压延加工	3350	2596	62	10
金属制品业	3400	13822	543	113
结构性金属制品制造	3410	3963	212	41
金属工具制造	3420	1649	48	9
集装箱及金属包装容器制造	3430	1100	23	6
金属丝绳及其制品的制造	3440	997	49	8
建筑、安全用金属制品制造	3450	1886	49	17
金属表面处理及热处理加工	3460	1099	26	7
搪瓷制品制造	3470	189	10	1
不锈钢及类似日用金属制品制造	3480	1711	44	11
其他金属制品制造	3490	1228	82	13
通用设备制造业	3500	19976	708	227
锅炉及原动机制造	3510	1183	26	7
金属加工机械制造	3520	1964	106	34
起重运输设备制造	3530	1201	22	3
泵、阀门、压缩机及类似机械的制造	3540	3330	88	44
轴承、齿轮、传动和驱动部件的制造	3550	1997	41	17
烘炉、熔炉及电炉制造	3560	158	11	2
风机、衡器、包装设备等通用设备制造	3570	2868	103	17
通用零部件制造及机械修理	3580	3149	246	78
金属铸、锻加工	3590	4126	65	25
专用设备制造业	3600	10510	465	120

单位:个

100万—500万元	500万—1000万元	1000万—5000万元	5000万元—1亿元	1亿元以上	代码
39	387	690	163	101	3160
63	494	700	131	96	3190
209	938	2768	903	1622	3200
36	147	410	135	278	3210
10	47	113	39	173	3220
95	506	1476	531	985	3230
68	238	769	198	186	3240
154	887	2111	712	1102	3300
43	258	581	201	353	3310
6	35	80	35	55	3320
13	67	183	61	74	3330
21	93	178	52	53	3340
71	434	1089	363	567	3350
627	3524	6678	1298	1039	3400
201	987	1838	357	327	3410
94	425	847	132	94	3420
32	265	528	124	122	3430
58	190	469	119	104	3440
79	487	965	184	105	3450
43	356	523	76	68	3460
6	41	98	18	15	3470
57	455	851	174	119	3480
57	318	559	114	85	3490
951	5481	9224	1758	1627	3500
62	283	512	125	168	3510
112	529	857	178	148	3520
46	234	607	125	164	3530
186	882	1519	317	294	3540
80	563	975	169	152	3550
8	41	75	11	10	3560
113	721	1305	299	310	3570
171	910	1395	205	144	3580
173	1318	1979	329	237	3590
548	2725	4702	969	981	3600

行业中类	代码	企业单位数	50 万元及以下	50 万—100 万元
矿山、冶金、建筑专用设备制造	3610	2089	77	23
化工、木材、非金属加工专用设备制造	3620	2244	88	19
食品、饮料、烟草及饲料生产专用设备制造	3630	632	44	10
印刷、制药、日化生产专用设备制造	3640	778	36	2
纺织、服装和皮革工业专用设备制造	3650	1202	26	10
电子和电工机械专用设备制造	3660	638	35	6
农、林、牧、渔专用机械制造	3670	980	51	15
医疗仪器设备及器械制造	3680	732	40	12
环保、社会公共安全及其他专用设备制造	3690	1215	68	23
交通运输设备制造业	3700	11109	418	112
铁路运输设备制造	3710	581	17	15
汽车制造	3720	7238	290	78
摩托车制造	3730	1358	7	3
自行车制造	3740	869	71	5
船舶及浮动装置制造	3750	732	22	10
航空航天器制造	3760	169	3	0
交通器材及其他交通运输设备制造	3790	162	8	1
电气机械及器材制造业	3900	15275	376	83
电机制造	3910	1585	33	16
输配电及控制设备制造	3920	4643	136	25
电线、电缆、光缆及电工器材制造	3930	3427	70	14
电池制造	3940	827	32	0
家用电力器具制造	3950	1901	34	3
非电力家用器具制造	3960	334	11	5
照明器具制造	3970	2165	26	13
其他电气机械及器材制造	3990	393	34	7
通信设备、计算机及其他电子设备制造业	4000	8882	225	40
通信设备制造	4010	1195	29	6
雷达及配套设备制造	4020	44	1	0
广播电视设备制造	4030	362	9	0
电子计算机制造	4040	1125	43	4
电子器件制造	4050	1294	31	5
电子元件制造	4060	3504	63	16
家用视听设备制造	4070	848	11	4

单位:个

100万—500万元	500万—1000万元	1000万—5000万元	5000万元—1亿元	1亿元以上	代码
94	490	897	242	266	3610
102	630	1036	201	168	3620
39	186	267	43	43	3630
43	211	350	77	59	3640
61	309	595	100	101	3650
27	150	285	47	88	3660
63	289	366	88	108	3670
46	162	343	63	66	3680
73	298	563	108	82	3690
524	2366	4820	1247	1622	3700
48	118	240	61	82	3710
362	1579	3074	817	1038	3720
35	313	675	146	179	3730
30	164	402	100	97	3740
36	136	310	86	132	3750
3	16	35	26	86	3760
10	40	84	11	8	3790
570	3420	6939	1703	2184	3900
67	336	730	163	240	3910
196	1103	2178	482	523	3920
99	699	1454	460	631	3930
38	164	335	98	160	3940
47	350	859	241	367	3950
11	86	142	34	45	3960
88	600	1085	184	169	3970
24	82	156	41	49	3990
275	1550	3742	1055	1995	4000
34	186	490	148	302	4010
2	2	16	6	17	4020
14	84	174	37	44	4030
28	140	388	141	381	4040
34	214	505	159	346	4050
126	664	1583	420	632	4060
18	135	362	91	227	4070

行业中类	代码	企业单位数	50 万元及以下	50 万－100 万元
其他电子设备制造	4090	510	38	5
仪器仪表及文化、办公用机械制造业	4100	3774	125	47
通用仪器仪表制造	4110	1719	64	26
专用仪器仪表制造	4120	569	30	12
钟表与计时仪器制造	4130	393	11	2
光学仪器及眼镜制造	4140	575	8	4
文化、办公用机械制造	4150	395	4	1
其他仪器仪表的制造及修理	4190	123	8	2
工艺品及其他制造业	4200	5114	144	44
工艺美术品制造	4210	3644	77	31
日用杂品制造	4220	1027	17	4
煤制品制造	4230	82	19	4
核辐射加工	4240	8	1	0
其他未列明的制造业	4290	353	30	5
废弃资源和废旧材料回收加工业	4300	472	25	7
金属废料和碎屑的加工处理	4310	337	18	4
非金属废料和碎屑的加工处理	4320	135	7	3
电力、燃气及水的生产和供应业	**D**	**8703**	**607**	**306**
电力、热力的生产和供应业	4400	5680	414	152
电力生产	4410	3360	375	139
电力供应	4420	1647	21	6
热力生产和供应	4430	673	18	7
燃气生产和供应业	4500	521	33	7
水的生产和供应业	4600	2502	160	147
自来水的生产和供应	4610	2370	137	142
污水处理及其再生利用	4620	121	19	5
其他水的处理、利用与分配	4690	11	4	0
建筑业	**E**	**61684**	**7745**	**3198**
房屋和土木工程建筑业	4700	35310	2295	781
房屋工程建筑	4710	25449	1472	459
土木工程建筑	4720	9861	823	322
建筑安装业	4800	10054	1356	599
建筑装饰业	4900	12576	3233	1505
其他建筑业	5000	3744	861	313

单位:个

100万—500万元	500万—1000万元	1000万—5000万元	5000万元—1亿元	1亿元以上	代码
19	125	224	53	46	4090
208	907	1739	347	401	4100
96	421	797	149	166	4110
42	133	253	54	45	4120
22	99	198	40	21	4130
26	142	281	50	64	4140
13	76	159	45	97	4150
9	36	51	9	8	4190
193	1447	2520	430	336	4200
128	1063	1800	319	226	4210
28	288	542	77	71	4220
7	17	28	4	3	4230
0	2	4	0	1	4240
30	77	146	30	35	4290
24	94	191	64	67	4300
16	49	131	57	62	4310
8	45	60	7	5	4320
1493	**1178**	**2458**	**974**	**1687**	**D**
554	643	1635	793	1489	4400
443	461	834	336	772	4410
65	59	486	381	629	4420
46	123	315	76	88	4430
30	65	214	70	102	4500
909	470	609	111	96	4600
893	441	560	105	92	4610
16	28	45	6	2	4620
0	1	4	0	2	4690
13003	**7608**	**19666**	**5719**	**4745**	**E**
4948	4303	14143	4788	4052	4700
3206	3029	10877	3752	2654	4710
1742	1274	3266	1036	1398	4720
2654	1549	2852	579	465	4800
4355	1285	1844	194	160	4900
1046	471	827	158	68	5000

行业中类	代码	企业单位数		
			50 万元及以下	50 万－100 万元
工程准备	5010	1283	335	85
提供施工设备服务	5020	335	80	35
其他未列明的建筑活动	5090	2126	446	193
批发和零售业	**H**	**55402**	**6581**	**1076**
批发业	6300	31902	3763	568
农畜产品批发	6310	1705	195	38
食品、饮料及烟草制品批发	6320	3355	251	41
纺织、服装及日用品批发	6330	2488	253	30
文化、体育用品及器材批发	6340	878	94	8
医药及医疗器材批发	6350	1926	103	19
矿产品、建材及化工产品批发	6360	12169	1336	229
机械设备、五金交电及电子产品批发	6370	6966	1075	153
贸易经纪与代理	6380	378	76	4
其他批发	6390	2037	380	46
零售业	6500	23500	2818	508
综合零售	6510	5748	485	101
食品、饮料及烟草制品专门零售	6520	1091	209	38
纺织、服装及日用品专门零售	6530	1327	293	52
文化、体育用品及器材专门零售	6540	1850	169	27
医药及医疗器材专门零售	6550	1623	248	25
汽车、摩托车、燃料及零配件专门零售	6560	6095	299	72
家用电器及电子产品专门零售	6570	3583	512	89
五金、家具及室内装修材料专门零售	6580	1170	366	53
无店铺及其他零售	6590	1013	237	51
住宿和餐饮业	**I**	**18809**	**1026**	**702**
住宿业	6600	8768	593	559
旅游饭店	6610	7656	390	467
一般旅馆	6620	990	177	82
其他住宿服务	6690	122	26	10
餐饮业	6700	10041	433	143
正餐服务	6710	9299	322	122
快餐服务	6720	377	22	6
饮料及冷饮服务	6730	105	38	4
其他餐饮服务	6790	260	51	11

单位:个

100万-500万元	500万-1000万元	1000万-5000万元	5000万元-1亿元	1亿元以上	代码
330	167	291	56	19	5010
80	39	80	13	8	5020
636	265	456	89	41	5090
3386	**5623**	**19083**	**7788**	**11865**	**H**
1342	727	10684	5681	9137	6300
72	59	745	308	288	6310
108	73	1084	586	1212	6320
57	36	730	450	932	6330
25	29	386	158	178	6340
62	56	738	411	537	6350
508	254	3881	2198	3763	6360
366	168	2483	1171	1550	6370
16	4	94	45	139	6380
128	48	543	354	538	6390
2044	4896	8399	2107	2728	6500
520	1302	1858	549	933	6510
113	225	395	61	50	6520
143	270	402	100	67	6530
108	471	922	102	51	6540
122	364	625	126	113	6550
414	978	2326	816	1190	6560
366	832	1300	248	236	6570
134	248	264	51	54	6580
124	206	307	54	34	6590
7301	**4417**	**4731**	**449**	**183**	**I**
3108	1841	2285	277	105	6600
2651	1650	2129	269	100	6610
416	166	136	8	5	6620
41	25	20	0	0	6690
4193	2576	2446	172	78	6700
3939	2438	2295	144	39	6710
126	79	94	18	32	6720
40	15	6	0	2	6730
88	44	51	10	5	6790

2—15　限额以上企业按登记注册类型、营业状态分组的单位数

(2005 年)

单位:个

登记注册类型	企业单位数	营业	停业(歇业)	筹建	当年关闭	其他
全　　国	**409034**	**395904**	**5006**	**5826**	**858**	**1440**
内资	**349607**	**337252**	**4785**	**5411**	**796**	**1363**
国有	33709	31286	1706	74	245	398
集体	26937	26271	444	69	64	89
股份合作	10296	10105	93	51	17	30
联营企业	2010	1969	26	9	3	3
国有联营	460	448	6	5	0	1
集体联营	508	498	7	0	2	1
国有与集体联营	509	502	6	0	0	1
其他联营	533	521	7	4	1	0
有限责任公司	82609	78554	748	2885	147	275
国有独资公司	2355	2292	25	18	7	13
其他有限责任公司	80254	76262	723	2867	140	262
股份有限公司	12813	12422	165	159	28	39
私营企业	180626	176129	1594	2117	290	496
私营独资	33925	33169	311	261	79	105
私营合伙	8055	7849	73	87	12	34
私营有限责任公司	129443	126211	1083	1642	187	320
私营股份有限公司	9203	8900	127	127	12	37
其他内资	607	516	9	47	2	33
港、澳、台商投资	**28784**	**28419**	**128**	**160**	**39**	**38**
与港澳台合资经营	10681	10522	60	63	18	18
与港澳台合作经营	1894	1866	16	5	4	3
港澳台商独资	15909	15741	49	88	14	17
港澳台商投资股份有限公司	300	290	3	4	3	0
外商投资	**30643**	**30233**	**93**	**255**	**23**	**39**
中外合资经营	13388	13197	51	108	13	19
中外合作经营	1902	1884	7	7	0	4
外资企业	14978	14786	34	133	10	15
外商投资股份有限公司	375	366	1	7	0	1

2—16 限额以上企业按开业时间、营业状态分组的单位数

（2005年）

单位：个

开业时间	企业单位数	营业	停业(歇业)	筹建	当年关闭	其他
全　国	**409034**	**395904**	**5006**	**5826**	**858**	**1440**
1949年以前	1830	1710	75	0	10	35
1950—1977年	24803	23596	870	1	126	210
1978—1991年	42082	40997	812	3	113	157
1992—1995年	55340	54493	614	1	117	115
1996年	15644	15416	166	0	27	35
1997年	17371	17127	166	1	36	41
1998年	23475	23159	235	1	39	41
1999年	24537	24258	207	4	40	28
2000年	30964	30633	223	6	43	59
2001年	36892	36459	284	22	67	60
2002年	40090	39622	292	14	78	84
2003年	38924	38314	402	44	75	89
2004年	26849	26281	310	71	50	137
2005年	24539	23635	349	179	37	339
年份不详	5694	204	1	5479	0	10

第三部分

部分限额以上企业名录

（按行业大类索引）

企业名称	法人代表	电话	分机	邮政编码
煤炭开采和洗选业				
山西晋城无烟煤矿业集团有限责任公司	袁宗本	3664145		048006
淮南矿业(集团)有限责任公司	王　源	7625555		232001
淮北市矿业(集团)有限责任公司	许崇信	4951956		235006
平顶山煤业(集团)有限责任公司	陈建生	2921770		467000
开滦(集团)有限责任公司	杨　中	2827307		063108
徐州矿务集团有限公司	孙克慧	5320593		221006
平朔煤炭工业公司	张宝山	2054455		036006
铁法煤业(集团)有限责任公司	张明元	6935663		112700
峰峰集团有限公司	张文学	7712850		056201
北京神华昌运高技术配煤有限公司	李景平	58565588	3105	100045
山西焦煤集团西山煤矿总公司	薛　山	6215380		030053
山西国阳新能股份有限公司	石盛奎	7078539		045000
鹤岗矿业集团有限公司	李馥财	3733007		154100
山西汾西矿业(集团)有限责任公司	杨茂林	7191414		032000
中国神华能源股份有限公司神东分公司	王　安	8224065		719315
黑龙江省双鸭山矿业集团公司	赵庆福	4016644		155100
安徽省皖北煤电集团有限责任公司	葛家德	3915461	398170	234000
山西潞安矿业集团公司	任润厚	5923000		046204
宁夏煤业集团有限责任公司	张文江	6970363		750001
邢台矿业(集团)有限责任公司	郑存良	2068232		054021
内蒙古伊泰煤炭股份有限公司	张东海	8565620		017000
七台河矿业精煤(集团)有限责任公司	刘文波	8790234		154600
神华集团准格尔有限责任公司	马　军	4310872		010300
霍州煤电集团有限责任公司	白培忠	5631330		031400
抚顺矿业集团有限责任公司	尹　亮	2533889		113008
焦作煤业(集团)有限责任公司	杜工会	3533419		454002
义马煤业(集团)有限责任公司	付永水	5898324		472300
临沂矿务局	李义文	7108076		276017
神华集团神府东胜煤炭有限责任公司	王　安	8224065		017202
邯郸矿业集团有限公司	王杜平	7758102		056002
国电燃料有限公司	刘彭龄	58682383		100034
盘江煤电(集团)有限责任公司	张世新	3700356		553536
阳泉煤业集团有限责任公司	王体轩	7073112		045000
鹤壁煤业(集团)有限责任公司	李永新	2911250		458000
阜新矿业(集团)有限责任公司	陈必成	2829494		123000
大屯煤电(集团)有限责任公司	刘雨忠	4024304		221611

名录(按行业大类索引)

企业地址	主要产品(主要业务活动)
山西省晋城市北石店	原煤、化肥、电力
安徽省淮南市田家庵区洞山中路 1 号	烟煤和无烟煤
安徽省淮北市相山区孟山路 1 号	煤炭开采、煤炭洗选
河南省平顶山市新华区矿工中路 21 号	煤炭开采、煤炭洗选、炼焦
河北省唐山市路南区新华西道 70 号	煤炭开采、洗选煤
江苏省徐州市泉山区淮海西路 235 号	原煤、洗煤、发电
山西省朔州市朔城区煤炭开采	
辽宁省铁岭市调兵山市市府路	煤炭开采、煤炭洗选、煤矸石加工
河北省邯郸市峰峰矿区鼓山北街太中路 2 号	原煤、洗精煤
北京市昌平区超前路 9 号	煤炭运销
山西省太原市万柏林区西矿街 335 号	原煤开采与洗选、制造业、电力燃气
山西省阳泉市矿区北大西街 5 号	煤炭生产、电力
黑龙江鹤岗市向阳区红军路	原煤、洗煤、自来水
山西省晋中市介休市裕华路 95 号	原煤、发电、焦炭
陕西省榆林市神木县大柳塔	煤炭开采
黑龙江双鸭山市尖山区中植社区	煤炭开采
安徽省宿州市埇桥区西昌路	原煤
山西省长治市襄垣县侯堡镇矿区	原煤、洗精煤
宁夏银川市兴庆区新华东街 217 号	原煤、洗煤
河北省邢台市桥西区中兴西大街 191 号	煤炭、电力、建材
内蒙古鄂尔多斯市东胜区天骄北路	煤炭产运销
黑龙江七台河市桃山区东进路 18 号	原煤
内蒙古鄂尔多斯市准格尔旗白云区居委会	煤炭洗选、铁路运输、发电
山西省临汾市霍州市鼓楼东街	原煤、精煤、电
辽宁省抚顺市新抚区中央大街 25 号	原煤采选、洗煤
河南省焦作市山阳区解放中路 239 号	原煤、洗选、电力
河南省三门峡市义马市千秋路东段 6 号	原煤、炼焦洗精煤、水泥
山东省临沂市罗庄区罗庄村	煤炭、发电、焦炭
内蒙古鄂尔多斯市伊金霍洛旗	煤炭
河北省邯郸市丛台区中国大街 56 号	原煤、生铁、水泥
北京市昌平区中兴路 10 号	发电燃料的加工销售储运、煤炭经营、电力能源技术信息咨询
贵州省六盘水市盘县干沟桥	原煤、精煤、混煤
山西省阳泉市矿区北大西街 5 号	煤炭开采、煤层气开发
河南省鹤壁市山城区红旗街 98 号	煤炭采选、火力发电
辽宁省阜新市海州区中华路 89 号	烟煤开采
江苏省徐州市沛县大屯镇	原煤开采、火力发电、洗选精煤

续表 1

企业名称	法人代表	电话	分机	邮政编码
山西兰花煤炭实业集团有限公司	贺贵元	2028279		048000
沈阳煤业集团有限责任公司	林守信	62540370		110122
鸡西矿业集团有限责任公司	孙永奎	2726615		158100
郑州煤炭工业(集团)有限责任公司	李国安	69782700		452371
萍乡矿业集团有限责任公司	徐绍芳	6582963		337000
国投新集能源股份有限公司	邹津宇	8668545		232170
北京昊华能源股份有限公司	耿养谋	69842461	21376	102300
铜川矿务局	宋志刚	2101828		727000
贵州水城矿业(集团)有限责任公司	魏永柱	8188360		553001
神华集团海勃湾矿业有限责任公司	李怀国	2102435		016000
内蒙古霍林河煤业集团有限责任公司	孟振平	2350301		029200
内蒙古霍林河露天煤业股份有限公司	董文学	2353825		029200
俊安(天津)实业有限公司	蔡明志	25290191		300457
内蒙古平庄煤业(集团)有限责任公司	孙国建	3324318		024076
石油和天然气开采业				
大庆油田有限责任公司	王玉普	5994050		163453
长庆油田公司	王道富	86596666		710021
中国石油天然气股份有限公司辽河油田分公司	谢文彦	7298307		124010
中海石油(中国)有限公司天津分公司	陈　璧	25809744		300452
中国石油天然气股份有限公司新疆油田分公司	陈新发	6893679		834000
中国石油天然气股份公司华北油田分公司	苏　俊	2725215		062552
中国石油天然气股份有限公司大港油田公司	姚何清	25971708		300280
辽河石油勘探局	张凤山	7299001		124010
中国石油天然气股份公司塔里木油田分公司	孙德龙	2171744		841000
中海石油(中国)有限公司深圳分公司	朱明才	26692880	3161	518067
延长油矿管理局	田维宽	8519431		717208
中国石油化工股份有限公司中原油田分公司	孔凡群	4819493		457001
新疆维吾尔自治区石油管理局	唐　健	6887173		834000
中海石油(中国)有限公司湛江分公司	朱伟林	3900093		524057
长庆石油勘探局	孙玉辰	86591565		710023
中国石油天然气股份有限公司西南油气田分公司	李鹭光	86011689		610051
中国石油天然气股份有限公司吉林油田分公司	侯启军	6258098		138000
四川石油管理局	廖永远	86626722		610051
华北石油管理局	单祥国	2723334		062552
中国石化集团西北石油局	焦方正	3600610		830011
中国石油天然气股份有限公司青海油田分公司	黄立功	8934037		736202
中国石化集团中原石油勘探局	张殿国	4821158		457001

企业地址	主要产品(主要业务活动)
山西省晋城市泽州路181号	无烟煤、化肥
辽宁省沈阳市新城子区虎石台	烟煤和无烟煤开采
黑龙江鸡西市鸡冠区红旗号	原煤、洗精煤、电量
河南省郑州市新密市矿区西街一号	煤炭生产、销售、电力、铝锭
江西省萍乡市安源区昭萍东路27号	煤炭、玻璃、客车
安徽省淮南市凤台县国投新集能源股份公司居委会	煤炭采选
北京市门头沟区新桥南大街2号	煤炭开采业
陕西省铜川市王益区红旗街	原煤开采、火工产品、建筑建材
贵州省六盘水市钟山区开拓路16号	采煤、洗选、发电
内蒙古乌海市海勃湾区新华东街22号	洗精煤、洗混煤、焦炭
内蒙古通辽市霍林郭勒市中心路	煤炭
内蒙古通辽市霍林郭勒市哲里木	褐煤的开采与选洗
天津市塘沽区洞庭路2号	煤焦产品生铁铁合金、铁矿石铁粉有色金属
内蒙古赤峰市元宝山区哈河街中段	原煤、炸药
黑龙江大庆市让胡路区昆仑大街69－3号	天然原油开采
陕西省西安市未央区张家堡	石油天然气勘探生产销售、石油化工产品生产销售、石油天然气管道运营
辽宁省盘锦市兴隆台区石油大街98号	原油开采、天然气
天津市塘沽区渤海石油路688号	渤海地区油气勘探开发及相关技术
新疆克拉玛依市克拉玛依区迎宾路66号	石油、天然气勘探、开发
河北省沧州市任邱市会战道	原油、天然气
天津市大港区大港油田穿港路和光明大道交口	天然原油、天然气
辽宁省盘锦市兴隆台区石油大街96号	油田勘探服务
新疆巴州库尔勒市建设街道办事处塔指社区	天然原油和天然气开采、炼油、化工
广东省深圳市南山区蛇口工业二路1号海洋石油大厦B座	原油
陕西省延安市延川县永坪	原油开采、原油炼制
河南省濮阳市华龙区中原路277号	天然气原油开采、天然气开采、原油加工
新疆克拉玛依市克拉玛依区友谊路98号	钻井工程、建筑施工、发供电
广东省湛江市坡头区南调街道办事处	天燃气、石油
陕西省西安市未央区兴隆园社区	工程技术服务、生产服务、加工制造
四川省成都市成华区府青路一段五号	石油与天然气开采、原油
吉林省松原市宁江区沿江东路1219号	石油天然气开采
四川省成都市成华区府青路一段3号	石油和天然气开采
河北省沧州市任邱市会战大道	石油勘探与开发技术服务
新疆乌鲁木齐市新市区北京北路29号	原油、天燃气
青海省海西州天峻县油田公司	原油、天然气
河南省濮阳市华龙区原路277号	石油钻井、后勤服务

续表 2

企业名称	法人代表	电话	分机	邮政编码
大港油田集团有限责任公司	朱敬成	25922240		300280
长庆油田庆阳分公司	王道夫	8598586		745000
中国石油天然气股份有限公司吐哈油田分公司	蔡志刚	8372348		838202
中国石化集团江苏石油勘探局	雍自强	7760030		225000
吉林石油集团有限责任公司	何树山	6224653		138000
中国石油天然气股份有限公司冀东油田分公司	周海民	8766065		063004
吐哈石油勘探开发指挥部	杨盛杰	2764376		839009
青海石油管理局	李建青	8934313		736202
延长油矿管理局永宁钻采公司	沙建怀	6622644		717500
中国石化集团河南石油勘探局	袁政文	3830126		473132
中国石化集团江汉石油管理局	张召平	6502051		433124
上海石油天然气有限公司	吴家骅	62555888		200041
中国石油华北油田二连分公司	苗　坤	8293960		026017
冀东石油勘探开发公司	张国旗	8766477		063004
延长油矿管理局吴起石油钻采公司采油一厂	李文明	7697555		717600
中国石化中原油气高新股份有限公司	刘恩学	67981018		450001
延长油矿管理局杏子川钻采公司	思玉琥	6212318		717400
延长管理局南泥湾钻采公司	王振民	2996199		716000
延长石油管理局吴起石油钻采公司采油二厂	袁海科	7697077		717600
蓝星石油有限公司济南分公司	韩建文	88885196		250101
大庆东华油气开发股份有限公司	朱凤山	6721014		163713
中海石油基地有限责任公司油田建设工程分公司	李子发	66918710		300452
延长油矿管理局下寺湾钻采公司	李　毅	4222420		716100
中油测井技术服务有限责任公司	李越强	62095570		100724
延长油矿管理局定边石油钻采公司	张林森	4227152		718600
延长油矿管理局靖边石油钻采公司	王治华	4627285		718500
延长油田股份公司瓦窑堡钻采公司	韦贤忠	7113284		717300
安达市庆新油田开发有限责任公司	冯树义	7221519		151413
黑色金属矿采选业				
马钢(集团)控股有限公司	顾建国	2883492		243003
邯邢冶金矿山管理局	王清堂	6286411		056032
昆明钢铁集团有限责任公司	郝蜀东	8603459		650302
山东金顺达集团有限公司	王　淦	7607087		255419
上海梅山矿业有限公司	焦贤仲	84084013		210041
海南钢铁公司	刘明贵	26609109		572700
山东金岭铁矿	张相军	3088000		255081
重庆钢铁集团矿业有限公司	梁正明	68846964		400080

企业地址	主要产品(主要业务活动)
天津市大港区海滨街广场居委会	钻井工程、井下作业、测井
甘肃省庆阳市西峰区长庆北路186号	原油采掘
新疆吐鲁番地区鄯善县吐哈油田	原油、天然气、液化气
江苏省扬州市维扬区文汇西路1号	原油、天然气
吉林省松原市宁江区锦江大街29号	石油天然气钻井、石油地质勘探、井下作业
河北省唐山市路北区光明西里51号甲区	天然原油、天然气
新疆吐鲁番地区鄯善县友好社区	油田工程技术服务
青海省海西州天峻县石油管理局	钻井、固井、井下作业
陕西省延安市志丹县桥北街105号	天然原油开采
河南省南阳市宛城区五一路	天然原油
湖北省潜江市广华江汉路1号	石油专业施工、石油机械制造
上海市静安区江宁路336号	天然气开采、天然石油开采
内蒙古锡林郭勒盟锡林浩特市斯日古楞	原油开采
河北省唐山市路北区51号甲区	井下作业、原油及天然气开采
陕西省延安市吴起县南苑小区	天然原油开采
河南省郑州市中原区科学大道75号	原油、天然气
陕西省延安市安塞县徐家沟	石油
陕西省延安市宝塔区	原油开采
陕西省延安市吴起县宗圪堵村	天然原油开采
山东省济南市历城路家庄东	原油加工
黑龙江大庆市让胡路区化工园区	钻井服务
天津市塘沽区石油新村院内	油田管道加工维修涂敷、油田工程设计与建造、海上设备检测、维修、清洗
陕西省延安市甘泉县下寺湾村	原由开采
北京市昌平区创新路12号	测井测试录井
陕西省榆林市定边县长城街244号	天然原油开采
陕西省榆林市靖边县统万路社区	原油
陕西省延安市子长县冯家屯	原油开采
黑龙江绥化市安达昌德村	天然原油开采
安徽省马鞍山市雨山区雨山街道红旗中路8号	铁矿采选、工矿工程建筑、MG石灰石膏
河北省邯郸市丛台区中华北大街54号	铁精粉
云南省昆明市安宁市	铁矿石采选、火电
山东省淄博市临淄区东召西村委会	铁矿石、铁精粉、生铁
江苏省南京市雨花台区梅岭社区	铁矿石采选、铁精矿、硫精矿、工业硫酸
海南省昌江黎族自治县海钢办公大楼	铁矿石采选
山东省淄博市张店区	铁矿石、铁精矿粉
重庆市大渡口区大堰一村	铁精矿、石灰石矿、百云石矿

续表 3

企业名称	法人代表	电话	分机	邮政编码
遵化市北方矿业有限公司	梁平安	6634808		064200
广东大顶矿业股份有限公司	朱关平	8246316		517145
承德宽丰矿业有限公司	张继国	6999461		067602
淄博旺达股份有限公司	贾保华	5060009		255167
浙江漓铁集团有限公司	魏仕校	4600190		312041
黎城县粉末冶金有限责任公司	申金喜	6682706		047606
唐山市荣茂实业集团有限公司	宫万芹	7033568		064405
唐山首钢马兰庄铁矿有限公司	王志军	7039001		064400
迁安市马兰庄南山铁矿	任建民	7036442		064400
辽宁金昌矿业有限公司	刘志国	8145241		111311
江西联达冶金有限公司	吴文萍	3497730		337019
宁波百丰选矿有限公司	王琳璞	86809390		315800
河北神帮矿业有限公司恒昌球团厂	李风义	7392641		074300
包头市达茂旗石宝铁矿有限责任公司	李志强	8311316		014511
山东莱钢铁源炉料有限公司	亓俊峰	6614006		271125
淄博市华联矿业有限责任公司	齐银山	3380047		256119
通化钢铁集团板石矿业有限责任公司	尤春林	3391681		134304
延边天池选矿有限公司	赵京寿	4711205		133500
福建省安溪新田矿产开发有限公司	杨景队	23166069		362413
唐山市远大矿业集团有限公司	李向贵	5845988		064300
平顺县顺安矿业有限公司	李买群	13903558631		047400
石家庄太行矿业有限公司	周文花	82791214		050600
广东省大宝山矿业有限公司	郑钟明	6618321		512128
甘肃龙泰矿业(集团)有限责任公司	车　明	6711307		735100
凌钢集团北票保国铁矿有限责任公司	毛凤海	5605564		122104
迁安市隆宇工贸有限责任公司	张　海	7034628		064405
福建省安溪集兴铁矿选矿厂	汪水泉	23166379		362413
徐州铁矿集团	孟宪华	7250173		221138
安钢集团舞阳矿业有限责任公司	刘保平	3309381		462500
北京首钢铁矿	李景顺	61031355	6523	101501
迁安市磨盘山铁矿	徐汉有	7910019		064400
遵化市海龙工贸公司	王洪庆	6030122		064201
本溪市火连寨铁矿选矿厂	包紫臣	5535129		117003
西藏矿业发展股份有限	肖永恩	6386740		850000
迁安市西峡口铁矿	郑宝海	7955160		064406
绍兴漓铁球团有限公司	魏仕校	4600190		312041
海城西洋鼎洋矿业有限公司	周福仁	3534028		114215

企业地址	主要产品(主要业务活动)
河北省唐山市遵化驸马寨	开采矿石、铁精粉
广东省河源市连平县油溪镇石背村	成品矿生产销售、原矿开采加工销售
河北省承德市宽城满族自治县西街村	铁精粉
山东省淄博市淄川区黑旺	生铁、烧结、装载机
浙江省绍兴市绍兴县漓铁东矿	铁精矿粉
山西省长治市黎城县上河村	精矿粉
河北省唐山市迁安市西马兰庄	铁精粉
河北省唐山市迁安市	铁精粉、铁矿石
河北省唐山市迁安市刘官营	铁精粉
辽宁省辽阳市灯塔市下沟村	铁精矿、铁矿石
江西省萍乡市湘东区峡山口	球团矿、耐火材料
浙江省宁波市北仑区迎宾路 8 号	铁矿精选
河北省保定市涞源县木吉村	球团矿
内蒙古包头市达茂联合旗	铁矿石、铁精粉
山东省莱芜市莱城区耿公清	秋团
山东省淄博市沂源县	铁精粉
吉林省白山市八道江区	铁矿石采选
吉林省延边州和龙市	铁矿采选
福建省泉州市安溪县	铁精矿、铁矿粉
河北省唐山市迁西县白庙子	铁精粉
山西省长治市平顺县杏城	探矿选矿
河北省石家庄市行唐县	铁精粉
广东省韶关市曲江区大宝山矿	产销铁矿石、铜精矿、电解铜
甘肃省嘉峪关市市辖长城东路 7 号	矿产品生产销售、建筑业、建筑装饰材料、机械加工、金属结构件制作及安装等
辽宁省朝阳市北票市城保街中段	磁选铁精粉
河北省唐山市迁安市北马兰庄	铁精粉
福建省泉州市安溪县	铁精矿、铁矿粉
江苏省徐州市九里区利国街	铁矿石开采、铁矿石选矿、炼铁
河南省平顶山市舞钢市	铁矿采选
北京市密云县巨各庄	氧化球团矿
河北省唐山市迁安市徐家沟	铁精粉
河北省唐山市遵化东娘娘庄村	铁精粉加工、铁矿石
辽宁省本溪市溪湖区梨树沟上堡村 2 组	铁精粉
西藏拉萨市城关区扎细路 14 号	铬铁矿石
河北省唐山市迁安市西峡口村	铁矿石
浙江省绍兴市绍兴县阮港村漓铁球团有限公司	球团铁矿
辽宁省鞍山市海城市于家沟	开采铁矿

续表 4

企业名称	法人代表	电话	分机	邮政编码
北京威克冶金有限责任公司	孙义龙	61031440		101501
河北金康投资集团有限公司	崔刘柱	8681685		054104
河北樱花矿业有限公司	赵立臣	7200088		063705
迁安市九江商贸有限责任公司	赵玉江	7056114		064400
鞍钢集团弓长岭矿业公司附属企业公司	李任文	5627513		111008
有色金属矿采选业				
西部矿业股份有限公司锡铁山分公司	毛小兵	6123888	8087	810001
中金黄金股份有限公司	宋　鑫	66201748		300457
灵宝市金源矿业有限责任公司	方建民	8853317		472500
深圳市中金岭南有色金属股份有限公司凡口铅锌矿	张拥军	6311888		512300
云南楚雄矿冶股份有限公司	张义忠	6386306		675401
抚顺红透山铜矿	祁成林	3265440	336820	113300
广东高要河台金矿	罗新昌	8216636		526127
湖南柿竹园有色金属有限公司	洪明洋	2612532		423037
招远市姜家窑金矿	闫召颂	8447039		265415
莱州市平里店金矿	许子刚	2617369		261414
哈尔滨松江钼业有限公司	董文学	53819033		150323
云南华联锌铟股份有限公司	蒋政江	7361106		663701
新疆金鑫矿业股份有限公司喀拉通克铜镍矿	张国华	8771305		836100
三门峡金渠集团有限公司	戚国忠	2996399		472000
湖南有色股份有限公司黄沙坪矿业分公司	朱崇洲	4572224		424421
莱州市大家坡金矿	郭永强	2395202		261419
莱州市朱桥镇大郎家金矿	郎咸辉	2386038		261436
莱州市朱桥镇后赵金矿	赵成善	2393900		261419
内蒙古东升庙矿业有限责任公司	刘建明	4662981		015543
洛阳富川矿业有限公司	腾尚富	6821153		471500
甘肃成州矿业集团公司	武　成	3221881		742500
中矿金业股份有限公司	王永选	8319001		265401
兰坪金鼎锌业有限责任公司	赵道全	3221330	7704	671401
湖北三鑫金铜股份有限公司	孙连忠	8712080		435102
招远市金源矿业有限责任公司	杨香月	8078188		265404
灵宝市朱阳镇寺上采矿队	赵启高	6816519		472532
新疆阿舍勒铜业股份有限公司	彭士群	6835001		836703
招远市纪山金矿	王学胜	8349239		265405
灵宝市兴灵矿产采选有限责任公司	梁福海	6833116		472541
西部矿业股份有限公司巴彦淖尔分公司	陈英祥	4913430		015500
灵宝郭氏矿业有限责任公司	郭续长	6880297		472533

企业地址	主要产品(主要业务活动)
北京市密云县郝家庄	铁矿石成品矿、直接还原铁
河北省邢台市沙河市	铁矿石
河北省唐山市滦县张庄子	铁矿采选
河北省唐山市迁安市车辕寨	铁精粉
辽宁省辽阳市弓长岭区苏安大街	铁矿石
青海省海西州天峻县人民街	铅精矿、锌精矿
天津市塘沽区洞庭路27号九州大厦	黄金
河南省三门峡市灵宝市金城大道20号	黄金、有色金属及硫铁矿、硫酸
广东省韶关市仁化县安岗村组	铅精矿、锌精矿、硫精矿
云南省楚雄州大姚县	铜选矿产品
辽宁省抚顺市清原满族自治县	铜矿采选
广东省肇庆市高要市河台圩镇	金矿采选
湖南省郴州市苏仙区柿竹园	铅锌、钨精矿、高纯铋
山东省烟台市招远市姜家窑	金精矿
山东省烟台市莱州市206国道东侧	金矿开采
黑龙江哈尔滨市阿城	采矿选矿加工冶炼
云南省文山州马关县都龙街	精矿含锌、精矿含锡、金属锌粉
新疆阿勒泰地区富蕴县喀拉通克乡加勒帕克村	铜采选业
河南省三门峡市湖滨区崤山西路1号	黄金开采、制药、机床
湖南省郴州市桂阳县桃花源	铅精矿含铅量、锌选矿产品含锌量
山东省烟台市莱州市大家坡村民员会	金矿开采
山东省烟台市莱州市大郎家村	矿石开采
山东省烟台市莱州市后赵村民委员会	矿石开采
内蒙古巴彦淖尔市乌拉特后旗一居委	锌精矿
河南省洛阳市栾川县君山路483号	生产钼精矿
甘肃省陇南市成县中心村	铅精粉、锌精粉、锌锭
山东省烟台市招远市	成品金、硫精矿
云南省怒江州兰坪县	铅锌矿采、铅锌冶炼
湖北省黄石市大冶市	铜矿采选、金矿采选
山东省烟台市招远市	金精矿
河南省三门峡市灵宝市寺上村	金矿石
新疆阿勒泰地区哈巴河县库勒拜乡喀拉布拉克村	铜矿采选
山东省烟台市招远市	金精矿
河南省三门峡市灵宝市故县村	金矿石
内蒙古巴彦淖尔市乌拉特后旗莎如拉	铜矿石
河南省三门峡市灵宝市上屯村	金矿石

续表 5

企业名称	法人代表	电话	分机	邮政编码
灵宝市故县镇黄金选冶有限责任公司	吴长锋	6833123		472541
蒙自县矿冶有限责任公司	黎家足	3727055		661100
湖南省郴州市金龙铁合金有限公司	胡帝生	8200018		424103
中国铝业股份有限公司矿业分公司	狄杰宾	4965966		472433
青岛金翔矿业集团公司	郑克堂	5359179		266748
山东黄金矿业股份有限公司新城金矿	武玉江	2698410		261438
玛曲县格尔珂黄金矿业有限责任公司	扎　西	6122596		747300
包头市达茂旗稀土有限责任公司	乔　桉	8424911		014500
灵宝市豫灵镇上屯采矿队	李学亮	6880001		472533
尹庄镇乡镇企业委员会矿产品开发公司	刘社会	8868143		472501
广西高峰矿业有限责任公司	邓熙骅	7577051	757637	547205
龙口市宏源黄金有限公司	张恒玉	8628602		265719
灵宝市朱阳镇董家埝采矿队	刘保磊	6816519		472532
灵宝市豫灵镇文峪采矿队	刘月芳	6883001		472533
灵宝市豫灵东峪金矿	王百忍	6895328		472533
灵宝市城关镇黄金公司	李润武	8654368		472500
安徽省池州黄山岭冶化有限公司	曹金海	4636129		247157
云南金沙矿业股份有限公司	沈南山	2135682		654100
米易县安宁铁钛有限责任公司	罗阳勇	8117776		617206
非金属矿采选业				
贵州宏福实业开发有限公司	何浩明	2184413		550501
贵州开磷(集团)有限责任公司	屈庆棱	5868485		550300
云南磷化集团有限公司	他盛华	7896018		650600
云南盐化股份有限公司	候文虎	3162767		650011
文登市东意石材有限公司	王德兰	8883819		264422
莱州市天源盐业有限责任公司	于　波	2839209		261413
浑源县花岗岩管理委员会	李春明	8322194		037400
河北省南堡盐场	宋辰良	8327815	832716	063305
四川久大制盐有限责任公司	傅刚义	8105828		643000
内蒙古兰太实业股份有限公司	王　刚	3443861		016041
中盐金坛盐化有限责任公司	保庚柱	2325562		213200
文登市小观盐场	侯世礼	8852098		264400
青岛黑龙石墨有限公司	车坚亭	6376818		266719
山东省长清县建筑材料工业公司平安建材站	王连辅	86910724		250306
文登市侯家镇麦岛盐场	崔喜友	8727057		264400
天津长芦海晶集团有限公司	张金茹	66887185		300450
青岛海达石墨有限公司	刘召波	7388065		266718

企业地址	主要产品(主要业务活动)
河南省三门峡市灵宝市故县村	含量金、金精粉
云南省红河州蒙自县天马路西段	锌精矿、电铅、白银
湖南省郴州市汝城县	钨铁、钼铁、钒铁
河南省三门峡市渑池县	铝石
山东省青岛市平度市	黄金采选
山东省烟台市莱州市新城村民委员会	黄金开采、白银开采、硫精矿开采
甘肃省甘南州玛曲县团结东路	采掘业
内蒙古包头市达茂联合旗呼格吉乐图	稀土精粉、铁精粉、氧化物
河南省三门峡市灵宝市上屯村	金矿石
河南省三门峡市灵宝市尹庄村	金矿石
广西河池市南丹县	锡采选、锡精矿、锌精矿
山东省烟台市龙口市大庄子村	金精粉
河南省三门峡市灵宝市董家埝村	金矿石
河南省三门峡市灵宝市文峪村	金矿石
河南省三门峡市灵宝市吴村村	铅金矿
河南省三门峡市灵宝市长安路	含量金、金矿石、金精粉
安徽省池州市贵池区	铅锌矿采选、钼盐化工产品
云南省昆明市东川区春晓路	铜精矿含铜生产、水电生产、炸药生产
四川省攀枝花市米易县	铁精矿、钛精矿
贵州省黔南布依族苗族自治州福泉市宏福总公司马场坪生活区	磷矿石、磷酸二铵、磷酸一铵
贵州省贵阳市开阳县	磷矿石开采、黄磷
云南省昆明市晋宁县	磷矿石采选
云南省昆明市官渡区拓东路石家巷 10 号	矿盐、聚氯乙烯树脂、烧碱
山东省威海市文登市葛家村	花岗石板材
山东省烟台市莱州市	原盐生产
山西省大同市浑源县新华村委会	花岗岩
河北省唐山市南堡南堡开发区	原盐、工业溴、氯化钾
四川省自贡市自流井区东兴寺街 89 号	井矿盐、天然气、卤水
内蒙古阿拉善盟阿拉善左旗乌斯太	盐产品、盐化产品、生物制品
江苏省常州市金坛市北环东路 129 号	生产液体、真空制盐、无水硫酸钠
山东省威海市文登市	盐生产
山东省青岛市平度市西石岭	石墨
山东省济南市长清区平安街道办事处	沙石、红砖
山东省威海市文登市	原盐
天津市塘沽区营口道 1088 号	海盐
山东省青岛市平度市刘戈庄	石墨

续表 6

企业名称	法人代表	电话	分机	邮政编码
云浮硫铁矿企业集团公司	刘兴渝	8723211		527343
文登市侯家盐场	时述利	8727051		264400
山东潍坊龙威实业有限公司	袁荫龙	5337812		262737
中盐宏博(集团)有限公司	宋秀成	4325263		432500
华容县胜峰矿石建材厂	汪俊杰	4101692		414200
蓬莱市小门家镇杏山采石场	金荣建	5755566		265606
山东大地盐化有限公司	孙文勇	5391111		262725
蓬莱市林庄石场	田淑芳	5741488		265614
唐山市鑫达工贸有限责任公司	王　全	7011513		064401
长芦中盐沧盐集团	李树田	5321342		061100
淄博彤泰矿业有限公司	段连峰	2086618		255071
天津长芦汉沽盐场有限责任公司	孟庆东	67906502		300480
澧县新澧化工有限责任公司	杨智强	3245215		415500
海城市牌楼滑石矿	张绍谦	3772306		114207
山东省栖霞市华盛精细化工有限公司	王进军	5541346		265306
凤城化工集团有限公司	杨庆顺	8232304		118100
蓬莱市小门家镇泊李村采石场	李茂盛	5751314		265606
栖霞市唐家泊镇石料开发公司	于忠文	5361128		265315
湖南省湘衡盐矿	康飞彪	8302286		421006
江苏南风元明粉有限责任公司	卫高玖	7216106		223100
山东省菜央子盐场	杨国富	5342555		262738
山东省昌邑市石英矿砂厂	王成伦	7722360		261317
江苏省井神盐业有限公司	徐学春	5998347	8220	223200
中州铝厂	向大新	3501133		454174
青岛海达制盐有限公司	薛洪光	85276856		266318
重庆索特盐化股份有限公司	郭劲松	58960310	2568	404000
中盐东兴盐化股份有限公司	朱　枫	4480027		233201
湖南省湘澧盐矿	郭志宏	4223188		415400
莱州市宏远贸易有限公司	潘书京	2331043		261413
山东宏兴萤石股份有限公司	张振林	2571126		261412
江苏省金桥盐业有限公司	伏运景	5500426		222001
四川和邦盐化有限公司	贺正刚	3207811		614801
江苏省银宝盐业有限公司	孙永友	8183028		224005
其他采矿业				
察右前旗首创矿业有限公司	刘　丽	13650841169		012200
内乡县板场花岗石开发集团公司	于　飞	5173266		474350
平邑县银磊发展有限公司	高纪营	4456999		273302

企业地址	主要产品(主要业务活动)
广东省云浮市云城区云硫居民委员会	硫铁矿开采、硫酸生产销售、普钙生产销售
山东省威海市文登市	原盐
山东省潍坊市海源大家洼	原盐
湖北省孝感市云梦县泰山路155号	精制盐、芒硝、塑料制品
湖南省岳阳市华容县	碎石、水泥
山东省烟台市蓬莱市杏山村	石灰石开采
山东省潍坊市寿光市辛沙路	原盐
山东省烟台市蓬莱市崮寺店村	石灰石开采
河北省唐山市迁安市上炉村	白云石、铁精粉
河北省沧州市黄骅市建设大街	原盐、加工盐、工业溴
山东省淄博市张店区	石灰石
天津市汉沽区国家庄街28号	海盐、精制盐
湖南省常德市澧县	元明粉
辽宁省鞍山市海城市	滑石开采、滑石粉
山东省烟台市栖霞市庙后村	加工滑石粉
辽宁省丹东市凤城市城东路374号	硼砂、长效碳酸氢钠、复合肥
山东省烟台市蓬莱市泊李村	石灰石开采
山东省烟台市栖霞市唐家泊	天然花岗石荒料
湖南省衡阳市珠晖区盐矿新村	原盐、无水芒硝
江苏省淮安市洪泽县人民北路24号	元明粉
山东省潍坊市寿光市羊口镇	食盐、原盐、对甲酚
山东省潍坊市昌邑	石英砂
江苏省淮安市楚州区公园村井神路	井矿盐、芒硝
河南省焦作市修武县王庄	石灰石、铝土矿
山东省青岛市胶州市东营村	盐生产
重庆市万州区	原盐
安徽省滁州市定远县盐矿	精制盐
湖南省常德市津市市盐矿	精制盐、工业无水硫酸钠
山东省烟台市莱州市	原盐生产
山东省烟台市莱州市鹏鹤顶村	萤石开采
江苏省连云港市新浦区通灌南路58号	海水制盐、养殖业、种植业、加工业、物资贸易业、科技研究
四川省乐山市五通桥区茶花路	井矿盐、卤水
江苏省盐城市亭湖区解放南路160号	原盐生产及销售
内蒙古乌兰察布市察右前旗白石头	矿山开采
河南省南阳市内乡县	花岗石
山东省临沂市平邑咸家庄	石英石开采

续表 7

企业名称	法人代表	电话	分机	邮政编码
华容县南山乡矿泉水有限公司	夏毅辉	13707404036		414206
大连爱思凯矿产有限公司	李树新	82528277		116001
莱西市河头店镇金源高岭土经营部	王保成	85481050		266621
随州市义祥矿产开发公司	王本义	4918798		441300
安徽省金寨县天绿食品有限公司	舒久鑫	7516127		237341
华县明鑫矿业有限公司	王占丰	4711054		714100
平武县同心选矿厂	张国祥	8826288		622564
华县鑫隆矿产开发有限责任公司	李金良	4711054		714100
四川省绵竹市凯虹矿业有限责任公司	杜有才	13118138969		618200
兴城市温泉水管理公司	王亚斌	5152210		125100
大邑县金光页岩矿	唐玉清	88291588		611330
安县雎水光明矿厂	刘　军	13708115860		621000
韩城市杏林矿业有限公司	周红彬	5211372		715400
安县雎水镇邓家坪矿厂	林义生	13508125570		621000
岐山县富达矿业有限责任公司	刘忠伟	8422442		722403
安县龙凤化工有限责任公司	钟清勇	4580079		621000
安县雎水钙矿厂	肖　杰	13881111199		621000
安县雎水虎头岩矿厂	黄官顺	13981119598		621000
浠水县矿产品加工厂	华爱民	4233383		438200
安县沸水水晶页岩矿厂	董成金	13890171814		621000
绵竹市丰薪矿产品有限公司	宋加伟	13981086323		618200
安县林清沟矿业有限公司	陈　林	13035659526		621000
成都龙泉十陵镇观音矿泉水厂	李章富	84866041		610100
峨边五渡工农长石矿场	祝先开	13198729298		614300
乐山市五通桥区春红砂石厂	刘春红	3282274		614803
峨边五渡俊江长石矿	陈树林	5208000		614300
徐州科大科技有限公司	张　超	83538117		221116
紫金县宝山伟帆矿业有限公司	王建伟	7128666		517463
四川峨边明珠矿业有限责任公司	叶永才	13309039896		614300
汶川鑫星矿业有限公司	杨志齐	13981706453		623000
安康永康矿产有限公司	刘永平	13709155295		725000
农副食品加工业				
河南省漯河市双汇实业集团有限责任公司	万　隆	2622616		462000
山东金锣企业集团总公司	明金星	2977300		276036
东海粮油工业(张家港)有限公司	刘福春	58381018	201	215634
黑龙江九三油脂有限责任公司	田仁礼	55559336		150009
诸城市外贸有限责任公司	王金友	6063672		262200

企业地址	主要产品(主要业务活动)
湖南省岳阳市华容县居委会	矿泉水
辽宁省大连市中山区祝贺街35号	矿产业
山东省青岛市莱西市东大寨村	白土
湖北省随州市曾都区万和镇	矿石加工
安徽省六安市金寨县树林村委会	山泉水、高山泡菜、高山脱水蔬菜
陕西省渭南市华县	矿业
四川省绵阳市平武县	锌铅精矿
陕西省渭南市华县军民南路	矿产开发
四川省德阳市绵竹市	碎石
辽宁省葫芦岛市兴城市温泉社区绿园小区	温泉水生产
四川省成都市大邑晋王村	销售页岩砖
四川省绵阳市安县光明村	矿石
陕西省渭南市韩城市	其他采矿业
四川省绵阳市安县罐滩村	矿石
陕西省宝鸡市岐山县曹家沟村	采矿
四川省绵阳市安县茅香村民	氧化钙
四川省绵阳市安县道喜村	矿石
四川省绵阳市安县教场村	矿石
湖北省黄冈市浠水县叶湖山邱家湾	生产加工销售矿石(非金属及金属)
四川省绵阳市安县水晶村	矿石
四川省德阳市绵竹市石河	磷矿
四川省绵阳市安县迎宾路南段	矿石
四川省成都市龙泉驿区十陵镇千弓村	矿泉水
四川省乐山市峨边彝族自治县工农村六组	钾长石
四川省乐山市五通桥区金江村	其他采矿业
四川省乐山市峨边彝族自治县工农村民委员会	钾长石
江苏省徐州市铜山县焦山	其他采矿业
广东省河源市紫金县宝山村委会	铁矿采选
四川省乐山市峨边彝族自治县集广村八组	铜铁矿勘探
四川省阿坝藏族羌族自治州汶川县七盘沟	采矿
陕西省安康市汉滨区鼓楼东街24号	矿泉水
河南省漯河市召陵区双汇路一号	肉制品、筒状膜
山东省临沂市兰山半程村	鸡、猪产品、肉制品
江苏省苏州市张家港市沿江公路	食用植物油生产
黑龙江哈尔滨市南岗区长江路145号	大豆油加工
山东省潍坊市诸城市密州街东首	冻鸡、淀粉、饲料

续表8

企业名称	法人代表	电话	分机	邮政编码
秦皇岛金海粮油工业有限公司	李岩欣	3097129		066002
南海油脂工业(赤湾)有限公司	郭建海	26694322		518068
大海粮油工业(防城港)有限公司	刘福春	2800617		538001
益海(连云港)粮油工业有限公司	孙立家	2387294		222042
邦基三维油脂有限公司	怀特先生	2211888		276826
得利斯集团有限公司	郑和平	6339999		262216
吉林德大有限公司	王秀林	7201001		130300
山东风祥(集团)有限责任公司	刘学景	6779260		252325
辽宁富虹油品集团有限公司	李志强	2268808		111000
山东渤海油脂工业有限公司	舒忠峰	2126602		256500
山东新良油脂有限公司	郎庆田	2216905		276826
山东大洋食品集团有限公司	张树山	88201688		266316
山东省香驰粮油有限公司	刘连民	2510263		256505
山东省鲁洲食品集团有限公司	牛继星	2323777		276400
黄海粮油工业(山东)有限公司	刘福春	2639026		276808
内蒙古草原兴发股份有限公司	张振武	3512279		024076
四川金石油粕有限公司	王政权	7675533		620860
北海粮油工业(天津)有限公司	刘福春	66581820		300454
上海嘉里粮油工业有限公司	郭建海	68462277		201208
青岛九联集团股份有限公司	王振江	87469977		266611
青岛万福集团股份有限公司	史福良	88438762		266600
四川省资阳市四海发展实业有限公司	孙素清	6550258		641300
湖南省正虹科技发展股份有限公司	吴明夏	5728005		414418
湛江华农饲料蛋白开发有限公司	李广富	2252898		524027
辽宁禾丰牧业股份有限公司	金卫东	23783378		110179
潍坊六和饲料有限公司	张效成	7603115		261200
广州植之元油脂有限公司	赖宁昌	82979922		511356
黑龙江省北大荒米业有限公司	胡成真	82281406		150036
山东省高唐蓝山集团总公司	许兰山	3962186		252800
南通宝港油脂发展有限公司	陈保存	5718261		226006
南宁糖业股份有限公司	熊可模	4910567		530031
河南省华英禽业集团	曹家富	3931030		465150
益海(烟台)粮油有限公司	郭孔丰	6745718		264000
东莞市中谷油脂有限公司	王印基	88825601	233	523147
沈阳市金石豆业有限公司	王政权	89707563		110122
舟山港明食品有限公司	王国彪	3088783		316102
北京大发正大有限公司	尹言勋	61458677		101309

企业地址	主要产品(主要业务活动)
河北省秦皇岛市海港区海滨路35号	大豆色拉油、黄豆粕、起酥油
广东省深圳市南山区赤湾右炮台路15号	精炼食用植物油、起酥油、人造奶油
广西防城港市港口区七泊位	豆粕、一级大豆油、小包装食用油
江苏省连云港市连云区墟沟大港路	豆粕、豆油产品、棕榈油产品
山东省日照市东港区海滨五路南首	豆油、豆粕
山东省潍坊市诸城市得利斯工业园	低温肉制品、冷却肉
吉林省长春市德惠市松柏村	肉鸡屠宰、饲料、豆油
山东省聊城市阳谷县刘庙村	分割鸡、熟制品、饲料
辽宁省辽阳市白塔区胜利路5—6段	生产豆油、豆粕、生产豆油、生产色拉油
山东省滨州市博兴县博兴工业园区	精炼油、豆粕
山东省日照市东港区东韩家村	豆粕、豆油
山东省青岛市胶州市魏家屯村	鳕鱼、干鱿鱼
山东省滨州市博兴县陈户镇阎陈村	豆油、豆粕
山东省临沂市沂水杨家庄子	淀粉糖系列产品、氮肥制造、压力容器制造
山东省日照市岚山区童海路	植物油、粕类
内蒙古赤峰市元宝山区哈河	羊牛系列产品、鸡产品、饲料
四川省眉山市彭山县文昌村	豆粕、豆油
天津市塘沽区胡北路869号	食用植物油等、钢桶及其他包装材料、调味品
上海市浦东新区东塘路168号	食用油
山东省青岛市莱西市上海西路	鸡产品、饲料
山东省青岛市莱西市威海西路68号	蔬菜、肉制品加工、饲料
四川省资阳市雁江区雁家村三社	冻猪分割肉
湖南省岳阳市汨罗市营田	饲料
广东省湛江市霞山区友谊路1号港务局第一作业区	豆粕、豆油、磷脂
辽宁省沈阳市东陵区浑南产业区67号	饲料生产
山东省潍坊市坊子区北海南路	饲料
广东省广州市增城市汽车工业城东路71号	加工销售大豆油及其制品、自营和代理各类商品和技术进出口
黑龙江哈尔滨市南岗区赣水路28号	大米加工
山东省聊城市高唐县滨湖北路2号	食用植物油、饲料、冻鸡
江苏省南通市崇川区城山村	大豆色拉油生产、豆粕生产、菜籽油生产
广西南宁市江南区亭洪路48号	生产机制糖、生产机制纸、生产蔗渣浆
河南省信阳市潢川县跃进东路308号	冻鲜产品、饲料、羽绒
山东省烟台市芝罘区海港路23号	生产豆油、豆粕
广东省东莞市新沙港工业区	精炼豆油、棕榈油、豆粕制品
辽宁省沈阳市新城子区虎石台	豆油制造、大豆产品加工、豆饼制造
浙江省舟山市普陀区浦西开发区	水产品冷冻加工
北京市顺义区杜庄	鸡肉加工深加工、饲料、雏鸡种蛋

企业名称	法人代表	电话	分机	邮政编码
益海周口粮油工业有限公司	黄学让	8373755		466000
嘉祥县嘉冠油脂化工有限公司	李兆祥	6812458		272400
山东新昌肉食有限责任公司	李绪民	7113887		261300
广东富虹油品有限公司	殷海墉	2293888		524012
上海嘉里食品工业有限公司	郭建海	58487988	8215	200127
青岛佳元水产(集团)有限公司	刘佳元	7909909		266109
北京顺鑫农业股份有限公司鹏程食品分公司	杨文科	69471618		101300
潍坊乐港食品股份有限公司	孔凡升	6661504		262411
食品制造业				
内蒙古蒙牛乳业(集团)股份有限公司	牛根生	7391108		011517
石家庄三鹿集团股份有限公司	田文华	8615365		050071
内蒙古伊利实业集团股份有限公司	潘　刚	3388888	159	010080
安徽丰原集团有限公司	李荣杰	4927833		233010
光明乳业股份有限公司	王佳芬	54584520		201103
厦门卷烟厂	王建勇	6536036		361022
杭州顶益食品有限公司	赵慧敬	86910122	3070	310018
箭牌口香糖有限公司	WILLIAMWRI	82218816		510000
佛山市海天调味食品有限公司	庞　康	82832023		528000
双城雀巢有限公司	裴　军	53119356		150100
天津顶益国际食品有限公司	赵慧敬	25325954	1362	300457
爱芬食品(北京)有限公司	苏尚铭	61667410	3131	101407
山东雪花生物化工股份有限公司	李庆思	3866285		272103
华龙日清食品有限公司	范现国	6591908		055350
昆山统一企业食品有限公司	吴章福	57706236		215300
青岛康大外贸集团有限公司	高思诗	86172907		266400
河南省南街村集团有限公司	王洪彬	8851353		462600
内蒙古金河集团	王东晓	8522944		010200
英特儿营养乳品有限公司	麦惠舜	58990899	2519	201206
东莞徐记食品有限公司	徐　乘	22268955	87	523118
河南省莲花味精集团有限公司	李东升	4298909		466200
黑龙江省完达山乳业股份有限公司	郑新民	82326974		150090
美赞臣(广州)有限公司	STEVEGOLSB	82111536		510000
上好佳(中国)有限公司	施恭旗	59898607		201702
上海太太乐调味食品有限公司	穆　立	59139518	313	201812
广州统一企业有限公司	林苍生	82240088		510760
河南斯美特食品有限公司	王有利	7566807		454981
广东南方李锦记营养保健品有限公司	李惠森	6499555		529156

企业地址	主要产品(主要业务活动)
河南省周口市川汇区单庄村委会	饲料加工
山东省济宁市嘉祥县建设路263号	食用植物油、豆粕
山东省潍坊市昌邑新昌路北首	冻鸡肉、熟食制品、饲料
广东省湛江市霞山区霞山区湖光路5号	豆粕、色拉油、豆油
上海市浦东新区高东路118号	食用油
山东省青岛市城阳区双元路东侧	冻鱼片
北京市顺义区北法信村	畜禽屠宰
山东省潍坊市昌乐	加工销售肉制品
内蒙古呼和浩特市和林格尔县	液体乳
河北省石家庄市新华区和平西路539号	液体乳
内蒙古呼和浩特市土左旗金川开发区	液奶、乳制品、冷饮产品
安徽省蚌埠市禹会区大庆路73号	柠檬酸及其盐类、燃料乙醇、氨基酸
上海市闵行区吴中路578号	乳制品、软饮料
福建省厦门市海沧区新阳工业区新阳路1号	卷烟制造
浙江省杭州市江干区经济技术开发区10号路	生产方便面
广东省广州市萝岗区夏港街	生产口香糖、销售本企业自产产品
广东省佛山市禅城区文沙路16号	酱油、酱类、其他小调味品
黑龙江哈尔滨市双城市昌盛	生产乳粉
天津市塘沽区开发区第五大街20号	方便面
北京市怀柔区雁栖北二街5号	生产各类糖果相关产品、宠物食品及护理产品、相关食品
山东省济宁市兖州市	谷氨酸、淀粉
河北省邢台市隆尧县	方便面、面粉、挂面
江苏省苏州市昆山市青阳南路301号	生产方便面、饮料等
山东省青岛市胶南市珠海中路188	调理食品、碳烤产品、水产品
河南省漯河市临颍县南街村	食品制造业
内蒙古呼和浩特市托县新坪路	饲用金霉素
上海市浦东新区宁桥路188号	奶粉
广东省东莞市周屋工业区	糖果制作、糕饼点心、沙琪玛
河南省周口市项城市孔营东区居委会	加工味精
黑龙江哈尔滨市南岗区长江路368号	生产奶粉
广东省广州市萝岗区夏港街	生产、加工、销售、婴儿奶粉
上海市青浦区徐泾镇沪青平公路2277号	饼干及其他食品制造
上海市嘉定区江桥镇星华路969号	调味食品
广东省广州市黄埔区云埔开发区南岗商住工业区	饮料业务、方便面
河南省焦作市武陟县西滑封	方便面、面粉
广东省江门市新会区工贸城北街区3号	口服液

续表 10

企业名称	法人代表	电话	分机	邮政编码
山东乐悟集团有限公司	王德江	8228396		253500
广州顶益食品有限公司	赵慧敬	82268331		510000
完美(中国)日用品有限公司	古润金	8701828	8813	528400
不凡帝范梅勒糖果(中国)有限公司	柯　满	64626300	286	200245
河南省科迪食品集团股份有限公司	张清海	4471305		476343
蒙牛乳业(北京)有限责任公司	韩晓峰	61520175		101107
成都统一企业食品有限公司	无　名	82769955		611130
河北梅花味精集团有限公司	孟庆山	7512211		065700
山东谷神生物科技集团有限公司	李登龙	8321437		253500
上海达能饼干食品有限公司	秦　鹏	34144588		200233
包头伊利乳业有限责任公司	潘　刚	5103848		014030
百事食品(中国)有限公司	顾爱民	23058105		200001
湖南亚华公司南山绿色食品开发分公司	洪旗德	7380888		422500
和路雪(中国)有限公司	薄睿凯	67833306		100176
蒙牛乳业泰安有限公司	卢　浩	6928522		271000
武汉统一企业食品有限公司	萧逢时	83891886	3244	430040
厦门银鹭食品有限公司	陈清水	7176591		361111
青岛圣乔治乳业有限公司	孟秀清	88139066		266400
山东齐鲁味精食品集团有限公司	杨立峰	4232231		252100
内蒙古蒙牛乳业包头有限责任公司	樊振胜	3625725		014030
北京三元食品股份有限公司	包宗业	62912266		100085
椰树集团海南椰汁饮料有限公司	王光兴	66786000	3230	570102
饮料制造业				
宜宾五粮液股份有限公司	王国春	3553988		644007
杭州娃哈哈保健食品有限公司	宗庆后	86032866		310020
维维集团	杨启典	3290169		221111
北京燕京啤酒集团公司(顺义区内)	李福成	89490728	6692	101300
中国贵州茅台酒厂(集团)有限责任公司	季克良	2386074		564501
可口可乐(中国)饮料有限公司	Paul・Kenneth・E	38984656	636	201206
广州珠江啤酒股份有限公司	杨荣明	84206636		510308
泸州老窖集团有限公司	谢　明	2398873		646000
乐百氏(广东)食品饮料有限公司	秦　鹏	2101803	350	528415
百威(武汉)国际啤酒有限公司	程世仁	84615295		430051
四川剑南春集团有限责任公司	乔天明	6202206		618200
上海申美饮料食品有限公司	翁　懋	61045888	5415	201206
杭州中萃食品有限公司	史乐山	85273000	88021	310003
山西杏花村汾酒集团有限责任公司	郭双威	7229920		032200

企业地址	主要产品(主要业务活动)
山东省德州市陵县开发区	棉蛋白及饲料
广东省广州市萝岗区东区街	生产及销售方便面
广东省中山市东明北路	生产销售保健食品、生产销售日化产品
上海市闵行区开发区绿春路318号	糖果
河南省商丘市虞城县张楼村委会	乳制品、方便面、速冻冷饮
北京市通州区食品工业园区	利乐枕纯鲜牛奶、百利包纯奶、原味杯酸
四川省成都市温江区柳城	方便面、饮料、肉品
河北省廊坊市霸州市董家堡	味精、淀粉、复合肥
山东省德州市陵县开发区	食用油
上海市徐汇区漕宝路440号	饼干生产
内蒙古包头市青山区黄河路31号	液体乳的生产、液体乳的销售
上海市松江区松江工业区东兴路99号	焙烤类食品
湖南省邵阳市城步县人民路	乳制品生产及销售、水力发电
北京市大兴区万源街16号	
山东省泰安市开发区高新技术开发区	普通纯乳、乳饮料、雪糕
湖北省武汉市东西湖区吴家山 八支沟特1号	方便面、饮料
福建省厦门市翔安区马塘村委会	八宝粥、饮料系列
山东省青岛市胶南市大哨头村	奶牛养殖
山东省聊城市茌平县齐韩村委会	味精
内蒙古包头市青山区民主路7号	液体乳
北京市海淀区西二旗中路29号	液体乳及乳制品
海南省海口市龙华区龙华路41号	生产天然椰子汁、生产粒粒椰汁、生产椰树绿茶
四川省宜宾市翠屏区岷江西路150号	白酒、塑胶、印刷
浙江省杭州市江干区秋涛北路128—1号	瓶装饮用水制造
江苏省徐州市铜山县	固体饮料、乳及乳制品
北京市顺义区双河路9号	啤酒
贵州省遵义市仁怀市	白酒
上海市浦东新区桂桥路539号	饮料主剂、浓缩液
广东省广州市海珠区琶洲街道磨碟沙五社区居委会	啤酒加工、制造
四川省泸州市江阳区国窖广场	泸州老窖系列酒、白酒制造
广东省中山市沙口开发区	生产酸奶、生产饮用水、生产无酒精饮料
湖北省武汉市汉阳区黄金口村上首	啤酒制造
四川省德阳市绵竹市春溢街	白酒
上海市浦东新区桂桥路539号	饮料
浙江省杭州市江干区经济技术开发区M8—7—3内	可口可乐系列饮料生产
山西省吕梁市汾阳市杏花西堡村	白酒制造

续表 11

企业名称	法人代表	电话	分机	邮政编码
广东太古可口可乐有限公司	施逸伦	82296288		510700
福建雪津啤酒有限公司	陈志华	3597297		351111
东莞雀巢有限公司	施默德	22404088	194	523076
哈尔滨啤酒有限公司	李文涛	55131900	367	150030
百事(中国)有限公司	麦纳明	82214888		510000
杭州顶津食品有限公司	赵慧敬	86910856		310018
安徽古井集团有限责任公司	王效金	5710018		236820
海南椰岛股份有限公司	张春昌	66532988		570105
广州顶津食品有限公司	赵慧敬	82268125		510000
四川蓝剑(集团)有限责任公司	曾清荣	8202507		618400
燕京啤酒(桂林漓泉)股份有限公司	田建华	3832078		541002
露露集团有限责任公司	王宝林	2059098		067000
天津顶津食品有限公司	赵慧敬	25329605	6343	300457
黑龙江华润酒精有限公司	岳国君	5976400		151100
上海百事可乐饮料有限公司	陈妙法	64303280	151	200245
烟台北方安德利果汁股份有限公司	郑跃文	4762688		264100
可口可乐装瓶商生产(东莞)有限公司	包逸秋	22401678	713	523081
佛山市三水健力宝贸易有限公司	钟加宁	87780545		528100
红牛维他命饮料有限公司	严　彬	85288168	131	100022
深圳金威啤酒厂	叶旭全	25516328	1668	518019
天津可口可乐饮料有限公司	曲吉吉	27645388	8112	300113
广州百事可乐饮料有限公司	朱华煦	84223284		510300
杭州娃哈哈饮料有限公司	宗庆后	86032866		310018
四川沱牌集团有限公司	李家顺	6766288		629200
中法合营王朝葡萄酿酒有限公司	何秀恒	26998888		300402
湖北枝江酒业股份有限公司	蒋红星	4229618		443200
深圳百事可乐饮料有限公司	林家宏	89766688	268	518115
龙口市振龙酒精有限公司	王义强	8926163		265702
乳山市曙光啤酒有限公司	刘书光	6690739		264500
重庆啤酒股份有限公司	华正兴	68624393		400039
沈阳华润雪花啤酒辽宁有限公司	王　群	25872059		110021
南京中萃食品有限公司	沈玉明	58642017		210061
漯河市昌达实业有限公司	陈松富	6181666		462300
北京可口可乐饮料有限公司	刘福春	67885588	8878	100176
浙江古越龙山绍兴酒股份有限公司	傅建伟	5176051		312000
青岛琅琊台酒业(集团)股份有限公司	李悦明	86150835		266400

企业地址	主要产品(主要业务活动)
广东省广州市黄埔区黄埔大道东998号	生产、包装、销售饮料(可口可乐)
福建省莆田市涵江区工业路660号	啤酒
广东省东莞市	固体饮料制造业、调味料制造业、酱油酱料制造业
黑龙江哈尔滨市香坊区油坊街20号	啤酒制造
广东省广州市萝岗区夏港街	生产销售百事系列牌号的软饮料浓
浙江省杭州市江干区4号大街27号	生产茶饮料
安徽省亳州市谯城区减店村	白酒制造
海南省海口市龙华区龙华路43号	生产销售鹿龟酒、生产销售白酒
广东省广州市萝岗区东区街	生产康师傅冰红茶、生产良师傅蜂蜜绿茶
四川省德阳市什邡市蓝剑大道	啤酒、饮料、包装
广西桂林市象山区翠竹路29号	啤酒
河北省承德市双桥区开发西区6号	生产杏仁露、生产板材
天津市塘沽区洞庭路163号	瓶装饮用水、茶饮料
黑龙江绥化市肇东市肇兰路24号	酒精、饲料、玉米油
上海市闵行区文井路288号	碳酸饮料
山东省烟台市牟平区五里头村委会	果汁生产
广东省东莞市大龙路5号	果汁及果汁饮料、茶饮料、咖啡饮料
广东省佛山市三水区西南环城路71号	健力宝系列饮料
北京市怀柔区雁栖大街19号	茶饮料及其他软饮料制造、生产销售红牛维生素系列功能饮料
广东省深圳市罗湖区布心东昌路一号	制造金威啤酒
天津市南开区红旗路161号	碳酸饮料制造、水、糖浆
广东省广州市海珠区敦和路57号	生产百事公司系列饮料、生产百事公司系列饮料
浙江省杭州市江干区12号大街5号	含乳饮料制造
四川省遂宁市射洪县中街149号	白酒、酒精、纸箱
天津市北辰区津围公路99号	葡萄酒酿造
湖北省宜昌市枝江市余家溪	枝江大曲
广东省深圳市龙岗区荷坳金源工业区	碳酸饮料制造
山东省烟台市龙口市西村	生产酒精
山东省威海市乳山市城北中	啤酒
重庆市九龙坡区石杨路16#	啤酒、饮料
辽宁省沈阳市铁西区建设东路42号	啤酒制造
江苏省南京市浦口区新称二路18号	碳酸饮料、纯净水、果汁型饮料
河南省漯河市郾城区王堂	饮料
北京市大兴区荣京东街9号	可口可乐、雪碧、芬达
浙江省绍兴市越城区北海桥	黄酒制造、白酒制造、日用玻璃制造
山东省青岛市胶南市琅琊台	白酒、苹果酒

续表 12

企业名称	法人代表	电话	分机	邮政编码
烟草制品业				
上海烟草(集团)公司	董浩林	65418740	8721	200082
玉溪红塔烟草(集团)有限责任公司	柳万东	2968165		653100
杭州卷烟厂	孟伟刚	86052044	5220	310008
红云烟草(集团)有限责任公司	朱绍明	5818118	3137	650202
长沙卷烟厂	卢　平	5559133		410007
常德卷烟厂	曾宪兵	7299999		415000
武汉烟草(集团)有限公司	彭明权	68848205		430051
红河卷烟总厂	邱建康	6196881		652300
曲靖卷烟厂	俞瑞芳	3360215		655001
广州卷烟二厂	张穗强	81812508		510145
合肥卷烟厂	朱　杰	5339009		230081
南京卷烟厂	张岩磊	86479666		210012
贵阳卷烟厂	陈卫东	5989949		550003
颐中烟草(集团)有限公司	蒲　强	83837279		266021
徐州卷烟厂	张铭业	3572223		221005
宁波卷烟厂	徐芳权	87056868	6868	315040
成都卷烟厂	程佳华	86005515		610066
将军烟草集团有限公司济南卷烟厂	段　玲	6776114		250100
龙岩卷烟厂	李跃民	2776888		364019
重庆烟草工业有限责任公司	吴应禄	62906978		400060
南昌卷烟厂	郑伟	8358871		330096
广东梅州卷烟厂	林孟昌	2139888		514000
红塔烟草(集团)有限责任公司楚雄卷烟厂	张国良	3207341		675000
许昌卷烟厂	宋有申	3351268		461000
芜湖卷烟厂	赵　辉	4812288		241002
宝鸡卷烟厂	李　强	3469268		721000
石家庄卷烟厂	严金虎	7027979	3011	050051
张家口卷烟厂	师进辉	2106238		075000
广西壮族自治区柳州卷烟厂	张汉涛	3980999	8259	545005
郑州卷烟总厂	邵富根	6322918		450000
广东卷烟总厂韶关卷烟厂	赖建文	8772269		512026
哈尔滨市卷烟总厂	王殿贵	82521456	309	150001
四川什邡卷烟厂	吴　宪	8216028		618400
红河卷烟总厂昭通卷烟厂	张嘉滨	2130188		657000
大理卷烟厂	谢昆成	2168852		671000
广西南宁卷烟厂	王　全	2093405		530001
延吉卷烟厂	孙国伟	2818659		133000

企业地址	主要产品(主要业务活动)
上海市杨浦区许昌路 1062 号	
云南省玉溪市红塔区红塔大道 118 号	烟草生产
浙江省杭州市上城区中山南路 77 号	卷烟
云南省昆明市五华区龙泉路上社	卷烟制造、烤烟调拨、烟叶复烤
湖南省长沙市雨花区劳动中路 426 号	卷烟
湖南省常德市武陵区洞庭大道西段 199 号	卷烟制造
湖北省武汉市汉阳区十升路 22 号	卷烟
云南省红河州弥勒县桃园路 50 号	卷烟
云南省曲靖市麒麟区麒麟北路 499 号	卷烟
广东省广州市荔湾区中山七路 333 号	卷烟
安徽省合肥市蜀山区长江西路 651 号	卷烟
江苏省南京市建邺区梦都路 30 号	卷烟
贵州省贵阳市云岩区如意巷 25 号	卷烟销售
山东省青岛市市北区华阳路 20 号	卷烟
江苏省徐州市鼓楼区环城路 80 号	卷烟
浙江省宁波市江东区曙光路 109 号	卷烟
四川省成都市锦江区成龙路 1 号	卷烟
山东省济南市历城区将军路 80 号	卷烟
福建省龙岩市新罗区乘风路 1299 号	卷烟
重庆市南岸区南城大道 197 号	卷烟
江西省南昌市青山湖区金圣园区	卷烟
广东省梅州市梅江区东郊月梅环市北路	卷烟
云南省楚雄州楚雄市北浦	卷烟
河南省许昌市魏都区西关大街 130 号	卷烟
安徽省芜湖市马塘区芜石路 135 号	卷烟
陕西省宝鸡市金台区东风路 1 号	卷烟
河北省石家庄市桥西区维明南大街 1 号	卷烟
河北省张家口市桥东区工业街 65 号	卷烟
广西柳州市城中区学院路 9 号	卷烟
河南省郑州市管城回族区陇海东路 72 号	卷烟
广东省韶关市武江区新华南路 6 号	卷烟
黑龙江哈尔滨市南岗区一曼街 104 号	卷烟
四川省德阳市什邡市蓥峰南路 1 号	卷烟、雪茄烟
云南省昭通市昭阳区	卷烟
云南省大理白族自治州大理市建设东路 191 号	卷烟
广西南宁市西乡塘区北湖南路 28 号	卷烟
吉林省延边朝鲜族自治州延吉市天池路 795 号	卷烟

续表 13

企业名称	法人代表	电话	分机	邮政编码
兰州卷烟厂	田　成	2555081		730050
颐中烟草(集团)有限公司青州卷烟厂	蔚严春	3239350		262500
深圳市卷烟厂	卢杰英	75525533525	210	518020
襄樊卷烟厂	王值勤	3265241	420606	441000
北京卷烟厂	曲志刚	65762922	201	100024
遵义卷烟厂	白云峰	8621946		563003
河南省新郑卷烟厂	苏来兴	26704321		451100
红塔辽宁烟草有限责任公司营口卷烟厂	张　峥	3840386		115002
长沙卷烟厂郴州卷烟分厂	周文斌	2229705		423000
贵州驰宇集团毕节卷烟厂	马达祥	8301587	2124	551700
内蒙古昆明卷烟有限责任公司	李保林	5976632	6346	010070
汉中卷烟二厂	任　立	5399100		723102
河南新郑烟草(集团)公司安阳卷烟厂	陈春喜	3931801	1252	455004
纺织业				
山东魏桥创业集团有限公司	张士平	4161111		256212
华芳集团有限公司	秦大乾	58438803		215611
江苏梦兰集团有限公司	钱月宝	52831886		215500
江苏骏马集团有限公司	杨培兴	58298953		215617
东莞福安纺织印染有限公司	夏松芹	85532318	3243	523840
青岛即发集团控股有限公司	陈玉兰	87569666		266200
江苏澳洋实业(集团)有限公司	沈学如	58161803		251618
江苏倪家巷集团有限公司	吴龙增	86225334		214423
孚日家纺股份有限公司	孙日贵	2325582		261500
东莞德永佳纺织制衣有限公司	黎兆强	88821738	1153	523138
江苏吴江丝绸集团有限公司	胡志良	63559616		215228
江阴江东集团公司	赵纪法	86228788		214423
雄峰控股集团有限公司	何兴荣	5392697		312046
石家庄常山股份有限公司	汤彰明	86674239		050011
吴江市鹰翔化纤有限公司	徐关祥	63551075		215228
鄂尔多斯羊绒制品股份有限公司	王林祥	8523812		017000
浙江精功控股有限公司	金建顺	4138675	8075	312030
互太(番禺)纺织印染有限公司	蔡建中	84948868		511462
青岛喜盈门集团公司	纪玉君	7869888		266109
鞍山华芳化纤毛纺织有限责任公司	高显珠	8211407		114012
鲁泰纺织股份有限公司	刘石祯	5285166		255100
天龙控股集团有限公司	钟　挺	5645078		312033
浙江永通染织集团有限公司	阮怀生	4513423		312025

企业地址	主要产品(主要业务活动)
甘肃省兰州市七里河区南滨河中路1111号	卷烟
山东省潍坊市青州市玲珑山北路1818号	卷烟
广东省深圳市罗湖区太宁路211号	卷烟
湖北省襄樊市樊城区大庆路	烟草
北京市朝阳区管庄西里42号	卷烟
贵州省遵义市汇川区大山社区居委会	卷烟
河南省郑州市新郑市新华路东段	卷烟
辽宁省营口市站前区建设街72号	卷烟
湖南省郴州市北湖区七里大道三号	卷烟
贵州省毕节地区毕节市望城坡	卷烟
内蒙古呼和浩特市玉泉区锡林南路81号	卷烟
陕西省汉中市南郑县东大街28号	卷烟
河南省安阳市龙安区烟厂路	卷烟
山东省滨州市邹平县新四村委会	棉纱、棉布
江苏省苏州市张家港市人民南路1号	棉纱生产、棉布生产、呢绒生产
江苏省苏州市常熟市虞山镇梦兰村	床上用品
江苏省苏州市张家港市双鹿村	帘子布
广东省东莞市大道福安纺织城	胚布加工、棉印染布加工、色纱加工
山东省青岛市即墨市即发路一号	针织品、发制品
江苏省苏州市张家港市塘市镇	呢绒制造、毛纱制造
江苏省无锡市江阴市倪家巷村	精纺呢绒生产、印染布加工
山东省潍坊市高密市孚日街1号	毛巾、毛巾被
广东省东莞市鸥涌村德永佳工业城	棉针织染整布、T/C针织染整布、染整棉色纱
江苏省苏州市吴江市	丝绸化纤织物丝绸复制品服装化学纤
江苏省无锡市江阴市北新东路	化纤纱生产、人造革制造、法兰等金属品制造
浙江省绍兴市绍兴县金三角	生产纺织品纱丝
河北省石家庄市长安区和平东路183号	纱布、纱
江苏省苏州市吴江市杨扇	生产销售纺织品
内蒙古鄂尔多斯市东胜区达拉特南路102号	无毛绒、羊绒纱、羊绒衫
浙江省绍兴市绍兴县柯桥经济开发区柯北工业园区	生产纺织品、涤丝、生产棉纱
广东省广州市南沙区西线公路五冲桥边	纺织业
山东省青岛市城阳区正阳街188号	毛巾类、橡胶轮胎、卷烟材料
辽宁省鞍山市铁西区四方台路62号	生产化纤纺、化纤布
山东省淄博市淄川区松龄东路81号	色织布、棉纱、衬衣
浙江省绍兴市绍兴县人利村	绢纺加工
浙江省绍兴市绍兴县钱清村	丝织品印染加工

续表 14

企业名称	法人代表	电话	分机	邮政编码
山东洁月集团有限公司	赵瑶经	8562700		265705
浙江雄盛实业有限公司	金尧根	8061587		312000
浙江金鹰股份有限公司	傅国定	8020089		316051
山东亚光纺织集团	王延平	3512398		256651
山东岱银纺织集团股份有限公司	赵焕臣	6117569		271000
青岛中仁纺织有限公司	董福存	85219052		266323
浙江天圣股份有限公司	孙永根	4882127		312030
冠县冠星纺织集团总公司	王风朝	5281013		252500
浙江南方科技股份有限公司	朱海锋	5672609		312030
安徽华茂集团有限公司	华冠雄	5510810	525	246018
浙江美欣达印染集团股份有限公司	单建明	2106828	135	313000
张家港市欣欣化纤有限公司	贲永宝	58750388		215635
河南新野纺织股份有限公司	魏学柱	6221552		473500
宁波百隆纺织有限公司	杨卫新	62266268		315490
无锡市第一棉纺织厂	费月英	82851567		214021
东莞沙田丽海纺织印染有限公司	夏松芳	88866583	2057	523999
内蒙古东达蒙古王集团有限公司	赵永亮	5295311		014300
东营市天信纺织有限公司	崔殿文	8351300		257091
黑牡丹集团股份有限公司	曹德法	8111238		213000
内蒙古鹿王羊绒集团公司	高　丰	4112064		014040
华纺股份有限公司	邹鹏宏	3288379		256617
无锡庆丰股份有限公司	许鲁平	82352612	221	214008
临清市鲁西棉纺织厂	张由军	2437133		252600
厦门进雄企业有限公司	约翰·彼得·米勒	6022106	1115	361006
江苏向阳集团有限公司	李国良	86201400		214421
威海魏桥科技工业园有限公司	张红霞	5750936		264500
山东翔宇化纤纺织有限公司	王福连	3482906		272100
纺织服装、鞋、帽制造业				
江苏阳光集团有限公司	陆克平	86121888	6518	214426
海澜集团公司	周建平	86121388	3256	214426
江苏波司登股份有限公司	高德康	52532888		215532
江苏综艺集团	昝圣达	6639985		226376
宁波申洲针织有限公司	马建荣	86879581		315800
红豆集团有限公司	周耀庭	88358614	8614	214199
阿迪达斯(苏州)有限公司	Herbert	67616620		215021
森马集团有限公司	邱光和	88098660		325006
大杨集团有限责任公司	李桂莲	87624900		116215
广东溢达纺织有限公司	车克焘	88826112	3466	528500

企业地址	主要产品(主要业务活动)
山东省烟台市龙口市赵刘村	毛巾被生产、枕巾生产
浙江省绍兴市越城区亭山工业园区	生产化纤布、生产纤维花式丝
浙江省舟山市定海区陈家村	亚麻纱制造、绢丝制造
山东省滨州市滨城区经二路八号	棉纱、毛巾、毛巾被
山东省泰安市泰山区东岳大街东首	棉纱、棉布、服装
山东省青岛市胶州市大村	纺织品
浙江省绍兴市绍兴县柯桥经济开发区柯西山阴西路1815号	花式混纺丝线氨伦制品生产、针纺织品生产加工、进出口业务
山东省聊城市冠县代家屯	棉纱
浙江省绍兴市绍兴县柯桥经济开发区柯北凤林路426号	纺织品生产来料加工(印染布)、自营出口、外贸借贷(内销)
安徽省安庆市大观区纺织南路80号	纱绒、布
浙江省湖州市吴兴区凤凰路888号	印染布
江苏省苏州市张家港市长江路	化学纤维品
河南省南阳市新野县书院路15号	棉纱制品、棉布制品、床单制品
浙江省宁波市余姚市大南王	棉纱加工
江苏省无锡市南长区健康路122号	色织布生产
广东省东莞市环保工业城	染整印花布
内蒙古鄂尔多斯市达拉特旗树林召乡	羊绒制品生产销售、煤炭开采、纸业生产
山东省东营市东营区东二路南11号	棉布、棉纱
江苏省常州市天宁区和平南路47号	生产牛仔布
内蒙古包头市东河区巴彦大街东河槽南	羊绒衫等针织品、羊绒面料、羊绒纱
山东省滨州市滨城区黄河二路819号	纯棉印染布、棉混纺印染布、纯化纤印染布
江苏省无锡市崇安区锡沪西路203号	棉纱加工、棉布加工
山东省聊城市临清西门里	棉纱、皮棉
福建省厦门市湖里区悦华路151号	帐篷、便携式家具、睡袋
江苏省无锡市江阴市向阳村1号	纺纱、织布、生产化学试剂和助剂
山东省威海市环翠区环翠路88号	棉纱、棉布
山东省济宁市兖州市旧关	帘子布
江苏省无锡市江阴市新桥镇	服装、呢绒
江苏省无锡市江阴市新桥	服装生产、精纺呢绒生产、毛纱线生产
江苏省苏州市常熟古里镇白茆沪宜公路	服装、羽绒制品、鞋制造
江苏省南通市通州市孙李桥村	服装生产、胶合板生产、IC卡制造
浙江省宁波市北仑区塘湾工业区	针织服装制造
江苏省无锡市锡山区	生产服装、生产摩托车电动自行车、生产橡胶轮胎
江苏省苏州市平江区星汉街5号C幢03—04	制造纺织服装
浙江省温州市瓯海区六虹桥路1187号森马大厦	服装制造
辽宁省大连市普兰店市杨树房	服装制造
广东省佛山市高明区沿江路13号	生产销售棉布、生产销售服装、生产销售棉纱

续表 15

企业名称	法人代表	电话	分机	邮政编码
诸城市新郎服饰有限责任公司	王桂波	6081356		262200
兰雁集团	盛文中	6432862		255300
江苏吴中实业股份有限公司	赵唯一	65618780		215128
山东桑沙集团	周　勇	6212934		262200
报喜鸟集团有限公司	吴志泽	67317888		325102
浙江三弘国际羽毛有限公司	章军华	82475666	788	311251
浙江依多金控股有限公司	嵇慧英	3952947		313013
江苏雅鹿实业股份有限公司	顾振华	53820453		215428
福建柒牌集团有限公司	洪肇设	85485777	567	362256
浙江高邦服饰集团有限公司	朱爱武	88633000	8008	325029
山东金泉发展集团公司	张建伟	5366136		264200
温州市拜丽德集团有限公司	郑秀东	88086666	8986	325029
东莞市东越服装有限公司	郭东林	85520146	2088	523900
常州老三集团有限公司	姚幼卿	8829184		213018
东华纺织集团有限公司	项同保	6555497		213161
宁波洛兹制衣实业有限公司	罗奇华	88260224		315153
山东傲饰集团有限公司	蒋正刚	3302156		271600
平湖茉织华实业发展有限公司	李勤夫	5704808		314205
宁波雅戈尔服饰有限公司	李如刚	88264943		315153
青岛世原鞋业有限公司	金炳椿	5219824		266323
山东耶莉娅服装集团总公司	袁文和	8951524		261021
汉帛(中国)有限公司	高志伟	82831717	229	311215
步森集团有限公司	陈能恩	7047990		311811
江苏华瑞国际实业集团有限公司	康宜华	84481999		210000
花园集团东阳服装有限公司	徐　亮	6270108		322121
浙江情森制衣有限公司	郭菊新	7042816		311811
常州华利达服装有限公司	张文昌	8817799	3002	213001
东莞市虎门龙的传说实业有限公司	罗伟烈	85709889	8028	523927
上海美津浓有限公司	水野明人	59835888	1111	201714
美特斯邦威集团有限公司	周成建	88038986		325007
浙江太子龙集团有限公司	王培火	7097888		311809
青岛红领服饰股份有限公司	张代理	88598077		266200
衣恋时装(上海)有限公司	崔钟良	54481004	501	200235
上海英模特制衣有限公司	刘巽坡	58999333	331	201206
石狮市大帝集团有限公司	吕培榕	88700188	2222	362700
浙江海魄服饰有限公司	陈剑枫	7041896		311811
浙江华兴服装有限公司	陈方华	63758184		311300
乔顿服饰企业有限公司	梁辉光	86556156		325011

企业地址	主要产品(主要业务活动)
山东省潍坊市诸城市五里堡	西服、衬衣、服饰
山东省淄博市周村区	纺织、服装、纱
江苏省苏州市吴中区宝带东路 388 号	服装
山东省潍坊市诸城市广场路 16 号	针织服装、梭织服装、针织服装
浙江省温州市永嘉县报喜鸟工业园	服装生产
浙江省杭州市萧山区桥南村新大桥西测 1—1 号	羽绒服生产加工、羽毛制品、化纤制品
浙江省湖州市南浔区湖盐东路 99 号	
江苏省苏州市太仓市	服装
福建省泉州市晋江市英林镇九三路工业区	西服、茄克
浙江省温州市鹿城区葡萄棚工业区 3 号	高邦休闲服装生产
山东省威海市环翠区江家寨村	服装
浙江省温州市鹿城区蛟凤北路 101 号	服装制造
广东省东莞市镇口第一工业区 B38 栋	产销服装
江苏省常州市天宁区凤凰路 9 号	针织服装
江苏省常州市武进区	生产服装
浙江省宁波市鄞州区新区居民会	服装制造
山东省泰安市肥城市刘庄	服装、印刷、酒业
浙江省嘉兴市平湖市新仓工业区	梭织服装生产
浙江省宁波市鄞州区大道西段 2 号	西服制造、衬衫制造
山东省青岛市胶州市大朱戈村 556 号	鞋生产、鞋底、鞋帮
山东省潍坊市潍城区北宫西街 126 号	西服、标制服、大衣
浙江省杭州市萧山区北塘路 6 号	纺织服装制造
浙江省绍兴市诸暨市步森大道 314 号	衬衫、西裤、西服
江苏省南京市白下区御道街 33 号	服装
浙江省金华市东阳市花园村	服装生产
浙江省绍兴市诸暨市西畴村	服装、衬衫、西裤 休闲裤
江苏省常州市天宁区	服装生产销售、安全汽囊生产生产
广东省东莞市居岐大道	生产服装
上海市青浦区朱家角镇沈砖路 505 号	运动服装
浙江省温州市鹿城区鹿城工业区泰力路 48 号	纺织服装制造销售,鞋,针织围巾,帽,袜,手套,皮革制品,箱包,工艺品等销售
浙江省绍兴市诸暨市下市村	茄克衫、休闲服装、T 恤衫
山东省青岛市即墨市红领大街 1 号	西服、西裤、衬衣
上海市闵行区龙吴路 5888 号	服装
上海市浦东新区金皖路 389 号金门广场 607 室	服装
福建省泉州市石狮市宝盖科技园	生产服装、鞋、农贸市场
浙江省绍兴市诸暨市海魄大道 9 号	服装制造:衬衫、西服、西裤
浙江省杭州市临安市钱王大街 855 号	服装服饰生产
浙江省温州市龙湾区经济技术开发区东片 15 号小区兰江路 125 号	西服生产

续表 16

企业名称	法人代表	电话	分机	邮政编码
浙江恒昌工贸集团	张小平	4200891		322200
文登三友服装有限公司	朴相光	8882023		264422
皮革、毛皮、羽毛(绒)及其制品业				
江苏森达集团有限公司	朱相桂	6290088	2689	224700
浙江卡森实业有限公司	朱张金	7789799		314403
沈阳恒泰鞋业发展有限公司	汤　军	24209437		110015
沈阳于洪鞋业园有限公司	李恭友	86623777	0	110032
奥康集团有限公司	王振滔	67284444		325101
青岛三湖制鞋有限公司	朴渊九	82592447		266232
浙江柳桥羽毛有限公司	傅妙奎	82730888		311201
河南鞋城皮革制品有限公司	崔明杰	7588189		477293
康奈集团有限公司	郑秀康	88768819		325007
青岛泰光制鞋有限公司	朴渊次	86491140		266604
海宁卡森皮革有限公司	祝建其	7783775		314403
红蜻蜓集团有限公司	钱金波	67370083		325102
威海市金猴集团有限责任公司	柳富林	5289210		264200
上海富国皮革有限公司	严慈亮	62503354	113	200436
泰庆皮革有限公司	杨　正	86636645	3208	325013
河北天同齐盛皮革股份有限公司	李白娃	85591555		052460
上海东隆羽绒制品有限公司	郭连学	59280818		201719
广东海丰鞋业有限公司	王　弘	82928888		511330
东艺鞋业有限公司	陈国荣	88050069		325007
红蜻蜓集团永嘉县鞋业有限公司	郑春明	67370058		325102
新百丽鞋业深圳有限公司	邓　耀	28072437		518109
广州荣诚鞋业有限公司	张荣梧	36416460		510430
无棣县星一皮革有限公司	汪宝竹	6361162		251900
福建荔丰鞋业开发有限公司	郑婵花	3991998	874	351119
福建三丰鞋业有限公司	王秋雄	83497668		350018
华达利皮革(中国)有限公司	潘用品	57635105		215334
中山市三乡镇宝元制鞋厂	骆志行	6687505	7430	528463
常熟美迪洋皮件有限公司	毛建华	52381854		215518
番禺创信鞋业有限公司	吴振昌	34931988		511473
上海国利汽车真皮饰件有限公司	刘文琪	64790384	8206	201101
意尔康鞋业集团有限公司	单志敏	6856830		323903
辛集市东明皮革有限公司	谢少明	83208888		052360
青岛昌新鞋业有限公司	郑焕一	87224091		266300
中山市宝元制造厂	骆志行	6687505	7415	528463
石狮市富贵鸟集团	林和平	88702892		362700

企业地址	主要产品(主要业务活动)
浙江省金华市浦江县浦阳恒昌大道 118 号	服装制造、染整、房地产
山东省威海市文登市赤金泊村	服装
江苏省盐城市建湖县建宝路 88 号	皮鞋、服装、热电
浙江省嘉兴市海宁市华丰村绣经庵	生产轻革、生产成品革
辽宁省沈阳市东陵区文化东路 5 号	生产皮鞋
辽宁省沈阳市于洪区陵东街道	鞋业制造
浙江省温州市永嘉县奥康大道	皮鞋制造
山东省青岛市即墨市府前街 4 号	旅游鞋、鞋模具
浙江省杭州市萧山区道大通路 851 号	羽毛羽绒、羽绒被、枕壳
河南省周口市鹿邑县涡北村	黄牛皮软面革、旅游鞋
浙江省温州市鹿城区中国鞋都产业园康奈工业园	皮鞋生产、运动鞋、皮具生产
山东省青岛市莱西市李权庄镇工业园区	生产旅游鞋
浙江省嘉兴市海宁市华丰村绣经庵	皮沙发套制造、皮衣制造、布沙发套制造
浙江省温州市永嘉县东瓯工业区	皮鞋制造
山东省威海市环翠区和平路 106 号	皮鞋、皮包、服装
上海市宝山区南大路 800 弄 19 号	轻革
浙江省温州市龙湾区邮电路 28 号	生产皮革
河北省石家庄市无极县	皮革
上海市青浦区商榻镇商周路 288 号	羽绒服生产
广东省广州市增城市石滩镇荔石路	生产鞋类产品
浙江省温州市鹿城区前陈鞋都一期 24 号地块	生产皮鞋
浙江省温州市永嘉县三桥工业区	皮鞋制造
广东省深圳市宝安区龙华街道大浪居委	生产皮鞋、手袋、其他皮革制品
广东省广州市白云区石井街石沙路 300 号	生产运动鞋
山东省滨州市无棣县	牛皮革、羊皮革
福建省莆田市涵江区	鞋业、溜冰鞋
福建省福州市仓山区城门排下洋城门	运动鞋
江苏省苏州市昆山市吴淞江南路 18 号	生产皮革制品
广东省中山市第二工业区	生产皮鞋
江苏省苏州市常熟梅李镇海城村	票夹等
广东省广州市番禺区灵山镇九比村榄九路	制造鞋、鞋材
上海市闵行区中春路 9219 号	汽车真皮座椅套
浙江省丽水市青田县经济开发区 4 号小区	皮鞋制造销售
河北省石家庄市辛集市锚营村	皮革
山东省青岛市胶州市泉州路 6 号	运动鞋及鞋附件
广东省中山市第二工业区	运动鞋
福建省泉州市石狮市长福村	生产鞋

续表 17

企业名称	法人代表	电话	分机	邮政编码
番禺世门手袋有限公司	朴殷宽	84754777		511434
福建协丰鞋业有限公司	王羽雄	2894210	884	351131
蜘蛛王集团有限公司	许承建	67379955		325102
江苏广丰羽毛有限公司	巫粘春蓉	58257935	8173	211800
日泰鞋业有限公司	金哲夫	67372035		325102
广州北洋皮革制品有限公司	李　飚	36850420		510800
威海华羽(荣成)服装有限公司	高比强	7559985		264300
中山欣昌鞋业有限公司	叶静燕	6217200	1194	528467
文登市皮革皮件厂	于洪华	8871238		264400
浙江华兴羽绒制品有限公司	王千友	63929716		311305
华夏山二实业有限公司	张俊明	7131234		361100
赐昱鞋业(深圳)有限公司	苏启声	28966666	262	518172
山东金锋人造皮革有限公司	李文恒	8889089		265716
中山通佳鞋业有限公司	杨基烈	5218853		528451
杭州金弘三鸟羽绒制品有限公司	许仁法	82733887		311201
木材加工及木、竹、藤、棕、草制品业				
广东省宜华企业集团有限公司	刘绍喜	5164898		515834
胶州市联谊木制品厂	于淑聪	88281149		266316
沈阳文成企业集团有限公司	刘少明	87045588		110401
山东贺友集团总公司	马久春	2128132		251200
德仁集团有限公司	郭世德	5125630		317000
新乐市胶合板集团	韩卫拴	8531042		050700
大连通世泰建材有限公司	小川康彦	8762999	171	116600
江苏胜阳木业集团有限公司	夏志朗	5030652		221112
德华兔宝宝装饰新材股份有限公司	丁鸿敏	8406324		313218
常熟市东盾木业有限责任公司	李友余	52675470		215535
河北银港人造板有限公司	范华志	88711562		050800
温州木材集团公司	陈敬南	88780022		325007
杭州海通木业有限公司	王慧俊	88113679	8002	310021
浙江升华云峰新材股份有限公司	顾水祥	8401602		313220
广西三威林产工业有限公司	苏　克	3817180	3059	543002
四川升达林产有限公司	江昌正	86788818	28	610300
文登市东琦工具厂	邢占军	8631047		264400
圣象实业(深圳)有限公司	刘共庭	27314690		518103
湖北吉象人造林制品有限公司	张　扬	7225888	712	434400
上海安信地板有限公司	卢伟光	64279988		201722
乳山市机房设备厂	王学军	6723123		264500
上海森大木业有限公司	徐文华	51367592		200232

企业地址	主要产品(主要业务活动)
广东省广州市番禺区化龙镇世门路1号	手袋业务、银包业务
福建省莆田市荔城区洞湖村洞湖口	生产运动鞋
浙江省温州市永嘉县三桥工业区	皮鞋制造
江苏省南京市浦口区巩固村委会	羽毛(绒)加工
浙江省温州市永嘉县东瓯工业区	皮鞋制造
广东省广州市花都区秀全西路28—30号	牛蓝湿皮和牛皮草后整饰、加工、、牛蓝湿皮和牛皮草后整饰、加工
山东省威海市荣成市台上邹家	羽绒服
广东省中山市第二工业区	牛皮工作鞋
山东省威海市文登市	猪服装革
浙江省杭州市临安市临安经济开发区	羽绒被生产加工、服装的加工、羽绒加工设备的制造
福建省厦门市同安区环城东路189号	皮夹、皮包、皮带
广东省深圳市龙岗区爱联嶂背工业区	运动鞋
山东省烟台市龙口市大牟家村	PU合成革生产
广东省中山市南朗镇第二工业区	制造皮鞋
浙江省杭州市萧山区西许村	羽绒羽毛被生产
广东省汕头市澄海区莲下镇大坪工业区	地板制品、家具制品
山东省青岛市胶州市李哥庄	地板
辽宁省沈阳市法库县柏家沟	纤维板制造
山东省德州市禹城贺友路一号	纤维板
浙江省台州市临海市东方大道	胶合板制造、细木工板制造
河北省石家庄市新乐市南协神	胶合板
辽宁省大连市金州区工业团地25—5—6号	木制门窗加工
江苏省徐州市铜山县	胶合板生产、刨花板生产、中密度纤维板生产
浙江省湖州市德清县杨树湾工业区	贴面板生产、木工板生产、胶水生产
江苏省苏州市常熟市董浜镇徐市南渡桥堍	中密度纤维板制造
河北省石家庄市正定县东柏棠	板材加工
浙江省温州市鹿城区温金公路42号	纤维板加工业、复合地板、原木销售
浙江省杭州市江干区丁石路63号	胶合板制造
浙江省湖州市德清县三墩村2号	生产贴面板
广西梧州市长洲区西堤三路63号	中纤板、刨花板、强化木地板
四川省成都市锦江区东华正街42号	其它人造板、材制造
山东省威海市文登市	手工工具
广东省深圳市宝安区福永工业大道	复合木地板
湖北省荆州市石首市张城院工业园	中密度纤维板、人造板表面装饰板
上海市青浦区金泽镇莲金路10号	生产木地板
山东省威海市乳山市白沙滩村委会	防静电活动地板
上海市徐汇区喜泰路229号	木料加工

续表 18

企业名称	法人代表	电话	分机	邮政编码
菲林格尔木业(上海)有限公司	福灵克	57107268		201415
临沂市新港木业发展有限公司	魏孝新	2951008		276037
德华建材(苏州)有限公司	杜　静	65393117		215151
新会中集集装箱木地板有限公司	赵庆生	6248910		529144
浙江世友木业有限公司	倪方荣	2866568		313009
丽水欧科人造板有限责任公司	徐梦璋	2952460		323000
藁城市岗上股份制公司	李全德	6375251		052160
龙口华兴家具厂	崔积德	8861858		265703
福建省永安林业(集团)股份有限公司	吴景贤	3633405		366000
天津嘉文实业有限公司	黄炯型	26950682		300401
东莞乡源木器业有限公司	欧秋中	83355145		523830
福建福人木业有限公司	陈铭奎	83662395		350103
穆棱富邦木业集团有限公司	杨作君	3061227		157513
浙江德升木业有限公司	施惠中	8435218		313216
威盛亚(上海)有限公司	LEON·S·WIELAND	59785878		201706
柯诺(北京)地板有限公司	张洪根	67272266	5048	100068
湖南福湘木业有限责任公司	刘建新	2150263		414600
遂昌绿源木业有限公司	徐　兵	8196567		323302
佛山市三水宝叶木业有限公司	雷焕燕	87719688		528100
抚松县林业集团有限公司	吴殿侠	6311714		134504
河北金秋木业有限公司	王国志	5387388		065800
佛山市南海佳顺木业有限公司	王锦源	86902227		528208
大连环球木业有限公司	黄进益	86428310		116035
浙江久盛地板有限公司	张恩玖	3050338		313009
天津明春实业有限公司	黄启明	26950017		300401
二连市远恒木业有限责任公司	张贵富	7583025		011100
无锡凤凰画材有限公司	陈卫宏	85612113		214131
吉林森林工业股份有限公司	田树华	8936135		130021
家具制造业				
上海延锋江森座椅有限公司	赵启华	68121818	2309	201315
大连华丰家具有限公司	何云峰	89702688	2516	116400
万福阁家具(昆山)有限公司	TODO·WAN	86168000	146	215300
台升实业有限公司	郭山辉	4251788	8309	314100
迪高乐实业(深圳)有限公司	LUCA·RICCI	84637355	1065	518118
华达利家具(中国)有限公司	潘用品	57636200		215334
上海基舜兴休闲制品有限公司	刘宗信	59758888	502	201703
胜立塑胶工业(深圳)有限公司	王腾毅	28079888	2564	518109
美克国际家私(天津)制造有限公司	冯东明	59818888		300457

企业地址	主要产品(主要业务活动)
上海市奉贤区华严开发区沪杭公路 1950 号	木地板
山东省临沂市兰山洪家店	胶合板、建筑模板、胶
江苏省苏州市高新区浒关分区文昌路	锯材
广东省江门市新会区大鳌社区居委会	集装箱木地板制造
浙江省湖州市南浔区丁家桥村吴越路	实木地板
浙江省丽水市莲都区水阁工业开发区 3－8 地块	中密度纤维板
河北省石家庄市藁城市	刨花板
山东省烟台市龙口市张家村	厨具板
福建省三明市永安市燕江东路 819 号	中纤板、木材
天津市北辰区双口三村村委会	木百叶窗帘
广东省东莞市元岭村	木器制品(贴泊片)、加工生产木器制品
福建省福州市台江区福州鳌峰路 118 号	中密度纤维板、强化木
黑龙江牡丹江市穆棱市中心街	地板块、其它木制品
浙江省湖州市德清县大塔墩	装饰贴面板生产、其他木制品的生产、原木加工
上海市青浦区北青公路 7689 号	耐火板、理化板
北京市丰台区永定门外大红门西路 4 号	地板加工
湖南省岳阳市湘阴县	细木工板、胶合板
浙江省丽水市遂昌县金岸工业园区	中密度纤维板
广东省佛山市三水区西南民营科技工业园 16 号	夹板
吉林省白山市抚松县站前	三层实木复合地板
河北省廊坊市文安县王淀庄	细木工、刨花板
广东省佛山市南海区环球工业区内	中纤板、胶合板、单板
辽宁省大连市甘井子区后革村	木制家具、门档、集成材
浙江省湖州市南浔区和睦兜村	实木地板
天津市北辰区双口三村村委会	木制品
内蒙古锡林郭勒盟二连浩特市动检楼 4 号	木材加工
江苏省无锡市滨湖区华庄镇龙渚村	油画布、画框
吉林省长春市南关区人民大街	木材
上海市南汇区康桥工业区康安路 669 号	生产汽车座椅
辽宁省大连市庄河市延安路二段 125 号	家具
江苏省苏州市昆山市昆嘉路 425 号	生产家具
浙江省嘉兴市嘉善县国际家具制造中心台升大道 1 号	木制家具
广东省深圳市龙岗区兰竹大道 1 号 208B	皮沙发制造
江苏省苏州市昆山市开发区吴淞江南路 18 号	生产沙发、家具
上海市青浦区赵巷镇崧泽村 1 号	户外修闲家具
广东省深圳市宝安区清湖胜立路	沙滩椅、吹气产品
天津市塘沽区开发区第七大街 51 号	家具制造

续表 19

企业名称	法人代表	电话	分机	邮政编码
青岛大明皮革有限公司	李汉雨	87273612		266300
杭州威陵钢家具有限公司	莫妙海	86687960		310051
佛山市顺德区锡山家具有限公司	王晓玉	26322502		528311
东莞欣扬五金塑胶制品有限公司	曾春荣	87312481	249	523648
浙江临亚工艺品有限公司	赵年高	5999143		317005
浙江豪杰金属家具股份有限公司	许水林	3545802		314015
优先家具(东莞)有限公司	安东尼·雷曼	22691835		523128
浙江华越家具工业有限公司	陈俊镛	82861975		311215
海宁卡雷诺家私有限公司	宋小华	7211135		314400
喜临门集团有限公司	陈阿裕	5160844		312001
安吉超亚家具有限公司	王彩根	5114987		313300
东莞欣鼎五金塑胶制品有限公司	曾春荣	87338888	123	523647
大连爱丽思生活用品有限公司	大山繁生	87572999	3230	116600
浙江汉欣家具工业有限公司	李绍明	82838459		311215
高峰创建家私(深圳)有限公司	陶永财	89771810	455	518119
福建正盛日用品有限公司	郑世飞	83410195		350026
北京天坛股份有限公司	陈志达	84272631	3172	100013
彰茂兴五金(深圳)有限公司	杨民永	89903835		518116
红星家具集团有限公司	车建兴	5571682		213017
石家庄市金马实业公司	张文华	85619543		050000
基胜工业(上海)有限公司	刘宗信	59757777	506	201703
海宁家美家具有限公司	杜　鹏	7781155		314403
东莞市康桥家具有限公司	林进登	83350230		523828
厦门新技术集成有限公司	李基天	5773666	80	361009
文登东洋堂家具有限公司	金廷泰	8545707		264400
东莞台升家具有限公司	郭山辉	83350160	160	523830
深圳天诚家具有限公司	林南臻	28111368	809	518109
浙江松冈机电工业有限公司	倪建华	82837666	8216	311215
上海伟佳家具有限公司	莫仲沛	58292929	2204	201303
瑞丰木业(东莞)有限公司	梁厚镇	87310181	220	523648
创利皮革(常熟)有限公司	潘用达	52577016		215542
意特尔(上海)有限公司	陈彦成	54544510		201100
文登星都工艺家具有限公司	李元雨	8545027		264400
浙江大丰实业有限公司	丰国勋	62888723		315400
美克国际家俱股份有限公司	冠卫平	3713688	7179	830014
青岛良木集团有限公司	王友旭	4903056		266108
上海震旦家具有限公司	陈冠名	59161010	248	201818
东莞美时家具有限公司	林正华	87726175	237	523712

企业地址	主要产品(主要业务活动)
山东省青岛市胶州市庄里头	加工牛皮革
浙江省杭州市滨江区西兴村	钢家具生产
广东省佛山市顺德区工业区港前路 25 号	金属家具
广东省东莞市	沙滩椅、办公椅生产
浙江省台州市临海市中街村	木椅制造
浙江省嘉兴市秀洲区西文桥村	金属家具生产
广东省东莞市片山村梨川鸿盛工业区	生产和销售家具
浙江省杭州市萧山区建设一路 88 号	金属家具制造、配套阳伞制造
浙江省嘉兴市海宁市新庄村田上埭	制造软体沙发
浙江省绍兴市越城区大树港	生产各种木质家具、床垫
浙江省湖州市安吉县范潭社区范潭工业园区	转椅生产
广东省东莞市大埔工业区	沙滩桌、沙滩椅、太阳伞
辽宁省大连市金州区出口加工区 IIA—23 号	木制家具
浙江省杭州市萧山区建设三路以北宁东路以西	金属家具制造、配套伞制造
广东省深圳市龙岗区同富裕工业区	生产沙发
福建省福州市仓山区盖山投资区后坂	沙滩椅、金属家具
北京市东城区安外小黄庄路 9 号	家具制造
广东省深圳市龙岗区五联朱古石村	五金制品、钢板深加工
江苏省常州市天宁区北环路 32 号	家俱
河北省石家庄市裕华区	家具制造
上海市青浦区赵巷镇崧泽科技园崧华路 707 号	金属塑料等室内外家具、有色金属复合材料、金属塑料等露宿用具
浙江省嘉兴市海宁市卡森工业园区内	生产软体家具、其它家具制造
广东省东莞市百花洞村凤凰路边	木制家具
福建省厦门市湖里区枋湖西路 139 号	折叠桌椅、折叠组立床、账篷
山东省威海市文登市西苘山	木制加工
广东省东莞市金桔村	生产木柜、餐桌、床柜
广东省深圳市宝安区龙华社区居民委员会	木质家具、软体家具
浙江省杭州市萧山区金一路 79 号	生产全自动棋牌桌
上海市南汇区东海农场桃园路 66 号	地板
广东省东莞市中心地带	生产傢俬
江苏省苏州市常熟市沙家浜常昆 A 区	沙发制造
上海市闵行区七莘路 1433 号	沙发制造
山东省威海市文登市大草场	木制加工
浙江省宁波市余姚市新建北路 T3T	金属坐椅制造、舞台机械制造
新疆乌鲁木齐市新市区迎宾路 15 号	实木家俱
山东省青岛市城阳区	木制家具、人造板
上海市嘉定区马陆镇申霞路 369 号	办公家具制造
广东省东莞市第一工业区环市东路 191 号	家具制造

企业名称	法人代表	电话	分机	邮政编码
上海特雷通家具有限公司	李　萌	62961999		201107
礼恩派(嘉兴)有限公司	Arnold	2281873		314016
东莞市大宝家具制品有限公司	李淑芳	83354590		523820
造纸及纸制品业				
山东晨鸣集团股份有限公司	陈洪国	2158000		262700
山东太阳纸业股份有限公司	李洪信	3658710		272100
山东泉林纸业有限责任公司	李洪法	3961106		252800
山东博汇纸业股份有限公司	杨延良	8530542		256405
湖南泰格林纸集团有限责任公司	王　祥	8590394		414002
佛山市高丰纸箱厂有限公司	卢　亮	87711968		528100
东莞玖龙纸业有限公司	张　茵	88234888	3168	523147
金华盛纸业(苏州工业园区)有限公司	黄志源	62832013		215126
山东(临清)银河纸业集团有限公司	高景春	2432919		252600
芬欧汇川(常熟)纸业有限公司	Pertti S	52651818		215536
宁波中华纸业有限公司	黄志源	87464811	2107	315012
利乐包装(昆山)有限公司	李赫逊	57717725	604	215301
山东照东方纸业集团有限公司	王远程	2168088		253109
东莞理文造纸厂有限公司	李运强	88888168	6278	523221
利乐包装(北京)有限公司	李赫逊	67887117	6188	100176
武汉晨鸣汉阳纸业股份有限公司	尹同远	84894245		430056
浙江新胜达包装有限公司	方能斌	82875763		311215
玖龙纸业(太仓)有限公司	张　茵	53703888	206	215434
山东华金集团有限公司	邢东尚	4036994		273201
珠海经济特区红塔仁恒纸业有限公司	林　云	8666856	856	519070
山东亚太森博浆纸有限公司	高德武	3361058		276826
利乐华新(佛山)包装有限公司	李林逊	83831626	3248	528041
马鞍山山鹰纸业股份有限公司	王德贤	2826312		243021
福建南纸股份有限公司	黄国英	8808888		353000
佛山市三水新业佳纸业有限公司	霍炽鸿	87519999	8016	528132
江苏理文造纸有限公司	李文俊	52878888		215536
广州造纸股份有限公司	陈光松	84336888		510000
金红叶纸业(苏州)有限公司	黄志源	62810228	2224	215126
亚龙纸制品(昆山)有限公司	王　洋	57500118		215300
山东晨鸣纸业集团齐河板纸有限责任公司	邢方同	5678529		251100
鸿兴印刷(中国)有限公司	任泽明	27392288		518103
浙江景兴纸业股份有限公司	朱在龙	5966260		314214
深圳劲嘉彩印集团股份有限公司	乔鲁豫	27300555		518103
东莞建晖纸业有限公司	黎祖球	88888363		523221

企业地址	主要产品(主要业务活动)
上海市闵行区华漕镇纪西村联友路 1999 号	其他家具制造
浙江省嘉兴市秀洲区宇泗浜纵三路 21 号	金属家具制造
广东省东莞市农场工业	油漆制造、天拿水、家具
山东省潍坊市寿光市晨鸣路	铜板纸、双胶纸、轻涂纸
山东省济宁市兖州市西关大街	涂布白卡纸、涂布白纸板、铜版纸
山东省聊城市高唐县	机制纸、机制浆
山东省淄博市桓台县	机制纸及纸板
湖南省岳阳市岳阳楼区东生路 48 号	机制纸及纸板、机制纸浆、发电
广东省佛山市三水区西南广海大道东 26 号	纸类制品
广东省东莞市麻二工业区	机制纸及纸板制造
江苏省苏州市平江区金胜路 2 号	双胶纸、无碳复写纸
山东省聊城市临清西门里街 297 号	书写纸、双胶纸、瓦楞原纸
江苏省苏州市常熟市沿江工业区	文化用纸
浙江省宁波市海曙区丁家街 108 号	机制纸及纸板制造
江苏省苏州市昆山市顺帆路	生产销售包装材料及制品
山东省德州市平原县王风楼村委会	机制纸
广东省东莞市第三工业区	机制纸
北京市大兴区东环南路 15 号	生产无菌包装材料、设备、原材料及辅助材料、销售自产产品、自产产品的安装、调试、维修、技术咨询
湖北省武汉市蔡甸区沌口街万家湖路 1 号	机制纸及纸板制造
浙江省杭州市萧山区北塘河 2 号	生产瓦楞纸箱
江苏省苏州市太仓市港区	生产各种纸箱
山东省济宁市泗水县金庄村	机制纸、板纸
广东省珠海市香洲区金鸡路 508 号	生产销售高级涂布白卡纸
山东省日照市东港区北京路中段	纸板、制浆
广东省佛山市禅城区澜石湾华港口路	利乐包
安徽省马鞍山市金家庄区江边勤俭路三号	机制纸板
福建省南平市延平区南平市滨江北路 177 号	新闻纸
广东省佛山市三水区西南金本	纸箱
江苏省苏州市常熟市沿江工业区理文路	挂面纸(纸板)
广东省广州市海珠区南石头街道纸北社区居委会	新闻纸机制
江苏省苏州市平江区金胜路 1 号	生产和销售卷生卫生用纸、生产和销售纸巾纸、生产和销售生活用原纸
江苏省苏州市昆山市新南村	纸制品生产
山东省德州市齐河县小黄村	纸板、白浆、纸箱
广东省深圳市宝安区怀德工业村	纸箱
浙江省嘉兴市平湖市景兴工业区	机制纸及纸板制造
广东省深圳市宝安区怀德翠岗工业园	生产或加工印刷
广东省东莞市市辖区潢涌村第三工业区	涂布白板纸生产销售

续表 21

企业名称	法人代表	电话	分机	邮政编码
福建省青山股份有限公司	刘天金	5656888		365506
江西晨鸣纸业有限责任公司	陈洪国	3951989		330013
上海中隆纸业有限公司	张世阳	58129798	232	201315
乳山市乳华纸业有限公司	孙洪仁	6481051		264500
大宇造纸股份有限公司	金起爽	6325707		157013
苏州紫兴纸业有限公司	康有凯	68251060	2324	215011
山东省郯城县纸板厂	佟克本	6130903		276100
民丰特种纸股份有限公司	吕士林	2839188		314000
宁夏美利纸业股份有限公司	刘崇喜	7679417		755000
滨州黄河造纸有限公司	李红利	3325685		256600
保定钞票纸厂	邹从标	3198092		071071
湖南恒安纸业有限公司	许连捷	7300038		415001
牡丹江恒丰纸业集团有限责任公司	徐　祥	6331111	6287	157013
延边石岘白麓纸业股份有限公司	南顺姬	3869092		133101
无锡荣成纸业有限公司	郑瑛彬	83316666		214187
山东齐峰化轻集团公司	李学峰	7780161		255432
印刷业和记录媒介的复制				
成都印钞公司	胡凤宝	82755033		611130
黄山永佳(集团)有限公司	余根基	3511131		245061
鹤山雅图仕印刷有限公司	冯学洪	8766115		529738
北京印钞厂	布建臣	63543595		100054
西安印钞厂	姚元军	84273000		710077
上海印钞厂	罗鸿翔	52931111		200063
江阴联通实业有限公司	云以方	86025780		214405
浙江广博集团股份有限公司	王利平	88444879		315153
上海烟草工业印刷厂	俞志康	58610000	6843	200137
深圳市当纳利旭日印刷有限公司	JAMES・T・MAUCK	84190499		518129
常德金鹏凹版印刷有限公司	曾宪兵	7170538		415000
石家庄印钞厂	刘智伟	6261501		050031
湖南金沙利彩色印刷有限公司	翁广松	4872087		410100
南昌印钞厂	尹炳桂	5278154	2236	330043
大连盛道集团有限公司	刘丽春	82672193		116013
宝鸡好猫实业集团有限公司	淮新宝	3560052		721006
凸版印刷(深圳)有限公司	伊藤完治	27963311	3209	518133
中华商务联合印刷(广东)有限公司	罗志雄	28458333	1110	518111
东莞虎彩印刷有限公司	陈成稳	85113189	311	523905
浙江美浓丝网印刷有限公司	马民权	88308083		310030
上海当纳利印刷有限公司	王有布	69210123	308	201700

企业地址	主要产品(主要业务活动)
福建省三明市沙县洽湖青州造纸工业区	纸袋纸、高强牛皮箱纸板、液碱
江西省南昌市青山湖区白水湖	造纸
上海市南汇区康桥工业区秀浦路489号	生产高档纸板
山东省威海市乳山市岭上村委会	机制纸、瓦楞纸
黑龙江牡丹江市阳明区光华街8号	机制纸
江苏省苏州市新区滨河路600号	高档铜牌纸
山东省临沂市郯城县人民路297号	机制纸
浙江省嘉兴市南湖区角里街70号	卷烟纸生产、无碳复写纸生产、防粘原纸生产
宁夏中卫市市辖区施庙村	机制纸、纸浆
山东省滨州市滨城区黄河六路579号	机制纸、机制纸板
河北省保定市新市区纸厂路98号	机制纸及纸板
湖南省常德市武陵区桃林路	生活用纸
黑龙江牡丹江市阳明区光华街11号	卷烟纸、滤嘴棒纸、铝箔衬纸
吉林省延边朝鲜族自治州图们市石兴社区	新闻纸、商品木浆
江苏省无锡市惠山区中兴西路43号	箱板纸制造、瓦楞芯纸制造
山东省淄博市临淄区朱台西	装饰纸、顺酐
四川省成都市温江区黄金路189号	防伪印刷造纸
安徽省黄山市徽州区永佳大道668号	彩印包装制品、高级粉末涂料、油墨
广东省江门市鹤山市古劳镇	印刷品
北京市宣武区白纸坊街23号	钞票、税票
陕西省西安市莲湖区汉城路153号	钞票印刷、税票印刷、有价证券印刷
上海市普陀区曹杨路158号	装订及其他印刷服务活
江苏省无锡市江阴市锡澄路283号	烟标印刷
浙江省宁波市鄞州区雅戈尔大道501号	簿册、相册制造、印刷包装制造
上海市浦东新区庭安路428号	包装装潢与其他印刷
广东省深圳市龙岗区坂田五和南路47号	其它印刷品印刷
湖南省常德市武陵区常桃路8号	包装印刷
河北省石家庄市裕华区翟营大街289号	其他印刷
湖南省长沙市长沙县经济技术开发区	精品白沙系列盒皮
江西省南昌市青云谱区岱山东路9号	印钞
辽宁省大连市中山区捷山街奋斗巷30号	塑料包装印刷、塑料薄膜
陕西省宝鸡市渭滨区西宝路8号	柔型版印刷、纸箱、铝纸箱
广东省深圳市宝安区新安三路67号	生产精装书籍、生产贺卡、生产包装盒
广东省深圳市龙岗区春湖工业区10栋	印刷品制造
广东省东莞市东较场	印刷业
浙江省杭州市西湖区科技经济园区E—1	多色印刷
上海市青浦区工业园区新区路127号	印刷

企业名称	法人代表	电话	分机	邮政编码
湖南新华印刷集团有限责任公司	刘宏钧	8387992		430219
湖北日报社印刷厂	张海明	86791927		430077
天津环球磁卡股份有限公司	姜肃敌	23262878		300202
保定市印刷厂	郝吉祥	7034228		071051
佛山市顺德区宝利马彩膜板业有限公司	郭劳英	25529905		528322
利丰雅高印刷(深圳)有限公司	卢建章	26645100		518051
顶正印刷包材有限公司	赵慧敬	66230830	6856	300457
海宁长海包装印刷有限公司	唐德林	7783548		314406
昆明伟建彩印有限公司	陈世伟	8322111	580	650106
上海金叶包装材料有限公司	蔡春华	66958521		200331
青岛黎马敦包装有限公司	韩　林	84961226		266100
江西月兔丰华彩印有限公司	吴信江	2633340		334600
汕头市东风印刷厂有限公司	黄炳文	8221023	10	515021
上海紫江彩印包装有限公司	王　虹	64426888		201108
新北方装潢印刷有限责任公司	杨东汉	3073969		075100
中山中荣纸类印刷制品有限公司	黄焕然	5591388	298	528436
宁波盛光包装印刷有限公司	吴忠静	88330628		315111
福建恒达集团公司	柯遵昶	88192999		362216
武汉红金龙印务股份有限公司	范　范	84893050		430056
云南九九彩印有限公司	苗魁元	5813564		650202
云南侨通包装印刷有限公司	许经振	2232445		657000
济南东港安全印务有限公司	谷望江	88904590		250100
武汉市大枫纸业集团股分有限公司	胡家元	83226272	4032	430040
昆山华冠商标印刷有限公司	蔡国辉	57872828		215331
广东万昌印刷包装有限公司	梁　洪	28862768		528315
杭州伟成印刷有限公司	何皑玫	82836888	225	311200
广东香溢印务股份有限公司	吴烈荣	2399019		521011
昆山市张浦彩印厂	夏嘉良	57441723		215321
徐州华艺彩色印刷有限公司	张铭业	7733876	3876	221004
文教体育用品制造业				
好孩子集团有限公司	宋郑还	57871070		215333
贝发集团有限公司	邱智铭	86186500		315801
大东傲胜保健器(苏州)有限公司	清水伸一	67618182		215021
中山广盛运动器材有限公司	江庆生	5596821		528436
佛山市南海中美玩具厂	李贤佳	85881238	8682	528237
上海荣威塑胶工业有限公司	朱　强	69135308		201812
中山市隆成日用制品有限公司	陈信兴	3372601		528414
泰山体育器材集团有限公司	卞志良	6295985		253600

企业地址	主要产品(主要业务活动)
湖南省长沙市望城县月亮岛	多包印刷点
湖北省武汉市武昌区黄鹂路65号	单色印刷、多色印刷
天津市河西区解放南路325号	胶印印刷、磁卡、读卡机具
河北省保定市新市区江城西队	印刷
广东省佛山市顺德区富安工业区连安路6号7座	其它塑料制品制造
广东省深圳市南山区南光一号	印刷品
天津市塘沽区洞庭路112号	碗盖
浙江省嘉兴市海宁市嘉庆路44号	塑料薄膜印刷、塑料薄膜生产
云南省昆明市五华区高新产业开发区北区9号路两园科技孵化基地A1幢	印刷品
上海市普陀区真陈路158号	复合卡纸、印刷包装材料、商品包装装潢
山东省青岛市四方区德兴路28号	烟标
江西省上饶市广丰县	烟标
广东省汕头市金平区大学路北郊工业区	印刷装潢
上海市闵行区颛兴路888号	塑料彩印制品制造
河北省张家口市宣化区桥北街25号	包装装潢印刷品
广东省中山市火炬张家边	生产各种纸类印刷制品
浙江省宁波市鄞州区天童庄村	烟盒、烟标印刷
福建省泉州市晋江市罗山缺塘村委会	印刷
湖北省武汉市蔡甸区沌阳大街190号	烟包盒片、烟包条盒
云南省昆明市五华区北效上庄云烟大道	烟标印刷、加工卷烟包装纸
云南省昭通市昭阳区侨通路	烟标、药盒、酒盒
山东省济南市历城区山大北路23号	纸制品、压感打印纸、普通打印纸
湖北省武汉市东西湖区吴家山六顺路特1号	机制纸、本册
江苏省苏州市昆山市春阳路168号	生产加工纺织等各类商标材料
广东省佛山市顺德区细海工业区	铝箔印刷、印刷广告招纸商标、印刷各种彩色包装物
浙江省杭州市萧山区建设一路28号	书报印刷品印刷、多色印刷
广东省潮州市湘桥区经济开发区北片工业区北站二路宏泽工业园	烟标印刷、票证印刷
江苏省苏州市昆山市张浦镇	彩色印刷(含商标)、制版、油墨等
江苏省徐州市鼓楼区纬三路	包装印刷业
江苏省苏州市昆山市陆丰东路	童车制造童自行车
浙江省宁波市北仑区	圆珠笔、中性笔、铅笔制造
江苏省苏州市平江区白榆路45号	生产保健器材
广东省中山市中山港出口加工区一区	高尔夫球杆头
广东省佛山市南海区凤源西路4号	玩具制造业
上海市嘉定区曹安路3065号	塑胶玩具
广东省中山市东港大道北	生产手袋各款童车家居用品
山东省德州市乐陵市	体育器材制造、人工草皮制造

续表 23

企业名称	法人代表	电话	分机	邮政编码
威海光威集团有限责任公司	陈光威	5298619		264200
宁波华茂文教股份有限公司	徐万茂	88055778		315181
佛山市南海区官窑镇华轩玩具厂	刘肖兴	85889203		528237
广州珠江钢琴集团有限公司	童志成	81502729		510388
天津雅马哈电子乐器有限公司	笃田胜宏	59815000	498	300457
东莞市明门幼童用品有限公司	郑钦明	87733251	6807	523641
威海家乐玩具集团公司	丁进毅	8531032		264400
乔山健康科技(上海)有限公司	罗昆泉	59101515		201801
青岛世正乐器有限公司	李在锡	7961216		266109
东莞龙昌玩具有限公司	梁　麟	22200168	109	523118
东莞乐迪卡游戏机制造厂有限公司	贺大维	85553346	519	523920
炜明电机(深圳)有限公司	李广茂	25261056		518089
莱州市铅笔厂	綦俊玉	2551088		261424
发美利健康器械(上海)有限公司	稻田二千武	54421789	63	201100
浙江天龙集团	陈奎洪	86351702	1039	325011
上海东庚金属制品有限公司	罗秋香	59100663		201801
东莞力凯鞋业制造有限公司	廖俊荣	85583101	223	523940
永勤玩具实业(深圳)有限公司	唐汉荣	28026000		518110
中山国际玩具有限公司	陈业兴	5596778		528436
广州港陆电子科技有限公司	高月明	84740999		511483
宁波展望钢塑有限公司	陈朝泉	63221368		315301
威明实业(深圳)有限公司	李广茂	25261056		518089
文登半岛渔具有限公司	金明济	8546107		264400
浙江飞神车业有限公司	陈向阳	7231886		321300
宁波华茂科技股份有限公司	徐立勋	88055778		315175
乳山市国兴钓具有限公司	徐国兴	6466052		264505
中山市友利玩具城有限公司	陈业兴	5592638		528436
常州侨裕旅游用品有限公司	陈礼斌	3563109		213147
厦门群鑫机械工业有限公司	林江松	5216578	3006	361006
惠阳国威运动器材有限公司	谢生项	3869888	1022	516035
山东天象集团公司	周占芹	7388018		266718
东莞冠越玩具有限公司	谭裕民	85555828		523920
北京星海钢琴集团有限公司	刘　渊	81503689		101111
上海真彩文具用品有限公司	黄智阶	59759205		201703
山东环球渔具股份有限公司	周新良	3656014		264200
功学社(天津)乐器有限公司	陈昆山	82122742	809	301700
泰兴玩具(深圳)有限公司	黄建肇	28707920	581	518114
温州市爱好笔业有限公司	南月梅	86556369		325011

企业地址	主要产品(主要业务活动)
山东省威海市环翠区世昌大道 265 号	钓鱼竿、渔线轮、碳素布
浙江省宁波市鄞州区宋家漕村	学生劳作用模型、模片生产
广东省佛山市南海区永安东路	玩具车仔
广东省广州市荔湾区花地大道南渔尾四路 8 号	钢琴业务、吉他业务
天津市塘沽区洞庭路 130 号	电子琴
广东省东莞市中心地带	婴儿手推车、婴儿床
山东省威海市文登市工业园	玩具
上海市嘉定区马陆园区希望路 535 号(马陆园区)	健身器材
山东省青岛市城阳区春阳路	钢琴、吉他
广东省东莞市周屋工业区	生产和销售塑胶电子玩具、塑料用具
广东省东莞市龙眼村工业大道 38 号	电子塑胶玩具制造、电子液晶体显示器制造、电子多媒体接驳器制造
广东省深圳市盐田区保税区 22 栋	电动玩具
山东省烟台市莱州市平里店村	铅笔制造
上海市闵行区申南路 215 号	按摩椅
浙江省温州市龙湾区状元前潘路 4 号	网球、网拍等体育用品;皮鞋、运动鞋、修正带等
上海市嘉定区马陆园区永盛路 600 号(马陆园区)	运动器材
广东省东莞市赤岭东明路	生产运动鞋
广东省深圳市宝安区	塑料玩具
广东省中山市中港大道	塑料玩具
广东省广州市番禺区福龙工业区	玩具业务、蓝牙耳机
浙江省宁波市慈溪市潮塘村	健身器制造
广东省深圳市盐田区保税区 28 栋	电动玩具
山东省威海市文登市大草场	渔线轮
浙江省金华市永康市经济开发区北湖路	电动滑板车制造
浙江省宁波市鄞州区宋家漕村	学生劳作用教育辅助用具生产、教学仪器设备制造
山东省威海市乳山市冯家村委会	钓鱼杆
广东省中山市张家边大环工业区	生产经营各种玩具
江苏省常州市武进区	沙滩椅、野营床、旅游蓬
福建省厦门市湖里区高林村华泰厂房	健身器材
广东省惠州市惠城区沥林镇君子营	生产健身单车、生产滑步器、生产健身组合
山东省青岛市平度市郝家寨	铅笔、石墨、蜡烛
广东省东莞市龙眼工业区十一路 78 号	塑胶玩具制造、电子玩具制造、毛绒玩具制造
北京市通州区光机电一体化产业基地光大路 8	制造钢琴、销售乐器
上海市青浦区赵巷镇方东村	圆珠笔、中性笔、油画笔
山东省威海市环翠区烟台西路 52 号	钓鱼竿、塑料制品、玻璃纤维布
天津市武清区	西乐器制造及销售
广东省深圳市龙岗区丹竹头村岭背路 1 号	玩具生产
浙江省温州市龙湾区屿田工业区	笔制造

续表 24

企业名称	法人代表	电话	分机	邮政编码
希安琦玩具(苏州)有限公司	崔奎允	53586555	265	215400
青岛世映玩具有限公司	黄民国	82562999		266231
厦门纬嘉运动器材有限公司	麦克布鲁	6242302		361022
中山太平玩具有限公司	陈执伟	6506362		528459
石油加工及炼焦业				
中国石化镇海炼油化工股份有限公司	孙伟君	86444213		315207
中国石化上海石油化工股份有限公司	戎光道	57941941	20553	200540
中石化股份有限公司茂名分公司	房广信	2242241		525011
中国石油天然气股份有限公司大连石化公司	蒋　凡	86772578		116032
中国石油天然气股份有限公司抚顺石化分公司	刘　强	2433351		113008
中国石油化工股份有限公司金陵分公司	赵日峰	85091454		210033
中国石油化工股份有限公司上海高桥分公司	张　涌	58711001	22301	200129
中国石油化工股份有限公司北京燕山分公司	许红星	69342295		102500
大连西太平洋石油化工有限公司	于国文	87506666	6777	116600
中国石油天然气股份有限公司大庆石化分公司	杨继钢	67663987		163714
中国石油天然气股份有限公司兰州石化分公司	喻宝才	7933419		730060
中国石油化工股份有限公司广州分公司	徐　钢	82121181		510726
中国石油天然气股份有限公司锦州石化分公司	裴宏斌	4152281		121001
中国石化北京燕山石油化工有限公司	王永建	69342291		102500
中国石油天然气股份有限公司大庆炼化分公司	李正光	6855708		163411
中国石油化工股份有限公司天津分公司	李希宏	63807229		300271
中国石化洛阳石油化工总厂	魏文波	6996114		471012
中国石油天然气股份有限公司锦西石化分公司	王洪斌	2178075		125001
中国石化集团武汉石油化工厂	郇昆华	86515662	52351	430082
中国石油天然气乌鲁木齐石化分公司	郑明禹	6901365		830019
中国石化股份有限公司长岭分公司	李　华	8452048		414012
延炼实业集团公司	马永乐	3811205		727406
中国石油化工股份有限公司安庆分公司	余夕志	5381717		246001
中国石油化工股份有限公司济南分公司	赵培录	88832403		250101
中国石油化工股份有限公司荆门分公司	江寿林	2211501		448039
中国石油股份有限公司独山子石化分公司	徐福贵	3871153		833600
石家庄炼油化工股份有限公司	毕建国	5162314		050032
中国石化集团巴陵石化有限责任公司	张德明	8494054		414014
中国石油天然气股份有限公司大港石化分公司	庞晓东	25924140		300280
中国石化集团沧州炼油厂	卢立勇	3552247		061000
福建炼油化工有限公司	康　飚	8779901		362802
中国石油天然气股份有限公司华北石化分公司	刘存柱	2735141		062552
中国石油化工股份有限公司九江分公司	周　昌	8494999	2073	332004

企业地址	主要产品(主要业务活动)
江苏省苏州市太仓市浏太路	生产长毛绒
山东省青岛市即墨市南泉村	填充玩具
福建省厦门市集美区杏北二路25号	制作运动健身器材
广东省中山市深湾管理区	塑料玩具
浙江省宁波市镇海区	汽油、柴油、煤油等制造生产、尿素、聚丙烯制造
上海市金山区石化街道金一路48号	原油加工、乙烯、塑料
广东省茂名市茂南区红旗北路2号	原油加工量、石化产品生产销售
辽宁省大连市甘井子区山中街1号	原油加工及石油制品生产
辽宁省抚顺市望花区凤翔路45号	原油加工、汽油
江苏省南京市栖霞区甘家巷1号	原油加工、尿素生产、火力发电
上海市浦东新区浦东大道3000号	汽油、柴油、顺丁橡胶
北京市房山区岗南路1号	石油炼制、生产石油化工产品
辽宁省大连市金州区三道沟	原油加工
黑龙江大庆市龙凤兴化村	炼油生产与销售、化工生产与销售、化肥生产与销售
甘肃省兰州市西固区玉门街10号	原油加工及制品、合成材料制造、氮肥制造
广东省广州市黄埔区石化路176号	石油加工
辽宁省锦州市古塔区重庆路二号	原油加工、汽油、柴油
北京市房山区燕山岗南路1号	生产石油制品、化工产品
黑龙江大庆市让胡路区	原油加工及炼焦
天津市大港区胜利街机械小区北围	原油及石油制品和化工化纤
河南省洛阳市吉利区大庆路	涤纶纤维、聚酯、精对苯、甲酸
辽宁省葫芦岛市连山区新华大街42号	汽油、煤油、柴油
湖北省武汉市青山区长青路	原油加工
新疆乌鲁木齐市东山区	石油加工、化学肥料、化纤产品
湖南省岳阳市云溪区	石油炼制、聚丙烯
陕西省延安市洛川县桐树底村	汽油、柴油、液化汽
安徽省安庆市大观区石化四路20号	原油加工、尿素、腈纶纤维
山东省济南市历下区工业南路26号	原油加工
湖北省荆门市掇刀区白庙路	原油加工、聚丙烯
新疆克拉玛依市独山子区大庆路30号	原油加工
河北省石家庄市长安区跃进路145号	汽煤柴、液化气、聚丙烯
湖南省岳阳市云溪区	原油加工、合成橡胶、烧碱
天津市大港区花园路东口	原油加工及石油制品
河北省沧州市新华区104国道	汽油、柴油、液化气
福建省泉州市泉港区	汽油、柴油、煤油
河北省沧州市任邱市炼油厂	汽油、柴油、液化气
江西省九江市浔阳区滨江东路230号	原油加工、聚丙烯、尿素

续表 25

企业名称	法人代表	电话	分机	邮政编码
中国石油天然气股份有限公司辽河石化分公司	李占宁	7658992		124022
中国石油天然气股份有限公司哈尔滨石化分公司	魏　强	82434264		150056
山东滨化集团有限责任公司	张忠正	2118001		256600
湛江东兴石油企业有限公司	陈晓文	2357989		524012
中国石油克拉玛依石化公司	张有林	6833414		834003
中国石化集团青岛石油化工有限责任公司	王英彬	84816591		266043
中国石油天然气股份有限公司长庆石化分公司	张喜文	86509162		712000
中国石油天然气股份有限公司玉门油田分公司	孔繁瑾	3924089		735200
上海焦化有限公司	黄德亨	64343649	30721	200241
西安石化分公司	李少平	84320026		710086
中海石油宁波大榭石化有限公司	王志良	13757433210		315812
中国石油化工股份有限公司塔河分公司	雷　鸣	7979078		842000
山东昌邑石化有限公司	邓贵德	7212085		261300
榆林市炼油厂	张惠滋	4610091		718500
中国石油天然气股份有限公司呼和浩特石化公	李文勖	3351041		010070
山东京博石油化工有限公司	马韵升	2510208		256505
中国石油大连石油化工公司	马平凡	86772203		116032
化学原料及化学制品制造业				
潍坊德斯孚化工有限公司	席敦平	3421618		262617
扬子石油化工股份有限公司	戴厚良	57782954		210048
广州宝洁有限公司	罗宏雯	86698828		510000
安利(中国)日用品有限公司	李锦芬	38911368		510000
中国石油辽阳石化分公司	耿承辉	5154458		111003
上海赛科石油化工有限责任公司	陆益平	37990088	2511	201507
中国石化集团金陵石油化工有限责任公司	王永杰	85097755		210037
纳爱斯集团有限公司	庄启传	2179983		323000
杨子石化巴斯夫有限责任公司	戴厚良	57770888	6591	210048
江阴澄星实业集团有限公司	赵宏方	86281316		214432
潍坊同业化学有限公司	郭希田	8651011		261031
翔鹭石化企业(厦门)有限公司	俞新昌	6808822		361026
巨化集团公司	叶志翔	3616593		324004
北京东方石油化工有限公司	王永健	67766745		100022
宁波乐金甬兴化工有限公司	柳泽豪	86377144		315200
潍坊弘润石化助剂有限公司	董华友	8875527		262513
江苏隆力奇集团有限公司	徐之伟	52482515		215555
辽宁华锦化工(集团)有限责任公司	冯恩良	5855113		124021
无锡兴达泡塑新材料有限公司	华若中	88210072		214101
中国石油兰州石油化工公司	姚志强	7935185		730060

企业地址	主要产品(主要业务活动)
辽宁省盘锦市兴隆台区新工街 80 号	汽油、柴油、燃料油
黑龙江哈尔滨市道外区化工路 173 号	汽油、柴油、航煤
山东省滨州市滨城区黄河五路 560 号	原油加工、环氧丙烷、烧碱
广东省湛江市霞山区湖光路 15 号	石油提炼加工、石化产品开发、销售本公司生产产品
新疆克拉玛依市克拉玛依区金龙镇	原油加工
山东省青岛市李沧区滨海路 8 号	原油加工
陕西省咸阳市渭城区金旭路	汽油、柴油、煤油
甘肃省酒泉市玉门市老市区管理委员会中坪区	勘探开发、炼油加工
上海市闵行区龙吴路 4280 号	焦炭、煤气、羰基醋酸合成专用甲醇
陕西省西安市未央区建章路	车用汽油、柴油、石油沥青
浙江省宁波市北仑区环岛北路	石油沥青制造、250 号燃料油
新疆阿克苏地区库车县库车镇天山路东 573 号	原油深加工和销售
山东省潍坊市昌邑利民街西首	汽油、柴油、燃料油
陕西省榆林市靖边县河东社区	原油加工
内蒙古呼和浩特市赛罕区金河镇	汽油、柴油、液化气
山东省滨州市博兴县郑家村	柴油、汽油、渣油
辽宁省大连市甘井子区山中街 1 号	原油加工
山东省潍坊市临朐县辛家沟	磷化剂、脱蜡剂、除油除锈剂
江苏省南京市六合区新华路 777 号	合成纤维单体制、塑料树脂
广东省广州市萝岗区夏港街	香皂沐浴液和洗发护发用品、妇女卫生用品护肤品
广东省广州市萝岗区夏港街	营养食品、日用品
辽宁省辽阳市宏伟区火炬大街 5 号	合成纤维单体、合成纤维聚合物
上海市奉贤区上海化学工业区西河路	乙烯、聚乙烯、聚丙烯
江苏省南京市玄武区龙蟠路 51—8 号	烷基苯产品生产、苯酐产品生产、增塑剂产品生产
浙江省丽水市莲都区上水南 3 号	香肥皂、洗涤剂、洗衣粉
江苏省南京市六合区新华路 77 号	有机化学原料制造
江苏省无锡市江阴市花山路 208	磷酸、三聚磷酸钠
山东省潍坊市兴业街	氰乙酸乙酯
福建省厦门市海沧区南海路 1180 号	精对苯二甲酸
浙江省衢州市柯城区花园村	环己酮的生产、己内酰胺的生产、乌洛托品的生产
北京市朝阳区大郊亭 4 号	制造石化产品 乙烯 丙烯 BUA 树脂、EVA 树脂、丁辛醇
浙江省宁波市镇海区后海塘海天路 66 号	生产 ABS 树脂、生产 SAN 树脂
山东省潍坊市青州市	汽油、柴油、液化气
江苏省苏州市常熟市常南村	轻工业食品行业
辽宁省盘锦市双台子区红旗大街 280 号	生产尿素、塑料制品、聚乙烯
江苏省无锡市锡山新明北路	生产泡塑材料
甘肃省兰州市西固区兰炼街 10 号	石油化工延伸、机械仪表、建筑安装

续表 26

企业名称	法人代表	电话	分机	邮政编码
中国石化集团南京化学工业有限公司	陈鸿光	57765114		210048
浙江龙盛集团控股有限公司	阮水龙	2042778	8998	312368
天津大沽化工股份有限公司	肖卫国	25391450		300455
浙江逸盛石化有限公司	邱建林	86189081		315801
珠海碧辟化工有限公司	SUE HODEL RATA	7269888	3306	519050
上海氯碱化工股份有限公司	王　强	64340000		200241
广东省开平涤纶企业集团公司	罗　伟	2213758		529325
山东金城石化集团有限公司	周敬财	8530055		256405
吉化集团公司	张晓霈	3903366		132021
上海宝钢化工有限公司	魏国瑞	26648409		201900
大化集团有限责任公司	邢学朴	86893688	2623	116032
亚邦化工集团有限公司	许小初	6396718		213163
红太阳集团有限公司	杨寿海	57888677		211300
绍兴纵横聚酯有限公司	马国忠	8034123		312071
泸天化(集团)有限责任公司	任晓善	4122215		646300
广州金发科技发展有限公司	袁志敏	87037808		510520
中国石化上海高桥石油化工公司	江正洪	58711001	22301	200129
远纺工业(上海)有限公司	张立德	57501888	2304	201419
杭州龙达差别化聚脂有限公司	卢牛根	82616768	2618	311217
山东海化股份有限公司	刘景孟	5329890		262737
中原石油化工有限责任公司	鹿令义	4471212		457000
厦门翔鹭化纤股份有限公司	俞新昌	6882650		361026
锦化化工集团有限责任公司	陈世杰	2709164		125001
华峰集团有限公司	尤金焕	65186023		325206
宜宾天原股份有限公司	肖池权	3608263		644004
中国石油股份有限公司吉林石化分公司	于　力	3903912		132021
江苏三木集团公司	刘洪林	87233008		214251
玫琳凯(中国)化妆品有限公司	蔡庆国	86918020		310018
大庆石油化工总厂	郑怀义	6764586		163714
上海华谊丙烯酸有限公司	张培璋	58611739	2421	200137
医药制造业				
哈药集团有限公司	郝伟哲	84851994		150016
哈尔滨哈轻塑胶公司分公司	郝伟哲	84851994		150016
石家庄制药集团有限公司	蔡东晨	87037025		050051
华北制药集团有限责任公司	常　幸	5993999	2038	050015
天津金耀集团有限公司	师春生	24160853		300171
东北制药集团有限责任公司	陈　钢	25806555		110026
山东新华医药集团有限责任公司	贺瑞提	2196088		255005

企业地址	主要产品(主要业务活动)
江苏省南京市六合区葛关路189号	三元复合肥生产
浙江省绍兴市上虞市杜浦村	化学助剂等
天津市塘沽区兴化道1号	100%烧碱、聚氯乙烯、环氧丙烷
浙江省宁波市北仑区港口路8号	PTA生产
广东省珠海市金湾区高栏石化区	生产销售精对苯二甲酸
上海市闵行区龙吴路4747号	烧碱、聚氯乙稀、盐酸
广东省江门市开平市美华路1号	聚酯制造
山东省淄博市桓台县	柴油、汽油、液化气
吉林省吉林市昌邑区解放北路1号	丙烯腈、丙酮氰醇、甲基丙烯酸甲脂
上海市宝山区同济路1800号	钠苯、硝酸铵、工业苯
辽宁省大连市甘井子区工兴路10号	合成氨、硝酸盐、发电
江苏省常州市武进区人民西路105号	分散红
江苏省南京市高淳县宝塔路269号	化学农药制造
浙江省绍兴市越城区袍江工业区	聚酯
四川省泸州市纳溪区人民路	尿素、精甲醇
广东省广州市天河区柯木高唐工业区内	研发、生产销售塑料、化工产品、批发和零售贸易、自营进出口
上海市浦东新区浦东大道3000号	聚醚、过氧化二异丙苯、电
上海市奉贤区白沙路198号	聚酯、化学纤维、印染布
浙江省杭州市萧山区山末址	生产聚脂切片、生产涤丝
山东省潍坊市寿光大家洼	纯碱、溴素、氯化钙
河南省濮阳市华龙区	乙烯、聚乙烯、聚丙烯
福建省厦门市海沧区芦坑社	绦纶纤维、聚脂加工
辽宁省葫芦岛市连山区	生产烧碱、生产聚氯乙烯、生产环氧丙烷
浙江省温州市瑞安市工业区	聚氨酯鞋底原液制造、聚氨酯革用树脂制造
四川省宜宾市翠屏区	聚氯乙烯、氢氧化钠、80%水合肼
吉林省吉林市龙潭区龙潭大街9号	石油加工、化学原料及制品制造
江苏省无锡市宜兴市三木路85号	合成树脂
浙江省杭州市江干区经济技术开发区8号路中策6号楼	化妆品生产、护服品生产
黑龙江大庆市龙凤区兴化村	ABS树脂、顺丁橡胶、复合肥
上海市浦东新区浦东北路2031号	化学原料
黑龙江哈尔滨市道里区友谊路431号	化学药品制剂、化学原料药、中成药
黑龙江哈尔滨市道里区友谊路431号	化学药品制剂、化学原料药、中成药
河北省石家庄市桥西区中山西路276号	维生素丙、青霉素、头孢
河北省石家庄市长安区和平东路388号	化学药品原药、化学制剂药
天津市河东区八纬路109号	化学原料药制造
辽宁省沈阳市于洪区重工北街37号	维生素C生产、磷霉素钠、脑复康
山东省淄博市张店区东一路14号	化学原料药、医药制剂、医药中间体

续表 27

企业名称	法人代表	电话	分机	邮政编码
天津中新药业集团股份有限公司	詹原竟	27020921		300193
吉林修正药业集团股份有限公司	修涞贵	3943029		134000
西安杨森制药有限公司	昝安胜	82543621		710043
汇仁集团有限公司	陈年代	8161983		330200
浙江海正集团有限公司	白　骅	8827890		318000
上海雷允上药业有限公司	陈保华	63557159		200001
烟台新时代健康产业有限公司	殷鹤声	6381619		264006
南京医药产业(集团)有限责任公司	倪忠翔	83199527		210008
浙江医药股份－新昌制药厂	李春波	6030295		312500
浙江新和成股份有限公司	胡柏藩	6128692		312500
东北制药总厂	陈钢	25807712		110026
阿斯利康制药有限公司	史帝文斯	85220000	2129	214028
东北制药集团股份有限公司	陈　钢	25806963		110026
深圳万基药业有限公司	陈伟东	86161999	21	518020
上海罗氏制药有限公司	黄彦正	50801888		201203
天津天士力集团有限公司	吴廼峰	26736130		300402
广州白云山制药股份有限公司	夏泽民	87062598		510515
诚志股份有限公司	荣成云	3826983		330013
重庆华立控股股份有限公司	汪　诚	68862766		400700
诺和诺德(中国)制药有限公司	JesperHoil	25322288	893	300457
东港工贸集团有限公司	王云友	8894755		318000
威海威高集团有限公司	陈学利	5622517		264200
北京同仁堂股份有限公司	毕界平	67171775		100062
拜耳医药保健有限公司	聂康林	65973181	3082	100176
上海新亚药业有限公司	吴建文	58563780	124	201209
中美上海施贵宝制药有限公司	鲍炳章	64302740		200240
中美天津史克制药有限公司	刘振武	24700888		300163
珠海联邦制药股份有限公司	蔡金乐	7766777	8008	519040
江苏恒瑞医药股份有限公司	孙飘扬	5465745		222002
太极集团重庆涪陵制药厂有限公司	白礼西	72800904		408000
辉瑞制药有限公司(中国・大连)	E・Allan	87615400	275	116600
邹平怡康集团有限公司	张卫东	4306596		256200
正大青春宝药业有限公司	厉伟达	85121024	2186	310023
北京同仁堂科技发展股份公司	殷顺海	67600124		100079
鲁南制药集团有限公司	赵志全	8336079		276005
九芝堂股份有限公司	余克建	4499738		410008
浙江康恩贝制药股份有限公司	胡季强	8901598		321100
山东山松生物工程集团有限公司	李柱平	2977167		276036

企业地址	主要产品(主要业务活动)
天津市南开区白堤路 17 号	中成药
吉林省通化市东昌区修正路 36 号	中成药
陕西省西安市新城区幸福北路 71 号	化学药品制剂制造
江西省南昌市南昌县迎宾大道 1189 号	中成药口服液、丸剂、片剂
浙江省台州市椒江区外沙路 46 号	化学原料药制造
上海市黄浦区汉口路 398 号	中成药制造
山东省烟台市福山区开发区天山路 61 号	松花粉
江苏省南京市玄武区唱经楼西街 65 号	中成药制造、化学原料药制造、西药制剂生产
浙江省绍兴市新昌县环城东路 59 号	维生素 E 系列、来立信制剂、柱晶白霉素
浙江省绍兴市新昌县江北路 4 号	(VE 系列)维生素、(VA 系列)维生素、(乙氧甲叉)其他化学原料药
辽宁省沈阳市于洪区流花湖街 44 号	化学药品原料药制造
江苏省无锡市滨湖区黄山路 2 号	开发生产冻干粉针剂、片剂、气雾剂、硬胶囊剂、口服溶液剂
辽宁省沈阳市于洪区重工北街 37 号	化学药品原药制造
广东省深圳市罗湖区水贝石化工业区二号楼	洋参含片、洋参胶囊、燕窝口服液
上海市浦东新区龙东大道 1100 号	化学药品制造
天津市北辰区辽河东路 1 号	复方丹参滴丸、养血清脑颗粒
广东省广州市白云区云祥路 88 号	制药业
江西省南昌市青山湖区枫林大街	医药产品
重庆市北碚区龙凤桥 258 号	中成药、微型电机
天津市塘沽区开发区第六大街南海路 99 号	胰岛素、诺何笔、诺和针
浙江省台州市椒江区解放南路 83 号	氟哌酸制造
山东省威海市环翠区世昌大道 312 号	一次性使用输液器、一次性使用注射器、一次性使用输血耗材
北京市崇文区崇外 42 号	生产中成药、经营中成药、技术开发和咨询
北京市大兴区荣京东街 7 号	化学药品制剂的制造、化学药品制剂的销售
上海市浦东新区川沙路 978 号	化学药品制剂制造
上海市闵行区剑川路 1315 号	化学药品
天津市东丽区程林庄道澄洲路口	制剂
广东省珠海市金湾区鱼林村	阿莫西林细粉、氨芳西林细粉、头孢曲松纳
江苏省连云港市新浦区人民东路 145 号	片剂、针剂、原料药
重庆市涪陵区百花路 8 号	曲美、急支糠浆、霍香正气液
辽宁省大连市金州区大庆路 22 号	化学药品加工
山东省滨州市邹平县会仙二路 1208 号	葡萄糖、淀粉、无水葡萄糖
浙江省杭州市西湖区西溪路 551 号	中药针剂、中药片剂、中药胶囊
北京市大兴区宏达北路 10 号	中成药加工
山东省临沂市兰山区红旗路 209 号	中成药、化学药品制剂、化学药品原药
湖南省长沙市开福区芙蓉中路一段 129 号	乙肝宁颗粒
浙江省金华市兰溪市丹溪大道 151 号	普乐安片、银杏叶片、葛根素注射液
山东省临沂市兰山半程村	大豆分离蛋白、大豆低聚糖

续表 28

企业名称	法人代表	电话	分机	邮政编码
北京诺华制药有限公司	戴浩森	65058833	8686	100004
山东东阿阿胶集团有限责任公司	刘维志	3260013		252201
武汉建民药业集团股份有限公司	鲍俊华	50537943		430052
杭州默沙东制药有限公司	李志成	85271999	211	310011
淄博金城实业股份有限公司	赵鸿富	5188300		255100
化学纤维制造业				
万杰集团有限责任公司	孙启玉	4650660		255213
浙江恒逸聚合物有限公司	方贤水	82759913		311209
江苏华宏实业集团有限公司	胡士勇	86225818		214423
浙江赐富化纤有限公司	赵张夫	5626111		312073
中国石油抚顺石油化工公司	玄昌伟	2628111	550602	113008
浙江远东新聚酯有限公司	周吉元	4816952		312030
浙江化纤联合集团有限公司	何　京	8368272		312001
杭州翔盛纺织有限公司	沈柏祥	82534257		311245
江苏恒力化纤有限公司	陈建华	63838999		215226
桐昆集团浙江恒盛化纤有限公司	许金祥	8183613		314500
荣盛化纤集团有限公司	李水荣	82520089		311247
桐昆集团股份有限公司	陈士良	8510006		314513
浙江远东化纤集团有限公司	夏建兴	5101124		312072
中国神马集团有限责任公司	谢伟民	3921901		467000
江苏申久化纤有限公司	周雪芳	53823951		215428
浙江振邦化纤有限公司	陈泉锋	63070049		315301
杭州道远化纤集团有限公司	裘　冲	82852008		311217
江苏江南高纤股份有限公司	陶国平	65483178		215143
杭州荣盛纺化有限公司	李彩娥	82520092		311247
杭州天元涤纶有限公司	项水琴	82785778		310000
中国石油辽阳石油化纤公司	栗东生	5152445		111003
杭州红山化纤有限公司	周凤剑	82867315		311234
南通醋酸纤维有限公司	边有伦	3583047		226008
新乡白鹭化纤集团有限责任公司	陈玉林	3978900		453011
江苏万翔集团公司	王明慧	86521888		214406
安徽皖维高新材料股份有限公司	陈信生	2317212	38497	238002
江西涤纶厂	胡杰华	5988589		330200
江苏盛虹化纤有限公司	缪汉根	63991596		215228
江苏华亚化纤有限公司	郑旭东	87281223		214253
浙江金甬腈纶有限公司	徐忠伟	86302903		315221
杭州红剑聚酯纤维有限公司	汪国良	82867315		311234
桐乡中欣化纤有限公司	吴林根	8522860		314513

企业地址	主要产品(主要业务活动)
北京市昌平区永安路31号	化学药品原药制造、销售自产产品
山东省聊城市东阿县阿胶街78号	阿胶、复方阿胶浆、阿胶补血膏
湖北省武汉市汉阳区鹦鹉大道484号	颗粒剂、片剂
浙江省杭州市拱墅区莫干山路864号	化学药品制剂制造
山东省淄博市淄川区般河街	化工药品原药制造
山东省淄博市博山区	涤纶纤维、纯化纤布、炼钢炼铁
浙江省杭州市萧山区优胜村	涤纶纤维制造
江苏省无锡市江阴市华宏工业园区	化纤制造
浙江省绍兴市绍兴县红旗闸居委会	生产涤纶纤维、POY、FDY生产、DTY生产
辽宁省抚顺市新抚区东二街3号	腈纶纤维
浙江省绍兴市绍兴县柯桥经济开发区柯东高新技术园区	生产化纤涤纶丝、经营进料加工和三来一补业务
浙江省绍兴市越城区稽山桥下	聚酯、涤纶纤维、涤纶长丝生产、生产化纤技术服务
浙江省杭州市萧山区信源村	涤沦长丝加工、涤沦低弹丝加工、涤沦切片加工
江苏省苏州市吴江市	生产销售化纤织物等
浙江省嘉兴市桐乡市光明路	聚脂切片生产、涤纶纤维生产
浙江省杭州市萧山区红阳路98号	生产涤纶丝
浙江省嘉兴市桐乡市金鸡路188号	涤纶长丝生产
浙江省绍兴市绍兴县童家塔村东街一号	生产出口化纤原料
河南省平顶山市卫东区建设路中段63号	尼龙66盐、尼龙66工业丝、浸胶66浸胶帘子布
江苏省苏州市太仓市	生产化纤丝
浙江省宁波市慈溪市新塘村	直纺短纤制造
浙江省杭州市萧山区新盛村	poy涤纶丝制造
江苏省苏州市相城区黄埭镇	涤纶毛条短纤维
浙江省杭州市萧山区红阳路98号	生产涤纶复合细旦丝
浙江省杭州市萧山区里东徐村	生产涤纶短纤维
辽宁省辽阳市宏伟区火炬街5号	生产涤纶短纤维、生产尼龙66切片、生产氯化聚乙烯
浙江省杭州市萧山区红山农场	涤纶长丝制造、涤纶加弹丝制造
江苏省南通市崇川区钟秀东路27号	生产醋酸纤维丝束、生产醋酸纤维素
河南省新乡市凤泉区锦园路1号	粘胶长丝、粘胶短纤维、合成纤维
江苏省无锡市江阴市马镇东街9号	涤纶纤维生产
安徽省巢湖市居巢区灯塔社居委	聚乙烯醇、维纶超短纤维、水泥
江西省南昌市南昌县小兰工业园金沙一路东	涤纶纤维
江苏省苏州市吴江市	生产差别化学纤维
江苏省无锡市宜兴市新丰中路18号	涤纶长丝
浙江省宁波市镇海区五里牌	腈纶毛条加工、腈纶纤维生产
浙江省杭州市萧山区红山农场	生产聚酯、生产涤纶长丝
浙江省嘉兴市桐乡市中驰化纤工业园区	涤纶纤维生产

续表 29

企业名称	法人代表	电话	分机	邮政编码
浙江华鑫化纤有限公司	张静智	62288001		315490
宜宾丝丽雅股份有限公司	冯　涛	2360047		644002
山东高密银鹰化纤有限公司	李桂荣	2323121		261500
福建百宏聚合纤维实业有限公司	施天佑	85238888		362241
吉林奇峰化纤有限公司	王进军	3502784		132115
吉林化纤股份有限公司	王进军	3502432		132101
唐山三友集团化纤有限公司	么志义	8333989		063305
浙江倍斯特化纤有限公司	袁柏水	8034123		312071
浙江大普集团有限公司	王列东	2820895		312361
北京华源亚太科技有限责任公司	王　威	84536121		100027
江苏神羊化纤有限公司	唐　敏	88731583		214107
宁波卓成化纤有限公司	陈建飞	63973805		315311
黑龙江龙涤集团有限公司	赵瑞民	53716303		150316
哈尔滨森永乳品有限公司	赵瑞民	53716303		150316
南京化纤股份有限公司	沈光宇	85561011	3665	210038
浙江星河新合纤有限公司	肖宏伟	8034123		312071
珠海醋酸纤维有限公司	边有伦	8619933	1807	519070
晋江锦福化纤聚合有限公司	洪天排	85416666		362256
橡胶制品业				
成山集团有限公司	车宏志	7523999		264300
安徽佳通轮胎有限公司	林美凤	3811555		231202
双星集团有限责任公司	汪　海	82680528		266002
杭州中策橡胶有限公司	沈金荣	86053939		310008
上海轮胎橡胶(集团)股份有限公司	范　宪	33024666	6132	200002
龙口市福利橡塑雨布厂	栾仁科	8922128		265702
荣成市崖头实业集团	张福厂	7572155		264300
韩泰轮胎有限公司	韩英吉	2161355		314003
风神轮胎股份有限公司	曹朝阳	3999011		454003
贵州轮胎股份有限公司	马世春	4767351		550008
厦门正新橡胶工业有限公司	陈秀雄	6211606	305	361022
正新橡胶(中国)有限公司	罗才仁	57673888	8219	215331
南京锦湖轮胎有限公司	吴世哲	85319999		210038
广州市华南橡胶轮胎有限公司	李宇君	84693730		511400
山东泸河集团有限公司	许传弟	6336001		262216
福建佳通轮胎有限公司	吴庆荣	5898385	129	351146
普利司通(沈阳)轮胎有限公司	五十岚洋	25816200	433	110141
米其林沈阳轮胎有限公司	祖　杰	25505000	8056	110141
青岛振华工业集团有限公司	赵天来	83198700		266431

企业地址	主要产品(主要业务活动)
浙江省宁波市余姚市姚北工业新区经十路1号	涤纶纤维、聚脂切片
四川省宜宾市翠屏区经济开发区航天中路4号	粘胶人丝、棉浆粕、绣花线
山东省潍坊市高密市人民大街101号	棉浆粕、粘胶短纤维、丙纶纤维
福建省泉州市晋江市	涤沦 POY
吉林省吉林市昌邑区	腈纶纤维
吉林省吉林市昌邑区九站街516—1号	粘胶短纤维、粘胶长丝
河北省唐山市丰南区南堡开发区	粘胶纤维
浙江省绍兴市越城区袍江工业区	涤纶丝
浙江省绍兴市上虞市大普路	生产涤纺长丝
北京市海淀区东王庄甲一号109室	环境和劳动保护、批零贸易业
江苏省无锡市锡山羊尖镇神羊路1号	化纤涤纶长丝
浙江省宁波市慈溪市慈东工业区	涤纶纤维制造
黑龙江哈尔滨市阿城和平路44号	化纤生产
黑龙江哈尔滨市阿城和平路44号	化纤生产
江苏省南京市栖霞区伏家场120号	粘胶长丝、自来水
浙江省绍兴市越城区袍江工业区	涤纶长丝
广东省珠海市香洲区金鸡路368号	醋酸纤维丝来
福建省泉州市晋江市英林锦江工业区	涤纶纤维
山东省威海市荣成市南山北路98号	轮胎
安徽省合肥市蜀山区始信路8号	轮胎外胎生产
山东省青岛市市南贵州路5号	胶鞋制造、轮胎制造
浙江省杭州市江干区经济技术开发区10号大街2号	车辆、飞机及工程机械轮胎制造
上海市黄浦区四川中路63号	轮胎
山东省烟台市龙口市籁栾村	宽绸胶布、PVV、塔夫绸
山东省威海市荣成市	工业、建筑业
浙江省嘉兴市秀洲区东方路	子午线轮胎的生产、橡胶内胎的生产
河南省焦作市山阳区焦东南路48号	轮胎制造
贵州省贵阳市云岩区白花大道41号	轮胎制造
福建省厦门市集美区西滨路15号	汽车内外胎、自行车内外胎、摩托车、工业车内外胎
江苏省苏州市昆山市开发区朝阳东路	轮胎制造
江苏省南京市栖霞区和燕路418号	汽车外胎生产销
广东省广州市番禺区东环路116号	子午线轮胎、子午线轮胎
山东省潍坊市诸城市福胜村	轮胎
福建省莆田市秀屿区笏石镇四新村红埔工业区	轮胎生产、斜交轮胎、全钢子午线轮胎
辽宁省沈阳市于洪区昆明湖街17号	生产汽车轮胎、相关的售后服务
辽宁省沈阳市于洪区沈新路十五号	轮胎生产
山东省青岛市胶南市北高家庄	橡胶制品、金属制品、塑料制品

续表 30

企业名称	法人代表	电话	分机	邮政编码
桦林佳通轮胎有限公司	吴庆荣	6304048		157032
鞍山轮胎厂	陈仁华	7988388		114323
上海米其林回力轮胎股份有限公司	ERIC·JUGIER	68604500	614	200122
天津市万达轮胎集团有限公司	耿玉顺	26993136		300402
建大橡胶(中国)有限公司	杨银明	57614172	251	215333
银川佳通长城轮胎有限公司	吴庆荣	2966276		750011
普利司通(天津)轮胎有限公司	原章二朗	26881111		300400
山东科亿达集团有限公司	孙启明	8922182		265702
广州珠江轮胎有限公司	吴南洋	86748031		510830
龙口兴隆轮胎有限公司	邹方亮	8861037		265703
内江市巨安置业有限公司	刘方民	2100916		641000
山东三工橡胶有限公司	孙乐华	6588699		262229
银川佳通轮胎有限公司	吴庆荣	2966276		750011
沈阳三泰橡胶加工有限公司	五十岚洋	25816200	435	110141
安徽省宁国中鼎密封件股份有限公司	夏鼎湖	4181800	851	242300
莱州雄鹰橡胶工业有限公司	原修杰	2335205		261413
北京首创轮胎有限责任公司	朱　敏	82915102		100096
朝阳浪马轮胎有限责任公司	高益荣	3815801	8321	122009
荣光集团有限公司	李荣光	65600371		325200
新疆昆仑股份有限公司	彭思奎	2187840		841011
山东金宇轮胎有限公司	延万华	6858898		257335
建泰橡胶(深圳)有限公司	杨银明	28095282	122	518109
山东泰山轮胎有限公司	翟远新	3269616		271600
双喜轮胎工业股份有限公司	陈见东	7072521	1206	030006
华丰橡胶(中国)有限公司	张瀛洲	52341169	3220	215500
浙江杭廷顿公牛橡胶有限公司	叶炎平	63432016		311402
龙口市橡塑胶管有限公司	李振玉	8581231		265712
文登市开泰像塑有限公司	徐承学	8631035		264400
天津国际联合轮胎橡胶有限公司	高明贤	28041218		300220
南港(张家港保税区)橡胶工业有限公司	赖三照	58320228	352	215634
山东慧通轮胎有限公司	吕务民	8867533		271100
塑料制品业				
浙江鸿达集团有限公司	赵云飞	6333108		317525
佛山塑料集团股份有限公司	冯兆征	83985203	5203	528000
安徽国风集团有限公司	郑忠勋	2885333	3109	230001
新疆天业股份有限公司	郭庆人	2623102		832000
浙江大东南包装股份有限公司	黄水寿	7217991		311800
芜湖海螺型材科技股份有限公司	郭景斌	5840166		241009

企业地址	主要产品(主要业务活动)
黑龙江牡丹江市阳明区	轮胎制造
辽宁省鞍山市岫岩县	轮胎生产
上海市浦东新区世纪大道1600号9楼	轮胎外胎
天津市北辰区一街村委会	车胎
江苏省苏州市昆山市昆嘉工业区昆嘉路2号	自行车内外胎等塑胶制品生产
宁夏银川市西夏区怀远东路378号	斜交轮胎、半钢子午线轮胎、航空轮胎
天津市北辰区引河桥北铁道东	子午线轮胎
山东省烟台市龙口市	pvv革生产
广东省广州市花都区	轮胎外胎、轮胎内胎
山东省烟台市龙口市兴隆庄	轮胎制造
四川省内江市市中区交通路	鞋类、机床
山东省潍坊市诸城皇华店	外胎、内胎、子午胎
宁夏银川市西夏区北京西路79号	全钢子午线轮胎
辽宁省沈阳市于洪区昆明湖街17号	再生胶生产
安徽省宣城市宁国市城南居委会	橡胶密封件、千斤顶
山东省烟台市莱州市村西北	橡胶轮胎生产
北京市海淀区轮胎厂	轮胎制造
辽宁省朝阳市龙城区向阳路1号	轮胎制造
浙江省温州市瑞安市瑞光大道941号	胶鞋制造、旅游鞋制造、橡胶助剂制造
新疆巴州库尔勒市昆仑社区	轮胎制造
山东省东营市广饶县河沟村	轮胎
广东省深圳市宝安区龙胜工业大道	自行车内外胎、机车内外胎、工业车汽车内外胎
山东省泰安市肥城市泰西大街001号	轮胎制造
山西省太原市小店区建设南路亲贤北街3号	轮胎生产
江苏省苏州市常熟市长江路1路	摩托车胎
浙江省杭州市富阳市高桥村	生产全钢子午线载重汽车轮胎
山东省烟台市龙口市后李家村	夹布胶管加工
山东省威海市文登市	橡胶制品
天津市河西区东江道50号	工程机械轮胎外胎
江苏省苏州市张家港市张家港保税区上海路	生产全钢轮胎
山东省莱芜市莱城区董花园	汽车轮胎、再生胶
浙江省台州市温岭市站前路	日用塑料制品制造
广东省佛山市禅城区汾江中路82号	塑料制品
安徽省合肥市包河区马鞍山路1号	塑料薄膜、塑料管材、塑料建材
新疆省石河子市北一路94号	塑料制品、合成树脂制造
浙江省绍兴市诸暨市跨湖路65号	塑料薄膜
安徽省芜湖市鸠江区港湾路22号	生产塑料异型材、生产塑料门窗

续表 31

企业名称	法人代表	电话	分机	邮政编码
江阴市新和桥化工有限公司	廖有章	86404052		214434
河北宝硕集团有限公司	周　山	3100683		071000
辽阳忠旺塑料型材有限公司	刘忠锁	4150232		111003
大连实德塑胶工业有限公司	徐　明	83622218		116011
江阴龙山集团公司	承泉兴	86221511		214423
明达塑胶(厦门)有限公司	徐天培	6886166		361026
安徽省天大企业集团有限公司	叶世渠	7518555		239311
宁波利时塑胶有限公司	李立新	88021888		315171
南亚塑胶工业(南通)有限公司	吴钦仁	5291811	102	226008
圣美精密工业昆山有限公司	詹忠志	57662509		215337
赫比(上海)家用电器产品有限公司	姚晓东	50313636	216	201206
东莞新长桥塑料有限公司	廖有章	88680445		523981
日新(天津)塑胶有限公司	林钦栋	23972357		300381
广东联塑科技实业有限公司(包联塑机械)	黄联禧	23888589		528318
上海紫江企业集团股份有限公司	李　彧	54421100	209	201108
淮阳县安彩华林化学建材有限责任公司	孙树华	2678088		466700
广州宏信塑胶工业有限公司	吴振坤	82266188		510530
亚光耐普罗精密注塑(天津)有限公司	JamesBuono	88241960		300221
杭州顶正包材有限公司	赵慧敬	86912339	2331	310018
中国石油乌鲁木齐石油化工总厂	杨炳升	6901183		830019
浙江枫叶集团有限公司	傅松权	7063002		311814
漯河华强塑胶有限公司	方燕燕	2167026		462000
辽阳忠旺塑料有限公司	李长海	4150232		111003
遂平县华强塑胶有限公司	张新红	4803501		463100
珠海及成通讯科技有限公司	张正赛	8682338	2211	519015
威士茂科技工业园(珠海)有限公司	马金龙	3392338	1311	519085
南京金陵塑胶化工有限公司	郭金东	85237658		210028
东莞泛昌窗帘制品有限公司	许碧珠	83393789		523581
福建亚通新材料科技股份有限公司	余孔琳	85315909		350304
浙江禾欣实业集团股份有限公司	朱善忠	2228527		314000
山东齐旺达集团有限公司	王志清	7488518		255410
明达塑胶(福建)有限公司	陈克恭	85381343		350301
宁波亚朔科技有限公司	李志贤	86800623		315800
浙江大东南集团有限公司	黄灿生	7091468		311809
江苏蝙蝠塑料集团有限公司	孟永华	86215629		214421
唐山海螺型材有限责任公司	郭景彬	3163200		063020
浙江永高塑业发展有限公司	张建均	4277388		318020
江苏双象集团有限公司	唐炳泉	88993888	8101	214145

企业地址	主要产品(主要业务活动)
江苏省无锡市江阴市萧山路38—40号	可发性聚苯乙烯制造、复合纸袋、缠绕膜
河北省保定市新市区翠园街32#	塑料薄膜、塑料管材、塑料型材
辽宁省辽阳市宏伟区徐家屯	塑料型材加工
辽宁省大连市甘井子区李家村	塑料异型材
江苏省无锡市江阴市龙山支路1号	人造革制造、铝型材生产、阀门生产
福建省厦门市海沧区新阳工业区翁角路858号	PVC薄膜、户外游戏用品吹气类
安徽省滁州市天长市北园村委会	塑料制品、机械、空调配件、光纤通信器材
浙江省宁波市鄞州区祝家桥村	家庭塑料产品生产、相框制造
江苏省南通市崇川区外环东路101号	pvc胶布、pvc乳胶皮、pu合成皮
江苏省苏州市昆山市青阳北路	生产塑料零部件
上海市浦东新区金桥金藏路366号	塑料零件制造
广东省东莞市港口工业区桂轩洲组	生产和销售聚苯乙烯、塑胶制品
天津市西青区	塑胶制品
广东省佛山市顺德区西溪白牛窝工业区	生产塑料管及配件、塑料加工设备
上海市闵行区申富路618号	饮料瓶生产、塑料包装箱及容器生产
河南省周口市淮阳县	PE管材管件
广东省广州市萝岗区云埔一路1号	生产PVL硬质胶布、销售自产产品
天津市河西区珠江道69号	设计生产销售精密注模塑料产品、新型塑料电子原器件及相关服务、注模塑料业务所使用铸模相关设备
浙江省杭州市江干区经济技术开发区4号路29号	塑料瓶盖制造、食品外包装印刷
新疆乌鲁木齐市东山区石化街道光明社区	塑料编织袋、三聚氰胺、复合肥
浙江省绍兴市诸暨市湄池居委会	PE管材、管件
河南省漯河市源汇区漯舞路188号	胶袋制作
辽宁省辽阳市宏伟区徐家屯	生产塑编袋
河南省驻马店市遂平县铁西开发区	胶袋
广东省珠海市香洲区屏北一路30号	手机及相机加工、模具生产
广东省珠海市香洲区北沙工业区	生产手机外壳、塑胶电子
江苏省南京市栖霞区和燕路390号	聚丙烯生产、塑料制品生产
广东省东莞市土塘王氏港建大道	塑胶百叶窗帘、铝百叶窗帘、木百叶窗帘
福建省福州市福清市镜洋工业区	塑料板、管、型材、upvc管件、pe管材料
浙江省嘉兴市南湖区城东路435号	生产PU人造革
山东省淄博市临淄区	塑编制品、化工、塑膜
福建省福州市福清市宏路上郑融侨工业区	塑料板、管、型材
浙江省宁波市北仑区黄山西路201号	薄膜制造、胶带制造、胶水制造
浙江省绍兴市诸暨市建新路88号	塑料制品
江苏省无锡市江阴市工业园环西路西	人造革
河北省唐山市路北区火炬路141号	塑料型材
浙江省台州市黄岩区埭西路2号	管材管件制造、型材制造
江苏省无锡市锡山区后宅镇西	橡塑机械制造、PVC、PU人造革、聚氨酯鞋用树脂

续表 32

企业名称	法人代表	电话	分机	邮政编码
常州巨力塑料集团有限公司	周海忠	6960267	3014	213015
淮阳县沪光塑料有限公司	孙树华	2678088		466700
大连爱丽思欧雅玛工贸有限公司	李活明	87303804	111	116600
南亚塑胶工业(广州)有限公司	吴钦仁	36373835		510430
台达化工(中山)有限公司	陈树森	5316689	8010	528436
河北沧州东塑集团股份有限公司	于桂亭	2075301		061001
非金属矿物制品业				
青岛广源发集团有限公司	胡谅伦	7783299		266107
湖北三峡新型建材股份有限公司	徐　麟	3282423		444105
山东山水水泥集团有限公司	张才奎	88360186		250307
营口青花耐火材料股份有限公司	王守彬	5631801		115100
唐山冀东水泥股份有限公司	张增光	3241351		063031
江苏华尔润集团	陈惠南	58550102		215625
山东沂州水泥集团总公司	张怀连	8928006		276018
华新水泥股份有限公司(黄石母公司)	陈木森	6328280		435002
安徽铜陵海螺水泥有限公司	任　勇	3815888		244000
山东蓝星玻璃(集团)有限公司	张昭珩	5997727		264200
河南黄河旋风股份有限公司	乔秋生	6108909		461500
江西铜业集团公司(母公司)	何昌明	3777070		335424
中国耀华玻璃集团公司	曹田平	3285206		066013
杭州诺贝尔集团有限公司	骆水根	88686818		311122
浙江玻璃股份有限公司	冯光成	4509437		312028
吉林亚泰水泥有限公司	吴宝升	4353061		130617
海城市后英经贸集团有限公司	何宪恕	3273077		114213
重庆市博赛矿业集团有限公司	袁志伦	71484976		408400
山东玻璃总公司	王　刚	4166055		255200
安徽枞阳海螺水泥股份有限公司	汪鹏飞	2591058		246713
巨石集团有限公司	张毓强	8181222		314500
福耀玻璃工业集团股份有限公司	曹德旺	85383562	3312	350301
荆门市葛洲坝东山实业有限公司	潘德富	2302305		448000
富士能(天津)光学有限公司	樋口武	83988619		300385
浙江尖峰集团股份有限公司	杜自弘	2326868	3806	321000
海城市西洋耐火材料有限公司	周福仁	3276666		114213
江苏申海集团股份有限公司	周　忠	2791308		226153
安徽省宁国水泥厂	李顺安	4888114		242312
济南市青华山花岗集团总公司	杨万平	88263147		250108
中国洛阳浮法玻璃集团有限责任公司	刘宝瑛	3908632		471000
上海耀华皮尔金顿玻璃股份有限公司	朱伯安	58839305		200126

企业地址	主要产品(主要业务活动)
江苏省常州市钟楼区清潭路 254 号	吹塑桶制造
河南省周口市淮阳县华林工业园	农地膜、土工膜
辽宁省大连市金州区海天路 1 号	其他塑料制品
广东省广州市白云区石井街滘心大道	胶布业务
广东省中山市火炬区沿江东二路	聚奔乙烯
河北省沧州市运河新华西路 13 号	PE 压力管道及管件
山东省青岛市城阳区	沥青、材料油
湖北省宜昌市当阳市经济开发区特 1 号	平板玻璃、玻璃深加工及制品
山东省济南市长清区崮山镇山水工业园	水泥、水泥压力管、加气砌块
辽宁省营口市大石桥市青花峪村	镁砂、镁砖、镁碳砖
河北省唐山市丰润区贾家洼	水泥、熟料
江苏省苏州市张家港市	浮法玻璃
山东省临沂市罗庄区朱岭村	水泥、焦炭、化工产品
湖北省黄石市黄石港区黄石大道 897 号	水泥制造、水泥设备制造
安徽省铜陵市郊区古圣村委会	水泥、熟料生产
山东省威海市环翠区北山村西	平板玻璃
河南省许昌市长葛市人民路	人造金刚石、金刚石制品
江西省鹰潭市贵溪市冶金大道 15 号	铜选矿产品含铜量
河北省秦皇岛市海港区纤维里	平板玻璃
浙江省杭州市余杭区北山路 8 号	建筑陶瓷制造
浙江省绍兴市绍兴县麒麟村	玻璃生产加工
吉林省长春市双阳区	山泥
辽宁省鞍山市海城市	生产耐火材料、炼钢业
重庆市南川市	耐火材料、铝原矿、氧化铝棕刚玉
山东省淄博市博山区双山街 216 号	平板玻璃、深加工玻璃、玻璃纤维及制品
安徽省安庆市枞阳县	水泥
浙江省嘉兴市桐乡市经济开发区	玻璃纤维纱生产、玻璃纤维制品生产
福建省福州市福清市福耀工业村	技术玻璃制品制造
湖北省荆门市东宝区泉口路 20 号	水泥、复腹代
天津市西青区洞庭路 24 号	光学镜头的加工业务
浙江省金华市婺城区婺江东路 88 号	水泥
辽宁省鞍山市海城市	重烧镁生产、轻烧镁、镁砖生产
江苏省南通市海门市人民路 188 号	玻钢制品、玻璃钢空调机组、玻璃钢风机
安徽省宣城市宁国市	水泥、水泥熟料
山东省济南市历城区洪家园	花岗石
河南省洛阳市西工区唐宫中路 9 号	浮法玻璃、加工玻璃
上海市浦东新区济阳路 100 号	平板玻璃

续表 33

企业名称	法人代表	电话	分机	邮政编码
泰山玻璃纤维股份有限公司	张志法	6622028		271000
山东金麒麟集团有限公司	孙忠义	2119918		253600
佛山市新中源陶瓷有限公司	曾彦炽	87567338		528131
池州海螺水泥股份有限公司	李顺安	4418112		247115
广东塔牌集团有限公司	钟烈华	7887029		514100
深圳市成霖洁具股份有限公司	戴元鉴	28011493	411123	518110
四川国栋建设集团有限公司	龚联华	85783996		610206
济宁碳素工业总公司	宫　振	2319123		272000
中国长城铝业公司	李天庚	8916767		450041
河南省西峡县保护材料集团	李书成	4662466		474500
深圳市龙电科技实业有限公司	赵祖明	27567030		518104
江苏双龙集团有限公司	吴　刚	83759218		210024
常州盘石水泥有限公司	张锁林	2666900		213245
江苏磊达股份有限公司	汤广宏	5550361		224225
吉林炭素股份有限公司	李勇智	2749912		132002
乳山市夏村镇综合加工厂	王锦茂	6690150		264500
福建水泥股份有限公司	黄建民	87517808	1820	350001
河北太行华信建材有限责任公司	李安飞	5062931		056200
重庆国际复合材料有限公司	吴　明	89090568		400084
黑色金属冶炼及压延加工业				
宝山钢铁股份有限公司	谢企华	58350000	2221	200122
鞍山钢铁集团公司	刘　介	6723090		114021
武汉钢铁(集团)公司	邓崎琳	86863718		430083
首钢总公司	朱继民	88290520		100041
江苏沙钢集团有限公司	沈文荣	58568800		215625
马鞍山钢铁股份有限公司	顾建国	2883492		243003
唐山钢铁集团有限责任公司	王天义	2702409		063016
攀枝花钢铁有限责任公司	洪及鄙	3394261		617024
本溪钢铁(集团)有限责任公司	张营富	2843889		117000
江苏华西集团公司	吴协恩	86216285		214420
太原钢铁(集团)有限公司	陈川平	3012615		030003
南京钢铁集团有限公司	肖同友	57791609		210035
青岛钢铁控股集团有限责任公司	王玉科	84816857		266043
邯郸钢铁集团有限责任公司	刘如军	6074459		056015
包头钢铁(集团)有限责任公司	林东鲁	2189021		014010
天津天铁冶金集团有限公司	刘志嘉	23243512		300050
本钢板材股份有限公司	李墨华	7828980		117000
江苏永钢集团有限公司	吴栋材	58619821		215628

企业地址	主要产品(主要业务活动)
山东省泰安市泰山区泰玻大街	无碱玻璃纤维沙、无碱方格布、短切原毛毡
山东省德州市乐陵市枣城北大街 84 号	刹车片
广东省佛山市三水区白金大道工业带	釉面砖生产
安徽省池州市贵池区海螺水泥居委会	水泥熟料
广东省梅州市蕉岭县	生产水泥、水泥熟料、火力发电
广东省深圳市宝安区福民悦兴围	水龙头、花洒、卫浴配件
四川省成都市双流县板桥村	镀膜中空玻璃
山东省济宁市任城区东赵庄村村委会	碳块、煤沥青
河南省郑州市上街区厂前路 28 号	水泥、铝型材、建筑安装
河南省南阳市西峡县刘巷村灌河路 412 号	复合渣
广东省深圳市宝安区沙三村上下围第二工业区	防火玻璃门窗、防火门、防火阀
江苏省南京市鼓楼区虎距关 60 号	水泥制、水泥制品制、建筑材料生产
江苏省常州市金坛市	生产水泥
江苏省盐城市东台市	水泥、红标砖
吉林省吉林市昌邑区和平街 9 号	石墨及炭素制品
山东省威海市乳山市城北	水泥予制件
福建省福州市鼓楼区杨桥东路 118 号宏扬新城建福大厦	水泥、商品熟料
河北省邯郸市峰峰矿区建国路 2 号	水泥
重庆市大渡口区建胜正街 118 号	玻璃纤维及制品制造
上海市宝山区浦电路 370 号	钢板、无缝钢管、线材
辽宁省鞍山市铁西区大白楼 1 号	生产成品钢材
湖北省武汉市青山区武钢厂前	粗钢、生铁、钢材
北京市石景山区石景山路 68 号首钢厂东门	钢压延加工
江苏省苏州市张家港市锦丰镇联兴	炼钢
安徽省马鞍山市雨山区红旗中路 8 号	钢材、炼铁、MGG 钢压延加工
河北省唐山市路北区东新村	炼钢业、炼焦业、铁矿采选业
四川省攀枝花市东区	钢延压加工
辽宁省本溪市平山区人民路 16 号	钢材、粗钢、生铁
江苏省无锡市江阴市华西村	生产钢材、生产化纤、生产呢绒
山西省太原市尖草坪区尖草坪街 2 号	钢材、粗钢
江苏省南京市六合区卸甲甸	钢铁冶炼、钢材轧制及销售
山东省青岛市李沧遵义路 5 号	铁生产、钢、钢材
河北省邯郸市复兴区复兴路 232 号	钢材、连铸坯、生铁
内蒙古包头市昆都仑区包钢厂区信息大楼	钢材、钢、生铁
天津市和平区文化里	粗钢、生铁、钢材
辽宁省本溪市平山区人民路 16 号	钢铁压延及加工
江苏省苏州市张家港市南丰镇永联	钢材轧制、彩钢板、耐火材料制造

续表 34

企业名称	法人代表	电话	分机	邮政编码
内蒙古包钢钢联股份有限公司	林东鲁	2189520		014010
广西柳州钢铁集团公司	陈永南	2593500		545002
宣化钢铁集团有限责任公司	乔贵祥	8674421		075103
新余钢铁有限责任公司	施嘉良	6292925		338001
酒泉钢铁(集团)有限责任公司	马鸿烈	6713294		735100
安阳钢铁集团有限责任公司	李文山	3122192		455004
湖南华菱涟源钢铁有限公司	郑柏平	8661234		417009
上海梅山钢铁股份有限公司	戴元永	86701515		210039
湘潭钢铁集团有限公司	刘　捷	8652123		411101
唐山国丰钢铁有限公司	张　震	8159136		063300
天津天钢集团有限公司	韩贵义	84366833		300180
昆明钢铁股份有限公司	王长勇	8604132		650302
本溪北营钢铁(集团)有限公司	刘四轩	2529407		117017
广东省韶关钢铁集团有限公司	曾德新	8786100		512123
上海三钢有限责任公司	汪金德	58839180	3343	200126
常州中天钢铁有限公司	董才平	8771301	3100	213011
广东韶钢松山股份有限公司	曾德新	8787480		512123
天津钢管集团有限公司	孙宁豫	24802625		300301
萍乡钢铁有限责任公司	涂建民	3498230		337019
杭州钢铁股份有限公司	童云芳	88144301	5928	310022
河北津西钢铁股份有限公司	韩敬远	5888000		064302
河北敬业集团	李赶坡	82872391		054000
承德钢铁集团有限公司	常　健	4074291		067002
重庆钢铁股份有限公司	唐民伟	68845566		400084
宝钢集团上海第一钢铁有限公司	伏中哲	66186185		200431
四川省川威集团有限公司	王　劲	8833145		642469
日照钢铁控股集团有限公司	杜双华	8188088		276806
宁波宝新不锈钢有限公司	马国强	86718206		315807
福建省三钢(集团)有限责任公司	欧阳元和	8205181		365000
通化钢铁股份有限公司	崔　杰	3793186		134003
新疆八一钢铁股份有限公司	沈东新	3893973		830022
攀钢集团成都钢铁有限责任公司	罗泽中	83617424		610300
有色金属冶炼及压延加工业				
武汉正通传动器材有限责任公司	余小锁	84674487	809811	430051
铜陵有色金属(集团)公司	韦江宏	5860016		244000
金川集团有限公司	李永军	8812230		737104
云南铜业股份有限公司	邹韶禄	8390888	27238	650102
西南铝业(集团)有限责任公司	赵世庆	65809118		402326

企业地址	主要产品(主要业务活动)
内蒙古包头市昆都仑区河西工业区综合信息大楼	钢压延加工业
广西柳州市柳北区北雀路 117 号	钢材、粗钢、生铁
河北省张家口市宣化区牌楼东街 30 号	钢材
江西省新余市渝水区冶金路	钢压延加工
甘肃省嘉峪关市市辖雄关东路 12 号	生铁、粗钢、钢材
河南省安阳市殷都区安钢大道	生产钢、生铁、钢材
湖南省娄底市娄星区	钢材
江苏省南京市雨花台区中华门外	热轧板卷生产
湖南省湘潭市岳塘区钢城	粗钢、生铁、钢材
河北省唐山市丰南区六街居委会	带钢、螺纹钢、焊管
天津市河东区张达庄 1 号	高炉生铁、转炉连铸坯、成品钢材
云南省昆明市安宁市昆钢宾馆	钢压延
辽宁省本溪市平山区北钢社区 7 号	钢坯、生铁、钢材
广东省韶关市曲江区韶关钢铁集团内	各类钢、钢材、生铁
上海市浦东新区上南路 300 号	钢板
江苏省常州市武进区印墅村	炼钢、轧钢、发电
广东省韶关市曲江区马坝	钢材、钢、生铁
天津市东丽区津塘公路 396 号	无缝钢管、连铸坯
江西省萍乡市湘东区峡山口	线材(盘条)、钢筋
浙江省杭州市拱墅区半山路 176 号	钢、铁、材
河北省唐山市迁西县西关	中宽带钢、管带钢、钢坯
河北省石家庄市平山县南甸	钢坯、生铁、水杨酸
河北省承德市双滦区下营子街	钢材、连铸坯、50 钒铁
重庆市大渡口区钢铁路 30 号	钢材、焦碳、自来水
上海市宝山区长江路 735 号	钢材、钢、铁
四川省内江市威远县建设街	钢生产、铁、钢材
山东省日照市岚山区韩家营子	钢坯、钢材
浙江省宁波市北仑区水俞村	钢压延加工(冷轧不锈钢板卷)
福建省三明市梅列区	粗钢、生铁、钢材
吉林省通化市二道江区东盛路 14 号	炼钢
新疆乌鲁木齐市头屯河区新钢路	钢材、粗钢、金属制品
四川省成都市青白江区团结南路 12 号	钢材、钢、生铁
湖北省武汉市汉阳区燎原村工业园 10 号	齿轮传动轴制造
安徽省铜陵市铜官山区长江西路	电解铜、硫酸、黄金
甘肃省金昌市金川区金川路 98 号	电解镍、阴极铜、电解钴
云南省昆明市五华区黑林铺王家桥	精炼铜、黄金、白银
重庆市九龙坡区	铝材

续表 35

企业名称	法人代表	电话	分机	邮政编码
宁波金田铜业集团股份有限公司	楼国强	87574652		315034
中国铝业股份有限公司河南分公司	王锡慧	8914855		450041
茌平县信发热电有限责任公司	张学信	4287372		252100
葫芦岛有色金属集团有限公司	高良宾	2025040		125003
海亮集团有限公司	冯亚丽	7069733		311814
中国铝业股份有限公司青海省分公司	蒋英刚	2726454		810100
云南锡业集团有限责任公司	肖建明	3116839		661000
中国铝业贵州分公司	常顺清	4898049		550014
湖南株冶火炬金属股份有限公司	付少武	8391231		412004
江苏张铜集团有限公司	郭照相	58987039		251600
中国铝业股份有限公司山西分公司	孙兆学	5044046		043304
张家港市联合铜业有限公司	孟永范	58574101		215624
南京华新光电股份有限公司	焦佑慧	85567572	808	210038
包头铝业(集团)有限责任公司	芦　林	6935149		014046
宁波金田冶炼有限公司	王世硕	87597116		315034
中国铝业股份有限公司广西分公司	肖亚庆	5802800		531400
常州金源铜业有限公司		8828420		213018
台一江铜(广州)有限公司	许守德	82265528		510000
辽阳忠旺铝型材有限公司	刘忠田	4150232		111003
大冶有色金属公司	罗忠民	5392746		435005
中国铝业股份有限公司中州分公司	刘祥民	3501540		454174
焦作万方铝业股份有限公司	金保庆	3261146		454172
金龙精密铜管集团股份有限公司	李长杰	2682678		453000
浙江华东铝业有限公司	李根旺	8233152		321103
深圳中金岭南股份有限公司韶关冶炼厂	张伟健	83986819		512024
洛阳铜加工集团有限责任公司	赵东海	4949273		471039
青海桥头铝电股份有限公司	洪　伟	2755054		810100
宁波市江北大创铜线有限公司	朱新昌	87597116		315034
济源豫光金铅集团有限责任公司	杨安国	6665979		454650
山东金升有色集团有限公司	王京连	8611213		276037
浙江海亮股份有限公司	冯海良	7658636		311835
内蒙古乾坤金银精炼股份有限公司	宋文代	2212939		010070
兰州铝业股份有限公司	冯诗伟	7549415		730060
山东齐星集团	赵长水	4301168		256200
宜兴市意达铜业有限公司	骆伟栋	87291311		214252
云南铝业股份有限公司	陈　智	7455668		650502
水口山有色金属有限责任公司	刘振国	7582281		421513
柳州华锡集团有限责任公司	张友宝	2610111		545006

企业地址	主要产品(主要业务活动)
浙江省宁波市江北区城西西路1号	铜棒制造、铜板带制造、合金线制造
河南省郑州市上街区厂前路1号	氧化铝冶炼
山东省聊城市茌平县	电解铝、发电、供热
辽宁省葫芦岛市龙港区锌厂路24号	锌生产、铜生产、硫酸
浙江省绍兴市诸暨市诸洄公路旁	铜加工
青海省西宁市大通回族土族自治县	重熔用铝锭
云南省红河州个旧市金湖东路121号	产品锡、电铅、铜精矿含铜
贵州省贵阳市白云区铝兴路24号	氧化铝、电解铝、碳素制品
湖南省株洲市石峰区清水塘	锌及合金、硫酸
江苏省苏州市张家港市杨舍镇工业新区	铜管材生产
山西省运城市河津市清涧办事处	氧化铝、氢氧化铝
江苏省苏州市张家港市	阴极铜
江苏省南京市栖霞区新港大道78号	常用有色金属压延加工、光亮低氧铜杆、光亮低氧铜线
内蒙古包头市东河区	铝冶炼、机构管理
浙江省宁波市江北区城西西路1号	电解铜制造、冶炼、铜绽制造、冶炼
广西百色市平果县	电解铝、氧化铝
江苏省常州市天宁区常锡路东38号	铜盘条
广东省广州市萝岗区东区街	裸铜线加工制造
辽宁省辽阳市宏伟区徐家屯	铝型材加工
湖北省黄石市下陆区铜都路	阴极铜、黄金、白银
河南省焦作市修武县王庄	氧化铝
河南省焦作市马村区东孔庄	铝冶炼及加工
河南省新乡市卫滨区新获路2号	铜管
浙江省金华市兰溪市城郊西路17号	电介铝、铜制品、碳素制品
广东省韶关市浈江区南郊九公里	铅锭、锌锭、白银
河南省洛阳市涧西区建设路50号	铜材生产、铝材生产销售
青海省西宁市大通回族土族自治县宁张路70号	铝锭、电力
浙江省宁波市江北区城西西路1号	无氧线制造
河南省焦作市济源市济水大道中段525号	电解铅、黄金、白银
山东省临沂市兰山区东南曲坊	阴极铜、铜杆
浙江省绍兴市诸暨市工业区	铜加工
内蒙古呼和浩特市赛罕区远五纬路	实金制品、国际银锭
甘肃省兰州市西固区山丹街981号	铝冶炼、铝加工
山东省滨州市邹平县黛中社区居委会	铝冶炼、供热、发电
江苏省无锡市宜兴市新风中路76号	铜杆、铜丝
云南省昆明市呈贡县胡家庄	原铝、铝材、预焙阳极炭块
湖南省衡阳市常宁市	铅锌冶炼、有色矿水选、铜冶炼
广西柳州市城中区桂中大道华锡大厦	锡矿采选、锡冶炼、产品销售

续表 36

企业名称	法人代表	电话	分机	邮政编码
宁波兴业集团公司	胡长源	63073313		315301
东营方园有色金属有限公司	姚贤周	8304689		257091
上海新格有色金属有限公司	黄耀滨	56041111	121	201906
天津大无缝铜材有限公司	常建设	59816551		300461
青岛浦项不锈钢有限公司	金东震	86837021		266510
河南豫联能源集团有限责任公司	张高波	4381552		451200
上海鑫冶铜业有限公司	邢卫国	57214723		201514
金属制品业				
法尔胜集团公司	周建松	86111968		214433
深圳南方中集集装箱制造公司	麦伯良	26691131	2341	518067
沈阳远大铝业工程有限公司金属门窗分公司	白海涛	88456693		110161
烟台华安集团	李国安	6379709		264006
深圳南方中集东部物流装备制造有限公司	麦伯良	26691131	3015	518118
唐山恒通精密薄板有限公司海港分公司	唐　统	8888888		063000
宁波新华昌运输设备有限公司	潘传荣	86805088	6017	315800
江苏新华昌集团有限公司	潘中来	8701088	5030	213102
天津市金桥焊材集团有限公司	侯永明	24994924		300300
广东顺安达太平货柜有限公司	张松声	25661800		528322
新会中集集装箱有限公司	刘学斌	6248888		529144
步阳集团有限公司	徐步云	7271166		321300
无锡新大中薄板有限公司	周明华	83332476		214183
天津中集北洋集装箱有限公司	高　翔	25211600	202	300457
青岛中集集装箱制造有限公司	李锐庭	86935968		266500
天津市轧三金属材料科技有限公司	徐鸿章	26120200	2066	300240
江苏国强镀锌实业有限公司	袁国强	7732325		213363
上海宝山太平货柜有限公司	张松声	56129090	502	201900
苏泊尔集团有限公司	苏增福	7338359		317604
上海中集冷藏箱有限公司	麦伯良	56010088	327	201908
南通中集顺达集装箱有限公司	麦伯良	5562116		226003
湖北福星科技股份有限公司	谭功炎	8742058		431608
上海中集宝伟工业有限公司	李锐庭	56860000	314	201908
广东生益科技股份有限公司	李　锦	22271828	8215	523039
上海太平国际货柜有限公司	金旭初	59165888	262	201821
上海进道集装箱有限公司	金钟填	56931225		201901
天津大桥焊材集团有限公司	郑子行	23972605		300381
浙江元立金属制品集团有限公司	叶新华	8195168		323300
宁波中集物流装备有限公司	吴发沛	86825668	252	315800
重庆美心(集团)有限公司	夏明宪	62762516		400060

企业地址	主要产品(主要业务活动)
浙江省宁波市慈溪市马家路村	铜板带制造
山东省东营市东营区沂州路	电解铜生产
上海市宝山区泰和西路2727号	铝合金锭
天津市塘沽区津滨大道317号	铜盘条、铜线
山东省青岛市黄岛区昆仑山北路200号	冷扎不锈钢板
河南省郑州市巩义市新华路31号	铝锭、火力发电
上海市金山区张堰镇金张支路18号	高纯阳极铜、黄金、白银
江苏省无锡市江阴市通江北路203号	钢丝绳生产、钢绞线
广东省深圳市南山区港湾大道6号	集装
辽宁省沈阳市东陵区东陵路30－2	金属门窗制造
山东省烟台市开发区长江路273号	钢结构、钢铁制品
广东省深圳市龙岗区锦龙大道3号	集装箱生产
河北省唐山市乐亭县港口区居委会	薄板
浙江省宁波市北仑区富春江路618号	集装箱制造
江苏省常州市武进区遥观社区	集装箱
天津市塘沽区微山路1号	电焊条
广东省佛山市顺德区	集装箱制造
广东省江门市新会区	集装箱制造
浙江省金华市永康市四方汤店山工业区88号	防盗门、钢质防火门、钢木门、电、汽动滑板车、五金电器
江苏省无锡市惠山区黄泥坝村常玉公路旁	彩涂钢卷、马口铁、彩涂钢卷制造、镀锌板(带)制造
天津市塘沽区第五大街21号	集装箱制造、托盘箱
山东省青岛市黄岛区黄河东路	海运集装箱
天津市河北区红星路东侧	钢筋、线材
江苏省常州市溧阳市老河村村委会	金属表面处理及热加工
上海市宝山区宝杨路2020号	集装箱制造
浙江省台州市玉环县陈南村	不锈钢炊品制造、压力锅、不粘锅
上海市宝山区沪太路6888号	冷藏箱制造
江苏省南通市港闸区城港路159号	金属集装箱制造
湖北省孝感市汉川市福星大道一号	钢丝、钢丝绳、钢绞线
上海市宝山区月罗路1881号	设计、生产集装箱
广东省东莞市莞穗大道411号	覆铜板制造
上海市嘉定区沪宜公路3637号	金属集装箱
上海市宝山区富锦路1368号	集装箱制造
天津市西青区津港公路2号	电焊条
浙江省丽水市遂昌县庄山	金属线材生产、金属丝线材生产、金属棒材生产
浙江省宁波市北仑区出口加工区	干货集装箱制造
重庆市南岸区南坪白鹤路51号	金属门窗、摩托车配件

企业名称	法人代表	电话	分机	邮政编码
台山市金桥铝型材厂有限公司	雷子钦	5438596		529261
广州太平洋马口铁有限公司	安浦重人	82221430		510000
群升集团有限公司	徐步升	7153921		321300
精功集团有限公司	金良顺	4138675		312030
江苏宏宝集团有限公司	朱玉宝	58715128		215636
伟业重工(安徽)有限公司	张季梅	4923507		233010
天津大桥大寺电焊条有限公司	孙忠岭	23971625		300381
东莞米德兰五金塑胶制品有限公司	王清海	87312070	128	523647
贵州钢绳(集团)有限责任公司	何胜云	8419238		563000
江阴海达集团有限公司	赵桂英	86215068		214421
辽宁东林瑞那斯股份有限公司	周德才	7265409		115011
浙江台州爱仕达电器有限公司	陈合林	6199086		317500
天津市景田集团公司	韩景田	86822203		300408
广州进道集装箱有限公司	徐圣植	84861085		511447
河北中原钢管制造有限公司	张爱明	6085102		061300
廊坊金华实业有限公司	肖金杰	8822960		065300
浙江东南网架股份有限公司	郭明明	82783688		311209
江苏常盛集团有限公司	常德盛	52581238		215539
浙江隆标彩涂有限公司	阮建荣	6421823		317523
青岛太平货柜有限公司	张建华	86916888		266500
通用设备制造业				
徐州工程机械集团有限公司	王　民	7739418		221004
上海振华港口机械(集团)股份有限公司	刘怀远	58396666		200127
大连冰山集团有限公司	张　和	86538888	8203	116033
大连机床集团有限公司	陈永开	83639205		116022
上海锅炉厂有限公司	虞顺康	64302391	8884	200245
哈尔滨锅炉厂有限责任公司	韩建伟	82198015		150040
江苏双良集团有限公司	缪双大	86631545		214444
玉柴机器股份有限公司	晏　平	328963		537000
奥的斯电梯(中国)投资有限公司	金纪元	28101188		300210
沈阳机床(集团)有限责任公司	陈惠仁	25650008	8108	110025
上海三菱电梯有限公司	夏毓灼	64303030		200245
上海汽轮机有限公司	郑建华	64358331		200240
哈尔滨汽轮机厂有限责任公司	曲大庄	82952580		150046
东方锅炉(集团)股份有限公司	易兴旺	4734495		643001
瓦房店轴承集团有限责任公司	王路顺	88922747		116300
广州日立电梯有限公司	角田义人	84793333		511430
江苏常发实业集团有限公司	黄小平	5231108		213176

企业地址	主要产品(主要业务活动)
广东省江门市台山市石桥工业区	各种铝型材、铝门窗、铝幕墙工程
广东省广州市萝岗区夏港街	金属表面处理及热处理
浙江省金华市永康市四方永拖路59号	防盗门制造
浙江省绍兴市绍兴县金柯桥大道	建材机械纺织机械
江苏省苏州市张家港市人民路	成品钢材、手工工具、医疗器械
安徽省蚌埠市禹会区涂山路1188号	五金铰链、制动器
天津市西青区大寺村委会	电焊条
广东省东莞市大埔村	铝梯生产、玻璃纤维梯、椅子生产
贵州省遵义市红花岗区桃溪路47号	金属丝绳制造、钢丝制造
江苏省无锡市江阴市环南路8号	铝塑板制造、人造革制造、铝型材制造
辽宁省营口市鲅鱼圈区金屯村	金属门窗制造
浙江省台州市温岭市殿前村经济开发区	高压锅制造
天津市北辰区季庄村委会	搪瓷
广东省广州市番禺区石楼镇浮莲岗	集装箱制造
河北省沧州市盐山县	管件
河北省廊坊市大厂回族自治县夏垫村	钢结构屋架、脚架、机械零部件加工、冷轧板机、管机、矫直机
浙江省杭州市萧山区新林周村	网架制造、钢结构制造、板材制造
江苏省苏州市常熟市支塘镇蒋巷村	钢结构.轻质建材制作安装
浙江省台州市温岭市泽楚路水仓工业区	铝箔表面加工
山东省青岛市黄岛区富源工业园	集装箱
江苏省徐州市泉山区苏堤北路5号	汽车起重机、装载机、压路机
上海市浦东新区浦东南路3470号	装卸桥、门式起重机
辽宁省大连市沙河口区西南路888号	制冷空调设备
辽宁省大连市沙河口区鞍山路38号	金属切削机床生产、汽车零部件制造、机床配件附件
上海市闵行区华宁路250号	电站锅炉、核电设备、化工容器
黑龙江哈尔滨市动力区三大动力路309号	电站锅炉制造、工业锅炉、石化
江苏省无锡市江阴市西利路88号	溴化锂制冷机、锅炉、氨纶丝
广西玉林市玉州区天桥西路88号	柴油机、发电机组、技术咨询服务
天津市河西区解放南路443号	电梯扶梯的制造销售安装服务
辽宁省沈阳市铁西区北二东路10－1号	金属切削机床制造
上海市闵行区江川路811号	电梯及自动扶梯
上海市闵行区江川路333号	电站汽轮机、工业汽轮机、燃气轮机
黑龙江哈尔滨市动力区三大动力路345号	电站汽轮机制造、舰船汽轮机制造、工业汽轮机等
四川省自贡市自流井区	电站锅炉
辽宁省大连市瓦房店市轴前社区居委会	轴承制造
广东省广州市番禺区石北工业区	电梯业务、自动扶梯
江苏省常州市武进区	制冷器材生产、邦迪管生产

续表 38

企业名称	法人代表	电话	分机	邮政编码
西子奥的斯电梯有限公司	王水福	85140888	5299	310021
上海日立电器有限公司	俞友涌	50554560	2511	201206
武汉锅炉集团有限公司	黄　江	87657139		730070
松下、万宝(广州)压缩机有限公司	魏长明	84778123		511495
上海柴油机股份有限公司	陈龙兴	65745656	2468	200438
百得(苏州)科技有限公司	周　晴	62581818		215021
东方汽轮机厂	许正威	6355231		618201
上海美蓓亚精密机电有限公司	山岸孝行	39290113		201721
人本集团有限公司	张童生	86555012		325011
南京汽轮电机(集团)有限责任公司	潘宗健	85503750		210037
太原重型机械集团有限公司	高志俊	6361214		030024
陕西鼓风机(集团)有限公司	印建安	81392410		710611
牧田(昆山)有限公司	鸟居忠良	57367376		215300
江苏通润机电集团有限公司	顾雄斌	52820788	9871	215500
上海动力设备有限公司	朱　斌	65431040	5005	200090
浙江杭叉工程机械股份有限公司	戴东辉	85190618	3008	310004
杭州锅炉集团有限公司	杨建生	85387266		310004
青岛星火纺织集团股份有限公司	崔兆启	83131057		266425
北京巴布科克威尔科克斯有限公司	任亚光	68862244	5112	100043
三菱电机(广州)压缩机有限公司	岩　修	82223030		510000
龙工(上海)机械制造有限公司	李新炎	57644948	8354	201612
无锡华光锅炉股份有限公司	万冠清	85211468	2146	214028
上海港机重工有限公司	陈　云	58395139	6737	200125
浙江盾安精工集团有限公司	周才良	7657265		311835
青岛马士基集装箱工业有限公司	BentErikCa	7723732		266108
沈阳鼓风机集团有限公司	苏永强	25801965		110023
长沙远大直燃机有限公司	张　跃	4086688	6617	410138
常柴股份有限公司	张骏原	6603656		213002
烟台首钢东星(集团)公司	杜宝栋	6392970		264006
江苏英田集团	张英田	87507888		226500
远大空调有限公司	张　跃	82514688		100038
蓬莱市石化配件有限公司	赵琳益	5891434		265616
杭州前进齿轮箱集团有限公司	王兆勤	82673888	6335	311203
专用设备制造业				
中国一拖集团有限公司	刘大功	4967280		471004
山东福田重工股份有限公司	王金富	7606653		261206
大连重工·起重集团有限公司	宋甲晶	86427779		116013
内蒙第一机械制造集团有限公司	郭烘成	3119114		014030

企业地址	主要产品(主要业务活动)
浙江省杭州市江干区机场路176号	电梯、扶梯制造
上海市浦东新区金桥出口加工区云桥路1051号	空调压缩机
湖北省武汉市武昌区武珞路586号	电站锅炉、工业锅炉、高中压阀门
广东省广州市番禺区万宝基地内	生产销售房间空调器压缩机
上海市杨浦区军工路2636号	柴油机及配件制造
江苏省苏州市平江区出口加工区	电子产品批发
四川省德阳市绵竹市五居委	电站汽轮机、燃气轮机、工业汽轮机
上海市青浦区西岑镇陈港村	微型轴承
浙江省温州市龙湾区经济技术开发区括苍东路66号	生产轴承
江苏省南京市下关区中央北路80号	汽(燃气)轮机、汽轮发电机制、交流电动机制
山西省太原市万柏林玉河街53号	起重设备、轧钢设备、矿山设备
陕西省西安市临潼区	风机、风机配件
江苏省苏州市昆山市出口加工区南梓路	电动工具生产
江苏省苏州市常熟市虞山镇海虞北路48号3F	油压千斤顶
上海市杨浦区杨树浦路2200号	汽轮机辅机制造
浙江省杭州市下城区体育场路12号	叉车生产
浙江省杭州市下城区东新路245号	锅炉及辅机制造
山东省青岛市胶南市环台路84号	纺织机械、环保机械、橡胶机械
北京市石景山区八角村石景山路36号	电站锅炉
广东省广州市萝岗区夏港街	空调用压缩机
上海市松江区新桥镇民益路26号	装载机、压路机
江苏省无锡市滨湖区新区26号G地块7、8幢	锅炉制造
上海市浦东新区浦东南路3500号	桥式起重机、门座式起重机、装卸机械
浙江省绍兴市诸暨市工业区	空调配件
山东省青岛市城阳区	冷冻集装箱
辽宁省沈阳市铁西区云峰北街36号	风机制造
湖南省长沙市长沙县开元路	非电中央空调主机、中央空调末端设备
江苏省常州市钟楼区怀德中路123号	柴油机及配件制造
山东省烟台市福山区珠江路20号	冶金备件、石油射孔弹、汽车联按盒
江苏省南通市如皋市	柴油机生产、农用运输机械、轻型、中型载货汽车
北京市海淀区中关村南大街2号数码大厦20层	直燃溴化锂吸收式冷温水机、BCT户式燃气空调
山东省烟台市蓬莱市莲花泊	紧固件设备加工
浙江省杭州市萧山区萧金路45号	制造船用齿轮箱、制造工程液变箱、制造汽车变速箱
河南省洛阳市涧西区建设路154号	生产大拖、小拖、压路机
山东省潍坊市坊子区北海路192号	收割机、拖拉机、农用三轮车
辽宁省大连市西岗区八一路169号	冶金设备制造、起重设备、装卸机械
内蒙古包头市青山区北新街	铁路车辆、工程机械、石油机具

续表 39

企业名称	法人代表	电话	分机	邮政编码
三一集团有限公司	易小刚	4031888		410100
广西柳工机械股份有限公司	王晓华	3886000		545007
中联重工科技股份有限公司	詹纯新	8928158		410013
经纬纺织机械股份有限公司	刘海涛	84534078	8529	100176
斗山工程机械(中国)有限公司	梁在信	6399012		264006
厦门工程机械股份有限公司	王昆东	2024313		361004
乐金电子(南京)等离子有限公司	金汉秀	85802000		210038
宁波海天集团股份有限公司	张静章	86188888	1882	315821
中国第一重型机械集团有限责任公司	吴生富	6811075		161041
小松山推工程机械有限公司	王子光	2363054		272123
成都神钢机械集团有限公司	王　锦	82854843		610100
重庆建设工业有限责任公司	刘红宇	68813741	2325	400050
山东临沂工程机械有限公司	王志中	8785678		276023
沈阳矿山机械(集团)有限责任公司	杨广林	62164206		110042
中信重型机械公司	王　炯	4088903		471403
合肥日立挖掘机有限公司	铃木宏光	3811095		231202
中国第二重型机械集团公司	石　柯	2201998		618013
木工机械厂	丛威滋	5921712		264200
山推工程机械股份有限公司	周庆庭	2909009		272023
上海重型机器厂有限公司	吕亚臣	54721125		200240
内蒙古北方重工集团有限公司	徐明和	338168		014030
航卫通用电气医疗系统有限公司	陈　治	58068460	68460	100176
常林股份有限公司	尚德鑫	6751888		213002
沈阳重型机械集团有限责任公司	王铁峰	25875435		110025
长安汽车(集团)有限责任公司	尹家绪	67590114		400023
经纬纺织机械股份有限公司榆次分公司	关学锋	2492010		030601
现代(江苏)工程机械有限公司	金元翊	5191025		213125
宝鸡石油机械厂	张永泽	3462002		721002
青岛安普泰科电子有限公司	高松大至朗	4938888		266108
北京电力设备总厂	刘太生	69352050	2307	102401
沈阳东基集团有限公司	曲绍谦	88279118		110045
山东福田重工股份有限公司潍坊车辆厂	常嘉茂	8520168		261041
清华同方威视技术股份有限公司	康克军	62780909		100084
山东山工机械有限公司	PAULDAVIDB	3818401		262500
西安东方集团有限公司	才长伟	82622285		710043
郑州纺织机械股份有限公司	张　杰	3585788		450001
赫比(天津)电子有限公司	姚晓东	25299232	232	300457

企业地址	主要产品(主要业务活动)
湖南省长沙市长沙县经济技术开发区	汽车制造、机械设备
广西柳州市柳南区柳太路1号	装载机、挖掘机、压路机
湖南省长沙市岳麓区银盆南路361号	起重运输设备制造、建筑工程用机械制造、环卫机械制造
北京市大兴区永昌中路8号	开发生产纺织机械、生产专用配件和器件、生产其他机电产品
山东省烟台市福山区五指山路1号	挖掘机、叉车、机床
福建省厦门市集美区铁山社区	装载机.
江苏省南京市栖霞区恒通大道77号	PDP模组、PDP电视机
浙江省宁波市北仑区江南出口加工贸易区	塑料加工专用设备制造
黑龙江齐齐哈尔市富拉尔基区重机厂前路9号	金属轧制设备、冶炼设备、炼化设备
山东省济宁市市中区吴泰闸路	工程机械制造
四川省成都市龙泉驿区洪河中路1号	挖掘机、装载机、平地机
重庆市九龙坡区谢正街47号	特种产品
山东省临沂市九龙口	装载机制造、压路机制造
辽宁省沈阳市大东区大东路178号	矿山设备制造、运输设备生产、工程机械生产
河南省洛阳市涧西区建设路206号	矿山设备、冶金设备、水泥设备
安徽省合肥市蜀山区莲花社区	液压挖掘机生产
四川省德阳市旌阳区岷江西路70号	金属轧制设备、锻压设备、工矿配件
山东省威海市环翠区齐鲁大道642号	木工机械、金属切削机床
山东省济宁市市中区太白路东路58号	推土机、压路机、液力变矩器
上海市闵行区江川路1800号	机电设备、冶金设备
内蒙古包头市青山区青山路1号	特种钢、改装汽车、铁路产品
北京市大兴区永昌北路2号	
江苏省常州市钟楼区常林路10号	装载机生产、压路机生产、平地机生产
辽宁省沈阳市铁西区兴华北街8号	矿山设备生产、锻压设备生产、金属轧制设备生产
重庆市江北区建新东路260	人雨弹
山西省晋中市榆次区经纬路150号	细纱机
江苏省常州市新北区	挖掘机
陕西省宝鸡市金台区东风路2号	石油钻采专用设备制造
山东省青岛市城阳区	连接器
北京市房山区昊天大街12号	生产中速辊式煤机、生产空心电抗器、生产封闭母线
辽宁省沈阳市大东区正新路42号	乙炔气钢瓶制造、氧气钢瓶制造
山东省潍坊市奎文区	车辆
北京市海淀区双清路清华大学同方大厦A座2层	集装箱检查系统
山东省潍坊市青州市云河村	装载机
陕西省西安市新城区幸福南路1号	空调压缩机、砼砌块生产机械、摩托车(军工)
河南省郑州市中原区银屏路16号	防织机械制造销售、普通机械制造销售
天津市塘沽区南海路156号津滨发展工业园32号	精密注塑

续表 40

企业名称	法人代表	电话	分机	邮政编码
宝钢集团常州冶金机械厂	符银生	3258212		213019
张家口煤矿机械有限公司	郭东林	2056273		075000
欧姆龙(大连)有限公司	赤星庆一郎	87614222	749	116600
淄博山川医用器材有限公司	车献梁	5750338		255100
深圳天马微电子股份有限公司	吴光权	83799438		518031
马佐里(东台)纺机有限公司	朱　鹏	5213872		224200
宝德仕钦科技(苏州)有限公司	江朝瑞	67016057		215021
河源龙记金属制品有限公司	何石明	3337080	821	517000
交通运输设备制造业				
中国第一汽车集团公司(母公司)	竺延风	5730707		130011
上海通用汽车有限公司	卓亦凯	28902890		201206
东风汽车有限公司	苗圩	8204750		442001
广州本田汽车有限公司	陆志峰	82277789		510700
一汽一大众汽车有限公司	安铁成	5990131		130011
上海大众汽车有限公司	胡茂元	59561888		201805
东风汽车有限公司乘用车公司	吉田卫	86871916		510800
北京现代汽车有限公司	徐和谊	89490815		101300
中国重型汽车集团有限公司	马纯济	85582114		250031
万向集团公司	鲁冠球	82832999		311215
天津一汽丰田汽车有限公司	竺延风	27944050	3324	300380
北汽福田汽车股份有限公司	安庆衡	80716405		102206
神龙汽车有限公司	刘卫东	84299881		430056
哈尔滨航空工业(集团)有限责任公司	谭瑞松	86502230		150060
哈尔滨中德威帝电子有限公司	谭瑞松	86502230		150060
东风本田发动机有限公司	苗　圩	82277789		510700
上汽通用五菱汽车股份有限公司	陈　虹	3750508		545007
江铃汽车集团公司	王锡高	5232888		330001
南京汽车集团有限公司	黄小平	83437788	30531	210037
安徽江淮汽车股份有限公司	左延安	2296747		230022
重庆长安汽车股份有限公司	尹家绪	67590114		400023
东风悦达起亚汽车有限公司	胡友林	8333808		224001
长安福特汽车有限公司	尹家绪	67458322		401122
奇瑞汽车有限公司	尹同耀	5849608		241009
大连船舶重工集团有限公司	孙　波	84482888		116005
东风汽车股份有限公司	徐　平	3396800		441004
上海通用东岳汽车有限公司	卓亦凯	6966666		264006
沈阳飞机工业(集团)有限公司	李方勇	86595112		110034
沈阳华晨金杯汽车有限公司	苏　强	88201183	6697	110044

企业地址	主要产品(主要业务活动)
江苏省常州市钟楼区新冶路41号	生产冶金成台设备、生产冶金轧辊
河北省张家口市桥东区工业路6号	采矿采石设备制造
辽宁省大连市金州区松江路3号	电子血压计、电子体温计、低频治疗器
山东省淄博市淄川区	注射器
广东省深圳市福田区中航苑航都大厦	生产液晶示器及模块
江苏省盐城市东台市何垛北路36号	纺织机械成套成台产品、建筑工程机械产品、配件
江苏省苏州市平江区苏州工业园区扬华路58号	生产塑料零件、生产模具
广东省河源市源城高埔工业区	模具制造
吉林省长春市绿园区东风大街2259号	汽车制造
上海市浦东新区申江路1500号	汽车
湖北省十堰市张湾区车城西路9号	汽车、汽车发动机
广东省广州市黄埔区	广州本田雅阁轿车系列、广州本田精巧型轿车飞度
吉林省长春市绿园区	轿车制造
上海市嘉定区安亭镇洛浦路63号	小轿车、轿车发动机
广东省广州市花都区新华街道官溪村委会	生产、销售Nissan系列轿车、生产、销售Nissan系列轿车
北京市顺义区顺通路18号	汽车整车制造
山东省济南市市中区英雄山路165号	载重汽车制造、汽车零部件、内燃机
浙江省杭州市萧山区宁牧村	汽车零部件制造
天津市西青区杨柳青柳丽路2号	汽车整车制造、丰田系列汽车
北京市昌平区沙阳路	汽车制造
湖北省武汉市蔡甸区神龙大道156号	小轿车制造
黑龙江哈尔滨市平房区友协大街15号	航空产品
黑龙江哈尔滨市平房区友协大街15号	航空产品
广东省广州市黄埔区	生产、销售轿车用发动机、变速箱
广西柳州市柳南区河西路18号	微型汽车制造
江西省南昌市青云谱区迎宾北大道509号	汽车
江苏省南京市鼓楼区中央路331号	载货汽车、客车、轿车
安徽省合肥市包河区东流路176号	轻型载货汽车制造、客车底盘、客车
重庆市江北区建新东路260	汽车、发动机
江苏省盐城市亭湖区开放大道18号	基本型乘用车(轿车)、多功能用途车
重庆市渝北区长福西路1号	轿车、蒙迪欧轿车
安徽省芜湖市鸠江区长春路8号	生产轿车
辽宁省大连市西岗区沿海街1号	民用船舶
湖北省襄樊市樊城区春园居委会	轻型载货汽车、轻型客车、发动机
山东省烟台市福山区长江路118号	赛欧轿车
辽宁省沈阳市皇姑区陵北街1号	民机制造
辽宁省沈阳市大东区山嘴子路14号	轻型客车制造、轿车制造

续表 41

企业名称	法人代表	电话	分机	邮政编码
天津一汽夏利汽车股份有限公司	竺延风	87915027		300380
一汽海马汽车有限公司	竺延风	66820390		570216
江南造船(集团)有限责任公司	聂成根	63451818	2378	200011
沪东中华造船(集团)有限公司	胡明和	58713222	2323	200129
北京现代摩比斯汽车零部件有限公司	金泰东	89448860		101300
西安飞机工业(集团)有限责任公司	高大成	86845052		710089
华晨宝马汽车有限公司	吴小安	84556000		110044
北京市汽车修理公司	张彤	64604579		100028
渤海船舶重工有限责任公司	贺荣光	2792114		125004
钱江集团有限公司	林华中	6139098		317500
重庆力帆实业(集团)有限公司	陈巧凤	65218598		400037
成都飞机工业(集团)有限责任公司	罗荣怀	87401458		610092
东南(福建)汽车工业有限公司	凌玉章	22766566	2732	350119
上海外高桥造船有限公司	谭作钧	38864500		200137
东风本田汽车(武汉)有限公司	周文杰	84286000	212	430056
中国第一汽车集团青岛汽车厂	许宪志	84913615		266043
陕西汽车集团有限责任公司	张玉浦	83388330		710043
郑州宇通客车股份有限公司	汤玉祥	6718892		450061
一汽解放汽车有限公司无锡柴油机分公司	蒋彬洪	85014990	8792	214026
上海汇众汽车制造有限公司	蒋志伟	58201188	1936	200122
东风柳州汽车有限公司	童东城	3281218		545005
电气机械及器材制造业				
海尔集团公司	张瑞敏	88938999		266103
美的集团有限公司	何享健	26339018		528311
广东格兰仕集团有限公司	梁庆德	28886389	2958	528303
乐金电子(天津)电器有限公司	尹弘植	26903013		300402
厦门华侨电子企业有限公司	王宪榕	6021091		361006
广东科龙电器股份有限公司	顾雏军	28361668		528303
苏州三星电子有限公司	李奎东	62581234	3738	215021
索尼电子(无锡)有限公司	营野二二	85210903	5165	214028
西安电力机械制造公司	张雅林	84261442		710077
青岛澳柯玛集团总公司	鲁群生	86765019		266510
宁波奥克斯空调有限公司	何锡万	88220556		315166
许继集团有限公司	王纪年	3212594		461000
远东电缆厂	蒋锡培	87242500		214257
比亚迪股份有限公司	王传福	84218888		518119
夏新电子有限公司	柳学宏	5058123	3041	361022
东莞华强三洋马达有限公司	张锦墙	87720523	3088	523710

企业地址	主要产品(主要业务活动)
天津市西青区国防公路马庄南	夏利系列汽车、发动机
海南省海口市龙华区金盘工业开发区	汽车制造
上海市卢湾区高雄路 2 号	金属船舶制造
上海市浦东新区浦东大道 2851 号	金属船舶制造
北京市顺义区双河路 59 号	汽车前桥模块、汽车后桥模块、汽车仪表板模块
陕西省西安市阎良区西飞大道 1 号	飞机制造及修理、客车、铝型材
辽宁省沈阳市大东区山嘴子路 14 号	汽车制造
北京市朝阳区东直门外左家庄路 2 号	汽车修理、汽车销售、客车及配件制造
辽宁省葫芦岛市龙港区海滩楼社区	金属船舶制造
浙江省台州市温岭市繁昌社区万昌路 318 号	摩托车制造
重庆市沙坪坝区上桥张家湾 60 号	摩托车、摩托车发动机
四川省成都市青羊区黄田坝	转包飞机生产、汽车模具生产、洗涤设备生产
福建省福州市闽侯县青口投资区	小汽车生、富利卡轻客、菱帅轿车
上海市浦东新区洲海路 3001 号	船舶制造
湖北省武汉市蔡甸区车城东道 283 号	汽车整车
山东省青岛市李沧娄山路 2 号	载货汽车
陕西省西安市新城区幸福北路 39 号	汽车制造、汽车配件制造
河南省郑州市管城回族区十八里河村	客车制造、客车改造、客车维修
江苏省无锡市南长区塘南一支路 9 号	生产汽车用柴油机、改装车
上海市浦东新区浦东南路 1493 号	前轿后轿总成
广西柳州市鱼峰区屏山大道 286 号	载重汽车制造业、乘用车制造业
山东省青岛市崂山海尔路 1 号	冰箱、空调、洗衣机
广东省佛山市顺德区蓬莱路工业大道	家用空调器、电饭煲、微波炉
广东省佛山市顺德区容桂大道南 25 号	微波炉
天津市北辰区兴淀公路	空调器、微波炉、吸尘器
福建省厦门市湖里区湖里大道 22 号	彩色电视机、显示器、传真机
广东省佛山市顺德区容桂镇容港 8 号	生产家用电冰箱、房间空调节器、家用冷藏柜
江苏省苏州市平江区苏虹东路 501 号	生产冰箱、微波炉等家电产品
江苏省无锡市滨湖区开发区 6264 号	锂电池、笔记本电脑、数码相机
陕西省西安市莲湖区丰登北路 29 号	全封闭组合电器、变压器、高压电瓷
山东省青岛市经济技术开发区前湾港	冷柜、冰箱、空调器
浙江省宁波市鄞州区后隆村	空调器生产(组装)
河南省许昌市魏都区许继大道 38 号	电力系统保护及自动化
江苏省无锡市宜兴市远东路 8 号	电线电缆制造
广东省深圳市龙岗区延安路	电池制造
福建省厦门市思明区体育路 45 号	手机、笔记本电脑、液晶电视
广东省东莞市宏业工业区	微型马达、软盘驱动器、数码相机

续表 42

企业名称	法人代表	电话	分机	邮政编码
东莞三星电机有限公司	金南洙	83305000	1138	523413
广东志高空调股份有限公司	李兴浩	85660491		528244
格力电器(重庆)有限公司	兰　勇	68465333		400039
联想移动通信科技有限公司	杨元庆	5716888	6893	361009
宏安集团有限公司	孙佑安	8088602		264400
保定天威集团有限公司	丁　强	3309025		071000
漳州灿坤实业有限公司	蔡渊松	6268899	70822	363100
柯达(中国)股份有限公司厦门分公司	马　进	6802000		361022
广州市白云电气集团有限公司	胡德良	86060164		510460
广东美的集团(芜湖)制冷设备有限公司	何享健	5840802		241009
哈尔滨电机厂有限责任公司	吴伟章	82102625		150040
广州松下空调器有限公司	魏长明	84778123		511495
日本电产(大连)有限公司	泽村贤志	87310202	127	116600
广东万和电器有限公司	卢楚其	28389908		528303
合肥荣事达集团有限责任公司(工业)	仇旭东	5316836		230088
厦门金龙旅行车有限公司	叶天捷	5608888		361006
上海夏普电器有限公司	蒋松涛	58341111	3304	201206
广东东菱凯琴集团有限公司	郭建刚	25333662		528322
铜陵精达铜材集团有限责任公司	何晓云	2806425		244000
合肥美菱集团控股有限公司	王家章	2869268		230001
亨通集团公司	崔根良	63818007		215234
河南新飞电器有限公司	李　根	3381616		453002
富士通将军(上海)有限公司	吉村昭彦	59161476	222	201821
青岛变压器集团有限公司	周永恒	7716888		266109
星星集团有限公司	叶仙玉	8022888	2880	318015
厦门金龙联合汽车工业有限公司	林小雄	5761521		361009
上海大金空调有限公司	王秉华	54421118	1257	201108
大全集团有限公司	徐广福	8411200		212211
厦门ABB开关有限公司	路义普	6026033	8038	361006
武汉海尔电器股份有限公司	杨绵绵	68840658		430056
无锡江南电缆有限公司	芮福彬	87208209		214251
无锡松下电池有限公司	森胜勉	85212221	1212	214028
江苏上上电缆集团有限公司	丁山华	7308866	128	213300
深圳市比亚迪锂电池有限公司	李绍华	84218888		518119
通信设备、计算机及其他电子设备制造业				
摩托罗拉(中国)电子有限公司	梁念坚	25328282		300457
鸿富锦精密工业(深圳)有限公司	钟依又	28129588		518000
诺基亚首信通信有限公司	康宇博	67878899	6616	100176

企业地址	主要产品(主要业务活动)
广东省东莞市横坑三星工业区	CD机芯、软盘驱动器、电源
广东省佛山市南海区胜利村	家用空调制造
重庆市九龙坡区二郎创业大道98号	分体机、柜机
福建省厦门市湖里区火炬园新丰路176号	手机
山东省威海市文登市横山路88号	市话缆、光缆
河北省保定市新市区朝阳北路128#	变压器、互感器、电磁线
福建省漳州市龙海市角美镇龙池开发区	煎烤器、电熨斗、咖啡壶
福建省厦门市海沧区翁角路308号	彩色胶片、彩色相纸
广东省广州市白云区神山镇石龙墟当铺街1号	电器
安徽省芜湖市鸠江区开发区银湖北路232号	生产家用空调、生产商用空调、生产汽车空调及散热器
黑龙江哈尔滨市动力区三大动力路99号	水轮发电机组、汽轮发电机组、交直流电机
广东省广州市番禺区钟村镇万宝基地	家电业务
辽宁省大连市金州区辽河西二路1号	超精密马达、轴流风机、电源装置及以上零部件
广东省佛山市顺德区红旗居委会	生产热水器、消毒碗柜、抽油烟机
安徽省合肥市蜀山区长江西路669号	家用洗衣机制造、家用电冰箱制造、家用微波炉制造
福建省厦门市湖里区湖里大道69号	普通客车
上海市浦东新区金海路1111号	家用空气调节器、家用电冰箱、家用洗衣机
广东省佛山市顺德区政和南路	电热水壶、咖啡壶、面包机
安徽省铜陵市狮子山区开发区(新城区)	铜管
安徽省合肥市包河区芜湖路48号	家用电冰箱、家用洗衣机、小家电、热水器
江苏省苏州市吴江市	各种电缆
河南省新乡市牧野区宏力大道370号	冰箱、冷柜、空调器
上海市嘉定区回城南路1720号	分体空调器
山东省青岛市城阳区	电力变压器、电力电缆、电磁线
浙江省台州市椒江区星星电子产业区13号楼	家用电冰箱制造、冷冻冷藏箱制造
福建省厦门市湖里区枋湖工业区金湖路5号	金龙客车
上海市闵行区莘庄工业区申富路318号	空调器
江苏省镇江市扬中市南街66号	开关柜、母线、桥架
福建省厦门市湖里区ABB工业园	中压开关柜、真空断路器
湖北省武汉市蔡甸区开发区海尔工业园1号	房间空气调节器
江苏省无锡市宜兴市新官东路53号	制造电线电缆
江苏省无锡市滨湖区开发区59号地块	电池
江苏省常州市溧阳市上上路68号	电线电缆制造销售
广东省深圳市龙岗区延安路比亚迪工业园A2栋第一层	电池制造
天津市塘沽区经济技术开发区第四大街10号	手机、基站、对讲机
广东省深圳市宝安区第十二工业区东环二路二号	微型电子计算机生产、路由器
北京市大兴区东环中路5号	移动电话、移动通信基站、数字程控交换机

续表 43

企业名称	法人代表	电话	分机	邮政编码
长城国际信息产品(深圳)有限公司	JEFFREYGALLINA	26553388	2247	518057
达丰(上海)电脑有限公司	黄健堂	37818168	13842	201613
英顺达科技有限公司	叶国一	64298888	5804	201114
华为技术有限公司	孙亚芳	28780808		518129
海信集团有限公司	周厚健	83878888		266071
达业(上海)电脑科技有限公司	黄健堂	37818168	40113	201613
达功(上海)电脑有限公司	黄健堂	37818168	12019	201613
英华达(上海)电子有限公司	张景嵩	64853668	2268	200233
中兴通讯股份有限公司	侯为贵	26770057		518807
福建捷联电子有限公司	宣建生	85285555	8336	350301
北京索爱普天移动通信有限公司	邢　炜	80481188	252	101312
明基电通信息技术有限公司	李焜耀	66658800	1250	215129
天津三星通信技术有限公司	卢基学	83969600	1808	300385
联想(北京)有限公司	杨元庆	58868888		100085
希捷国际科技(无锡)有限公司	威廉沃肯	85282828	2385	214028
TCL 王牌电器(惠州)有限公司	袁信成	2607890		516006
伟创力实业(珠海)有限公司	曼　尼	5528600	6024	519180
惠普科技(上海)有限公司	Chow・Seng・Chea	61008888	8967	200131
冠捷科技(武汉)有限公司	宣建生	68849881		430056
乐金电子(惠州)有限公司	金永民	2613714		516006
东芝信息机器(杭州)有限公司	渥美辜一郎	86714411	2020	310018
上海惠普有限公司	孙振耀	28982998	3024	201206
深圳富泰宏精密工业有限公司	戴丰树	28129188	71367	518109
UT 斯达康通讯有限公司	周韶宁	81925847		310053
佛山市顺德区顺达电脑厂有限公司	蔡丰赐	27724168	1511	528308
苏州飞利浦消费电子有限公司	冯大江	68251042	2833	215011
无锡夏普电子元器件有限公司	松尾宏司	85211792		214028
深圳创维－RGB 电子有限公司	张学斌	26010001		518057
建兴光电科技(广州)有限公司	宋恭源	82111536		510000
南京爱立信熊猫通信有限公司	马志鸿	52101188	53027	211100
杭州摩托罗拉移动通信设备有限公司	郑国民	86912888	5027	310018
上海贝尔阿尔卡特股份有限公司	袁　欣	58541240	8323	201206
恩斯迈电子(深圳)有限公司	游贤能	28101899	1378	518108
晶冠科技(深圳)有限公司	杨荣山	25261512	6025	518081
仁宝电子科技(昆山)有限公司	许盛雄	57355000		215335
纬创资通(昆山)有限公司	林宪铭	57367888		215300
南京瀚宇彩欣科技有限责任公司	焦佑麟	85803888	2388	210038
达辉(上海)电子有限公司	黄健堂	61208368		201613

企业地址	主要产品(主要业务活动)
广东省深圳市南山区科技园科发路3号	生产IBM微机
上海市松江区茸江路120号	电脑
上海市闵行区浦星路699号	笔记本电脑、服务器制造
广东省深圳市龙岗区	摇控交换机、传输/设备
山东省青岛市市南东海西路17号	电视、空调、冰箱
上海市松江区松江出口加工区三庄路58弄4号	电脑、手机、电视机
上海市松江区松江出口加工区三庄路68号	电脑
上海市徐汇区桂菁路7号	pda、等
广东省深圳市南山区高新南山新南四道中兴研发大厦	无限通讯产品、网络通讯产品、通讯终端产品
福建省福州市福清市融侨经济技术开发区	显示器
北京市顺义区天柱西路	制造手机
江苏省苏州市高新区珠江路169号	显示器、扫描仪、光驱等电脑外设产品
天津市西青区微四路9号	移动电话(GSM手机)
北京市海淀区上地信息产业基地创业路6号	计算机、激光打印机、服务器
江苏省无锡市滨湖区工业园106号	硬盘驱动器
广东省惠州市惠城区19号小区	生产彩色电视机
广东省珠海市斗门区新青科技园	电子加工业
上海市浦东新区外高桥保税区港澳路281号	打印机、多功能一体机、扫描仪
湖北省武汉市蔡甸区出口加工区C栋	电脑显示器
广东省惠州市惠城区仲恺开发区18号小区	生产光驱驱动器、生产组合音响、生产录音机
浙江省杭州市江干区杭州出口加工区内M12－19－1	笔记本电脑生产、框体生产、主板生产
上海市浦东新区金桥出口加工区云桥路25号	电子计算机整机制造
广东省深圳市宝安区油松富士康科技工业园F3区A栋	移动通信手持机的配件
浙江省杭州市滨江区六和路368号	生产无线环路接入网设备
广东省佛山市顺德区顺达路1号	电子计算机生产、计算机周边零件生产
江苏省苏州市狮山路168号	彩电、显示器
江苏省无锡市滨湖区开发区54号	液晶显示器
广东省深圳市南山区深南大道创维大厦	彩色电视机、影碟机、数字卫星顶盒
广东省广州市萝岗区萝岗区联和街	光驱(开发.生产.加工.销售)、DVD业务
江苏省南京市江宁区池田路32号	程控交换机生产、无线基站生产及CDMA设备生产
浙江省杭州市江干区杭州经济技术开发区一号大街21号	移动通讯终端设备制造
上海市浦东新区宁桥路388号	程控交换机、移动基站
广东省深圳市宝安区塘头村	生产电脑主机板、电脑显示卡、主板
广东省深圳市盐田区沙头角保税区21栋南8楼	生产液晶显示器
江苏省苏州市昆山市出口加工区第二大道25号	生产笔记本电脑及散件
江苏省苏州市昆山市出口加工区第一大道	生产笔记本电脑
江苏省南京市栖霞区恒飞路18号	液晶显示屏
上海市松江区松江出口加工区三庄路58弄3号	显示器

续表 44

企业名称	法人代表	电话	分机	邮政编码
鑫茂科技(深圳)有限公司	刘可嘉	25261698	8998	518081
康佳集团股份有限公司	侯松容	26608866	6200	518053
上海西门子移动通信有限公司	徐为熄	61011688	2770	201206
天津三星电子显示器有限公司	高太日	23961234		300385
苏州三星电子电脑有限公司	金行一	62538988	1005	215021
上海联想电子有限公司	杨元庆	50504500	8558	201203
富士康精密组件(北京)有限公司	戴丰树	67869988	28237	100176
LG 同创彩色显示系统有限责任公司	梁学忠	85575570		210038
苏州爱普生有限公司	名取美明	68257002	135	215011
仪器仪表及文化、办公用机械制造业				
佛山普立华科技有限公司	林德济	82965168		528051
佳能(苏州)有限公司	田原哲郎	66614979		215129
柯达电子(上海)有限公司	Warren_Wisnews	50321010		201206
佳能(中山)办公设备有限公司	三桥康夫	53328888	5010	528436
夏普办公设备(常熟)有限公司	高桥兴三	52856404		215500
理光(深圳)工业发展有限公司	伊藤隆茂	83360885	157	518035
京瓷美达办公设备(东莞)有限公司	西口泰夫	86112525	1115	523326
彩晶光电科技(昆山)有限公司	卢云秀	57368899		215301
普丽科技(佛山)有限公司	黄震智	82965168		528051
佳能精技(苏州)办公设备有限公司	焆政昭	66612111	2018	215129
苏州璨宇光学有限公司	张威仪	62888838		215000
奥林巴斯(广州)工业有限公司	丰岛敬	84878978		511400
佳能精技工业发展(深圳)有限公司	和气安秋	83596300	221	518040
信泰光学(深圳)有限公司	赖以仁	27165956	6316	518106
东芝复印机(深圳)有限公司	滨中浩	27311901	2074	518103
金宝电子(中国)有限公司	许胜雄	85321555	3305	523866
上海富士施乐复印机有限公司	石井肇	64300480	218	200245
奥林巴斯(深圳)工业有限公司	樋口达治	26980118	6602	518052
天津三星光电子有限公司	申万容	27614724	33112	300190
尼康光学仪器(中国)有限公司	山川冬树	85343223		214028
柯尼卡美能达光学仪器(上海)有限公司	绫城容次	57746202		201613
柯达(厦门)有限公司	Warren_Wisnews	6805061		361026
腾龙光学(佛山)有限公司	小野守男	82982222	426	528000
重庆川仪总厂有限公司	孔维梁	68203796		400700
华立仪表集团股份有限公司	汪力成	88900630		311121
东莞信泰光学有限公司	赖以仁	85535435	6316	523849
群光电子(东莞)有限公司	许昆泰	87311688	2402	523651
东信科技(深圳)有限公司	井上博	28141685		518109

企业地址	主要产品(主要业务活动)
广东省深圳市盐田区沙头角保税区 20 栋	电脑主机板、CKD、小卡
广东省深圳市南山区华侨城汕头街	彩色电视机
上海市浦东新区金桥川桥路 777 号	手机
天津市西青区微四路 19 号	彩色显示器
江苏省苏州市平江区方洲路 198 号	生产电脑及相关产品
上海市浦东新区张江秋涛路 696 号	微型计算机
北京市大兴区同济中路 18 号	4014
江苏省南京市栖霞区尧新大道 346 号	彩色显示器
江苏省苏州市新区金枫路 168 号	手机液晶显示屏、水晶振动子
广东省佛山市禅城区长虹东路 1 号	照相机
江苏省苏州市新区马运路 266 号	多功能数码复合机、复印机零部件
上海市浦东新区金桥出口加工区桂桥路 1201 号	照相机及器材制造
广东省中山市集中新建区	激光打印机
江苏省苏州市常熟市黄河路(报慈北路)	复印机
广东省深圳市福田区皇岗北路 5005 号	复印机
广东省东莞市新城区方正东路 3 号	激光打印机、数码复印机、硒鼓
江苏省苏州市昆山市出口加工区第三大道	生产数码相机
广东省佛山市禅城区长虹路 1 号	照相机零件
江苏省苏州市高新区马运路 266 号	多功能复印机、有关外围设备
江苏省苏州市平江区东兴路 7 号	生产 LCD 背光模组、光学零组件
广东省广州市番禺区迎宾路 200—214 号	数码照相机、基板业务
广东省深圳市福田区车公庙皇冠小区第三栋	数码复印机、激光打印机、复印机
广东省深圳市宝安区李松蓢	数码相机、光学镜片
广东省深圳市宝安区大洋开发区 16 区	复印机
广东省东莞市振安路金沙广场对面	电子计数器制造、打印机制造、数码相机制造
上海市闵行区闵行经济技术开发区南谷路 46 号	复印机
广东省深圳市南山区南区第五工业区	数码照相机、传统相机
天津市南开区平昌道 7 号	照相机制造
江苏省无锡市滨湖区 72—B 地块	光学仪器、数码相机
上海市松江区美能达路 368 号	照相机及器材制造
福建省厦门市海沧区海景中路 46 号	一次性相机
广东省佛山市禅城区朗宝西路 76 号	光学镜头
重庆市北碚区天生街道人民村	工业自动化仪表
浙江省杭州市余杭区直街 181 号	电工仪表制造、DD58 表、LD68 表
广东省东莞市市辖区霄边第二工业区	快门、照相机
广东省东莞市三中歌华德厂侧	电脑键盘、电脑相机、数码相机
广东省深圳市宝安区同富裕工业园 1 栋	彩色视频投影机

续表 45

企业名称	法人代表	电话	分机	邮政编码
江西凤凰光学仪器(集团)有限公司	任 捷	8260533		334000
苏州富士胶片映像机器有限公司	佐藤恒彦	68251188	236	215011
迪堡金融设备有限公司	陈乐民	58545678	249	201206
安迅(北京)金融设备系统有限公司	鲍玉桐	67885500	2129	100176
浙江华立国际发展有限公司	张秋伊	88900635		310005
安捷伦科技(上海)有限公司	Roger Nalepa	50644658	2519	200131
北京发那科机电有限公司	稻叶清右卫	62985923		100085
西安北方光电有限公司	高汝森	82521712		710043
柯尼卡美能达精密光学(大连)有限公司	松丸隆	87622575	4131	116600
得宝数字通信(烟台)有限公司	金秉成	6371853		264006
惠州东风易进工业有限公司	唐 金	5201858	3120	516085
上海 ABB 工程有限公司	路义普	50480101	2609	200131
东莞石龙京瓷光学有限公司	西口泰夫	86119611	1501	523326
上海自动化仪表股份有限公司	肖宗义	54279898	273	200233
佳能珠海有限公司	浅野广助	8888101	2229	519015
奥林巴斯(北京)科技有限公司	樋口达治	82119552		100086
天瀚科技(吴江)有限公司	陈振茂	63320268	2310	215217
山东海德集团总公司	李德海	4229777		264100
飞利浦半导体(广东)有限公司	朱万德	83668268	2307	523750
北京华北光学仪器有限公司	林相平	67075811		100050
西门子威迪欧汽车电子(芜湖)有限公司	李润根	5844088		241009
北京兴大豪科技开发有限公司	郑建军	64358866		100016
工艺品及其他制造业				
从化东麟钻石有限公司	邝华启	87862050		510935
上海老凤祥有限公司	胡书刚	64833388		200235
周大福珠宝金行(深圳)有限公司	郑锡鸿	25266252	1484	518083
深圳市宝福珠宝首饰有限公司	薛炎溪	25510188	8198	518019
佛山市顺德区伦教首饰钻石加工厂	何伯陶	27758531		528308
台州永强工艺品有限公司	谢建勇	5956097		317000
武汉金凰珠宝有限公司	贾志宏	65660346		430023
深圳市翠绿珠宝首饰有限公司	黄炳标	25261338		518081
上海吉田拉链有限公司	本多正宪	54038181	820	200031
北京星航机电设备厂	倪树敏	68374548		100074
深圳市安盛华实业发展有限公司	许勉星	25538888	868	518020
济南鲍德气体有限公司	温燕明	88869218		250101
河南瑞贝卡发制品股份有限公司	郑有全	5133930		461100
中国核工业总公司四O四厂(中核甘肃华原企业总公司)	宋学斌	6764622		732850
杭州航民百泰首饰有限公司	周桃林	82571199		311241

企业地址	主要产品(主要业务活动)
江西省上饶市信州区光学路1号	照相机、光学仪器、光学玻璃
江苏省苏州市新北区长江路138号	一次性成像相机、数码相机
上海市浦东新区川桥路747号	计算机及货币专用设备
北京市大兴区宏达北路22号	ATM自动柜员机
浙江省杭州市余杭区莫干山路501号	电表制造
上海市浦东新区外高桥保税区英伦路412号	化学分析仪器、软件产品
北京市海淀区上地信息产业基地信息路9号	数控系统
陕西省西安市新城区长乐中路35号	经纬仪、双筒望远镜、水准仪
辽宁省大连市金州区工业团地29—17—1	CD镜片加工
山东省烟台市福山区E—11小区	手机主板
广东省惠州市大亚湾新寮村	汽车空调及其汽车配、汽车仪表、汽车内外饰件
上海市浦东新区外高桥保税区富特东三路27号一楼	工业机器人、电高压开关
广东省东莞市新城区京瓷路8号	普通相机、数码相机
上海市徐汇区虹漕路41号	仪表
广东省珠海市香洲区吉大九洲大道中2323号	照相机生产、激光打印机生产、传真机生产
北京市海淀区北三环西路25号	照相机
江苏省苏州市吴江市	数码相机制造
山东省烟台市牟平区	机床自动控制系统、水产品加工
广东省东莞市田美工业北区	半导体器件制造业
北京市崇文区珠市口东大街346号	军工
安徽省芜湖市鸠江区银湖北路237号	汽车仪表组合、燃油供油系统、节气立门体
北京市朝阳区酒仙桥东路1号	其他电子设备制造
广东省广州市从化市府前路5号	钻石加工
上海市徐汇区漕溪路260号	金银铂饰品
广东省深圳市盐田区深盐路黄金珠宝大厦12楼A座	黄金首饰
广东省深圳市罗湖区翠竹北路石化工业区二栋二楼	珠宝加工
广东省佛山市顺德区伦福路1号	足白首饰、西金首饰、钻石成品
浙江省台州市临海市前江村	太阳伞制造、室外家具制造、帐篷制造
湖北省武汉市江岸区江岸经济开发区特15号	黄金首饰、铂金首饰
广东省深圳市盐田区沙头角保税区17栋7楼	黄金饰品、铂金饰品、镶嵌饰品
上海市闵行区经济技术开发区绿春路468号	金属拉链
北京市丰台区东王佐北路九号	其他未列明的制造业
广东省深圳市盐田区沙头角保税区19栋3楼	金银首饰生产、批发
山东省济南市历城区工业北路21号	氧气
河南省许昌市许昌县文峰路南段288号	工艺发条、假头发饰、教习头
甘肃省酒泉市玉门市三区	气体生产、同位素生产、同位素销售
浙江省杭州市萧山区航民村	黄金饰品制造

续表 46

企业名称	法人代表	电话	分机	邮政编码
山东省艺达有限公司	王金广	8352376		264400
中核华光实业公司	史庆丰	8506000		723312
威海山花地毯集团有限公司	刘新惠	5980861		264200
浙江王斌装饰材料有限公司	王　斌	5330907		322000
荣成市崖头镇马家庄工贸公司	龙连军	7651104		264300
南京金箔集团有限责任公司	江宝全	52123772		211100
莱州小河工艺品有限公司	徐建国	2812275		261439
上海亚一金厂有限公司	李康德	63361153		200010
吉田拉链(深圳)有限公司	芝崎修	27377448	126	518103
珠海市以钻钻石打磨有限公司	曾华强	7267666		519055
海马集团公司	王兆岐	5225880		264200
浙江正特集团有限公司	陈能森	5962553		317004
中山华泰工艺制品有限公司	周月嫦	7726286		528476
从化市永钊钻石厂	庞永钊	87861228		510935
上海老凤祥首饰研究所有限公司	陆小春	64378666		200031
浙江新光饰品有限公司	周晓光	5615358		322000
闽侯闽兴编织品有限公司	林水弟	22952459		350102
深圳元升经工实业有限公司	林春癸	61165060		518132
浙江伟海拉链有限公司	陶海弟	5326569		322000
美力时塑料制品厂(中山)有限公司	郑榕彬	6501334	636	528459
辽宁庆阳特种化工有限公司	卢正大	3181758		111002
杭州天堂伞业集团有限公司	王斌章	85283333	8332	310023
深圳市金大福珠宝有限公司	朱纪铭	25195222		518001
上海老凤祥珠宝首饰有限公司	辛志宏	63302272		200010
浙江明牌首饰股份有限公司	虞兔良	4625176		312046
文登市东方礼花厂	荣瑜之	8631139		264400
绍兴日月星珠宝首饰有限公司	虞阿五	4021061		312046
青岛龙丰盛发制品有限公司	张祥宗	88289362		266316
河南丰源实业股份有限公司	张合谦	6629237	2668	473000
山东云龙绣品公司	李国贤	8357601		264400
大连吉田拉链有限公司	川田宽	8762121	133	116600
深圳市福麒珠宝首饰有限公司	庄儒桂	25802333		518019
晋江市恒顺洋伞有限公司	王安邦	85585256		362271
宝吉工艺品(深圳)有限公司	高长昌	84166378	5535	518129
深圳市百泰珠宝首饰有限公司	吴建明	25220707		518081
废弃资源和废旧材料回收加工业				
江苏永恒钢铁实业有限公司	吴岳明	58715622		215636
台州齐合天地金属有限公司	斯蒂芬·范	2691292		318054

企业地址	主要产品(主要业务活动)
山东省威海市文登市横山路 21 号	床上用品、服装
陕西省汉中市洋县下溢水村	机械制造及安装、洗涤品
山东省威海市环翠区和平路 113 号	簇绒地毯、编织地毯、方块地毯
浙江省金华市义乌市经济开发区戚继光路 141 号	木线条制造、相框制造、塑料线条制造
山东省威海市荣成市马家庄	工艺品
江苏省南京市江宁区上元大街 88 号	金箔制造、铝箔加工
山东省烟台市莱州市中心道以东	工艺挂毯
上海市黄浦区福佑路 288 号	黄金饰品加工
广东省深圳市宝安区塘尾工业村	拉链生产
广东省珠海市金湾区	钻石打磨
山东省威海市环翠区和平路 110 号	机织地毯、簇绒地毯、化学纤维
浙江省台州市临海市东方大道 811 号	遮阳蓬制造、太阳伞制造、围布加工
广东省中山市安堂村	人造花树塑料小雕塑
广东省广州市从化市府前路 9 号	钻石加工
上海市徐汇区汾阳路 79 号	金银饰品制造
浙江省金华市义乌市青口工业区新光南路 3 号	饰品(电镀)的生产、饰品配件的生产
福建省福州市闽侯县白沙镇溪头村仙山边 56 号	铁花篮铁家具、铁篮子、铁椅子
广东省深圳市宝安区	POLY 工艺品、蜡烛工艺品、塑胶工艺品
浙江省金华市义乌市稠州西路 278 号	拉链制造
广东省中山市湖洲沙沟工业区	塑料工艺品、塑料玩具
辽宁省辽阳市文圣区台子沟路	化工产品
浙江省杭州市西湖区西溪路 978 号	制造伞
广东省深圳市罗湖区南湖路国贸商业大厦 28B	黄金首饰品的生产
上海市黄浦区侯家路 26 号	珠宝首饰制造业
浙江省绍兴市绍兴县尹家坂村小任家坂村	生产首饰
山东省威海市文登市	工艺美术制品
浙江省绍兴市绍兴县柯桥经济开发区柯东高新技术产业园区	生产首饰
山东省青岛市胶州市黄家屯	发制品
河南省南阳市南召县鸭河村	煤炭零售、粉煤灰综合开发与利用
山东省威海市文登市龙山路 89 号	抽纱刺绣工艺品
辽宁省大连市金州区铁山西路 50 号	拉链加工
广东省深圳市罗湖区布心路石化工业区 1 栋 5 楼	黄金首饰、镶嵌饰品
福建省泉州市晋江市	雨伞、伞骨
广东省深圳市龙岗区雪象社区	塑料圣诞树生产、圣诞工艺品生产、包装纸箱生产
广东省深圳市盐田区沙盐路太平洋工业区 3 栋 7 楼	生产黄金饰品
江苏省苏州市张家港市大新镇	工业
浙江省台州市路桥区金属再生园区	废旧电器拆解

续表 47

企业名称	法人代表	电话	分机	邮政编码
江门市新会双水拆船钢铁有限公司	谭　洋	6412059		529153
云南华云实业总公司	王瑞林	8603033		650302
浙江宝嘉炉料加工有限公司	叶　青	4895326		314105
广州亚钢钢铁有限公司	秦志威	82221668		510731
上海宝钢钢铁资源有限公司	秦　鸿	56698888	3518	201900
台州长青金属有限公司	张国华	2687978		318054
台州市东鑫再生资源加工有限公司	应荣东	2687687		318054
江门银湖拆船有限公司	廖兆文	6266547		529148
江门市中新拆船钢铁有限公司	梁焯权	6293333		529145
台州伟隆金属有限公司	戴明西	2688888	268802	318054
宁波万吉金属材料有限公司	ADAM ISAAC H・S	86295095		315200
温岭市民生金属有限公司	任东生	6477070		317521
广东明发贵金属有限公司	孙明礼	5818488		515638
温岭市三鑫废旧物资回收有限公司	陈才强	6479990		317523
温岭市金达废旧金属调剂有限公司	周美林	6470222		317527
南京浦永物资回收加工有限公司	田有琴	58288566		211800
宁波中港金属有限公司	王静菊	87321547		315111
台州市民生物资有限公司	李建明	2682468		318054
从化市雨新金属制品有限公司	徐建忠	87891633		510978
宁波日华金属材料有限公司	夏　平	86296903		315200
莱州市华明塑料工业有限公司	赵建荣	2348156		261432
清远市丰裕金属企业有限公司	王庆权	3682546		511540
宁波樱华金属有限公司	张国华	86296992		315200
清远市进田企业有限公司	赖细东	3601122		511540
天津捷森金属制品有限公司	葛　楠	26023298		301605
台州市路桥中兴工贸有限公司	林宏亮	2687221		318054
宁波海裕再生资源有限公司	文浩特	86298228		315200
台州市中瀛金属有限公司	陶金辉	2672288		318054
台州大峰野金属有限公司	朱正波	2691353		318054
清远鸿秦五金有限公司	黄平得	3602672		511540
沈阳增鑫塑料有限公司	赵作新	25356642		110142
宁波吉长金属再生有限公司	中村宇男	86298525		315200
宁波泰和再生资源有限公司	樊国芳	86296587		315200
宁波市深海金属材料有限公司	胡波杰	86298220		315200
宁波顶佳金属再生有限公司	汤志云	86298288		315200
重庆众强有色金属有限公司	张洪福	13708351986		401347
汨罗市衡联铜材有限公司	李金芳	5610811	1	414400
江门市新会区明日广新拆船公司	林子权	6288712		529145

企业地址	主要产品(主要业务活动)
广东省江门市新会区双水工业开发区	金属废品加工处理
云南省昆明市安宁市昆钢建设路中段	废钢铁收购加工
浙江省嘉兴市嘉善县陶庄镇工业园区	炉料加工
广东省广州市黄埔区穗东街道庙头社区居民委员会	金属废料和碎屑的加工处理
上海市宝山区铁山路 06 号	废旧汽车拆解
浙江省台州市路桥区十份工业区	废旧电机拆解
浙江省台州市路桥区亭屿村	废旧电器拆解
广东省江门市新会区红关	拆解废旧船、加工剪条
广东省江门市新会区奇乐村	拆解船板
浙江省台州市路桥区桥洋村 8 号	电器拆解
浙江省宁波市镇海区后海塘再生资源加工园区 C 号地块	废铜拆解加工、废铝拆解加工、废铁拆解加工
浙江省台州市温岭市下周村	废旧金属加工
广东省潮州市潮安县前二村委会	金银锭物料生产
浙江省台州市温岭市牧屿下周村	废旧电器加工
浙江省台州市温岭市下周村	废旧电器加工
江苏省南京市浦口区龙华路 19 号	废旧金属加工
浙江省宁波市鄞州区新城村	金属废料加工
浙江省台州市路桥区安溶村金属拆解园区	废旧电器拆解
广东省广州市从化市灌村镇石海村	废旧五金回收销售
浙江省宁波市镇海区定海东路 28 号	废钢铁拆解加工、废铜拆解加工、废铝拆解加工
山东省烟台市莱州市匡郑张家村南	塑料加工
广东省清远市清城区新庄村委会	废五金
浙江省宁波市镇海区定海东路 68 号	废钢铁类拆解加工、废铜类拆解加工、废铝类拆解加工
广东省清远市清城区工业开发区	铜粉、铜铝、废铁
天津市静海县子牙环保产业区	加工、销售再生金属材料制品、废品纸制品
浙江省台州市路桥区桥洋工业区	废旧电器拆解
浙江省宁波市镇海区再生资源加工园区 C10A 区 87 号	废钢铁拆解加工、废铝拆解加工、废铜拆解加工
浙江省台州市路桥区北新街 43 号	废旧拆解
浙江省台州市路桥区金属再生工业园区	废旧电器拆解
广东省清远市清城区龙工街 16 号	加工回收、销售废旧五金、废旧塑料
辽宁省沈阳市于洪区谟家村	塑料原料加工
浙江省宁波市镇海区定海东路 188 号	废铜拆解加工、废钢拆解加工、废铁拆解加工
浙江省宁波市镇海区再生资源加工园区定海东路 128 号	废钢拆解加工、废铝拆解加工、废铜拆解加工
浙江省宁波市镇海区再生资源加工园区 A 区	废钢加工处理、废铜加工处理、废铝加工处理
浙江省宁波市镇海区定海东路 7 号	废钢铁拆解加工、废铜拆解加工、废铝拆解加工
重庆市巴南区惠民沙井村	废旧铝加工
湖南省岳阳市汨罗市丛羊村	铜杆
广东省江门市新会区奇乐村	拆解船板

续表 48

企业名称	法人代表	电话	分机	邮政编码
台州傲德金属有限公司	陶文傲	2681268		318054
清远市益宇再生物资有限公司	郑玉坤	3687330		511540
台州市路桥富国物资有限公司	陈学富	2690218		318054
增城市南岗五金化工有限公司	苏　安	82851897		511370
温岭市繁盛废旧物资调剂有限公司	洪福才	13906869815		317523
天津吉环物产开发有限公司	中村守男	68710715		301605
增城市联达五金厂	黄绍钦	82638482		511300
重庆沙中不锈钢材料有限公司	姜晓东	65685778		400030
赫格纳斯(中国)有限公司	林可维	69210112	325	201700
金华大康物资回收有限公司	金春明	3207653		321000
电力、热力的生产和供应业				
浙江省电力公司	赵义亮	51212319		310007
山东电力集团公司	谢明亮	86932222		250001
华北电网有限公司	马宗林	83583114		100053
上海市电力公司	周永兴	28925222		200122
大庆石油管理局	曾玉康	5996155		163463
河南省电力公司	王中兴	7903261	3261	450052
华北电网有限公司北京电力公司	李一凡	63121609		100031
山西省电力公司	王抒祥	3116355		030001
广电集团广州供电分公司	王野平	87122302		510600
福建省电力有限公司	林　野	87023106		350003
四川省电力公司	朱长林	68133720		610041
广东省广电集团有限公司佛山供电分公司	廖建平	83803608		528000
黑龙江省电力有限公司	姜　魁	53682222		150090
哈尔滨儿童制药厂	姜　魁	53682222		150090
陕西省电力公司	贾福清	87402137		710004
华中电网有限公司	张学知	86762222		430077
中国长江三峡工程开发总公司	李永安	6276666		443002
天津市电力公司	李晶生	24408664		300010
吉林省电力有限公司	魏昭峰	5612222	3504	130021
重庆市电力公司	张春城	63682063		400014
温州电业局	蔡逸天	51108157		325000
华北电网有限公司唐山供电公司	周安春	2904022	4022	063000
石家庄电业局	钟均奇	7096372		050051
宁夏回族自治区电力公司	马力克	4912205		750001
广东核电合营有限公司	钱智民	83671659		518031
东北电网有限公司(沈阳)	刘　忱	23847700		110006
华阳电业有限公司	王永庆	6891295	6022	363106

企业地址	主要产品(主要业务活动)
浙江省台州市路桥区下陶村	旧电器拆解
广东省清远市清城区	铜铝铁
浙江省台州市路桥区白枫桥居	废旧物资
广东省广州市增城市朱村街道南岗	加工铁、铜、铝(废)
浙江省台州市温岭市山坑村水坦里	废旧金属加工
天津市静海县子牙环保产业园区	废旧物品拆解
广东省广州市增城市荔城街道磨谷地	加工销售旧电缆、旧电线
重庆市沙坪坝区四塘村四塘桥社	废旧金属加工
上海市青浦区外青松公路 5646 号	生产销售铁粉
浙江省金华市婺城区振贸街 77 号	钢材、生铁回收、五金工具、废旧物资收购
浙江省杭州市西湖区金祝南路 2 号	电力供应业
山东省济南市市中区经三路 150 号	电力销售
北京市宣武区广安门内大街 482 号	电力供应
上海市浦东新区源深路 1122 号	电力供应
黑龙江大庆市让胡路区	火力发电、电力供应、自来水的生产与供应
河南省郑州市二七区嵩山南路 87 号	电业管理、电力供应、售电量
北京市西城区前门西大街 41 号	电力供应
山西省太原市杏花岭区府东街 169 号	供电、发电
广东省广州市天河区天河南二路 2 号	电力供应
福建省福州市鼓楼区五四北路 264 号	电力供应、电力生产
四川省成都市武侯区人民南路四段 63 号	电力供应、水力发电
广东省佛山市禅城区汾江中路	供电
黑龙江哈尔滨市南岗区汉水路 301 号	售电
黑龙江哈尔滨市南岗区汉水路 301 号	售电
陕西省西安市新城区尚德路 79 号	售电
湖北省武汉市武昌区徐东路 47 号	售电
湖北省宜昌市西陵区西坝建设路 1 号	水利工程建设管理、电力生产、相关专业技术服务
天津市河北区五经路 39 号	电力供应
吉林省长春市朝阳区人民大街 4629 号	电力、热力、生产、购销、电网经营、电力勘测
重庆市渝中区中山三路 21 号	电力供应
浙江省温州市鹿城区锦绣路(立交桥边)	电业供应
河北省唐山市路北区建设北路 7 号	电力供应
河北省石家庄市桥西区红旗大街 66 号	售电量
宁夏银川市兴庆区长城东路 288 号	电力供应
广东省深圳市福田区深南中路核电大厦	核电发电
辽宁省沈阳市和平区宁波路 18 号	电力供应
福建省漳州市龙海市畲族乡白坑村	火力发电

企业名称	法人代表	电话	分机	邮政编码
云南电网公司昆明供电局	杨爱民	3068022		650011
萧山供电局	郑建义	82895026		311201
邯郸供电公司	吕志军	3072146		056035
山东中华发电有限公司	马炳炜	86035423		250001
嘉兴电力局	孔繁钢	2421163		314033
伊川电力集团总公司	戴松灵	8303221		471300
岭澳核电有限公司	樊鹤鸣	83671627		518031
国家电网公司	刘振亚	66598109		100031
广东广合电力有限公司	邓　安	85121768		510080
甘肃省电力工业局兰州供电局	王政涛	2958728		730050
保定供电公司	张明文	3292222	1153	071051
华能国际电力公司德州电厂	王德学	2432011		253024
乌江渡发电厂	张志强	8603281		563106
包头供电局	杨泓	3112224		014030
大唐国际发电股份有限公司张家口市发电厂	安洪光	8603035		075133
广东省广电集团有限公司汕头供电公司	黄壮盛	8307917		515041
核电秦山联营有限公司	李永江	6931961		314300
华电国际电力股份有限公司邹县电厂	白　桦	5482222		273522
内蒙古大唐国际托克托发电有限责任公司	魏　远	8668045		010206
洛阳新安电力集团有限公司	王清凯	7332057		471832
广东省珠海发电厂	李灼贤	3269654		519000
上海电力股份有限公司	丁中智	51156666	2601	200010
陕西省地方电力(集团)公司	戚晓耀	83183893		710054
燃气生产和供应业				
北京市燃气集团有限责任公司	白金荣	66205523		100035
潮州市华丰造气厂有限公司	叶添顺	8651498		515721
乌审旗天然气公司	党永斌	7214965		017300
广州华凯石油燃气有限公司	翁守淼	84985956		511457
加德士海洋燃气能源有限公司	Robert C S chw	3580888	3812	515071
珠海碧辟液化石油气有限公司	徐开明	2639163		519000
上海燃气市北销售有限公司	汪宝平	61433517		200001
上海大众燃气有限公司	杨国平	62311001	2199	200060
海洋石油阳江实业有限公司	林国海	3163592		529500
贵阳煤气气源厂	关学斌	2561078		551400
新海能源(珠海)有限公司	岑　睿	8131311		519020
青岛泰能燃气集团有限公司	杜秀君	86688882		266071
重庆燃气(集团)有限责任公司	蒲自庆	67850685		400020
广州市煤气公司	陈国平	87604293		510060

企业地址	主要产品(主要业务活动)
云南省昆明市官渡区拓东路39号	电力供应
浙江省杭州市萧山区萧绍路1308	电力供应
河北省邯郸市丛台区中华北大街19号	售电
山东省济南市市中区经三路17号	发电
浙江省嘉兴市南湖区城北路99号	电力供应
河南省洛阳市伊川县人民西路	电力、原煤、铝锭
广东省深圳市福田区上步中路101号科技大厦15层	核力发电
北京市西城区西长安街86号	电力供应
广东省东莞市东风东路836号东竣广场第3座32楼	火力发电业
甘肃省兰州市七里河区西津东路629号	电力供应业
河北省保定市新市区阳光北大街138号	电量
山东省德州市德城区华兴路10号	火力发电
贵州省遵义市遵义县乌江居	水力发电
内蒙古包头市青山区建设路21号	电力供应
河北省张家口市宣化区朱家庄电厂院内	水力发电
广东省汕头市金平区金砂路55号	供电
浙江省嘉兴市海盐县勤俭南路57号	核能发电
山东省济宁市邹城市共建路1799号	火力发电
内蒙古呼和浩特市托县燕山营	电力销售
河南省洛阳市新安县庙头	电力、铝锭、金属钠
广东省珠海市金湾区	火力发电
上海市黄浦区中山南路268号	电力、热力
陕西省西安市碑林区文艺路	电力供应
北京市西城区西直门南小街22号	燃气供应与销售、燃气具维修
广东省潮州市饶平县黄冈镇龙湾村大埕湾	液化石油气
内蒙古鄂尔多斯市乌审旗巴音路北	天然气
广东省广州市南沙区环岛路西北部	高纯复合液化石油气
广东省汕头市濠江区广澳湾	煤气供应业
广东省珠海市金湾区石化专区	液化石油气加工
上海市虹口区水电路1239号	燃气销售
上海市普陀区安远路706号	燃气供应销售
广东省阳江市江城区漠江路18号新基业大厦4—5楼	液化石油气
贵州省贵阳市清镇市王二寨	煤气、焦炭
广东省珠海市金湾区高栏岛环岛西路	液化石油气加工
山东省青岛市四方区宁夏路123号	煤气、焦炭、液化气
重庆市江北区嘉陵四村1号	天然气供应
广东省广州市越秀区环市东路416号	燃气生产和供应业

企业名称	法人代表	电话	分机	邮政编码
成都城市燃气有限责任公司	韩小谷	85080195		610072
天津市燃气集团有限公司	孙伯全	23348515		300070
长春燃气股份有限公司	王　振	5954448		130021
宁波兴光煤气集团公司	白小易	87361060		315010
上海燃气浦东销售有限公司	谈金龙	58995588	3388	200129
扬子石化百江能源有限公司	杨文化	58393717	8303	210047
番禺三角洲石油化工有限公司	农绍兴	84581424		511430
西安市天然气总公司	徐　龙	88389888		710075
上海浦东煤气制气有限公司	李振琪	68067067		201208
天津市第二煤气厂	范　宇	26321880	3312	300251
贵州华能焦化制气有限公司	关学斌	2561078		551400
佛山市南海燃气发展有限公司	李扩仪	86287773		528200
昆明焦化制气厂	张鸿鸣	6263211		650211
黑龙江省建龙化工有限责任公司	张志祥	4238133		155100
莱芜市天元气体有限公司	刘振奎	6826666		271105
杭州市燃气(集团)有限公司	章维明	88163517		310007
沈阳市煤气总公司	张国辉	23521410		110005
哈尔滨气化厂	姜海臣	57201901	3055	154854
上海液化石油气经营有限公司	施展明	53080466		200001
新疆广汇液化天然气发展有限责任公司	韩士发	2873316		830011
南京港华燃气有限公司	周小云	83110872		210009
浙江省长江能源发展有限公司	杨选建	86870303		325024
BP(福建)石油有限公司	何可爱	87676007		350201
宜兴港华燃气有限公司	陈永坚	87933248		214200
济南市煤气公司	王建军	86993430		250013
茂名市供气有限公司	江振彬	2265546		525011
四川新顺通天然气有限责任公司	何　炽	5687206		614100
绵阳燃气集团公司	敬克文	2376166		621000
河南省煤气(集团)有限责任公司义马气化厂	高　恒	5625062		472300
重庆凯源石油天然气有限责任公司	肖仁斌	67311155		400021
武汉煤气集团公司	张江皋	85792653		430015
苏州燃气集团有限责任公司	张振强	65117625		215002
海南省燃料化学总公司	林建挺	65343677		570203
佛山市燃气集团有限公司	欧志常	83367905		528000
上海石洞口煤气制气有限公司	王启华	56150088	2007	200942
苏州天然气网管有限公司	黄建林	65116231		215002
水的生产和供应业				
江门市自来水有限公司	邓伯强	3286308		529000

企业地址	主要产品(主要业务活动)
四川省成都市青羊区十二桥街 14 号	城市燃气供应、城市燃气施工安装、燃气专用设备材料供应
天津市和平区吴家窑二号路 44 号	燃气供应
吉林省长春市朝阳区延安大路	混合燃气
浙江省宁波市海曙区中山西路 166—168 号	液化石油气供应
上海市浦东新区杨高北路 5588 号	燃气生产和供应
江苏省南京市六合区方水路 99 号	液化石油
广东省广州市番禺区沙溪汾水头危险品专用码头	燃气生产和供应业
陕西省西安市莲湖区二环南路西段 196 号	天然气、焦炉煤气、液化石油气
上海市浦东新区东塘路 55 号	煤气、焦碳
天津市东丽区大毕庄	煤气、焦炭
贵州省贵阳市清镇市王二寨	燃气生产和供应、焦炭生产
广东省佛山市南海区南兴六路 7 号	管道液化石油气及液化石油气供应、燃气工程的技术咨询和信息服务
云南省昆明市官渡区沙沟村	煤气、焦炭、煤化工产品
黑龙江双鸭山市岭东区双选路 8 号	焦炭
山东省莱芜市钢城区凤凰峪村委会	氧气、氮气
浙江省杭州市西湖区天目山路 30 号	燃气生产和供应
辽宁省沈阳市和平区新华路 8 号	天然气生产和供应
黑龙江哈尔滨市依兰县气化街	城市煤气、精甲醇、发电
上海市黄浦区西藏中路 728 号	液化气
新疆乌鲁木齐市新市区北京南路钻石城 5 号	生产液化天然气
江苏省南京市玄武区中央路 214 号	煤气生产及销售、天然气销售、燃气管网建设
浙江省温州市龙湾区蓝田工业区	燃气生产和供应业
福建省福州市长乐市共和里	石油液化气供应
江苏省无锡市宜兴市人民北路 681 号	燃气供应
山东省济南市历下区山大路 129 号	煤气供应业
广东省茂名市茂南区油城三路 164 号	供应液化石油气
四川省乐山市夹江县	天然气销售
四川省绵阳市涪城区临园路西段 25 号	燃气生产和供应
河南省三门峡市义马市人民路西段	城市煤气、甲醇、发电
重庆市江北区大庆村	天然气开采、天然气销售
湖北省武汉市江汉区青年路 356 号	液化气
江苏省苏州市沧浪区干将西路 383 号	煤气液化气
海南省海口市美兰区海府路 54 号	天然气、液化石油气供应
广东省佛山市禅城区季华五路二十五号	销售液化石油气
上海市宝山区月浦镇煤电路 1 号	煤气生产
江苏省苏州市沧浪区干将西路 383 号	燃气生产和供应、天然气供应、天然气网管工程
广东省江门市蓬江区建设路 44 号	自来水生产及供应

续表 51

企业名称	法人代表	电话	分机	邮政编码
北京市自来水集团有限责任公司	崔君乐	66410088	2503	100031
广州市自来水公司	刘赞勋	81816951		510160
深圳市水务(集团)有限公司	黄传奇	82137284		518031
上海市自来水市北有限公司	王希高	55150088	193	200086
上海市自来水市南有限公司	丁朝治	63215577		200002
武汉凯迪蓝天科技有限公司	潘　生	67869003		430223
杭州市自来水总公司	陈云龙	87886794		310009
上海浦东威立雅自来水有限公司	周克明	58811366	558	200127
武汉凯迪水务有限公司	陈自军	67869003		430223
大连市自来水集团有限公司	姜雄城	83644644		116011
成都市自来水有限责任公司	潭建明	87774762		610072
天津市自来水集团有限公司	陈炳林	23393887		300040
昆明自来水集团有限公司	朱　智	3161091	82713	650051
长春市自来水公司	崔国光	8978370		130041
温州水务集团公司	周道义	88373258		325027
重庆市自来水公司	张利洲	63835624		400013
西安市自来水公司	种受命	88625044		710082
宁波市自来水总公司	张晴浩	27878845		315040
武汉市水务集团有限公司	桂敏侦	83882346		430034
厦门水务集团有限公司	铁志毅	5907796		361009
珠海市供水总公司	李东义	8132999		519000
沈阳市自来水总公司	张国祥	22711580		110002
哈尔滨供排水集团有限责任公司	刘玉澜	84657448		150010
南昌水业集团有限责任公司	毛木金	5234704		330004
成都通用水务一丸红供水有限公司	金睿思	87983602	679	611741
南京自来水总公司	赵梦龙	84402716		210002
太原市自来水公司	王健雄	3020296		030009
北京城市排水集团有限责任公司	涂兆林	67100700	2099	100061
长沙水业投资管理有限公司	邱振华	5197156		410015
无锡市自来水总公司	胡建晨	82756603		214031
绍兴水处理发展有限公司	王定虎	5625204		312073
常州市自来水集团公司	李宪立	8133511		213003
合肥供水集团有限公司	戴立群	4422775		230011
南海发展股分有限公司	何向明	86333944		528200
上海市自来水闵行有限公司	王正达	54156988	332	201100
石家庄市供水总公司	徐　久	6013071		050021
鞍山市自来水总公司	李世良	2200084		114002
深圳市宝安自来水有限公司	沈坤胜	27810623		518133

企业地址	主要产品(主要业务活动)
北京市西城区宣西大街甲121号5层503号	水的生产和供应
广东省广州市荔湾区环市西路5号	自来水供应业、其他仪器仪表制造业
广东省深圳市福田区深南中路1019号万德大厦	自来水生产与供应、污水处理
上海市虹口区四平路206号	自来水生产
上海市黄浦区江西中路484号	自来水
湖北省武汉市江夏区武珞路586号	水处理
浙江省杭州市上城区建国南路168号	自来水生产和供应
上海市浦东新区浦建路703号	自来水生产和供应
湖北省武汉市江夏区江夏大道特一号	水处理
辽宁省大连市西岗区高尔基路42号	自来水的生产及供应
四川省成都市青羊区十二桥路16号	自来水、水表
天津市和平区建设路54号	自来水生产及供应
云南省昆明市盘龙区北京路626号	自来水生产与供应
吉林省长春市南关区大经路919号	自来水
浙江省温州市鹿城区车站大道文化艺术中心西	自来水生产和供应
重庆市渝中区金汤街81号	自来水的生产及供应
陕西省西安市莲湖区环城西路南段甲字8号	自来水
浙江省宁波市江东区新河路48号	自来水生产和供应
湖北省武汉市桥口区解放大道240号	自来水的生产和供应
福建省厦门市思明区莲前西路157号	自来水、污水处理
广东省珠海市香洲区拱北粤海中路2083号13幢	城乡供水、给排水工程建筑
辽宁省沈阳市和平区和平北大街43号	自来水生产和供应
黑龙江哈尔滨市道里区尚志大街31号	自来水生产与供应、排水和污水处理
江西省南昌市青云谱区抚河南路294号	自来水
四川省成都市郫县三道堰街道	净水生产(自来水)
江苏省南京市白下区中山东路460号	自来水
山西省太原市杏花岭区北大街109号	自来水
北京市崇文区龙潭北里4号	污水处理
湖南省长沙市天心区人民中路6号	自来水
江苏省无锡市北塘区人民西路128号	自来水生产销售
浙江省绍兴市绍兴县滨海工业区	污水处理
江苏省常州市天宁区局前街12号	自来水生产
安徽省合肥市瑶海区明光路	生产自来水
广东省佛山市南海区南海大道建行大厦12楼	自来水的生产及供应、供水工程的设计、安装及技术咨询
上海市闵行区春申路3755号	自来水生产、自来水销售
河北省石家庄市桥东区建设南大街136号	自来水供应
辽宁省鞍山市铁东区站前街27号	自来水生产供应
广东省深圳市宝安区广深公路新安段268号	自来水生产供应

续表 52

企业名称	法人代表	电话	分机	邮政编码
杭州萧山自来水公司	郑劲松	82683315		311203
福州市自来水总公司	邹一平	87533793	908	350001
郑州市自来水总公司	张天全	7696301		450007
中山市供水有限公司	高少初	8312969		528403
重庆中法供水有限公司	武秀峰	67651404		400021
保定市供水总公司	戴　涛	7912427		071051
兰州市自来水总公司	孙晓霞	7356954	4288	730060
苏州市自来水公司	管伟民	65225678		215002
汕头市自来水总公司	陈映裕	13802714449		515000
江阴市城乡给排水有限公司	杨伊南	86896441		214400
南宁市自来水公司	谭良良	4835371		530031
房屋和土木工程建筑业				
中铁大桥局集团有限公司	梅　权	84596212		430050
中天建设集团有限公司	楼永良	6623323		310008
中铁十八局集团有限公司	郝趁义	60282247		300222
中铁二局股份有限公司	唐志成	86442211		610032
太平洋建设集团有限公司	严介和	57911111		210029
中铁十九局集团有限公司	左春文	2327941		111000
中国第十三冶金建设公司	张培义	3582045		030009
中港第三航务工程局	方　彦	64030607	3463	200032
中国葛洲坝水利水电工程集团有限公司	杨继学	6712923		443002
中国第二十冶金建设公司	李　勇	56783193		201900
龙元建设集团股份有限公司	赖振元	65442225		315700
中铁十三局集团有限公司	王治忠	6161961		130033
上海宝冶建设有限公司	程志广	56923164		200941
中港第二航务工程局	王海怀	82859637		430014
浙江中成建工集团有限公司	王永泉	8268360		312000
中国建筑第八工程局	梁新向	58520815		200135
中铁三局集团有限公司	刘成山	8950020		030001
浙江宝业建设集团有限公司	高　林	4574483		312028
中国第五冶金建设公司	程并强	83181101		610082
广厦建设集团有限责任公司	楼　明	87980782		310013
南通四建集团有限公司	耿裕华	6512950		226300
中铁建工集团有限公司	段秀斌	51116756		102488
北京建工集团有限责任公司	孙维林	63928969	8971	100055
江苏省苏中建设集团股份有限公司	笪鸿鹄	88826103		226600
中国第一冶金建设公司	范玉成	68868808		430080
海洋石油工程股份有限公司	周守为	25807818		300452

企业地址	主要产品(主要业务活动)
浙江省杭州市萧山区人民路34号	自来水生产和供应
福建省福州市鼓楼区东街104号	自来水生产
河南省郑州市中原区中原中路67号	供应城市自来水
广东省中山市竹苑路银竹街23号	自来水供应
重庆市江北区石马河河嘴1号	自来水
河北省保定市新市区五四中路1438#	自来水
甘肃省兰州市西固区化工街2号	自来水生产和供应
江苏省苏州市沧浪区人民路1098号	自来水供应
广东省汕头市金平区金砂中路60号	自来水生产和供应
江苏省无锡市江阴市环城北路15号	销售自来水
广西南宁市江南区体育路4号	自来水生产和供应
湖北省武汉市汉阳区汉阳大道38号	铁路工程施工、桥梁施工、公路工程
浙江省金华市东阳市吴宁东路65号	房层建筑总承包、装饰、交通路桥
天津市津南区大沽南路18号	铁路、道路、隧道和桥梁工程建筑、房屋工程建筑、水利和港口工程建筑
四川省成都市武侯区九兴大道高发大厦B栋1层156号	建筑
江苏省南京市鼓楼区五台山1号	公路工程、市政公用工程
辽宁省辽阳市白塔区和平路17号	铁路工程、公路工程、市政水力水电房建
山西省太原市杏花岭区北大街278号	工矿工程建筑、公路建设、房屋工程建筑
上海市徐汇区平江路139号	港口与航道工程施工、公路工程施工、桥梁工程施工
湖北省宜昌市西陵区清波路1号	水利和港口工程建筑、建筑安装、路桥工程等
上海市宝山区盘古路777号	房屋工程建筑、建筑安装、工矿工程建筑
浙江省宁波市象山县新丰路165号	房屋建筑
吉林省长春市二道区岭东路2138号	铁路、公路桥梁
上海市宝山区月浦镇四元路168号科技大楼	房屋工程建筑、土木工程建筑、建筑安装
湖北省武汉市江岸区南京路16号	土木建筑工程
浙江省绍兴市越城区中兴中路375号	房屋工程建筑
上海市浦东新区源深路269号	房屋工程建筑、建筑安装、建筑装饰
山西省太原市迎泽区迎泽大街269号	铁路工程、监管运输
浙江省绍兴市绍兴县高家村	房屋工程建筑
四川省成都市金牛区人民北路一段八号	土木工程建筑、工程总承包
浙江省杭州市西湖区玉古路166号	房屋建筑工业工程、建筑安装、建筑装饰
江苏省南通市通州市新金西路93号	房屋建筑工程总承包
北京市房山区政通路12号	建筑施工活动
北京市宣武区广莲路1号	施工总承包、房地产开发经营、工程设计开发技术咨询
江苏省南通市海安县中坝南路18号	房屋建筑工程
湖北省武汉市青山区和平大道1274号	房屋建筑
天津市塘沽区闸北路3号	海上油气设施总承包、各类钢结构网架工程、压力容器制造

续表 53

企业名称	法人代表	电话	分机	邮政编码
浙江省建工集团有限责任公司	张介中	88238921		310012
浙江展诚建设集团股份有限公司	王苗夫	7014627		311800
中国建筑一局集团有限公司	郭宏若	83982041		100073
中建三局第一建设工程有限责任公司	左旭平	83261546		430040
浙江省长城建设集团股份有限公司	葛相校	87801205	3083	310009
浙江中设建工集团有限公司	陈永根	5107068		312072
上海市第四建筑有限公司	朱海根	62530177	227	200040
中国江苏国际经济技术合作公司(鼓楼)	孔新宁	833100		210024
北京城建集团有限责任公司	刘龙华	62091875		100088
中国冶金建设集团公司	杨长恒	82169530		100081
北京首钢建设集团有限公司	王文利	88294206		100041
上海市第一建筑有限公司	张香田	58885866	2529	200120
中国建筑工程总公司	孙文杰	88082873		100037
广州市建筑集团有限公司	侯永铨	83331894		510030
鞍钢集团建设总公司	刘传海	5813040		114001
华升建设集团有限公司	杭飞龙	2665716		312365
中铁建设集团有限公司	李　黎	51885737		100040
浙江昆仑建设集团股份有限公司	叶哲华	85151190		310006
中铁十局集团有限公司	程广朝	2424306		250001
绍兴第一建工集团有限公司	杨长甫	5131693		312000
五洋建设集团股份有限公司	陈志樟	2211803		312300
天津二十冶金建设有限公司	张孟星	24362398	8816	300301
中建一局建设发展公司	季加铭	64726644	530	100102
上海隧道工程股份有限公司	陈　彬	65869999	4114	200082
建筑安装业				
中国石油工程建设(集团)公司	孙　波	58192777		100011
上海久隆电力(集团)有限公司	孙子强	63547110		200070
上海电力建设有限责任公司	施申新	64316628		200031
中国华西企业有限公司	李纯刚	83541869		518034
北京送变电公司	陈茂生	69351040		102401
上海绿地建设(集团)有限公司	谈德勤	66299999	6736	200083
贵州电力建设第一工程公司	李　江	3715823		550006
胜利油田胜利石油化工建设有限责任公司	崔光明	8556885		257073
中国石油天然气第一建设公司	顾满林	5972242		471023
浙江省开元安装集团有限公司	高兴夫	87079251		310001
中国石化集团宁波工程有限公司	朱海兴	86433535		315207
广西电力开发有限责任公司	黄建安	5697883		530022
上海市安装工程有限公司	沈柏青	63251219		200080

企业地址	主要产品(主要业务活动)
浙江省杭州市西湖区文三路 20 号	房屋建筑
浙江省绍兴市诸暨市暨阳路 90 号	房屋建筑
北京市丰台区西四环南路 52 号	建筑施工活动、专业承包、房地产开发
湖北省武汉市东西湖区特 1 号	房屋建筑工程
浙江省杭州市上城区梅花碑 8 号 6 号楼	房屋工程建筑
浙江省绍兴市绍兴县车站路 2 号	房屋建筑施工
上海市静安区愚园路 22 号	房屋工程建筑、市政工程、建筑装潢
江苏省南京市鼓楼区北京西路 5 号	建筑装饰
北京市海淀区北太平庄路十八号	建筑施工
北京市海淀区高粱桥斜街 11 号	工程承包、技术装备与制造、资源开发与房地产开发
北京市石景山区苹果园路 15 号	房屋建筑业、设备安装业、市政工程等
上海市浦东新区福山路 33 号	建筑工程
北京市海淀区三里河路 15 号中建大厦 A 座 18 层	建筑、房地产、勘察设计
广东省广州市越秀区广卫路 4 号建工大厦	房屋建筑总承包
辽宁省鞍山市铁东区安乐街 34 号	房屋建筑工程
浙江省绍兴市上虞市勤联村	房屋建筑工程施工、建筑装璜、钢结构施工、机电设备安装、市政工程
北京市石景山区吴家村路一号	房屋建设施工总承包
浙江省杭州市西湖区体育场路 580 号	房屋建筑
山东省济南市天桥区火车站社区居委会	铁路、公路、市政
浙江省绍兴市越城区人民西路 226 号	房屋工程建筑、铁路. 道路隧道和桥梁工程建筑、建筑装饰
浙江省绍兴市上虞市解放街 119 号	房屋建筑工程施工
天津市东丽区津塘公路十号桥	冶炼工程施工、房屋建筑工程及市政公用工程施工、公路工程施工、设备安装
北京市朝阳区望花路西里 17 号	房屋工程建筑
上海市杨浦区大连路 118 号	隧道、地铁工程建筑、高架、道路、桥梁建筑、电厂取排水及民用建筑
北京市东城区鼓楼外大街 28 号	石油工程总承包、线路敷设管道安装
上海市闸北区民立路 183 号	输配变电力工程安装、配电设备及器材的制造
上海市徐汇区高邮路 68 号	电力安装
广东省深圳市福田区红荔西路 7024 号鲁班大厦写字楼 15 层	房屋建筑
北京市房山区昊天大街 8 号	各种电压等级容量的输电线路、变电站建筑安装和电缆工程、电气设备安装
上海市虹口区水电路 180 号莱蒙德大厦 B 楼	房屋建筑、设备安装、金属结构制造
贵州省贵阳市南明区花溪大道北段 814 号	建筑安装
山东省东营市东营区青华社区居委会	建筑安装
河南省洛阳市洛龙区关林西街 87 号	建筑施工、制造安装、加工、维修
浙江省杭州市上城区开元路 21 号	建筑设备安装
浙江省宁波市江东区俞范东路 811 号	国内外石油化工工程等工程设计、工程总承包、一、二、三类压容、管道、钢结构设计
广西南宁市青秀区民族大道 38－2 号	电力安装
上海市虹口区塘沽路 390 号	机电设备安装、线路、管道安装、压力容器制作、安装

企业名称	法人代表	电话	分机	邮政编码
中国石油天然气第七建设公司	汪桃义	13969821598		266300
广东省工业设备安装公司	钟凤标	87310330		510080
北京市设备安装工程公司	冯　义	68033588		100045
中国石油天然气第六建设公司	黄勇华	5886510		541004
浙江省诸暨市工业设备安装公司	范绍福	7016360		311800
河北省送变电公司	王军利	87898818		050051
中铁电气化局集团第一工程有限公司	吴运河	51859269		100070
上海电力电缆工程有限公司	叶业庆	56659380	2050	200072
中铁一局集团建筑安装工程有限公司	朱卫东	87865202		710054
中国石化集团第四建设公司	杨庆华	63862715		300270
唐山市丰润区新城建筑安装工程有限公司	韩玉娜	5183551		064000
重庆电力建设总公司	向贵霖	62801827		400060
四川电力建设二公司	何远刚	84715328	3860	610051
广州市通信建设有限公司	谢方操	83331068		510030
广州市机电安装有限公司	罗超鸣	83335564		510030
内蒙古第一电力建设有限责任公司	鲁当柱	3131155	2034	014030
东北电业管理局第二工程公司	于宝华	84672611	8830	116023
沈阳电业局电气安装公司	丑　俊	23736584		110166
无棣海川安装工程有限公司	冯其森	6451556		251909
安徽送变电工程公司	宫阿龙	3703771		230022
中国建筑第八工程局工业设备安装公司	罗能镇	85562005	8047	210046
上海东缆技术工程有限公司	史济康	58395678	28810	200125
广东省电信工程公司	赖志坚	87327983		510095
河南送变电建设公司	成　卫	7192227		450051
大庆石油化工工程公司	高洪贵	6762587		163714
四川省工业设备安装公司	袁怡堂	86690780		610031
中国石化集团第二建设公司	向文武	85662000		210046
中国有色金属工业第七冶金建设公司	刘昭义	4601204		550014
启东工业设备安装有限公司	殷炜东	3314374		226200
中铁四局集团电气化工程有限公司	陈学成	3920286		233040
上海电力安装第二工程公司	张耀庆	64411737		200235
五洲大气社工程有限公司	王心力	65908253	360	100004
甘肃送变电工程公司	马志林	2951279		730050
河北恒泰建筑工程有限公司	杨海涛	6821033		072650
河北省安装工程公司	张国友	86016506		050011
江苏省苏源江南电力实业有限公司	周治中	85311750	3015	210028
中原油田建筑集团公司	刘大恕	4887963		457001

企业地址	主要产品(主要业务活动)
山东省青岛市胶州市驻胶七公司居委会	化工石油工程施工、作标压力容器制造、大型钢结构制造
广东省广州市越秀区农林下路83号广发金融大厦15～16楼	建筑
北京市西城区南礼士路15号	建筑安装
广西桂林市七星区空明西路7号	石油化工民用工程建、金属结构一二类压力容器制、三类压力容器组焊
浙江省绍兴市诸暨市人民中路109号	机电安装
河北省石家庄市新华区新华路288号	架线和管道工程建筑
北京市丰台区南四环西路188号七区10号楼	铁路电气化、通信、电务
上海市闸北区共和新路2501号	电力工程
陕西省西安市碑林区太乙路北段132号	建筑安装
天津市大港区世纪大道180号	设备钢结构安装、线路、管道安装、电气仪表安装
河北省唐山市丰润区新军屯镇	建筑安装
重庆市南岸区花园路街道金子村101号	火电厂建筑安装、hokv－500kv变电输电、房屋建筑
四川省成都市龙泉驿区龙泉镇滨河社区	建筑安装
广东省广州市越秀区越华路28号	通信线路管道和设备的安装
广东省广州市越秀区广卫街道广卫路4号	机电安装、装饰
内蒙古包头市青山区呼得木林大街32号	电力设备安装
辽宁省大连市沙河口区黄埔路355号	电力建筑安装
辽宁省沈阳市和平区西夹河村	安装电气
山东省滨州市无棣县冯家庄村委会	机电安装
安徽省合肥市包河区桐城南路397号	输变电工程施工
江苏省南京市栖霞区尧安新村尧佳路9号	设备安装、工程施工服务
上海市浦东新区东三里桥路988号	电缆排管工程
广东省广州市越秀区区庄原道路17号	通信设备安装、通信线路安装
河南省郑州市中原区西站路76号	装线和管道工程建筑
黑龙江大庆市龙凤区	管道安装
四川省成都市青羊区人民中路三段2号	机电安装
江苏省南京市栖霞区尧石二村100号	建筑安装
贵州省贵阳市白云区白云南路10号	建筑业、房地产业、服务业
江苏省南通市启东市人民中路683号	机电安装
安徽省蚌埠市蚌山区迎湖路9号	铁路电务工程、电信工程、铁路电气化
上海市徐汇区吴中路45弄5号	电力安装
北京市朝阳区东三环北路5号发展大厦401室	建筑安装
甘肃省兰州市七里河区西津西路27号	送变电工程、铁塔加工、附属加工、承包境外送变电工程
河北省保定市定兴县昌盛大街	石化工程、市政工程、房屋建筑
河北省石家庄市裕华区槐北路27号	通风管道及设备安装、工厂设施设备的施工与安装、自来水厂、污水处理厂的施工
江苏省南京市栖霞区电建路8号	电力工程施工、钢结构防腐保温、机电设备安装
河南省濮阳市华龙区胜利东路232号	公路、桥梁工程、市政工程、房屋建筑工程

企业名称	法人代表	电话	分机	邮政编码
建筑装饰业				
沈阳市远大铝业工程有限公司	康宝华	88456522		110161
苏州金螳螂建筑装饰股份有限公司	倪　林	68282740	211	215004
浙江亚厦装饰集团有限公司	丁欣欣	2096888		312363
深圳市科源建筑装饰工程有限公司	庄伟明	83288388	209	518031
北京江河幕墙装饰工程有限公司	刘载望	60411166	625	101301
深圳市洪涛装饰工程有限公司	刘年新	82122046		518029
中国建筑装饰工程公司	郜烈阳	88082736		100037
济钢新事业有限公司	薄　涛	8860507		250101
辽宁东林瑞那斯有限公司	周德才	7265409		115212
武汉凌云建筑装饰工程有限公司	黄　恒	68832105		430030
上海海直建设工程公司	唐海金	65269560	13	200083
北京市金盛工建筑装饰工程有限公司	刘福军	69632397		101400
北京港源建筑装饰工程有限公司	王　波	51552624		102211
上海康业建筑装饰工程有限公司	孙自翔	56716666		200080
中铁二局集团装饰装修工程有限公司	陈小龙	87660842		610031
上海市建筑装饰工程有限公司	谢建伟	55159868		200081
深圳市海外装饰工程公司	孙尚高	83359988		518031
深圳方大装饰工程有限公司	朱卫平	26788571	7719	518055
上海华亮建筑装饰有限公司	顾爱军	54613318	207	200232
中建三局东方装饰设计工程公司	田厚春	50814122		200122
青岛海尔家居集成股份有限公司	杨绵绵	88938364		266101
上海建筑装饰(集团)有限公司	张洪星	62533796		200041
珠海兴业幕墙工程有限公司	刘红维	8682222		519060
宁波建乐建筑装潢有限公司	王宇凌	87355684		315020
浙江广艺建筑装饰工程有限公司	金吉祥	4885300		312030
深圳市深装总装饰工程工业有限公司	郑李民	25843546		518029
深圳市奇信装饰设计工程有限公司	叶家豪	83212164		518031
北京市建筑工程装饰公司	张宝奇	64911242		100101
江苏苏鑫装饰(集团)公司	金鑫南	65481518		215143
北京清华工美建筑装饰工程有限公司	吴　晞	65619634		100020
浙江环影装饰工程有限公司	钱越栋	3101823		312400
四川通信建设工程有限公司	邓小伏	85336127		610041
浙江省宝业幕墙装饰有限公司	王建国	4882000	208	312030
上海杰思工程实业有限公司	刘海韵	63877128		200020
上海大华装饰工程有限公司	杨倚耀	62783370		200336
广东省建筑装饰工程有限公司	曾思成	87658572		510080
广州市第四装修有限公司	汪细林	87690368	218	510075
北京侨信装饰工程有限公司	王东兴	84887777		100053

企业地址	主要产品(主要业务活动)
辽宁省沈阳市东陵区东陵路30—2号	铝合金天窗、幕墙门窗、钢结构设计制造安装、石膏工艺制品石膏装饰材料系列、自动节水器擦膏机制造环保产品
江苏省苏州市沧浪区西环路888号	建筑设计及施工
浙江省绍兴市上虞市开发新区	建筑装饰工程承包设计、玻璃墙、门窗制作、施工安装
广东省深圳市福田区上步中路工会大厦12楼	建筑装饰工程施工
北京市顺义区牛栏山镇东方路甲2号	幕墙
广东省深圳市罗湖区泥岗西路洪涛路17号	建筑装饰修理工程、室内外装饰设计
北京市海淀区三里河路15号中建大厦B座6层	建筑施工活动、装饰设计、建筑材料设备销售
山东省济南市历城区王舍人村民委员会	门窗安装、化工产品、铁路车辆
辽宁省营口市鲅鱼圈区西兰街	建筑外装饰装修、铝合金门窗建筑生产
湖北省武汉市江汉区建设大道417号	装饰装修
上海市虹口区广灵四路341弄2号	建筑装饰、建筑安装
北京市怀柔区迎宾中路27号	室内外装饰装修
北京市昌平区小汤山工业园区大东流295号	建筑装饰工程施工、建筑幕墙工程施工、工业与民用建筑施工
上海市虹口区邢家桥北路9号	建筑
四川省成都市金牛区沙湾路东一路附2号	建筑装饰装修工程、建筑装饰设计、建筑材料制作安装
上海市虹口区曲杨路55号	装饰
广东省深圳市福田区振华路122号海外装饰大厦A座18栋	装饰装修工程
广东省深圳市南山区桃源村方大城	门窗装饰、建筑幕墙
上海市南汇区喜泰北路	建筑装饰
上海市浦东新区东方路985号21F楼	承接装饰工程、建筑幕墙工程、园林古建筑工程
山东省青岛市崂山区西韩社区居民委员会	家居集成业务
上海市静安区延安中路632弄50号	建筑装饰、房屋修建、土木建筑
广东省珠海市香洲区科技园虹达路8号	建筑装饰幕墙
浙江省宁波市江北区白沙路01号茗雅苑8楼	室内装饰
浙江省绍兴市绍兴县高家	建筑装饰装修、园林古建筑
广东省深圳市福田区八卦一路十栋二楼	装饰施工
广东省深圳市福田区振兴路101号华匀大厦B座4楼	建筑装饰
北京市东城区新中街11号	建筑装饰 建筑施工、装饰、水、电设计、安装、咨询服务
江苏省苏州市相城区埭南大桥南堍	装饰
北京市朝阳区东三环北路34号308室	建筑装饰
浙江省绍兴市嵊州市嵊州大道97号	建筑装修装饰工程
四川省成都市武侯区	通信施工
浙江省绍兴市绍兴县柯桥经济开发区柯西工业园区	建筑幕墙工程专业承包、金属门窗工程专业承包、钢结构工程专业承包
上海市卢湾区复兴中路530号	建筑幕墙、铝合金门窗
上海市徐汇区中山西路1420弄12号	装饰
广东省广州市越秀区东风东路703号之29幢10、11楼	建筑装饰、装饰设计
广东省广州市越秀区环市东472号粤海大厦22楼	装修
北京市宣武区槐柏树街12号	建筑装饰

续表 56

企业名称	法人代表	电话	分机	邮政编码
上海室内装饰集团有限公司	陈云权	66666666		200040
广州珠江装修工程公司	林芷珊	83850380		510060
珠海市晶艺玻璃工程有限公司	罗　忆	8538926		519070
武林建筑工程有限公司	金文照	88385252		310012
深圳市宝鹰装饰设计工程有限公司	古少明	82914668		518033
深圳市晶宫设计装饰工程有限公司	沈俊强	25613666	2188	518020
浙江飞耀建筑装饰工程有限公司	张跃飞	87178985	807	310009
北京嘉寓幕墙装饰工程(集团)有限公司	田家玉	69412265		101301
华鼎建筑装饰工程有限公司	姚仲华	32014300		200042
深圳市华南装饰设计工程有限公司	叶　诚	82915688	248	518033
上海科胜幕墙有限公司	杨雪枣	64166213		200032
沈阳市远大工程有限公司东北分公司	吴庆国	88456682		110061
其他建筑业				
中国东方电气集团	王　计	87057637		610041
福建省工业设备安装有限公司	朱汉庭	87561530		350011
中原石油勘探局工程建设总公司	朱跃武	4821680		457001
常州交通工程有限公司	王仁杰	5100305		213022
中电投远达环保工程有限公司	郑武生	62900999	8411	400060
江西省地质工程总公司	杨建林	8232612		330001
上海宝钢设备检修有限公司	王建跃	26648677		201900
上海冠达尔钢结构有限公司	曹　平	56123456	244	201900
施美高(上海)工程有限公司	西平俊明	52080885		200336
浙江省地质矿产工程公司	汪晓亮	86942149		310016
郑州市市政工程总公司	多化勇	7435598		450052
宁波经济技术开发区二十冶金建设有限公司	杨锡广	86800185		315800
重庆葛洲坝普力化工有限公司	宋　领	89077870		400023
淮南市中发电力实业总公司	王胜利	3662991		232007
河北建筑勘察研究院有限公司	席占军	5051475		050031
安徽省机械疏浚工程公司	施建刚	4482050		230011
深圳市电达实业股份有限公司	庄宗源	88932616		518001
江苏交通建设集团有限公司	王正义	86623877		210006
中铁电气化局集团西安电气化工程有限公司	纪亚洲	2855025		721000
浙江省岩土基础公司	许明华	87800351		315000
中南勘察基础工程总公司	张怀庆	86867319		430081
中国建筑第二工程局土木公司	张跃平	4830668		467001
山东岩土工程勘察总公司	刘雅东	6957971		250014
武汉市第二市政工程有限公司	曹　雨	87123940		430070
厦门中联建设工程有限公司	周　青	5111766		361012

企业地址	主要产品(主要业务活动)
上海市静安区延安西路376弄22号东七楼	装饰装修
广东省广州市越秀区华乐路27号	各类建筑装饰工程的设计施工
广东省珠海市香洲区兰埔工业区白石路105路	建筑幕墙、智能化幕化、钢结构
浙江省杭州市西湖区文二路20号	建筑物的装饰装修
广东省深圳市福田区海鹰大厦28楼	建筑装饰
广东省深圳市罗湖区文锦北路1052号嘉多利花园内	设计、施工、购销
浙江省金华市东阳市望江路11号	室内外装饰
北京市顺义区牛富路西侧	装饰装修、装饰装修
上海市静安区长寿路831号智慧广场8楼816室	建筑装饰
广东省深圳市福田区彩田南路彩虹大厦28层	建筑装修装饰
上海市徐汇区平江路139号12楼	幕墙
辽宁省沈阳市东陵区东陵路30－2号	玻璃暮墙
四川省成都市武侯区一环路71号	其它建筑业
福建省福州市鼓楼区福新路297号	工程施工总承包、设备安装、钢结构网架施工
河南省濮阳市华龙区中原路	化工石油工程、市政工程、二级以下公路工程、300万元防腐
江苏省常州市新北区通江大道583号	工程准备
重庆市南岸区开发区青龙路1	环保工程
江西省南昌市青云谱区解放西路177号	地基基础工程、地质灾害防治工程、桥梁工程
上海市宝山区宝钢厂区机八路五路	炉窑工建、钢结构非标安装、修理
上海市宝山区宝杨路2001号	钢结构工程
上海市长宁区兴义路8号2802室	建筑工程
浙江省杭州市江干区杭海路218号	地基与基础工程
河南省郑州市中原区工人路170号	其它土木工程建筑
浙江省宁波市北仑区恒山路175号海事大厦8楼	建筑、安装、钢结构
重庆市江北区杨河一村78号	土石方工程、炸药生产销售
安徽省淮南市田家庵区电厂路300号	电力技术服务
河北省石家庄市长安区建华南大街	地基与基础施工
安徽省合肥市瑶海区合裕路社区居委会	疏浚工程、堤际工程、土矿工程
广东省深圳市罗湖区深南东路4020号	工程施工(电力)
江苏省南京市秦淮区仙鹤街99号	公路及交通工程
陕西省宝鸡市金台区马营路7号	铁道电气化施工、技术服务
浙江省宁波市海曙区宁穿路448弄16号	桩基施工
湖北省武汉市青山区红卫路	基础勘查施工
河南省平顶山市湛河区中兴南路27号	土石方工程施工
山东省济南市历下区师东新村社区居委会	地基与基础工程、工程地质、工程咨询
湖北省武汉市武昌区武珞路315号	市政道路排水
福建省厦门市思明区槟榔路1号	建筑

续表 57

企业名称	法人代表	电话	分机	邮政编码
湖北高速公路实业开发有限公司	李正友	83468399		430051
浙江省东阳木雕古建园林工程有限公司	卢中一	6639624		322100
上海东惠建筑劳务有限公司	鲁建伟	58892522		200127
栾城县德城建筑工程有限公司	宫会娟	6382590		051430
武汉地质勘察基础工程有限公司	谭林峰	83614113		430030
青岛荣昌基础建设工程有限公司	高　伟	86878111		266520
深圳市瑞华幕墙装饰有限公司	汤　莉	26412162	2035	518054
山西省机械施工公司	王学章	3072091		030009
广东宏大爆破工程有限公司	李应儒	83862952		510055
厦门海投工程建设公司	戴文鸿	6881012		361026
山东省建工第十有限公司	周荣贵	6569879		250013
南京海外建筑工程总公司	邵　军	84493076		210000
苏州工业园区华东城建发展有限公司	汤建男	67155919		215000
广州市花都耀华供用电工程有限公司	罗新文	36898298	79084	510800
攀钢集团修建公司	曾庆云	3394303		617023
浙江宝业住宅产业股份有限公司	黄奋勇	4120500		312030
浙江永和建材有限公司	夏柏荣	4573115		312028
青岛恒源电力股份有限公司	刘建旬	86665630		266100
成都市海宏建筑工程有限公司	柳荣春	85184974		610041
浙江有色建设工程有限公司	王文善	8602559		312000
四川省蜀通岩土工程公司	但玉林	83412448		610081
安徽铜陵京安建筑劳务公司	刘得正	1986158		244000
武汉一冶第一建筑劳务有限责任公司	徐传安	86303363		430083
广州中煤江南基础工程公司	吴华森	88902488	839	510170
厦门市广仁建工有限公司	吴丽杰	5617170		361012
批发业				
中国石化销售有限公司华东分公司	吴云峰	62119144		200050
中国石油天然气股份有限公司东北销售分公司	董仁平	88559590		110013
中国石化销售有限公司华北分公司	耿　勇	27127820		300040
中国石化销售有限公司中南分公司(商业)	邹晓瑜	65798038		430022
中国石化销售有限公司中南分公司	邹晓瑜	65798038		430022
一汽一大众销售有限责任公司	安德武	5750279		130011
五矿钢铁有限责任公司	徐思伟	68494101		100044
中国石油化工股份有限公司广东石油分公司	张国强	81298300		510145
中国石油天然气股份有限公司华北销售分公司	项平生	84971725		100101
中国石化销售有限公司西南分公司	夏于飞	3393268		525000
诺基亚(中国)投资有限公司	OLLI-PEKKAKALL	65392828		100027
上海宝钢钢材贸易有限公司	黄兴荣	50509696		200122

企业地址	主要产品(主要业务活动)
湖北省武汉市汉阳区龙阳大道9号	路基路面施工
浙江省金华市东阳市艺海北路18号	园林古建筑
上海市浦东新区东方路1523弄3号楼1613室	建筑劳务
河北省石家庄市栾城县北关村委会	劳务分包
湖北省武汉市江汉区江汉区航空路17号	地基与基础工程施工、承包境外勘察与基础施工、对外派遣施工劳务人员
山东省青岛市黄岛区西山居委会	混凝土施工、土石方工程施工
广东省深圳市南山区龙城路104号圣达吉大厦4楼	建筑幕墙
山西省太原市杏花岭区胜利街17号	各类型建设项目的机械土方施工、公路、桥梁、机场、码头等地基处理、工业与民用建筑岩土检测
广东省广州市白云区鹤边村	其他建筑活动
福建省厦门市海沧区未来海岸投总办公大楼	市政共用工程、土石方工程
山东省济南市历下区解放桥社区居民委员会	建筑工程施工、建筑装饰材料、五金、交电
江苏省南京市白下区解放路40号	房屋建筑工程
江苏省苏州市平江区苏州杨枝新村62－2	市政公用工程
广东省广州市花都区华南路23号	其他未列明的建筑活动、其他未列明的建筑活动
四川省攀枝花市东区	工业设备安装、修理、炉窑工程、钢结构工程
浙江省绍兴市绍兴县柯桥经济开发区柯东鉴湖路208号	房屋施工前的准备
浙江省绍兴市绍兴县上孙村	钢筋混凝土排水管、预应力混凝土管桩
山东省青岛市市南区东海西路社区居委会	电力基建更改工程、电气设备检修调试
四川省成都市武侯区创业路39号	工业与民用建筑施工、预制构件生产金属及木制品加工、维修、租赁
浙江省绍兴市越城区环城东路2082号	工程挖土、运土、土地平整
四川省成都市金牛区白马寺街3号	岩土工程勘察施工、地基与基础工程、灾害治理
安徽省铜陵市狮子山区东郊	建筑劳务分包
湖北省武汉市青山区冶金大道249号	钢筋作业
广东省广州市越秀区东风西路140号东方金融大夏10楼	地基与基础施工、工程勘察
福建省厦门市湖里区东渡路114号中梯304室	劳务分包
上海市长宁区愚园路819号	石油及制品批发
辽宁省沈阳市沈河区惠工街239号	石油制品批发
天津市和平区建设路2号	石油产品销售
湖北省武汉市江汉区精武路39号	成品油批发
湖北省武汉市江汉区精武路39号	成品油批发
吉林省长春市绿园区东风大街149－1	销售轿车
北京市海淀区三里河路5号	金属及金属矿批发
广东省广州市荔湾区中山七路81号石油大厦	石油产品销售(批发)
北京市朝阳区北辰东路8号	石油及制品批发
广东省茂名市茂南区人民南路268号	石油制品销售
北京市朝阳区工体北路甲2号盈科中心诺基亚	通讯及广播电视设备批发、建立科研开发中心或部门从事与通讯、电子技术和产品有关的研制和开发
上海市浦东新区浦电路370号12楼	钢材

续表 58

企业名称	法人代表	电话	分机	邮政编码
上海上汽大众汽车销售有限公司	胡茂元	62441108		200063
中国石油化工股份有限公司浙江石油分公司	徐祥燕	87818833		310009
神华煤炭运销公司	华泽桥	64485333		100011
一汽丰田汽车销售有限公司	竺延风	85156025		100020
上海宝钢国际经济贸易有限公司	戴杰浩	58358888	1822	200122
山东临沂烟草有限公司	刘昌宝	8315236		276000
江苏省烟草公司盐城分公司	向增来	8219772		224002
一汽贸易总公司	赵忠信	5904147		130011
中国石油化工股份有限公司江苏石油分公司	杨　棣	58808888	8208	210003
中国石油天然气股份有限公司东北销售大连分公司	林　鹏	82703944		116001
中化化肥有限公司	杜克平	88079601		100045
中国石油化工股份有限公司江苏盐城石油分公司	蔡云康	8401786		224005
中国石油天然气股份有限公司四川销售分公司	杨顺城	86520041		610000
广州宝钢南方贸易有限公司	周隆云	38730020	286	510630
五矿有色金属股份有限公司	周中枢	68495727		100044
索尼(中国)有限公司	小寺圭	84586000		100027
浙江物产金属集团有限公司	董明生	85271087		310003
神华煤炭运销公司结算部	刘　江	8296755		017000
广东省电力工业燃料公司	刘桂忠	85138190		510630
中国农业生产资料集团公司	肖仲凯	68471449		100044
天津宝钢北方贸易有限公司	黄兴荣	28235512		300200
江苏国泰国际集团有限公司	黄金兰	58696402		215600
中石化中铁油品销售有限公司	李春光	82800678		100088
上海市医药股份有限公司	钱　珽	58999999		200129
天津市亚益成工贸有限公司	孟昭勤	88261681		300220
厦门建发股份有限公司	王宪榕	2263675		361001
上海宝钢商贸有限公司	黄兴荣	56121212	211	201900
中国再生资源开发公司	管爱国	66025723		100031
江苏悦达集团有限公司	王雨和	8335384		224002
浙江物产国际贸易有限公司	张国强	87051273		310006
松下电器(中国)有限公司	ISETONIKAZU	65831888	6203	100026
上海烟草集团上海烟草贸易中心	施　超	65418740		200090
中化国际控股股份有限公司	罗东江	50498899	605	200121
中邮普泰移动通信设备股份有限公司	杨忠良	66426993		100031
国药控股沈阳有限公司	陈为刚	62109436		110001
中国煤炭进出口公司	杨列克	82256646		100011
上海乾通金属材料有限公司	秦青林	63296888	815	200001
中国矿产有限责任公司	何建增	68494451		100044

企业地址	主要产品(主要业务活动)
上海市普陀区曹杨路548号	汽车销售
浙江省杭州市上城区河坊街58号	石油、及石油制品批发
北京市东城区安定门西滨河路22号	煤炭批发
北京市海淀区马甸冠城园冠海大厦7层	国产丰田汽车批发、零件批发、售后服务
上海市浦东新区浦电路370号	金属及金属矿批发、钢材废铜废钢进口、国际贸易
山东省临沂市兰山区五里堡社区居委会	卷烟批发、烟叶经营
江苏省盐城市亭湖区毓龙东路30号	卷烟批发
吉林省长春市绿园区迎春路617号	经销一汽生产汽车及配
江苏省南京市鼓楼区中山北路395号	汽油、柴油、润滑油
辽宁省大连市中山区三八广场	成品油批发
北京市西城区复兴门外大街A2号中化大厦501	批发化肥
江苏省盐城市亭湖区青年中路55号	汽油、机油柴油、润滑油
四川省成都市青羊区顺城大街206号国际大厦	石油(批发)
广东省广州市天河区天河北路6	钢材批发
北京市海淀区三里河路5号	金属及金属矿批发
北京市朝阳区东三环北路霞光里18号佳程广场A座25层	其他未列明的商务服务
浙江省杭州市下城区凤起路78号	金属材料批发
内蒙古鄂尔多斯市伊金霍洛旗伊旗乌兰木伦镇	煤炭
广东省广州市天河区天河东路2号	电厂燃料、电厂燃料
北京市海淀区车公庄西路25号	化肥、农药、农膜、农产品进出口业务、农业生产资料储备
天津市河西区田堤道100号	金属材料、建筑材料
江苏省苏州市张家港市杨舍镇人民中路	金属材料进出口贸易
北京市海淀区知春路6号锦秋国际大厦A座19层1901—1913	批发柴油、批发汽油、批发煤油
上海市浦东新区延安西路1566号	西药批发
天津市西青区	经销带钢、薄板
福建省厦门市思明区鹭江道52号海滨大厦5—7楼	纸张批发、化工原料、轻工产品
上海市宝山区宝林路46号3楼	钢材贸易
北京市西城区西单横二条华横大厦6层613室	废旧物资的回收与利用
江苏省盐城市亭湖区文港南路88号	煤炭、焦碳、金属材料
浙江省杭州市下城区环城西路56号	钢材批发
北京市朝阳区光华路甲8号和乔大厦C座6层、7层	家用电器批发、投资
上海市杨浦区黄兴路18号	烟草制品批发
上海市浦东新区世纪大道88号金茂大厦18楼	化工产品、金属材料点、煤炭及制品
北京市西城区复兴门内大街156号	批发移动通信产品
辽宁省沈阳市和平区北二马路35号	西药批发、中药批发
北京市东城区黄寺大街甲1号	煤炭生产及国内外贸易
上海市黄浦区北京东路342号	金属及金属矿批发
北京市海淀区三里河路5号	金属及金属矿批发、煤炭及制品批发、贸易经纪及代理

续表 59

企业名称	法人代表	电话	分机	邮政编码
零售业				
联华超市股份有限公司	王守南	63937700		200080
中石化上海石油分公司	中国石油化工股	63219490		200002
中国石油化工股份有限公司北京石油分公司	郑立新	64678255	213	100028
农工商超市(集团)有限公司	杨德新	52706666		200333
上海大润发有限公司	徐仁羽	56657857	896	200435
上海永达控股(集团)有限公司	张德安	63026789	318	200023
中百集团股份有限公司	汪爱群	82842067		430021
上海易初莲花连锁超市有限公司	蔡褚锋	54358888		200135
锦江麦德龙现购自运有限公司	陈文君	52504888		200333
苏果超市有限公司	陈　郎	84682702		210016
广东物资集团汽车贸易公司	郑子先	86329072		510410
沃尔玛深国投百货有限公司	钟浩威	25622580	8478	518020
北京市大中电器有限公司	张大中	88272612		100040
大商集团股份有限公司	牛　钢	83880998		116001
北京京客隆商业集团股份有限公司	卫停战	64688233		100027
武汉武商集团股份有限公司	王冬生	85714165		430022
重庆百货大楼股份有限公司	肖诗新	63843197		400010
武汉中百连锁仓储超市有限公司	汪爱群	83861315		430035
江苏雅家乐超市有限公司	蒋　刚	8287601		224000
国美电器有限公司	陶　永	84585566	8631	100016
江苏盐阜人民商场有限公司	杨永奎	8323942		224001
江苏五星电器有限公司	汪建国	83758009		210009
山东银座商城股份有限公司	李湘绮	86065563		250063
上海欧尚配送服务有限公司	巴　图	65432211		200090
中国石油化工股份有限公司浙江金华石油分公司	厉荣金	2325196		321000
上海联家超市有限公司	王宗南	62317788	82	200060
中国石油天然气股份有限公司天津销售公司	周建国	23286641		300204
盐城商业大厦股份有限公司	姜永忠	8312727		224001
唐山市冀东物贸集团有限公司	庞庆华	7181586		063700
中国石油化工股份有限公司浙江湖州分公司	沈永国	2022198		313000
华东医药股份有限公司	李邦良	85159647		310003
江苏省盐城药业有限公司	周小石	8364094		224001
成都红旗连锁有限公司	曹世如	85176118		610041
翰林汇信息产业股份有限公司	袁信成	62978866		100085
北京物美商业集团股份有限公司	张文中	88259488		100049
十堰市京华超市有限公司	徐金环	8682179		442000
华润万家有限公司	宋　林	25685065		518020

企业地址	主要产品(主要业务活动)
上海市虹口区四川北路 1666 号 11—15 楼	超市零售
上海市黄浦区中山东一路 24 号甲	汽油、柴油、煤油
北京市朝阳区静安里 12 号楼 506	石油及制品批发
上海市普陀区金沙江路 1685 号	日用百货
上海市闸北区共和新路 3318 号	超级市场零售
上海市卢湾区瑞金南路 299 号	汽车销售
湖北省武汉市江汉区江汉路 129 号	零售、批发
上海市浦东新区杨高中路 2128 号	超级市场
上海市普陀区真北路 1425 号	批发、零售
江苏省南京市白下区解放路 55 号	商品批发零售、相关配套服务
广东省广州市白云区机场路 888—1086	销售汽车、销售汽车配件
广东省深圳市罗湖区洪湖二街 50 号院新南滨大楼 4 楼	零售、投资
北京市石景山区玉泉路 51 号	销售彩电、冰箱、计算机、通讯器材、手机、电池等,技术咨询服务、音响安装、电器维修
辽宁省大连市中山区青三街 1 号	百货零售
北京市朝阳区新源街 45 号	销售食品、销售日用品
湖北省武汉市江汉区解放大道 688 号	百货零售、批发业务、娱乐餐饮
重庆市渝中区民权路 2 号	日用百货服装鞋帽、食品烟酒、音像器材通讯器材生活电器等
湖北省武汉市桥口区解放大道 48 号	超级市场零售
江苏省盐城市亭湖区开发大道西路 3 号	食品、百货、针织
北京市朝阳区霄云路 26 号鹏润大厦 B 座 18 层	家用电器零售
江苏省盐城市亭湖区建军中路 92 号	百货副食品黄金钟表、家电五金电动工具、纺织品服装鞋帽
江苏省南京市鼓楼区中山北路 241 号华侨大厦二楼	家用电器销售、通迅器材、音像器材
山东省济南市历下区佛山苑社区居委会	百货零售
上海市杨浦区长阳路 1750 号	配送、仓储
浙江省金华市婺城区八一北街 436 号	汽油、柴油、煤油零售
上海市普陀区武宁路 24 号	超级市场零售
天津市河西区友谊北路 29 号医药大厦 5 层 6 层	燃油零售批发
江苏省盐城市亭湖区建军中路 132 号	百货、服装、家电
河北省唐山市滦县西站	汽车、农机、金属
浙江省湖州市吴兴区红旗路 228 号	汽、煤、柴、润滑油批发零售
浙江省杭州市下城区中山北路 439 号	药品零售
江苏省盐城市亭湖区沿河中路 20 号	药品销售
四川省成都市武侯区创业路 211 号	食品、饮料烟酒、日用品等零售
北京市海淀区信息路 8 号辰光大厦	销售批发笔记本电脑
北京市石景山区玉泉路玉泉大厦十层	食品日用品等零售、出租柜台、技术咨询服务
湖北省十堰市茅箭区人民路 12 号	超级市场零售
广东省深圳市罗湖区水贝二路 27 号	批发零售

续表 60

企业名称	法人代表	电话	分机	邮政编码
广东新协力集团有限公司	卢桂戈	22209286		528300
南京中央商场股份有限公司	胡晓军	84718288	380	210005
上海百联集团股份有限公司	张新生	63223344		200001
中国石油化工股份有限公司广东东莞石油分公司	刘春波	22506200		523013
步步高商业连锁有限责任公司	王　填	2339892		411000
南京朗驰集团有限公司	赵年顺	85532052		210037
佛山市兴华商场有限公司	刘映波	82285126		528000
湖南友谊阿波罗股份有限公司	胡子敬	8299448	3071	410011
中国石油化工股份有限公司湖南长沙石油分公	黄　河	4482709		410008
四川新华文轩连锁股份有限公司	王　庆	82928140		610017
安徽省亚夏实业股份有限公司	周夏耘	4181218		242300
上海世纪联华超市发展有限公司	王宗南	53544600	729	200080
宁波三江购物俱乐部有限公司	陈念慈	27856887		315000
住宿业				
上海华亭宾馆有限公司	董剑珍	64391000	3171	200030
杭州大厦有限公司	楼金炎	85153911		310006
正镶白旗天元大酒店	吴金梅	6510708		013800
汕尾友谊宾馆	沈爱惜	3390415		516600
广州花园酒店	华新芳	83338989	3205	510064
中国大酒店	林家雄	86666888		510015
静安希尔顿饭店(上海)	高　昕	62480000	3241	200040
白天鹅宾馆	梁威林	81886968	30386	510133
金陵饭店股份有限公司	李建伟	84711888	4643	210005
花园饭店	藤田隆	64151111	5400	200020
盐阜宾馆	刘新华	8880238		224001
汕尾市美丽华股份有限公司	谢林生	3363666		516600
广州市东方宾馆股份有限公司	黄克勤	86669900		510016
肇庆华侨大厦	黄少军	2232952	2688	526040
上海扬子江大酒店有限公司	俞敏亮	62750000	2537	200336
江西锦江皇冠酒店有限公司	崔国华	6429628		330002
上海锦沧文华大酒店	余永樑	62791888	5731	200040
上海市太平洋大饭店	乐利安	62758888		200336
上海新锦江大酒店有限公司	恽　政	64151188	622	200020
上海王宝和大酒店有限公司	徐明辉	53965000	80831	200001
大连香格里拉酒店有限公司	雪孟成	82525000		116001
湖南华天大酒店股份有限公司	陈纪明	4442888	80840	410001
上海锦江汤臣大酒店有限公司	贾智勇	58356666	3867	200120
上海航友宾馆	许丽娜	62689999	2218	200335

企业地址	主要产品(主要业务活动)
广东省佛山市顺德区广珠公路新松路段	管理下属单位
江苏省南京市白下区中山南路 79 号	百货零售
上海市黄浦区六合路 58 号 18 楼	百货、食品、服装
广东省东莞市旗峰路 162 号中侨大厦 B 座	柴油汽油煤油销售
湖南省湘潭市雨湖区立竹路 2 号	商品零售、商业咨询
江苏省南京市下关区建宁路 45 号	汽车零售、汽车批发、机电产品批发及零售
广东省佛山市禅城区祖庙路 42 号	百货零售、家电销售
湖南省长沙市芙蓉区车站中路 345 号	服装针纺、百货、鞋帽、副食、家电音像
湖南省长沙市开福区伍家岭 114 号	成品油销售
四川省成都市锦江区玉龙街 52 号	图书零售、音像零售、电子出版物零售
安徽省宣城市宁国市千亩村委会	汽车销售、汽车售后服务、汽车美容装潢
上海市虹口区四川北路 1666 号 6 楼	超级市场零售
浙江省宁波市海曙区孝闻街 29 弄 1 号	超市零售
上海市徐汇区漕溪北路 120 号 0	酒店住宿
浙江省杭州市下城区武林广场 1 号	旅游饭店
内蒙古锡林郭勒盟正镶白旗明安图南街 9 号	住宿、餐饮
广东省汕尾市城区汕尾大道	旅馆、餐饮
广东省广州市越秀区环市东路 368 号	旅游饭店住宿
广东省广州市越秀区流花路	旅馆业务
上海市静安区华山中路 250 号	住宿
广东省广州市荔湾区沙面南街 1 号	住宿(旅游饭店)、餐饮
江苏省南京市鼓楼区汉中路 2 号	住宿、中餐西餐
上海市卢湾区茂名南路 58 号	客房、餐饮、商场
江苏省盐城市亭湖区迎宾南路 28 号	餐饮、住宿
广东省汕尾市城区五十米大道	酒店
广东省广州市越秀区流花路 120 号	旅馆、办公楼出租、提供饮食服务
广东省肇庆市端州区天宁北路 90 号	住宿、餐饮、娱乐
上海市长宁区延安西路 2099 号	住宿
江西省南昌市西湖区洪城路 99 号	客房、餐饮
上海市静安区南京西路 1225 号	客房、餐饮
上海市长宁区遵义南路 5 号	住宿
上海市卢湾区长乐路 161 号	客房
上海市黄浦区九江路 555 号	餐饮、客房
辽宁省大连市中山区人民路 66 号	旅游饭店
湖南省长沙市芙蓉区解放东路 300 号	住宿、餐饮
上海市浦东新区张杨路 777 号	住宿、餐饮
上海市长宁区虹桥路 2550 号航友宾馆	住宿、餐饮

续表 61

企业名称	法人代表	电话	分机	邮政编码
青岛香格里拉大饭店有限公司	杨俊辉	83883838		266071
深圳市香格里拉大酒店有限公司	雷孟成	82330888	8806	518001
盐城饭店有限公司	王栋臣	8880568		224001
上海锦江饭店	许　铭	62582582	009635	200020
三亚盈湾旅业有限公司	钱伟荣	88330061		572023
大连富丽华大酒店	田益群	82630888		116001
长春旅游宾馆	程　或	8951807		130041
上海国际会议中心有限公司大酒店	王济明	50370000	6830	200120
上海光大会展中心有限公司	李学明	64842500	70070	200233
浙江世界贸易中心有限公司	王海光	87950019		310007
上海银河宾馆有限公司	林志凯	62755888	2733	200051
上海国际贵都大酒店	张保华	62481688	2261	200040
四川锦江宾馆有限公司	罗立先	85582222		610012
杭州香格里拉饭店有限公司	卢步东	87977951	6114	310007
广东亚洲国际大酒店	后兆明	61288888	2270	510060
宁波南苑集团股份有限公司	朱华锋	87095678	3686	315000
银星宾馆	任仲伦	61450000		200052
上海虹桥宾馆有限公司	林治凯	62753388		200051
杭州国际大厦有限责任公司	乐　毅	85156666	6033	310006
佛山宾馆	黎建青	82986881		528000
上海市上海宾馆	金　燕	62480088		200040
上海东锦江大酒店有限公司	沈懋兴	50504888	006208	200127
长春香格里拉大酒店有限公司	雷孟成	8981818		130061
苏州吴宫大酒店有限公司	魏练庆	65103388	8619	215007
深圳圣廷苑酒店有限公司	辛　杰	82078888	8406	518028
上海和平饭店有限公司	沈懋兴	63216888	6011	200002
餐饮业				
上海肯德基有限公司	吕九龙	53514588	1985	200021
杭州肯德基有限公司	戴　宁	87901580		310007
北京肯德基有限公司	苏敬轼	65545888		100027
百胜餐饮(广东)有限公司	唐惠良	83588288	6824	510095
百胜餐饮(沈阳)有限公司	朱宗毅	23341718		110001
广东三元麦当劳食品有限公司	陈必得	83635008	111	510030
北京麦当劳食品有限公司	衣锡群	65281188	502	100005
天津肯德基有限公司	朱宗毅	83310068	8207	300051
上海必胜客有限公司	罗维仁	64267733	3225	200030
百胜餐饮(深圳)有限公司	朱国华	25156188	8802	518000
南京肯德基有限公司	艾云峰	84720888	257	210005

企业地址	主要产品(主要业务活动)
山东省青岛市市南区盐城路社区居委会	客房、餐饮
广东省深圳市罗湖区建设路 1002	酒店住宿餐饮
江苏省盐城市亭湖区建军中路 82 号	餐饮、住宿
上海市卢湾区茂名南路 59 号	客房、餐饮、其他
海南省三亚市市辖区海坡开发区	住宿和餐饮、实业投资、房地产
辽宁省大连市中山区人民路 60 号	旅游饭店
吉林省长春市南关区民康路 642 号	住宿、餐饮
上海市浦东新区滨江大道 2727 号	客房、餐饮
上海市徐汇区漕宝路 40—80 号	酒店管理、会场出租、物业管理
浙江省杭州市西湖区曙光路 122 号	旅游饭店
上海市长宁区中山西路 888 号	客房、餐饮
上海市静安区延安西路 65 号	酒店住宿
四川省成都市锦江区人民南路二段 36 号	住宿、餐饮、旅游服务
浙江省杭州市西湖区北山路 78 号	旅游饭店
广东省广州市越秀区环市东路 236 号	酒店、餐饮
浙江省宁波市海曙区灵桥路 2 号	住宿、餐饮、其他综合零售
上海市长宁区番禺路 400 号	住宿、餐饮
上海市长宁区延安西路 2000 号	客房服务、餐饮服务
浙江省杭州市下城区体育场路 333 号	旅游饭店
广东省佛山市禅城区汾江南路 75 号	餐饮、旅店
上海市静安区乌鲁木齐北路 505 号	住宿
上海市浦东新区杨高南路 889 号	客房、餐饮
吉林省长春市朝阳区西安大路 569 号	客房
江苏省苏州市沧浪区新市路 259 号	自营综合性旅游宾馆及配套服务设施
广东省深圳市福田区华强北路 4002 号	星级酒店、客房、物业写字楼
上海市黄浦区南京东路 20 号	客房、中西餐厅、俱乐部
上海市杨浦区淮海中路 6—8 号兰生大厦 19 楼	快餐饮料
浙江省杭州市西湖区杭大路 1 号黄龙世纪广场 A 座 8 楼	快餐服务
北京市东城区朝阳门北大街 8 号富华大厦 A 座 6	西式快餐
广东省广州市越秀区环市东路 369 号友谊商业大厦 13 楼	为关联公司提供管理服务
辽宁省沈阳市和平区南京北街 206 号城市广场第一座 7 层	西式快餐
广东省广州市越秀区中山四路 246 号信德商务大厦 11 楼	经营麦当劳餐厅
北京市东城区王府井大街 200 号	销售麦当劳食品、冷热饮料、麦当劳纪念品
天津市南开区服装街 116 号	生产和销售经美国肯德基公司认可的快餐食品、冷热饮和促销品
上海市徐汇区天钥桥路 30 号	快餐
广东省深圳市福田区彩田路 2066 号江苏宾馆 2、3 层	快餐
江苏省南京市白下区中山南路 8 号	中西饮食连锁店、销售礼品及配套服务

续表 62

企业名称	法人代表	电话	分机	邮政编码
麦当劳餐厅(深圳)有限公司	符国成	83220226	302	518041
中国全聚德(集团)股份有限公司	姜俊贤	63184827		100051
北京必胜客比萨饼有限公司	罗维仁	65545888		100027
苏州肯德基有限公司	包莹瑞	68252888		215000
百胜餐饮(武汉)有限公司	朱宗毅	85448817	1809	430022
上海华联麦当劳有限公司	箩树嘉	23011800		200010
福记联合(上海)餐饮有限公司	魏　东	68762176	813	200122
无锡市肯德基有限公司	刘茂坤	82729369		214001
西安饮食服务(集团)股份有限公司	刘龙宇	87234035		710001
天津麦当劳食品有限公司	赖林胜	23045608	155	300204
长沙肯德基有限公司	杨大勇	2682059		410005
上海豫园商城老城隍庙饮食有限公司	张耀他	63559999	1404	200010
上海美林阁餐饮经营管理有限公司	沈飞宇	32120390		201611
武汉麦当劳餐饮食品有限公司	符国成	82848288		430014
上海统一星巴克咖啡有限公司	林苍生	62375210		200051
南京麦当劳餐饮食品有限公司	赖林胜	83223888	803	210009
厦门肯德基有限公司	赵文欣	5810166		361026
北京吉野家快餐有限公司	李柏荣	65225588	512	100062
百胜餐饮(成都)有限公司	朱宗毅	86203300	8308	610016
深圳面点王饮食连锁有限公司	张和平	82404905		518049
上海佳通四合苑饮食文化有限服务公司	林美金	63233355	8218	200002
浙江麦当劳餐厅食品有限公司	符国城	85171818		310014
北京顺峰饮食娱乐有限公司	林锐均	65080598		100026
杭州饮食服务有限公司	梁建军	87087052		310001
大连肯德基有限公司	朱宗毅	82735280		116001
厦门麦当劳食品发展有限公司	符国成	2968088		361004
上海哈根达斯食品有限公司	GaryChu	34234517	5573	200031
天津小古林集团有限公司	刘公成	63212110	63212	300270
福记联合(苏州)餐饮有限公司	魏　东	68081807		215000
南海渔村有限公司	徐　峰	83283888		510110
上海新亚大家乐餐饮有限公司	孙　平	69642319		200080
四川微宁阁餐饮有限公司	李代秀	87327979		610091
上海领先餐饮管理有限公司	潘　慰	63201001	106	200021
沈阳麦当劳(餐厅食品)有限公司	赖林胜	22838321		110031
陕西松茂食品有限公司	孙芳山	87233091		710001
太原肯德基有限公司	朱宗毅	7630910		030006
百胜餐饮(福州)有限公司	赵文欣	87821568		350001
北京机场饮食服务有限公司	张庆巨	64595115		100621
聚德华天控股有限公司	朱玉岭	62024640		100088

企业地址	主要产品(主要业务活动)
广东省深圳市福田区振华路航苑大厦裙楼三楼东座	麦当劳食品、饮料、麦当劳礼品
北京市宣武区前门西河沿街217号	餐饮、出租
北京市东城区朝阳门北大街8号富华大厦B座	西式正餐
江苏省苏州市虎丘区狮山路326号	餐饮
湖北省武汉市江汉区解放大道686号世贸大厦23层	快餐、西餐
上海市黄浦区福佑路8号	麦当劳食品
上海市浦东新区东方路800号宝安大厦1—3楼	中餐、快餐
江苏省无锡市崇安区后西溪1号	肯德基食品
陕西省西安市碑林区西安东大街298号	饮食、旅馆
天津市河西区马场道207号	生产加工销售麦当劳系列食品、特许经营麦当劳餐厅
湖南省长沙市天心区黄兴中路88号25楼	快餐
上海市黄浦区文昌路10号	餐饮
上海市松江区虹桥路1751号	正餐
湖北省武汉市江汉区江汉路71号四楼	西式快餐
上海市卢湾区淮海中路937号金叶大楼	咖啡饮料
江苏省南京市玄武区玄武门22号江苏展览馆一楼	经营麦当劳餐馆、生产、加工、销售麦当劳食品
福建省厦门市思明区火车站世贸商城二层	中西餐饮、冷饮料
北京市崇文区北京站街18号	快餐、冰激凌
四川省成都市青羊区人南路一段86号	餐饮
广东省深圳市福田区八卦二路545栋首层	餐饮
上海市黄浦区中山东一路3号	餐饮
浙江省杭州市下城区河东路152号3楼	西式快餐
北京市朝阳区东三环北路16号	餐饮服务
浙江省杭州市上城区国货路1号	正餐服务
辽宁省大连市中山区昆明街9号	快餐
福建省厦门市思明区厦禾路820号帝豪大厦1402室	餐饮
上海市徐汇区汾阳路138号6楼	餐饮
天津市大港区古林街上古林村委会	正餐
江苏省苏州市虎丘区狮山路296号	餐饮
广东省广州市越秀区沿江中路298号C座19楼	经营中、西饮食
上海市虹口区海宁路6—8号	中西快餐
四川省成都市青羊区金凤路置信逸都金沙园三期晴朗居86号	餐饮
上海市浦东新区陆家嘴西路168号	拉面
辽宁省沈阳市皇姑区长江街81号	制造加工出售麦当劳食品
陕西省西安市碑林区西安市南大街52号	餐饮
山西省太原市迎泽区柳南86号	快餐
福建省福州市鼓楼区五四路158号环球广场27层	餐饮
北京市顺义区首都机场	正餐、快餐、饮料及冷饮
北京市西城区新明胡同甲8号	饮食服务、食品加工